财政部规划教材

金融概论

肖 妍 赵 蕊 主编

中国财经出版传媒集团
经济科学出版社
Economic Science Press

图书在版编目（CIP）数据

金融概论/肖妍，赵蕊主编．—北京：经济科学出版社，2019.6
财政部规划教材
ISBN 978-7-5218-0575-8

Ⅰ.①金… Ⅱ.①肖… ②赵… Ⅲ.①金融学-高等职业教育-教材 Ⅳ.①F830

中国版本图书馆CIP数据核字（2019）第103833号

责任编辑：白留杰 刘殿和
责任校对：郑淑艳
责任印制：李 鹏

金融概论
肖 妍 赵 蕊 主编
经济科学出版社出版、发行 新华书店经销
社址：北京市海淀区阜成路甲28号 邮编：100142
教材分社电话：010-88191355 发行部电话：010-88191522
网址：www.esp.com.cn
电子邮件：esp@esp.com.cn
天猫网店：经济科学出版社旗舰店
网址：http://jjkxcbs.tmall.com
北京密兴印刷有限公司印装
787×1092 16开 18.5印张 465000字
2019年6月第1版 2019年6月第1次印刷
ISBN 978-7-5218-0575-8 定价：55.00元
（图书出现印装问题，本社负责调换。电话：010-88191510）

前言

金融是现代经济的核心。近年来，我国金融业迅速发展，金融创新层出不穷，对金融业从业人员尤其是基层一线业务人员提出了更高的要求，同时也对高职院校的金融人才培养提出了更高的要求。高质量的教材是培养高素质人才的保证，充分结合职业教育的特点和发展趋势，开发出适合高职教学实际需要的教材具有重要的意义。

《金融概论》是高职院校金融类专业的基础课程。这门课程对金融学进行了整体性、框架性的阐述，在整个金融类专业课程体系中具有导游图的重要地位。本课程于2010年获批重庆财经职业学院精品课程，于2012年成为重庆财经职业学院首批项目化改革课程之一，基于本课程的混合式教学模式改革于2015年获重庆市高等教育教学改革重点项目立项，2017年顺利结题，并获得院级教学成果三等奖。2018年，该课程在重庆高校在线开放课程平台上线运行，反馈良好，而本教材则是该门课程教学改革的重要成果之一。

本教材由校企联合编写，采用完全的项目式体例，坚持从高职高专人才培养要求出发，按照“以活动为导向，以职业能力培养为重点，实现金融理念全面渗透”的原则进行编写，科学合理地处理好教材内容与教学时数、理论内容与实践内容之间的关系，力求符合高职高专教学实际需要。在编写时强调“实践为重，理论够用”，突出职业教育特点，培养学生适应职业岗位的综合能力，并尽可能与职业技能接轨，增强其就业职业竞争能力。

本教材主要有以下特色：

第一，教材内容的选取。本教材以职业岗位需求为出发点，结合金融学理论逻辑框架、工学结合培养模式和金融热点焦点等方面内容重构课程体系。这样的课程内容体系既保留了学生必须掌握的本课程最基本的知识和原理，又增强了教学内容的现实性、实用性和前沿性。全书内容上下相扣、前后连接、层层推进，具有很强的逻辑性和可读性。

第二，模块和项目的安排。本教材按照以金融基本要素为纽带，实现宏观总量管理向上和微观运作载体向下的双向连接的思路，把课程内容划分为金融基础、金融体系、宏观管理 3 个模块 13 个项目。模块下包含具体项目和工作任务，以工作任务为中心组织课程内容，让学生在完成具体项目和工作任务的过程中来初步掌握金融的基本概念和理论，树立正确的金融理念，提高发现、分析、解决实际问题的职业能力和职业素养，为进一步学习专业后续课程和以后从事金融相关工作打好坚实的基础，同时为考取金融类从业资格证书提供必要的金融知识和技能。

第三，项目和任务的设计。首先，每个项目开篇都列出“学习目标”“知识网络图”“案例导入”，注重对学生的引导性，让学生对学习要求和学习内容一目了然。其次，每个项目下包含子任务，每个任务都要设置学习情境（即项目活动）和任务描述，学习情境和任务的设计遵循“以职业活动为导向，以家庭的金融活动和企业的金融活动为主线，实现金融需求方、金融供给方和金融监管方的三方对接”的原则。再次，在项目中配以“想一想”“读一读”“练一练”“比一比”“搜一搜”“猜一猜”“即问即答”“热点专栏”“案例分析”等栏目，所用案例尽可能选用近期金融领域的实践活动，增强教材的趣味性和可读性。最后，项目自测包含三部分内容，即知识练习、技能测试和素质拓展。知识练习以单项选择、多项选择、名词解释、简答、计算为主，技能测试以案例分析为主，素质拓展有多种形式：情景模拟、案例分析、辩论、知识竞赛、调查研究等。

第四，数字化教学资源与教材融合。本教材利用“信息化、数字化”手段，通过手机“扫一扫”，将教材与配套教学资源充分融合，将微课等相关补充数字化资源进行呈现，让学生有目的、有选择地完成自主学习，这样能充分满足不同学生“差异性”需求。

本教材共包含 3 个模块 13 个项目。第一个模块为金融基础模块，包括货币与货币制度、信用、利息与利率、汇率与国际收支四个项目；第二个模块为金融体系模块，包括金融市场、金融机构体系、商业银行、非银行金融机构、中央银行五个项目；第三个模块为宏观均衡模块，包括货币供求与均衡、通货膨胀与通货紧缩、货币政策、金融风险与金融监管四个项目。

本教材由肖妍、赵蕊担任主编，具体分工如下：赵蕊编写项目一和项目二，邓巧玲编写项目三，王伟编写项目四，章文芳编写项目五，陈天翔编写项目六和项目八，邓晓娜编写项目七，黄雪梅编写项目九和项目十三，袁德承编写项目十，肖妍编写项目十一和项目十二。本书由肖妍和赵蕊编写大纲，各个项目初稿完成之后，赵蕊、邓巧玲、章文芳、邓晓娜负责全书的统稿校对，最终经肖妍审查定稿。

在本教材的编写过程中，始终得到了学院、有关行业企业以及金融系其他老师的热情关心和大力支持，在此，一并表示衷心感谢。在编写本教材的过程中，参阅了大量金融学方面的书籍，并且借鉴了某些内容，对此我们谨向有关作者表示诚挚的谢意。

本教材学习方式：

（1）使用计算机学习：登录重庆高校在线开放课程平台（http：www. cqooc. com/），搜索本课程加入学习即可。

（2）使用手机端进入微信公众号进行学习：关注重庆市高校在线开放课程平台公众号，进入学习中心搜索本课程加入学习即可。

（3）扫描二维码（见封底），直接进入视频学习。

由于编者水平有限，本书内容错误与疏漏之处在所难免，恳请读者批评指正。

编 者

2019 年 5 月

目录

模块一　金融基础

模块二　金融体系

模块三　宏观均衡

模块一

金融基础

项目一　货币与货币制度

学习目标

（一）知识目标

了解货币的起源与发展；掌握货币的本质、形式及职能；掌握货币制度的基本内容和我国的货币制度。

（二）技能目标

能够理解货币在经济领域中的作用与影响；能够简单分析日常生活中的货币现象；能理解和判断货币的创新和发展趋势；能够描述货币制度的基本内容和我国的货币制度。

（三）素质目标

培养学生科学的思维方法、善于观察生活的能力以及良好的信息搜集能力和分析判断能力等。

【案例导入】

央行放信号：数字货币或成互联网时代的一般等价物

互联网热潮不仅将改变现有的金融业态，对于现有的货币发行也将迎来颠覆性的变革。2016 年 1 月 20 日，央行召开数字货币研讨会，就数字货币发行的总体框架、货币演进中的国家数字货币、国家发行的加密电子货币等专题进行了研讨和交流。央行表示已成立专门的研究团队，争取早日推出央行发行的数字货币。央行此举被业内评价为“破冰之举”，因为数字货币甚至可以视同于金本位时代的“黄金”，未来有望成为互联网时代的“一般等价物”。

值得一提的是，这是继 2013 年 12 月 5 日央行等五部委发布关于防范比特币风险的通知之后，第一次对数字货币表示明确的态度。

而在此期间，不仅是中国央行，全球都对数字货币表现出巨大的兴趣并投入了研究。黄金钱包首席研究员肖磊表示，由于以比特币为代表的数字货币不断冲击世界金融体系，包括纳斯达克股票交易所、高盛、摩登在内的很多机构开始对此投入研究。研究发现，数字货币运用的区块链技术可以给很多机构带来便利，降低成本，且有可以应用于实体经济的案例，这给了更多国家和机构动力去投资区块链技术和数字货币。

央行表示，发行数字货币可以降低传统纸币发行、流通的高昂成本，提升经济交易活动的便利性和透明度，减少洗钱、逃漏税等违法犯罪行为，提升央行对货币供给和货币流通的控制力。

“未来将会没有纸币”，中央财经大学金融法研究所所长黄震向北京商报记者表示，“未来可能实现全部数字化，比如结合第三方支付开发的扫码支付，不需要再用现金去交易。”

黄震说道。

黄震表示，目前央行只是出台一个政策，距离数字货币落地还有很长时间，可能会尽快进行试点。

资料来源：北京商网，http：//finance. jrj. com. cn/2016/01/21012620453982. shtml，有删节。

思考：

1. 目前央行在发行数字货币方面有哪些进展？
2. 未来数字货币会完全取代纸币吗？
3. 发行数字货币的优点和风险有哪些？

任务一　货币

【学习情境】

假设一个班级是一个小的经济社会，经历了从物物交换到引入货币作为交换媒介，从商品货币到电子货币的过程。

任务描述

1. 情景模拟：学生分组模拟货币产生过程中的简单价值形式、扩大价值形式、一般价值形式、货币价值形式，了解货币的起源，总结货币的本质。
2. 搜集资料并分组讨论：历史上哪些物品曾经充当过货币？它们的优点和缺点分别是什么？请预测未来货币的发展方向。
3. 寻找班级中适合充当一般等价物的物品。

【知识链接】

一、货币的起源

货币在人类经济生活中已经有了几千年的历史。货币的出现与商品交换紧密相连，是伴随着商品交换的发展自然而然地产生的。在原始社会末期以前的漫长历史中，没有商品交换，自然也就没有货币。随着生产力的发展，出现了社会分工和私有制，于是也就产生了商品生产和商品交换。随着商品交换的发展，才逐渐从商品世界分离出一种商品，固定地作为商品交换的媒介，这就是货币。因此，货币的根源在于商品本身，是商品生产和商品交换的必然产物，是商品交换发展的客观需要。

货币是在由商品交换发展所决定的价值形式的发展中产生的。价值形式是商品价值表现形式的简称，是指在商品交换中用一种商品来表示另一种商品价值的形式。商品价值形式的发展经历了四个阶段，即简单的价值形式、扩大的价值形式、一般价值形式和货币价值形式。

（一）简单的或偶然的价值形式

简单的或偶然的价值形式指的是一种商品的价值简单地或偶然地表现在和它相交换的另一种商品上，是价值形式发展过程中的原始阶段。在人类历史上，最早的交换活动是发生在原始社会末期的部落之间的，当时生产力低下，剩余产品很少，商品交换仅仅表现为物物之间的直接交换，是个别的，带有偶然性。

简单的价值形式表现为：

1 只羊 =100 斤大米

简单的价值形式孕育了货币的胚芽，但商品价值表现不完善、不成熟。在简单的或偶然的价值形式下，价值作为无差别的人类劳动结晶这种性质，以及交换的比例以价值量为基础这一本质，都还没有充分地显示出来。

（二）扩大的价值形式

原始社会后期，随着生产力的不断发展，出现了第一次社会大分工，剩余产品越来越多，使得商品交换越来越丰富，一种商品已经不再是偶然地和另一种商品相交换，而是经常地与许多种商品相交换。这样，一种商品的价值就由跟它相交换的一系列商品的使用价值来表现，即扩大的价值形式。

扩大的价值形式表现为：

$$1\text{ 只羊} = \begin{cases} 100\text{ 斤大米} \\ 2\text{ 把斧子} \\ 3\text{ 张兽皮} \\ 10\text{ 磅茶叶} \\ \cdots\cdots \end{cases}$$

在扩大的价值形式中，一种商品的价值表现在无数种其他商品上，使其价值得到充分表现，从而才真正表现为无差别的人类劳动的凝结。其价值表现比简单的价值形式的范围扩大了，这与简单的价值形式相比是一个进步。然而，货币的胚芽虽然已经发育，但还未分离出一种固定地充当一般等价物的商品，仍处于直接的物物交换阶段。

（三）一般价值形式

随着生产力的发展和社会分工的扩大，商品交换日益频繁，商品价值表现种类繁多，扩大价值形式使商品交换变得困难了。为了使商品交换简单、方便，人们渐渐就开始自发地用自己生产的商品先换成一种大家都普遍接受的商品，然后再去交换自己所需要的其他商品，其结果是某种商品逐渐从商品世界中分离出来，它可以直接和各种商品相交换，成为表现其他商品价值的媒介，即一般等价物。生产者只要把自己生产的产品换成一般等价物，就可以用它与自己需要的任何商品进行交换，这样，作为一般等价物的商品，它的自然形式成为一切商品的共同的价值形式。一切商品的价值作为无差别的人类劳动的凝结的性质，就充分地显现出来。

一般价值形式表现为：

$$\left.\begin{array}{l}100\text{ 斤大米}\\2\text{ 把斧子}\\3\text{ 张兽皮}\\10\text{ 磅茶叶}\\\cdots\cdots\end{array}\right\}=1\text{ 只羊}$$

虽然从等式来看，一般价值形式和扩大价值形式只是等式两边发生了位移，但实质是直接的物物交换转变为以一般等价物为媒介的间接交换，使人类历史上价值形式的发展出现了质的飞跃，商品的价值表现统一了、固定了，商品交换由于一般等价物的出现简单了、方便了。但是，在这个阶段，一般等价物还没有固定在某一种商品上，它在不同的国家和地区、不同的时期是不一致的，还不能成为整个商品世界的一般等价物。一般等价物的不固定，限制和阻碍了商品交换的扩大和发展。

（四）货币价值形式

随着社会生产力的进一步发展，交换商品的数量增多，范围也进一步扩大。人们很自然地要求把不同的等价物统一起来，从而克服一般等价物的不固定给交换造成的困难。当一般等价物固定在某一特殊商品上面，这种商品就成为货币商品。这种用货币来表现商品价值的形式，称为货币价值形式，它是价值形式发展的最高阶段。

货币价值形式表现为：

$$\left.\begin{array}{l}100\text{ 斤大米}\\2\text{ 把斧子}\\3\text{ 张兽皮}\\10\text{ 磅茶叶}\\\cdots\cdots\end{array}\right\}=1\text{ 两黄金}$$

【想一想】

假定一个经济社会中，有四个人生产了四种物品：

苹果——苹果园主

香蕉——香蕉园主

菠萝——菠萝园主

李子——李子园主

如果苹果园主只喜欢香蕉，种香蕉者只喜欢菠萝，而菠萝园主只偏爱李子，种李子者又只喜欢苹果。那么在物物交换经济中，这四个人之间会发生贸易吗？如果将货币引入经济社会，又会有什么影响呢？

二、货币的本质

从货币产生的过程来看，货币是商品交换发展到一定阶段的产物，是商品内在矛盾发展的结果。

（一）货币是商品

货币之所以能够充当一般等价物，是因为货币也是商品，具有一般商品的两个基本属性，即价值和使用价值。它既是价值的凝结体，又具有使用价值，能够满足人们的某些需要。如果货币没有一般商品的共同属性，那么它就失去了与其他商品相交换的基础，也就不可能从长期的商品交换中分离出来充当一般等价物。

（二）货币是特殊的商品

和普通商品相比较，货币的特殊性表现在货币在商品交换中取得了一般等价物的独占权，只有它才能起着一般等价物的作用，具有与一切商品直接交换的能力。一方面，货币能够表现和衡量其他一切商品价值的大小。普通商品的价值必须在交换中由另一商品来表现，而货币作为一般等价物，在商品交换过程中直接体现其他商品价值的大小。一种商品只有能在商品交换中取得货币，才能使它的私人劳动转化为社会劳动，商品的价值才能得到体现。因而，货币成为商品交换世界里唯一核算社会劳动的工具。另一方面，货币具有与一切商品直接交换的能力。普通商品只能以某种特定的使用价值去满足人们某一方面的特定需要，而不可能和其他商品直接交换。而货币是人们普遍接受的商品，是社会财富的一般代表，能够去获取各种不同的使用价值。货币成了每个商品生产者追求的目标，也就具有直接同一切商品相交换的能力。

（三）货币体现着一定的社会生产关系

货币作为一般等价物，无论是表现在实物货币上，还是表现在某种价值符号上，都只是一种表面现象。从实质上看，货币作为一般等价物反映了商品生产者之间的交换关系，体现着产品归不同所有者占有，并通过等价交换形式来实现他们之间的社会关系。

综上所述，货币的本质可以描述为：货币是从商品中分离出来固定地充当一般等价物的特殊商品，它体现了一定的社会生产关系。

【读一读】

战俘营中的货币

“二战”期间，在纳粹的战俘集中营中流通着一种特殊的商品货币：香烟。当时的红十字会设法向战俘营提供了各种人道主义物品，如食物、衣服、香烟等。由于数量有限，这些物品只能根据某种平均主义的原则在战俘之间进行分配，而无法顾及每个战俘的特定偏好。但是人与人之间的偏好显然是会有所不同的，有人喜欢巧克力，有人喜欢奶酪，还有人则可能更想得到一包香烟。因此，这种分配显然是缺乏效率的，战俘们有进行交换的需要。

但是即便在战俘营这样一个狭小的范围内，物物交换也显得非常的不方便，因为它要求交易双方恰巧都想要对方的东西，也就是所谓的需求的双重巧合。为了使交换能够更加顺利地进行，需要有一种充当交易媒介的商品，即货币。那么，在战俘营中，究竟哪一种物品适合做交易媒介呢？许多战俘营都不约而同地选择香烟来扮演这一角色。战俘们用香烟来进行计价和交易，如一根香肠值10根香烟，一件衬衣值80根香烟，替别人洗一件衣服则可以换得两根香烟。有了这样一种记账单位和交易媒介之后，战俘之间的交换就方便多了。

香烟之所以会成为战俘营中流行的“货币”，是和它自身的特点分不开的。它容易标准化，而且具有可分性，同时也不易变质。这些正是和作为“货币”的要求相一致的。当然，并不是所有的战俘都吸烟，但是，只要香烟成了一种通用的交易媒介，用它可以换到自己想要的东西，自己吸不吸烟又有什么关系呢？我们现在愿意接受别人付给我们的钞票，也并不是因为我们对这些钞票本身有什么偏好，而仅仅是因为我们相信，当我们用它来买东西时，别人也愿意接受。

资料来源：《战俘营的经济组织》，作者 R. A. Radford，1945 年。

三、货币形态的演进

在商品经济中，货币作为一般等价物的本质是不变的，但货币的形态却随着生产和交换的发展而经历着由低级向高级的不断演变过程。

（一）实物货币

实物货币又称为商品货币，是指以自然界存在的某种物品或人们生产出来的某种产品来充当货币，它是货币形态发展的最原始形式。实物货币的特点是，作为货币用途的价值与作为非货币用途的价值相等，即实物货币是以货币商品本身的价值为基础的。在人类历史上，很多种商品都曾在不同时期内扮演过货币的角色。早期的实物货币，一般近海地区多用海贝和盐，游牧民族多用牲畜、皮革，农业区多用农具、布帛，等等。中国古代商周时期，牲畜、粮食、布帛、珠玉等都充当过货币，而以贝壳最为流行。

在这些商品货币中，“贝币”为历史货币，不仅为中国的古代经济立了丰功而且还对中国文化、风俗具有深刻的影响。从现行的中国汉字中，我们可以看到大多数与钱币发生关联的事物或行为都有贝旁，如货、财、资、债等。

写一写

写出跟财富有关的带有“贝”旁的汉字。

实物货币的出现，使得商品交换大为便利，但是实物货币的局限性是非常明显的：有些实物货币体积太大，不便携带；有的质地不均匀，不易分割；有的质量很不稳定，不易保存等。由于实物货币的一些固有缺点，所以随着商品交换的进一步发展，实物货币必然逐渐被金属货币所代替。

（二）金属货币

金属货币是指以金属作为材料的货币，铜、铁、锡、银、金都曾经充当过金属货币。金属货币取代自然物商品作为货币，几乎是世界各国货币发展的共同历史。金属货币的演化沿着两个方向进行：

1. 由贱金属到贵金属的演变。最初是用铁等贱金属作为货币，但随着商品交换的发展，货币材料逐渐固定到贵金属身上。一般来说，用贵金属作为币材是在铜以后，逐渐过渡到银，最后过渡到金。以黄金作为货币是金属货币发展史上的鼎盛时期。贵金属货币有着适宜充当一般等价物的自然属性：（1）贵金属体积小、价值大，便于携带；（2）质地坚固，不易损坏和变质，宜于长期保存；（3）质地均匀，便于分割或熔合成不同重量的条块，适于表现各种商品的不同价值。因此，货币材料最终落到贵金属身上，绝非偶然。

【想一想】

怎么理解马克思所说："金银天然不是货币，但货币天然是金银"？

2. 从称量货币到铸造货币的演变。称量货币指天然形态的贵金属条块。金属货币最初没有固定的形状和重量，每笔交易都需要称量重量，鉴定成色，很不方便。随着商品交换的发展，人们把货币金属铸成具有一定形状、一定重量，并具有一定成色的金属铸币，以便于流通。最初铸币有各式各样的形式，但后来都逐步过渡到圆形，这是因为圆形最便于携带且不易磨损。

案例分析

戏曲《十五贯》

戏曲《十五贯》中提到，在宋代，铜钱1枚为1文，1000文为一贯，重约5斤。买一匹马需要50贯，一石大米大约需要5贯。

思考：15贯铜钱有多重？现在有户人家要去集市购买一匹马并用马驼回大米5石，他应该带上多少铜钱？这些资料说明什么问题，如何才能克服这些问题？

虽然贵金属与实物货币相比有很多优点，但是贵金属的数量有限，供应相对缺乏弹性，其数量不能满足日益增长的商品交易对货币的需求，而且金属货币在携带、分割、生产等方面还是有很多不便。随着经济的进一步发展，金属货币日益被代用货币所取代。

【读一读】

我国古代金属货币赏析

秦半两战国刀币

开元通宝乾隆通宝

【读一读】

我国古代货币的六次重大演变

中国是世界上最早使用货币的国家之一，使用货币的历史长达5000年之久。中国古代货币在形成和发展的过程中，先后经历了六次重大的演变。

一、由自然货币向人工货币的演变

在中国的汉字中，凡与价值有关的字，大都从“贝”。由此可见，贝是我国最早的货币。

随着商品交换的迅速发展，货币需求量越来越大，海贝已无法满足人们的需求，人们开始用铜仿制海贝。铜贝的出现，是我国古代货币史上由自然货币向人工货币的一次重大演变。

随着人工铸币的大量使用，海贝这种自然货币便慢慢退出了中国的货币舞台。

二、由杂乱形状向规范形状的演变

从商朝铜贝出现后到战国时期，我国的货币逐渐形成了以诸侯称雄割据为特色的四大体系，即铲币、刀币、环钱、楚币（爰金、蚁鼻钱）。

秦统一中国后，秦始皇于公元前210年颁布了中国最早的货币法“以秦币同天下之币”，规定在全国范围内通行秦国圆形方孔的半两钱。

圆形方孔的秦半两钱在全国的通行，结束了我国古代货币形状各异、重量悬殊的杂乱状态，是我国古代货币史上由杂乱形状向规范形状的一次重大演变。秦半两钱确定下来的这种圆形方孔的形制，一直延续到民国初期。

三、由地方铸币向中央铸币的演变

据《汉书·食货志》记载，刘邦建汉后，允民私铸钱币。豪绅富商和地方势力乘机大铸恶钱而牟利。文帝时“邓通大夫也，以铸钱财过王者”。

元鼎4年（前115年），汉武帝收回了郡国铸币权，由中央统一铸造五铢钱。从此确定了由中央政府对钱币铸造、发行的统一管理，这是中国古代货币史上由地方铸币向中央铸币的一次重大演变。

此后，历代铸币皆由中央直接经管。铸币权收归中央，对稳定各朝的政局和经济发展起了重要的作用。

四、由文书重量向通宝、元宝的演变

秦汉以来所铸的钱币，通常在钱文中都明确标明钱的重量，如“半两”“五铢”“四铢”等（24 铢为一两）。

唐高祖武德四年（621 年），李渊决心改革币制，废轻重不一的历代古钱，取“开辟新纪元”之意，统一铸造“开元通宝”钱。开元通宝一反秦汉旧制，钱文不书重量，是我国古代货币由文书重量向通宝、元宝的演变。

开元通宝钱是我国最早的通宝钱。此后我国铜钱不再用钱文标重量，都以通宝、元宝相称，它一直沿用到辛亥革命后的“民国通宝”。

五、由金属货币向纸币交子的演变

北宋时，由于铸钱的铜料紧缺，政府为弥补铜钱的不足，在一些地区大量地铸造铁钱。据《宋史》记载，当时四川所铸铁钱一贯就重达 25 斤 8 两。在四川买一匹罗（丝织品），要付 130 斤重的铁钱。铁钱如此笨重不便，纸币交子就在四川地区应运而生。交子的出现，是我国古代货币史上由金属货币向纸币的一次重要演变。

交子不但是我国最早的纸币，也是世界上最早的纸币。

六、由手工铸币向机制纸币的演变

清朝后期，随着国外先进科学技术的逐渐传入，光绪年间已开始在国外购买造币机器，用于制造银圆、铜圆。后来，广东开始用机器制造无孔当十铜圆。因制造者获利丰厚，各省纷纷仿效。

清末机制货币的出现，是我国古代货币史上由手工铸币向机制货币的重要演变。

从此，不但铸造货币的工艺发生了重大变化，而且使流通了 2000 多年的圆形方孔钱寿终正寝。

资料来源：作者佚名，一元一国学网，http：//www. yiyuanyi. org/plus/view. php？ aid = 11981

（三）代用货币

代用货币是金属货币的代表物，通常是指在贵金属货币流通条件下，政府或银行发行的代替贵金属货币流通的纸币凭证。代用货币之所以能在市面流通，被人们所普遍接受，是因为它们背后有充足的金银货币或等值的金银条块作准备，可以自由地用纸币向发行机构兑换成为金银货币或金银条块。早期的银行券是典型的代用货币。银行券的出现是货币币材的一大转折，它为后来的不兑现纸币的产生奠定了基础。

代用货币较实物货币有明显的优点：印制纸币的成本远低于铸币的铸造费用；避免了金属货币在流通中的磨损和有意切割；降低了运送的成本和风险等。但是它的发行要有充足的金银货币或等值的金银条块作准备，跟不上日益扩大的商品生产和商品交换发展的需要。因此为适应经济发展的需要，代用货币逐渐脱离了贵金属，演化成不可兑现的纸币——信用货币。

（四）信用货币

信用货币是代用货币进一步发展的结果，目前世界上几乎所有的国家流通的货币基本上都是信用货币。信用货币指的是通过信用程序发行的货币，它具有以下基本特征：（1）信用货币本身的价值低于它所代表的货币价值；事实上，货币作为商品交换的媒介，人们更关心的是货币能否买到价值相当的商品，而不是货币本身的价值。（2）信用货币完全割断了与贵金属的联系，其发行主要不是以黄金作准备的，国家也不予承诺兑现金属货币。（3）信用货币的基本保证是国家的信誉和银行的信誉。

信用货币的主要形式有纸制货币和存款货币。

纸制货币有两种：一种是银行通过信用渠道发行的，理论上称为银行券；另一种是国家凭借权利发行的，理论上称为纸币，一般称为“现金”或“现钞”。

存款货币是一种可签发支票的活期存款。存款货币主要体现在单位、个人在银行账户上的活期存款，主要流转于银行体系内，可用于转账结算。当收到货币时，由银行将付款人账户上的存款划拨到收款人的账户上；当支付货币时，付款人可以签发票据，通知银行将一定的货币资金转账于收款人账户。随着科学技术的进步，存款货币的收入和支付系统越来越被电子货币的转移系统所取代，即人们所称的电子货币。

（五）电子货币

随着现代信用制度和电子技术的发展，货币形式的发展从有形到无形，逐步产生了电子货币。

电子货币指的是以金融电子化网络为基础，以商用电子化机具和各类交易卡为媒介，以电子计算机技术和通信技术为手段，以电子数据形式存储在银行的计算机系统中，并通过计算机网络系统以电子信息传递形式实现流通和支付功能的货币。电子货币的种类主要有银行卡、储值卡、电子支票等。

电子货币的出现，是现代商品经济高度发达和银行转账清算技术不断进步的产物。电子货币具有使用简便、安全、迅速、可靠的特征，数量增长迅速，对现金的替代作用非常明显。它适应了现代经济规模迅速扩展所带来的资金流空前增长的需要，节省了大量的现金流通，加速了货币资金的循环周转。电子货币是当今货币形态发展的新趋势，在经济生活中发挥越来越大的作用。

【读一读】

银行卡发展史

全球第一张银行信用卡诞生在美国1952年，美国加州富兰克林国民银行发行了全球第一张银行信用卡。

1967年第一台ATM取款机诞生在英国。对于金融界来说，ATM机算得上是20世纪最伟大的发明之一。

1967年6月27日，伦敦附近的巴克莱银行分行推出了神奇提款机。客户可以从银行的出纳员那里购买价值10英镑的代金券，拿到银行外的电子箱兑现。

第一个自助营业厅诞生在美国。1969年，纽约长岛汉华银行的一个广告拉开了这场革命的序幕：“我行将在9月2日早晨9点开门后永不关门！”从那天起，凡持该行带磁条塑料卡的客户再也不用排队等候银行出纳员为他们兑现支票。银行在大街的一面墙上安装了一台机器，客户可以通过它随时取款。

我国第一张银行卡诞生在珠海。1985 年，中国银行在珠海分行发行了我国第一张银行卡，从此迈出了中国银行卡业务发展的第一步。1987 年，工商银行开始发卡；1990 年，中国建设银行发行“龙卡”；1991 年，中国农业银行发行“金穗卡”；1992 年深圳发展银行发行“发展卡”；1993 年，交通银行发行“太平洋卡”……

自 1986 年第一台 ATM 机在中国银行珠海分行投放至今，ATM 机进入中国银行业已有 20 年时间。1996 年，中国银行上海市分行在虹桥开发区开办了国内第一家自助银行。我省的 ATM 联网工程于 2001 年 7 月建成，实现了银行卡在我省 ATM 机的跨地区、跨银行联网通用。

资料来源：作者佚名，南海网——南国都市报，http：//hb. qq. com/a/20111213/001316. htm

【读一读】

盘点各国那些奇葩的货币

1. 雅浦岛：巨石货币。

在所罗门群岛中的雅浦岛上，你会发现世界上最大、最奇怪的一种货币：雷石。和它比起来刚才那些小硬币就有些小巫见大巫了：这些中间有洞的灰岩石块直径能有 12 英尺，重达 8 吨。由于雅浦岛缺乏制造这种雷石的灰岩石块，村民们会冒着生命危险，划着他们远洋航行的独木舟前往帕劳，在那里的山腰上切下这些庞然大物，然后用独木舟运回岛上。这些石头作为货币使用，通常留在原地不动，只是所有权发生转移。雅浦岛政府已禁止雷石出口。为数不多的展示品存放在渥太华的加拿大银行大厅里。

2. 扎伊尔：砍掉他的头！

非洲国家扎伊尔——如今的刚果民主共和国——没有多少钱可供浪费。因此，当约瑟夫－蒙博托的极权主义政权在 1997 年被推翻后，新政府发现，在它设计并发行新的货币之前，国家陷入了现金紧缺的状态。节俭的解决方案是什么？扎伊尔政府拿出了成堆的两万元面值的扎伊尔纸币，将上面的蒙博托头像挖掉，然后就投入流通了。

3. 匈牙利：世界上最大额的钞票。

担心通货膨胀？要想超过 1946 年左右匈牙利的通胀还是有些难度的，当时该国发行了面值创下世界纪录的货币：10 亿亿辨戈（Pengo）。没错：100 000 000 000 000 000 000 辨戈，换算成美元当时这张钞票价值约 20 美分。

4. 东非：可以吃的货币。

盐是世界上最古老的支付工具之一。事实上，工资（salary）一词就来源于拉丁文“salarium”，后者指的是支付给罗马士兵用于买盐的钱。在中世纪，这是撒哈拉大沙漠地区的主要货币形式，并在东非被广泛使用。通常，人们会舔一下盐块，以确定它的真伪，然后将它掰成小块，用来找零。其他难以置信、可以食用的货币包括：一种用椰子纤维包裹的姜黄香料纱球，曾在所罗门群岛的交易中使用；可可（或巧克力豆），广泛应用于整个墨西哥和中美洲；帕尔马奶酪，这种奶酪极受推崇，在意大利曾被用作货币和银行抵押物。还有一种特别的不可食用的货币：缅甸的有毒种子货币。这种货币至少可以证明，钱确实是可以从树上长出来的，或者至少是从灌木丛里长出来的。

5. 德国：木质钞票。

木头做的钞票对钱包来说可能很粗暴，但它们却是德国人在“一战”后为恢复经济的一种天才般的设计。当时，战争赔款协议令德国经济遭受毁灭性破坏，各地的乡镇开始印制“代用货币”作为本地支付工具，使用的材质各式各样，有木材、铝箔、丝绸亚麻布和扑克牌等，这种状况一直持续到当时的德国央行——德意志帝国银行恢复元气。

资料来源：摘编于刘世通，新浪博客，2016－05－15.

四、货币的职能

货币职能是货币本质的体现，是货币作为一般等价物所固有的功能。货币具有价值尺度、流通手段、支付手段、贮藏手段、世界货币五大职能。其中价值尺度和流通手段是基本职能，其他职能是在此基础上派生出来的。

（一）价值尺度

当货币用来表现和衡量其他一切商品和劳务的价值时，执行价值尺度的职能，这是货币最重要、最基本的职能。

货币执行价值尺度职能，是把一切商品的价值都表现为一定的货币量。这是因为货币本身也是商品，具有价值。各种商品都是社会劳动的凝结，具有相同的质，所以劳动时间是商品内在的价值尺度。这种内在的价值可以比较，但自身却无法表现出来。在商品交换过程中，当货币执行价值尺度职能去衡量其他商品的价值，使各种商品价值都表现为一定量的货币时，货币就成为商品价值的外在表现。

商品的价值用一定数量的货币表现出来，就是商品的价格。价值是价格的基础，价格是价值的货币表现。货币作为价值尺度的职能，就是根据各种商品的价值大小，把它表现为各种各样的价格。货币在执行价值尺度的职能时，并不需要有现实的货币，只需要观念上的货币，如一件衣服标价200元，只是把商品的价值观念表现在货币上。在这里，并不需要把现实的货币摆在那里，只需要想象的、观念中的货币就可以，即只要在商品交换时贴上用货币表现的商品价格标签即可。

（二）流通手段

货币的流通手段职能，是在商品交换中发展的。在货币出现以前，商品交换采取物物直接交换的形式。在物物交换的经济中，交易成本很高，交易的完成必须满足“供求的双重巧合”“时空的双重巧合”以及买卖双方就交换比率与交换数量达成一致意见，交易才能顺利完成。但在货币作为交易媒介的情况下，所有一切商品和劳务都可以通过它而顺利地完成交易，不再需要满足物物交易下的三个条件，降低了交易成本，提高了经济效率。

货币产生以后，变成以货币为媒介的商品流通，它使直接商品交换变成两个过程，任何一个商品生产者都要先卖出商品换回货币（W－G），然后再用货币去买回需要的商品

（G－W）。由这两个过程组成的商品交换中，货币充当交换活动的媒介物。这种媒介商品交换的职能，就是货币的流通手段职能。货币的流通手段职能，解决了物物交换的局限性，打破了商品直接交换在时间上和空间上的限制，使商品交换实现了买和卖的分离，便利了商品交换的进行，促进了商品流通的发展。但同时，由于改变了物物直接交换的运动方式，使买卖分离开来，隐藏着发生经济危机的可能性。有的生产者出卖了自己的商品后并不马上购买，因为一些生产者不买，另一些生产者就不能卖，形成买卖脱节的现象，这种现象不解决，就有可能引起经济危机。

与价值尺度不同，货币执行流通手段的职能时，必须是现实的货币，即交易双方必须一手交钱一手交货、等价交换，买卖行为才能完成。但是，货币执行流通手段的职能时不一定是十足价值的货币。货币作为交换媒介时仅仅是一种交易的媒介，作为商品所有者出售商品、换取货币，其目的是用货币去换取自己所需要的商品，只要货币能够购得自己所需要的商品，货币本身是否有价值对商品所有者来说并不重要。这种客观事实，使得历史上足值、不足值甚至于无价值的货币都可以执行流通手段的职能。

（三）贮藏手段

当货币作为社会财富被人们保存、收藏时，暂时退出流通领域而处于静止状态，便执行着贮藏手段的职能。货币之所以能被贮藏，因为货币是一般等价物，它能随时换取所需要的任何商品，是社会财富的一般代表，贮藏货币就是贮藏财富。

货币贮藏手段职能，是随着商品生产和商品流通的发展而不断发展的。最初表现为朴素的货币贮藏，生产者把多余的产品换成货币，目的是用货币保存自己的剩余产品。随着商品生产的发展，商品生产者为便于能随时购买维持生产和生活的商品，货币贮藏主要表现为取得交换价值的贮藏。当商品流通扩展到一切领域，谁占有了货币，谁就可以购得一切所需的物品，这时的货币贮藏就表现为社会权力的货币贮藏。

货币执行贮藏手段时有两个特点：首先，它必须是现实的货币；其次，作为贮藏手段的货币，它必须退出流通领域，处于静止状态。处在流通领域中的货币发挥流通手段和支付手段职能，退出流通领域的货币才执行贮藏手段的职能。

在金属货币流通的条件下，货币作为贮藏手段，具有自发调节货币流通量的作用。当流通中货币量超过经济发展需要时，一部分货币会自动退出流通领域成为贮藏货币；而当流通中的货币量不能满足经济发展需要时，贮藏货币又会进入流通领域，因此在金属货币流通的条件下，一般不会发生货币过多或过少的现象。在纸币流通条件下，如果纸币的币值稳定，货币可以成为长期贮藏的工具，否则其贮藏功能就会受到影响。比如，在通货膨胀时期，币值下跌，为避免财富缩水，人们会选择抗通胀能力强的房产、黄金、古董或有价证券等代替货币来贮藏财富。

（四）支付手段

当货币作为独立的价值形式进行单方面转移时，货币执行支付手段的职能。这一职能是流通手段的延伸。

货币支付手段的产生源于商业信用。由于不同商品的生产周期长短不一，产地距销售地远近各异，为保证再生产过程的连续进行，有的商品生产者为了买到商品愿意提前付款，有的商品生产者为了尽快把商品卖出去，愿意先卖商品后收款，这就是赊买赊卖。这时，货币的收付已同商品的买卖在时间上和空间上发生了分离，不再是货币执行流通手段时一手交钱一手交货的买卖，而是货币进行单方面的价值转移，执行支付手段的职能。货币在商品赊销和预付货款时，商品的让渡与货币支付在时间上分离，这个时候货币便充当延期支付的手段。随着商品交换和信用经济的发展，货币执行支付手段职能日益普遍，不仅超出商品流通领域，而且进入了人们日常生活之中，如用于支付地租、租金、工资、缴纳赋税等。

货币支付手段克服了流通手段的局限性，加速了货币周转，节约了流通费用，但扩大了商品经济的内在矛盾，使货币在执行流通手段职能时孕育的经济危机有了进一步发生的可能。因为赊买赊卖使许多生产者互相欠债，形成债务链条，只要有一个商品生产者欠债不还或不能按期还账，就会引起连锁反应，破坏整个商品交换的信用关系，发生经济危机。

【想一想】

假如货币没有支付手段职能，你的生活会感到哪些不便？

（五）世界货币

随着国际贸易的发展，当货币超越国界，在世界市场上发挥一般等价物作用时，便执行着世界货币职能。世界货币除具有价值尺度职能外，还执行如下职能：作为购买手段，在国际间用以购买外国商品；作为一般支付手段，用以偿付国际债务、支付利息和其他非生产性支付等，以平衡国际间的收支差额；作为社会财富的代表，用以支付战争赔款、输出货币资本等，从一国转移到另一国。

在贵金属货币流通的条件下，充当世界货币的是足值的金和银，而不是具有地域外衣的铸币。因此，它主要是金块、银块的形式。在现代信用货币制度下，主要由那些在国际贸易中得到普遍接受、用于计价和支付的货币是硬通货，如美国的美元、欧洲的欧元等货币来充当。也就是说，并不是世界上任何一个国家的信用货币都可以执行世界货币的职能，只有少数综合国力很强的国家的货币才能被大多数国家认可，充当世界货币。但在这种情况下，各国仍必须贮藏一定量的黄金，以作为世界货币的准备金，用来平衡一国的国际收支。

【想一想】

以下例子中，货币分别履行了哪些职能？

1. 为了应付通货膨胀，小张在家里的保险柜储藏了10根金条来保值。
2. 一件衣服标价800元。
3. 王小二花费1 500元给女朋友买条项链。
4. 盼星星盼月亮，这个月的工资终于发了，虽然只有2 000元。

任务二 货币制度

【学习情境】

国民党政府建立前的20年代，我国实行的是银两本位制——1933年4月进行“废两改元”的货币改革——1935年废止银币本位制，实行法币制度——1948年8月19日发行“金圆券”，废止法币——1949年7月4日在广州发行所谓可无限制兑换的“银圆券”。

任务描述

1. 分组讨论：国民党时期的货币制度有哪些，特点分别是什么？

2. 观看央行纪录片《货币》，利用网络查找我国从古至今的货币，讨论总结我国各阶段货币制度的主要内容，并评价各阶段货币制度的优缺点。

【知识链接】

一、货币制度的内容

货币制度，简称“币制”，是国家以法规形式规定的货币的流通结构和组织形式。国家制定货币制度的目的是保证货币和货币流通的稳定，为经济的正常运行提供一个稳定的货币环境。货币制度的内容一般包括以下六个方面。

（一）规定货币材料

规定货币材料指的是国家用法令的方式规定用哪种材料充当铸造货币的币材。规定货币的币材是货币制度的基本内容，也是一种货币制度区别于另一种货币制度的依据。选择哪种币材受客观经济条件的制约，不同的货币本位制度对经济起着不同的作用。目前各国都实行不兑现的信用货币制度，对货币材料不再作明确规定。

（二）规定货币单位

货币材料一经确定，为了商品交换的方便和快捷，就要规定货币单位。货币单位就是指货币本身的计量单位，规定货币单位包括两个方面：一是规定货币单位的名称；二是规定货币单位的值。

1. 规定货币单位的名称。各国法律规定的货币单位名称，通常都以习惯形成的名称为基础。按照国际惯例，一国货币单位的名称往往就是该国货币的名称。例如，美元、日元等。但是我国比较特殊，货币的名称是人民币，货币单位的名称是“元”。

2. 规定货币单位的值。在金属货币制度条件下，货币单位的值是每个货币单位包含的货币金属重量和成色；在信用货币尚未脱离金属货币制度条件下，货币单位的值是每个货币单位的法定含金量；在黄金非货币化后，货币单位的值表现为确定或维持本国货币与他国货币或世界主要货币的比价，即汇率。

（三）规定流通中货币的种类

规定流通中货币的种类主要指规定主币和辅币。主币又称本位币，是一个国家的基本通货和法定价格标准。在金属货币制度下，主币是用国家规定的货币材料按照国家规定的货币单位铸造的货币；在现代信用货币制度下，一个货币单位以上的现钞也被称为主币。辅币是主币的等分，是一个货币单位以下的小面额货币。在金属货币制度下，辅币用贱金属并由国家垄断铸造。

（四）规定货币的法定支付能力

国家一般通过法令的形式对流通中各类货币的支付能力进行规定。货币法定支付偿还能力分为无限法偿和有限法偿。无限法偿指不论用于何种性质的支付，不论每次支付数额有多大，支付的对方均不得拒绝接受。通常情况下，主币为无限法偿货币。有限法偿与无限法偿相对，即在一次支付中有法定支付限额的限制，若超过一定的金额，对方可以拒绝接受。通常情况下，辅币为有限法偿货币。

（五）规定货币铸造发行的流通程序

在金属货币制度下，货币铸造发行的流通程序主要分为金属货币的自由铸造与限制铸造。自由铸造指公民可按照法律规定，用国家规定的货币材料请求在国家造币厂铸造铸币，其数量不受限制，国家只收取少量的造币费或免费。同时，国家也允许公民将铸币融化成金属条块。一般而言，主币可以自由铸造。限制铸造指只能由国家铸造，辅币为限制铸造。由于辅币的实际价值是低于名义价值的，铸造辅币就会得到一部分铸造收入，所以铸造权由国家垄断，其收入归国家所有。在信用货币制度下，货币铸造发行的流通程序主要分为信用货币的分散发行与集中垄断发行。信用货币分散发行指各商业银行可以自主发行，早期信用货币是分散发行，目前各国信用货币的发行权都集中于中央银行或指定机构。

【想一想】

我国的人民币由哪个单位发行？

（六）规定货币发行准备制度

货币发行准备制度是货币发行时必须以某种金属或资产作为发行准备，从而约束货币发行规模和维护货币信用。在金属货币制度下，货币发行以法律规定的贵金属作为发行准备；在现代信用货币制度下，各国货币发行准备制度已经与贵金属脱钩，多数国家都采用以资产作为准备。

二、货币制度的演变

货币制度自产生以来，从其存在形态看，经历了银本位制、金银复本位制、金本位制和不兑换的信用货币制度等几种类型（见图 1－1）。

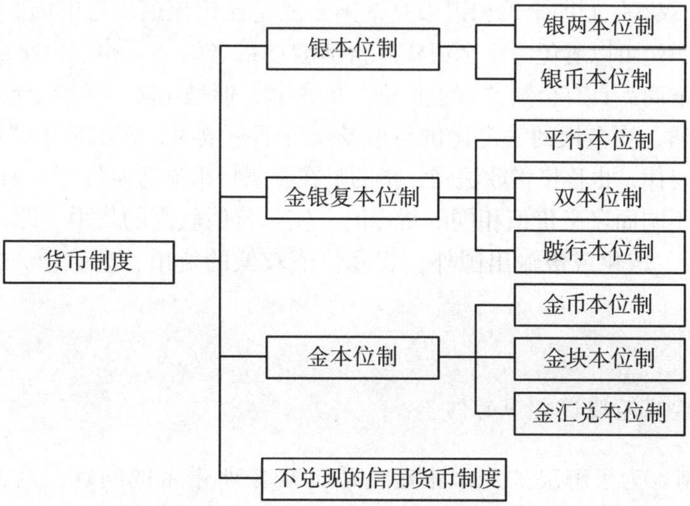

图 1－1　货币制度的类型

（一）银本位制

银本位制是以白银为本位货币的一种货币制度，它是实行最早的金属货币制度。

其基本内容包括：（1）以白银作为本位币币材；（2）银币具有无限的法偿能力；（3）白银可以自由铸造、自由熔化；（4）白银可以自由输入与输出；（5）辅币和银行券可以自由兑换银币。

银本位分为银两本位和银币本位。银两本位是以白银的重量单位"两"作为价格标准，实行银块流通的货币制度。银币本位则是以一定重量和成色的白银，铸成一定形状的本位币，实行银币流通的货币制度。

银本位制适应了当时商品经济并不很发达的社会需要，但随着商品交易不断扩大，大额交易越来越多，而白银的价值不断下降，银本位制已不能适应经济发展的需要，这时黄金开始进入流通领域，金银复本位制也因此产生。

（二）金银复本位制

金银复本位制是指由白银和黄金同时作为货币材料，金银铸币都是本位币，都可以自由铸造，无限法偿，自由输出输入，金银铸币之间、金银铸币与货币符号之间都可以自由兑换。金银复本位制又分为平行本位制、双本位制和跛行本位制。

【想一想】

在纸币流通条件下，两种货币同时流通会出现什么现象？

1. 平行本位制。平行本位制是金币和银币按其实际价值流通，其兑换比率完全由市场比价决定，国家不规定金币和银币之间的法定比价。这种制度的缺点是，由于金币和银币的市场比价经常变动，这就使得用不同货币表示的商品价格也随之经常发生变化，不利于商品交换和经济发展。为了克服这一缺点，一些国家通过法律将金币和银币的比价固定下来，平行本位制发展成为双本位制。

2. 双本位制。双本位制即金币和银币是按国家法定比价流通，与市场上黄金和白银比价的变化无关。这样做虽然可以避免由于金银实际价值波动带来的金币和银币交换比例波动的情况，能克服平行本位制下商品具有金银“双重价格”的弊病，但是用法律规定金银比价，这与价值规律的自发作用相矛盾，当金银的法定比价与市场比价不一致时，就出现了“劣币驱逐良币”现象。劣币驱逐良币定律，也称格雷欣法则，指的是在金属货币流通条件下，如果在同一地区同时流通两种实际价值不同而名义价值相同的货币时，实际价值较高的货币，即良币，必然退出流通——它们被收藏、熔化或被输出国外；实际价值较低的货币，即劣币，则充斥市场。

【想一想】

生活中有哪些劣币驱逐良币的例子？

3. 跛行本位制。为了解决“劣币驱逐良币”现象所带来的问题，西方国家取消了银币的自由铸造，实行跛行本位制。跛行本位制是金币和银币都为本位货币，但国家规定金币可自由铸造而银币不允许自由铸造，并且金币与银币按固定的比例兑换。这种制度下银币实际上已沦为辅币。

（三）金本位制

金本位制是以黄金作为本位货币的一种货币制度。其主要形式可分为三种：金币本位制、金块本位制和金汇兑本位制。

1. 金币本位制。金币本位制是指以黄金为货币金属的一种典型的金本位制，即以一定重量和成色的金铸币充当本位币。其主要特点有：（1）以金铸币作为本位币币材；（2）金币具有无限的法偿能力；（3）金币可以自由铸造、自由熔化；（4）金币可以自由输入与输出；（5）流通中的辅币和价值符号可以自由兑换金币。

2. 金块本位制。金块本位制，又称生金本位制，指没有金币的铸造和流通，只发行代表一定含金量的银行券（或纸币）来流通的货币制度。在这种货币制度下，黄金退居准备金地位，集中储存于政府，金块本位制虽然没有金币流通，但在名义上仍然为金本位制，并对货币规定有含金量，纸币和银行券达到一定数额后可以兑换为黄金。

3. 金汇兑本位制。金汇兑本位制又称虚金本位制，是指以银行券作为流通货币，通过外汇间接兑换黄金的货币制度。金汇兑本位的特点是，不铸造金币，市场上也不流通金币，纸币和银行券不可兑换为黄金，但可以以固定汇率兑换成某一实行金币或金块本位的国家的货币，并在该国兑换黄金。金汇兑本位制实际上是一种附庸性质的货币制度。

（四）不兑现的信用货币制度

不兑现的信用货币制度又称不兑现本位制和不兑现的纸币流通制度，是指以不兑换黄金的纸币或银行券为本位币的货币制度。这种制度的主要特点：(1) 纸币一般是由中央银行发行的，并由国家法律赋予无限法偿能力；(2) 货币不与任何金属保持等价关系，也不能兑换黄金，货币发行一般不以金银为保证，也不受金银的数量控制；(3) 货币通过信用渠道投入流通领域；(4) 当国家通过信用程序所投放的货币超过了货币需要量，就会引起通货膨胀，这是不兑现的信用货币流通所特有的经济现象。

三、我国的人民币货币制度

我国的货币制度是人民币货币制度。1948 年 12 月 1 日，中国人民银行成立并开始发行人民币，标志着人民币制度的正式建立。人民币发行后，在通过逐步收兑、统一解放区货币的基础上，又迅速收兑了原国民党政府发行的伪法币、金圆券乃至银行券，并排除了当时尚有流通的金银外币等，从而建立了以人民币为唯一合法货币的、统一的货币制度。

人民币制度从产生以来，伴随着我国经济和金融的不断发展而逐步趋于完善。人民币制度主要包括以下一些基本内容。

1. 人民币是我国的法定货币，以人民币支付中华人民共和国境内的一切公共的和私人的债务，任何单位和个人不得拒收。

2. 人民币主币的单位为“元”，辅币的单位为“角”和“分”；1 元分为 10 角，1 角分为 10 分。

3. 人民币没有含金量的规定，它属于不兑现的信用货币。人民币的发行保证是国家拥有的商品物资，黄金外汇储备主要是作为国际收支的准备金。

4. 人民币的发行实行高度集中统一，中国人民银行是人民币唯一合法的发行机构并集中管理货币发行基金。

5. 2005 年 7 月 21 日，我国开始实行以市场供求为基础、参考一篮子货币进行调节、有管理的浮动汇率制。人民币汇率采用直接标价法。

【搜一搜】

查询并总结中国香港、澳门及台湾地区的货币制度。

【读一读】

新版人民币将发行　细数那些年人民币背后的故事

第一套人民币

第一套人民币是在中国共产党的领导下、中国人民解放战争胜利进军的形势下，由人民政府所属国家银行在 1948 年 12 月 1 日印制发行的唯一的法定货币。

在图样题材上，选择当时经济建设和新社会人们生活的图案，生动展现出我国解放事业及新中国成立初期人们的政治、生活、文化、社会百态，使人们领略到在党的领导下全国各族人民齐心协力、艰苦奋斗、自力更生建设新中国、新社会的如火如荼激情岁月。

第二套人民币

为改变第一套人民币面额过大等不足，提高印制质量，进一步健全我国货币制度，1955年2月21日，国务院发布命令，决定由中国人民银行自1955年3月1日起发行第二套人民币，收回第一套人民币。第二套人民币，是在第一套人民币的基础上于1955年3月1日开始发行的。当时已消除战争给国民经济带来的影响，工农业生产迅速恢复和发展，商品经济日益活跃，市场物价稳定。国家财政在收支平衡的基础上，连续几年收大于支，国家商品库存、黄金储备也连年增加，货币制度相应巩固和健全，一个独立、统一的货币制度已建立起来。

第三套人民币

第三套人民币是中国人民银行于1962年4月20日开始发行的，与第二套人民币比价相等，并在市场上与之混合流通。这套人民币与第二套人民币相比，取消了3元纸币，增加了1角、2角、5角和1元四种金属币。纸币中“中国人民银行”六字是由马文蔚先生所书写。票面上两方印章分别为“行长之章”和“副行长章”。纸币背面印有用汉语拼音、蒙古文、维吾尔文、藏文、壮文书写的“中国人民银行”字样。第三套人民币枣红色1角纸币，到2000年7月1日停止流通，前后历时38年。

第四套人民币

为了适应经济发展的需要，进一步健全中国的货币制度，方便流通使用和交易核算，中国人民银行自1987年4月27日，发行第四套人民币。第四套人民币在设计思想、风格和印制工艺上都有一定的创新和突破。主景图案集中体现了在中国共产党领导下，中国各族人民意气风发，团结一致，建设有中国特色社会主义的主题思想。

第五套人民币

为适应经济发展和市场货币流通的要求，1999年10月1日，在中华人民共和国成立50周年之际，中国人民银行陆续发行第五套人民币（1999年版）。第五套人民币继承了中国印制技术的传统经验，借鉴了国外钞票设计的先进技术，在防伪性能和适应货币处理现代化方面有了较大提高。各面额货币正面均采用毛泽东主席的头像，底衬采用了中国著名花卉图案，背面主景通过选用有代表性的寓有民族特色的图案，充分表现了中国悠久的历史和壮丽的山河，弘扬了中国伟大的民族文化。

资料来源：作者许允兵，中国网，http：//news. youth. cn/sh/201508/t20150811_6985382. htm

项目要点

1. 货币是在由商品交换发展所决定的价值形式的发展中产生的。价值形式是商品价值表现形式的简称，是指在商品交换中用一种商品来表示另一种商品价值的形式。商品价值形式的发展经历了四个阶段，即简单的价值形式、扩大的价值形式、一般价值形式和货币价值形式。

2. 货币是从商品中分离出来固定地充当一般等价物的特殊商品，它体现了一定的社会生产关系。

3. 货币的形态随着生产和交换的发展而经历着由低级向高级的不断演变过程，包括实物货币、金属货币、代用货币、信用货币、电子货币。

4. 货币职能是货币本质的体现，是货币作为一般等价物所固有的功能。货币具有价值尺度、流通手段、支付手段、贮藏手段、世界货币五大职能。其中，价值尺度和流通手段是基本职能，其他职能是在此基础上派生出来的。

5. 货币制度，简称“币制”，是国家以法规形式规定的货币的流通结构和组织形式。

6. 货币制度自产生以来，从其存在形态看，经历了银本位制、金银复本位制、金本位制和不兑换的信用货币制度等几种类型。

货币与货币制度知识网络结构见图 1－2。

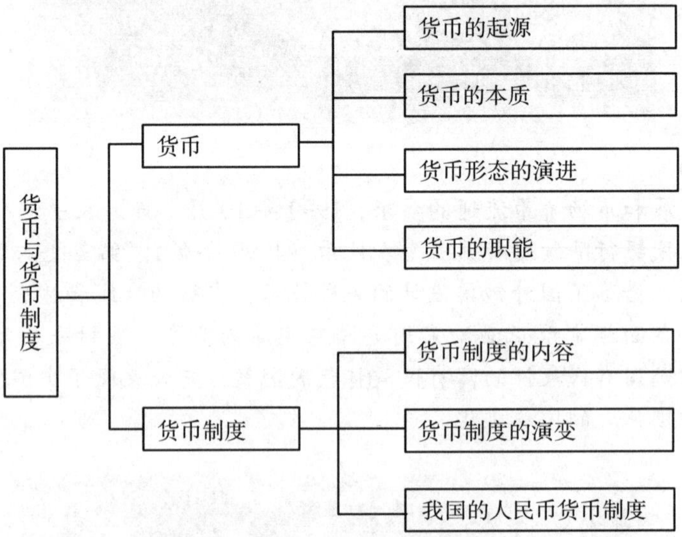

图 1－2　货币与货币制度知识网络结构

知识练习

一、单项选择题

1. 货币发挥（　　）职能时不必是现实的货币。

A. 价值尺度　　B. 流通手段　　C. 支付手段　　D. 贮藏手段

2. 价值形式发展的最终结果是（　　）。

A. 货币形式　　B. 纸币

C. 扩大的价值形式　　D. 一般价值形式

3. 历史上最早出现的货币形态是（　　）。

A. 实物货币　　B. 信用货币　　C. 表征货币　　D. 电子货币

4. 如果金银的法定比价为 1∶13，而市场比价为 1∶15，这时充斥市场的将是（　　）。

A. 银币　　B. 金币

C. 金币银币同时　　D. 都不是

5. 历史上最早的货币制度是（　　）。

A. 金本位制　　B. 银本位制

C. 金银复本位制　　D. 金块本位制

二、多项选择题

1. 货币发挥支付手段的职能表现在（　　）。

A. 税款交纳　　B. 贷款发放　　C. 工资发放　　D. 商品赊销

E. 赔款支付

2. 贵金属能自由输出输入存在于（　　）条件下。

A. 银本位制　　B. 金银复本位制

C. 金币本位制　　D. 金汇兑本位制

E. 金块本位制

3. 人民币货币制度的特点有（　　）。

A. 人民币是我国法定计价、结算的货币

B. 人民币主币无限法偿，辅币有限法偿

C. 人民币采用现金和存款货币两种形式

D. 现金由中国人民银行和国有商业银行发行

E. 目前人民币汇率实行单一的、有管理的浮动汇率制

4. 金属货币制度下主币具有以下性质（　　）。

A. 足值货币　　B. 不足值货币　　C. 无限法偿　　D. 有限法偿

E. 限制铸造

5. 货币的基本职能有（　　）。

A. 价值尺度　　B. 流通手段　　C. 支付手段　　D. 贮藏手段

E. 世界货币

三、简答题

1. 什么是货币制度？其主要构成要素有哪些？

2. 什么是“劣币驱逐良币”规律？

3. 中国人民银行是如何对人民币发行进行管理的？

4. 不兑现的信用货币制度有什么特点？

技能测试

案例分析

布雷顿森林体系的兴衰

70 年前，44 个“二战”盟国的财长和央行行长在美国新罕布尔州的滑雪胜地布雷顿森

林召开会议，目的是在两次毁灭性的世界战争之后建立新的国际货币秩序。

1944 年 7 月 1 日布雷顿森林会议开幕的时候，世界经济和金融体系也成了一片废墟。金本位体制在“一战”中已奄奄一息。20 世纪 20 年代英国试图恢复这一体制，但由于给英镑定价太高，死要面子活受罪，使本国经济受到重创。20 世纪末的经济大萧条埋葬了一切与黄金挂钩的梦想，各国为刺激出口竞相使自己的货币贬值，在两次大战的间歇打起了货币战和贸易战。

“二战”爆发，货币战场的局面更是不可收拾。不管是挑起战争的德国还是保家卫国的盟国都开动印钞机应付战争开支，通胀率令人心惊胆战。1944 年纳粹德国眼看不行了，美国决心重建国际货币和贸易秩序。

在布雷顿森林会议上发生了两种理念，或称两个计划的竞争：凯恩斯计划和怀特计划。凯恩斯是当时英国如日中天的经济学家，怀特则是美国财政部一位名不见经传的官员。但最终会议通过了怀特计划，原因很简单：因为凯恩斯虽然名气大，但他代表的是正在衰落的帝国。当时英国欠了美国一屁股的债，凯恩斯的另一项使命便是协商英国战争欠款的事宜。处于这样的地位，凯恩斯的底气足得起来吗？尽管他竭力阻止出现美元一统天下的局面，建议引入一个记账货币，建立国际清算机制，但已成为全球债权国的美国怎么肯放弃这个成为金融霸主的天赐良机?!

怀特计划的具体内容是，建立以美元为主导货币的国际货币秩序。具体来说，布雷顿森林体系的成员将自己的货币与美元挂钩，上下浮动的范围不得超过 1%；美国则保证以 35 美元一盎司的兑换率随时将美元兑换成黄金。为保证这一体系的运行，与会者决定成立国际货币基金和世界银行。成立国际贸易组织的计划流产之后，参与布雷顿森林体系的国家于 1947 年签署了关税和贸易总协定（GATT）。

在这之后的十几年里，布雷顿森林体系无疑为世界贸易和经济的繁荣做出了贡献。但贸易繁荣也意味着对美元的需求量激增，布雷顿森林的弊端也很快显露出来：要实现美元兑换黄金的承诺必须控制美元的发行量，但各国外汇储备的扩大又需要越来越多的美元。

与此同时，美国人也很快发现主导货币给他们带来的特权：想印多少钞票就可以印多少。美国毫不客气地利用了这一特权，让其他国家为自己的经常账赤字埋单。越南战争更使美国的财政赤字直线上升。

按理说，美国早已无法兑现以固定汇率换黄金的承诺。布雷顿森林体系得以维持到 1971 年的原因是美国的盟友不愿给美国难堪，不将自己手中的美元换成黄金，而是老老实实地买美国的债券。只有一个人敢与华盛顿叫板，他就是 20 世纪 60 年代的法国总统戴高乐。他不愿再为美国承担战争的费用，于是从 1965 年开始将法国的美元兑换成黄金，并在月黑风高之夜用潜艇将黄金运回巴黎。某种程度上是这位法国将军为布雷顿森林体系敲响了丧钟。

1971 年 8 月 15 日，美国总统尼克松宣布美元与黄金脱钩，这便是所谓的“尼克松震荡”。之后，西方国家的央行通过大规模的外汇干预，试图为布雷顿森林体系做人工呼吸，但最终不堪重负。1973 年 3 月，维利 - 伯兰特领导的德国政府宣布不再不惜一切代价地支撑美元。越来越多的国家效仿德国的榜样，布雷顿森林体系于是土崩瓦解。

该体系的机构却没有随之寿终正寝：国际货币基金和世界银行在改变职能的前提下得以

继续生存。关税及贸易总协定则在1994年演变为世界贸易组织。

布雷顿森林货币体系努力将金本位体系固定汇率和相对自由汇率体系的好处结合起来。但即使在与美元的浮动走廊拓宽之后，这一自由仍然相当有限。保证这样的体系正常运转的前提是各成员保持大致相当的经济和财政政策，但这对44个国家来说比登天还难。于是在布雷顿森林体系内，以马克为代表的部分货币不断面临升值的压力；另一些货币则需要更大的贬值幅度，比如英镑和法郎。

布雷顿森林体系失败之后，欧洲担心回到20世纪30年代的货币战争状态，下决心建立自己的货币机制。先是货币走廊，后来发展到欧洲货币体系，直到欧元诞生。不过，欧元在风光一时之后陷入与布雷顿森林体系同样的困惑。这也难怪，经济和财政政策各不相同的国家保持相对固定的汇率都很困难，更何况统一货币根除了货币浮动的可能。

资料来源：作者张丹红，财新网，http：//opinion. caixin. com/2014 - 07 - 01/100697873. html

思考：

1. 布雷顿森林体系的主要内容是什么？
2. 布雷顿森林体系为什么会瓦解？
3. 查阅资料，分析目前的国际货币体系。

素质拓展

1. 调查分析：设计大学生关于纸币和电子货币使用情况的调查问卷，了解现实生活中不同的货币形式并对未来货币形式的发展进行预测。
2. 参观货币博物馆，了解我国货币的演变历史。

项目二　信　　用

学习目标

（一）知识目标

掌握信用的含义和基本特征；掌握信用的构成要素；理解信用的作用和对经济的影响；掌握商业信用、银行信用等主要的信用形式。

（二）技能目标

能够运用信用基本知识分析和解释生活中的信用现象；能够区分不同种类的信用形式；能分析各种信用形式在社会融资中的作用和对经济的影响；能利用消费信用中的具体形式进行个人消费活动。

（三）素质目标

培养学生科学的思维方法、正确的消费观念和理财意识、团队合作精神以及人际交往能力等。

【案例导入】

民生信用卡提示：珍惜信用记录，共建诚信社会

信用卡逾期拒不还款到底会造成多大影响？27 岁的张先生信用卡账户严重逾期长达一年多，其间，银行不断提醒还款及法院介入无果，最终被列入失信被执行人名单。当张先生到银行办理购房贷款时，银行拒绝了他的贷款，一同前去的女友还指责他为“老赖”，原定的结婚计划也泡了汤，张先生至今懊悔不已。

国家公共信用信息中心发布的《2018 年失信黑名单年度分析报告》显示，截至 2018 年底，全国法院累计发布失信被执行人名单 1 277 万人次。所谓的失信被执行人，即公众常说的“老赖”。在上千万的“老赖”中，有不少是因信用卡恶意逃债而遭到的惩戒。

“他们跟我说，只要跟银行死磕到底，刷的钱就不用还了，真没想到成了现在这样”，张先生告诉记者。原来，张先生是在网上加入了“反催收联盟”，相信“组织”能够“带他上岸”。“微信群里会教我们很多反催收的方法，主要是在贴吧、微博或投诉网站上发帖投诉银行暴力催收，群里的人还会组织传播造势，通过把事闹大来向银行施压、索要赔偿。”

那问题来了，如此“把事闹大”真能让金融机构作出让步吗？在业内人士看来，答案显然是“不”。

记者从民生银行信用卡中心了解到，反催收联盟的很多操作套路其实都是“徒劳无益”的。作为正规的持牌金融机构，银行催收一直是在严监管下开展，并不存在“恐吓、不间断骚扰、发布假的法院传票威胁还款”等“暴力”催收行为。对恶意逾期的借款人而言，暂时不还钱或许能赢得“一时潇洒”，但结果往往是自身信用记录受损，给生活造成诸多不便。

依据最高人民法院关于修改《最高人民法院关于公布失信被执行人名单信息的若干规定》的决定（法释〔2017〕7号），人民法院失信被执行人名单信息，将向政府相关部门、金融监管机构、金融机构、承担行政职能的事业单位及行业协会等通报，供相关单位依照法律、法规和有关规定，在政府采购、招标投标、行政审批、政府扶持、融资信贷、市场准入、资质认定等方面，对失信被执行人予以信用惩戒。

社会诚信体系的建设需要政府、企业、个人的共同努力，民生信用卡通过一系列举措，多维度、全方位地帮助持卡人形成良好的用卡习惯和诚信意识，不仅是对国家政策的积极贯彻，也是践行社会责任的具体表现，更是对其品牌主张——“信任长在”的有力诠释。

资料来源：摘编自作者佚名，光明网，http：//finance. gmw. cn/2019－03/18/content_32651927. htm

思考：

1. 信用卡属于哪一种信用形式？这种信用形式有哪些特点？
2. 信用卡逾期不还会有什么后果？
3. 信用卡使用时应注意哪些问题？

任务一 信用概述

【学习情境】

小王向工商银行提出个人住房按揭贷款书面借款申请，并提交有关资料；银行根据小王的申请资料对贷款进行审批（贷款金额为30万元，贷款期限为20年，贷款利率为中国人民银行公布的同期同档次贷款基准利率的1.1倍，采用等额本息还款法按月还款）；小王在接到工商银行有关贷款批准的通知后，到贷款行与工商银行签订借款合同和相应的担保合同，并办理抵（质）押登记及公证等手续；小王办妥有关手续后，工商银行按照借款合同的约定，将贷款资金按规定一次性转入房地产开发企业在银行开立的账户。贷款发放后，小王按借款合同约定的还款计划、还款方式偿还贷款本息。

任务描述

学生分组讨论：（1）他们之间构成信用关系吗？（2）如果构成，找出其构成要素。

【知识链接】

一、信用的含义和特征

信用是商品货币经济发展到一定阶段的产物。在道德层面中，信用是长时间积累的信任和诚信。人们在日常生活中讲的“诚信”“讲信用”及“一诺千金”等通常反映的就是这个层面的意思。从法律层面来看，信用主要指的是双方当事人按照“契约”规定享有的权利和肩负的义务。从经济学层面看，信用则指的是以还本付息为条件的暂时让渡商品和货币的借贷行为。商品和货币的所有者，将商品和货币让渡给需要者，然后按照事先约定的期限由借入者还本付息。商品和货币的贷出者与借入者所形成的债权债务关系，成为信用关系的基本形式。信用有以下三个基本特征。

（一）信用是以还本和付息为条件的借贷行为

贷者把一定数量的商品或货币贷给借者，借者可以在一定的期限内使用这些商品或货币，但是到期必须归还，并且按照事先的约定支付一定的利息。由于在信用活动中贷者并没有放弃所有权，所以必须偿还；贷者之所以愿意借出，是因为可以从中获益，借者之所以能够借入，是因为承诺了还本付息的责任，所以还本付息成为信用活动的基本条件。在现实生活中，也存在很多的无利息的借贷行为，但这样的借贷从严格意义上讲，不属于信用的范畴。

（二）信用是价值的单方面让渡

与一般的商品交换活动所引起的价值运动形式不同，信用关系所引起的价值运动是通过借贷、偿还、支付等一系列活动来完成的。信用是价值运动的特殊形式，是价值的单方向让渡，不是像买卖商品一样，一手交钱一手交货。当商品或货币从贷者手中转移到借者手中，并没有同等价值的对立运动，所有权没有转移，让渡的只是使用权。

（三）信用反映的是债权债务关系

在信用活动中，商品或货币的所有者由于让渡货币或商品的使用权而成为债权人，商品或货币的借入者成为债务人。债权人有要求还本付息的权利，债务人有到期还本付息的义务。信用关系是债权债务关系的统一。

【读一读】

盘点各国信用体系：瑞典惩戒严格　韩国较仁义

澳大利亚：犯罪记录和个人征信与生活息息相关

个人信用记录在澳大利亚使用非常广泛，像在银行贷款、申请信用卡，甚至要贷款买一辆汽车、一个移动手机电话，贷款方都有资格查询你的信用记录。澳大利亚很多人喜欢分期付款，小到买个手机、大到买辆车，分期付款的比例很高。但是所有的在对方决定可以给你分期付款之前，对方都会做一件事，就是检查你的个人信用记录。在澳大利亚个人信用记录非常重要，买手机买车要进行信用调查，买房贷款更要调查，申请信用卡还是要调查。而澳大利亚对于每个人的信用记录做得都非常详细，当你在澳大利亚第一次申请和信用有关的服务的时候，你的个人信用报告就开始生成了。

瑞典：实行信用惩戒机制失信后果严重

瑞典是一个很重视个人信用度并且实行信用惩戒机制的国家，因此瑞典公民有着非常高的信用意识。比如手机，信用卡欠费了，在被催缴之后，如果选择不支付欠款，那么通信公司和银行就不会再次催款，他们会将欠费人资料提供给个人信用机构，再由这个机构发信函咨询你的欠费单据是否属实以及欠费的原因。如果不能提供正当的欠费理由而继续欠费的话，信用机构就会把你拉进黑名单，一旦名字被记录在案，在3年内入不了任何手机网络，不再有权利享受任何先消费再付费的服务，没有任何银行会给提供贷款。

韩国：比较仁义

韩国的法律还是比较仁义具体的，并没有把交通或者是其他的违规违法的现象和金融等级挂钩的这种制度。在韩国人看来，交通是交通，金融是金融，比如说一个驾车习惯不太好的人，也许他在金融方面却十分守法，不仅按期纳税，贷款利息也会及时偿还。另外交通的违规违法一般要分多种情况，如驾车习惯不好、说岁数大了反应不灵敏、驾车技术不熟、对交通规则了解得不够等，但是这些人在金融方面可能是十分遵纪守法的人。所以韩国人认为，如果把他们在交通方面的过失与金融的信誉挂钩，那是不太公平的。在韩国，每方面的责任分相对来说分得比较清楚，在一些领域不主张挂钩，以避免出现一次犯错误，终身处处碰壁，没有东山再起的机会的这种现象。

资料来源：《全球华语广播网》报道，央广网，http：//china. cnr. cn/qqhygbw/20160323/t20160323_521690421. shtml

二、信用的构成要素

（一）信用主体

信用主体即信用关系的当事人，包括授信者和受信者。授信者是信用的提供者，即贷方、债权人，拥有到期要求债务人归还本金和获得利息的权利；受信者是信用的接受者，即借方、债务人，承担到期还款和付息的义务。信用主体间的债权债务关系是构成信用的第一要素。

（二）信用工具

信用工具是债权债务的载体，是借方和贷方进行资金融通的工具。早期多用口头约定确定债权债务关系，但口说无凭容易引发争执。现代信用通过书面文件来确定信用关系的依据，如股票、债券、存单等。

【读一读】

丢失借条后如何挽回损失?

案例：3年前，刘备因购买农用车向孙权借钱3.5万元，现在到了还款期限，孙权多次催要，刘备总是推托拒不还款。孙权打算起诉，但孙权找不到借条了，这时候孙权该怎么办?

律师认为：作为债权人一旦将借条遗失，就不要仓促向法院起诉。因为一旦对方觉察借条遗失而赖账，你只能眼睁睁地丧失诉讼权利。那么借条遗失了，有没有补救措施呢？还是有的，你可根据相关情况采取以下措施：

首先，千万要做好“保密”工作，不要让对方觉察借条已经丢失。

其次，可态度从容地要求债务人订立还款计划或签订还款协议，只要对方肯于订计划、签协议，条件可放宽。通常债务人较易接受这个要求。

再次，请了解情况的单位和个人出具书面证实材料或作为证人出庭作证，证人必须与双方当事人无利害关系。

最后，委托代理人与对方接触，做好谈话笔录。对方在没有觉察借条丢失的情况下，往往认账，他会把精力集中到能否还债的理由上。

以上尽管是间接证据，附之你向法院提供的起诉书等书面材料，可形成一个“证据链”，相信能打动法官。

注意事项

在法律诉讼过程中，当事人所主张的事实都需要有相关的证据进行支撑，缺少证据支持的事实，一般很难得到法院的承认。

证据包括的范围很广，一般认为，凡是能够证明案件事实的相关客观材料都可以算作是证据，如书证、物证、影视证据、电子证据、证人证言等。民事交易过程中，一般最好取得书面的证据，如合同书、欠条、借据等。除此之外，电子邮件、电话录音、缴款凭证、转账凭证、手机短信，甚至于他人的口头证言等，也均可以作为诉讼中的证据。

资料来源：作者佚名，法务之家，http：//www. acla. org. cn/html/lvshiwushi/20151111/23400. html

（三）信用条件

信用条件是指在信用期内，债权和债务双方应享有和遵守的权利和义务，主要指信用的期限、利率等。从信用的发生确立到信用的终止清偿，总有着或长或短的时间间隔。借者可以利用这段时间使所借资本价值增值，以保证还本付息。一般来说，期限越长，贷者所要求的回报也就越高。利率是本金和利息之比，既体现了贷者和借者的信用关系，也体现了贷者贷出货币收益的高低和借者使用借入货币成本的大小。

三、信用的作用

（一）信用的积极作用

1. 调剂货币资金余缺，实现资源优化配置。信用促进了资金优化配置，提高资金使用效率。在现代市场经济运行中，经常会出现这种情况，即资金盈余单位不一定拥有好的投资项目，或者不一定具备良好的经营管理投资项目的能力，而拥有良好投资项目的单位又可能缺乏足够的资金。通过借贷，资金可以流向投资收益更高的项目，可以使投资项目得到必要的资金，资金盈余单位又可以获得一定的收益。信用调剂货币资金余缺的过程，也是资金、资源重新配置的过程，伴随着资金流向效益高、具有发展前景的企业和行业，资源也得到了最优化的配置。

2. 缩短流通时间，节约流通费用。由于信用结算手段的不断更新换代，加速了商品流转，缩短了流通时间，减少了流通占用和流通消耗。同时，信用通过提供和创造流通工具，能起到节约流通费用的作用。现代信用在分配或转移闲置资金时，必须借助于某种形式的流通工具来进行，这些信用工具通过背书可以流通转让，具有很大的流动性，大大减少了现金的使用，节约了社会流通费用。

3. 推动经济增长。信用可以积少成多，将众多的零星资金聚集成规模庞大的资金投入到生产领域中，从而扩大社会投资规模，增加社会产出，促进经济增长。同时，信用可以创造和扩大消费，通过消费的增加，刺激生产的扩大和产出的增加，也能起到促进经济增长的作用。

（二）信用的消极作用

虽然信用有调剂资金余缺、推动经济增长等积极作用，但如果信用利用不当，信用规模过度扩张，也会产生信用风险的集聚，给经济和社会带来灾难性的影响。信用风险是指债务人不履行约定的承诺按时偿还债权人本金和支付利息的风险。只要有信用活动，就有信用风险。现代市场经济是一种信用经济，信用关系已经成为现代社会最普遍、最基本的经济关系，各类经济行为主体之间债权债务交错，形成了错综复杂的债权债务链条，这个链条上有一个环节断裂，就会引发连锁反应。正是由于信用风险具有传染性强、扩散快以及不断加剧的特点，现代信用风险的控制就显得尤为重要。

【读一读】

信用雷区扩大　年内已现7起违约

2016年3月17日晚间，雨润食品发布2015年度第一期短期融资券（简称“15雨润CP001”）未按期足额兑付本息的公告，公司方面表示，截至2016年3月17日日终，公司未能按照约定筹措足额偿债资金，“15雨润CP001”不能按期足额偿付，已构成实质性违约。

同日上海清算所发布公告称，截至当日日终，清算所仍未足额收到雨润食品的付息兑付资金，暂无法代理发行人进行本期债券的付息兑付工作。这也意味着，发行总额5亿元的“15雨润CP001”成为今年年内第7起违约事件。

一切早有苗头。雨润食品去年10月18日到期的2012年度第一期中期票据“12雨润MTN1”就曾经出现过兑付危机，尽管“12雨润MTN1”最终兑付，但其进一步加剧了公司资金链的紧张程度。随着“15雨润CP001”兑付日临近，违约风险也在逐步加大，在此过程中，新世纪评级连续两次下调雨润食品评级，似乎也预示了“15雨润CP001”最终的违约。

值得注意的是，雨润食品2013年度第一期中期票据“13雨润MTN1”也将于今年5月13日到期。3月15日，新世纪评级将雨润食品主体信用等级由BB级下调为CCC级并列入负面观察名单的同时，亦将“13雨润MTN1”信用评级由BB级下调为CCC级；将“15雨润CP001”信用等级由B级下调为C级。

春寒料峭，让人更心悸的是，信用“雷区”正逐步扩大。本周以来，春和集团相继被两机构调降评级，“15春和CP001”和“12春和债”被提示信用风险，华电煤业、包钢集团等主体评级被调为负面，一切都在提醒投资者：信用违约事件正趋于常态化，“防踩雷”需为投资第一要务。

资料来源：作者王姣，中国证券报，http：//news. 163. com/16/0318/00/BIDAF3N100014AED. html

任务二 信用形式

【学习情境】

小张是一个在四季服装市场经营多年的摊主，眼下正值销春装时节，小张急需一笔流动资金用于进货，然而由于应收货款没有全部收回，目前急缺资金。在这个时候，朋友给小张提出几个建议：（1）以名下的市场摊位使用权为抵押，向银行申请流动资金贷款；（2）向银行申请信用卡来应急（小张个人信用良好，经营情况正常）；（3）向经常往来的服装批发商赊销；（4）向亲戚朋友借款，可以不用付利息；（5）向民间借贷公司借款；（6）通过P2P借贷平台借款。

任务描述

1. 学生分组讨论：（1）以上借贷渠道是否都属于信用范畴？（2）如果属于信用范畴，分别是哪种信用形式？这种信用形式有哪些特点？（3）替小张再想出一些借贷渠道，并分析其信用形式和特点。

2. 情景模拟：每组选定一种借贷方式进行信贷交易的过程模拟，分析其信用交易特点，理论总结该信用方式的概念、特点、作用及局限性（如一个组员扮演小张，其余组员扮演银行、亲戚朋友、民间借贷公司等资金供给方）。

【知识链接】

信用形式指的是信用关系的具体表现形式。按照不同的标准，信用有多种划分方式。例如，按照信用期限的不同，信用可划分为短期信用、中期信用和长期信用；按照有无抵押为标准，信用可分为有担保信用和无担保信用；按照借贷主体的不同，信用可划分为商业信用、银行信用、国家信用、消费信用、国际信用和民间信用。其中，商业信用和银行信用是两种最基本的信用形式。

一、商业信用

（一）商业信用的概念

商业信用是指企业之间相互提供的、与商品交易直接相联系的信用。商业信用的具体形式包括商品赊销、分期付款、预付货款、委托代销等。由于这种信用与商品流通紧密结合在一起，故称为商业信用。商业信用最典型的形式是商品赊销。

商业信用产生的基本原因是：在商品经济条件下，由于生产者之间的生产时间和流通时间经常不一致，使商品运动和货币运动在时间上和空间上相脱节。即在社会再生产过程中，一些企业生产出商品等待销售，而需要购买商品的企业又暂时没有资金，因为这些企业只有在售出自己的产品后才能获得足够的资金。商业信用通过赊销商品，以延期付款的方式解决了买卖双方暂时的矛盾。这样，既使卖方顺利地实现了商品价值，又满足了买方补充资金的需要，从而加速了商品价值实现的过程，缩短了生产和流通时间，促进了社会再生产的顺利进行。

【读一读】

“京东金采”为大客户提供赊销服务

京东金融基于“互联网+”推出升级产品“京东金采”，成为业内首款面向企业大客户提供定制化赊购服务的产品。

据了解，京东金融分析大量京东商城企业客户的采买行为，发现该类客户群体主要采买办公用品，且交易频次高、金额大。据悉，这部分客户采购时存在着明确的账期、财务和资金等需求。

“京东金采”的推出可以为考虑现金周转、资金成本的企业客户，在京东商城采买所需用品时，解决其短期采购的资金需求。同时，“京东金采”根据企业或法人代表资质，最高可授予100万元信用支付额度，并会在京东商城定期推出金采专场优惠价格商品。

据介绍，申请成为“京东金采”客户提交完备资料后，2个工作日内将核准给予的信用支付额度。并且获得信用资质的企业，提交采购订单2秒就能完成在线支付。

“京东金采”同时也为客户提供定制化的账期服务，在最长21天免息期和最低0.6%/月的分期还款服务费的基础上，帮助企业管理账单，记录在线还款账务，精简企业采购对账环节。

资料来源：作者佚名，新华网，http：//www. bj. xinhuanet. com/bjyw/2015－06/10/c_1115575088. htm.

（二）商业信用的特点

1. 商业信用是借贷行为与商业交易相联系，商品买卖行为与货币借贷相结合的经济行为。商业信用实际上同时包含着两种经济行为，即买卖与借贷。商业信用所提供的不是暂时闲置的货币资本，而是处于再生产过程中的商品资本，是产业资本的一部分。卖者把商品赊销给买者，商品买卖完成，商品的所有权发生了转移，由卖者转移到买者手中，但由于商品的货款没有立即支付，提供商业信用的卖者变成了债权人，而买者变成了债务人，买卖双方形成了债权债务关系，买卖行为同借贷行为相结合。

2. 商业信用是企业之间发生的最简单的直接信用形式。商业信用是企业之间以商品形态提供的信用，其借贷双方或债权人与债务人是商品的生产者或经营者，它们之间所发生的借贷关系是一种最简单的直接信用形式。

3. 商业信用状况与经济景气状况一致。在经济繁荣时期，企业生产规模扩大，商品增加，从而以信用形式出售的商品就增多，对商业信用的需求也增加了；相反，在经济危机或萧条时期，企业的生产规模缩减，市场上的商品滞销，需求不足，这时企业对商业信用的需求也就减少了。这是因为企业以信用形式购入的商品是用于生产的继续进行。

【画一画】

假设现在有7家企业，分别是棉花商A、纺纱厂B、织布厂C、印染厂D、服装加工厂E、服装批发商F、服装零售商G，试画出这7家企业之间可以提供的商业信用。

（三）商业信用的优点及其局限性

由于商业信用具有以上特点，因而其优点在于方便和及时。商业信用的提供，既解决了资金融通的困难，也解决了商品买卖的矛盾，从而缩短了融资时间和交易时间。同时，商业信用直接为商品流通服务，以商业信用作为优惠的销售条件，是商品的一个有力竞争手段。而且卖方企业提供商业信用后，由于证明这种信用关系的商业票据在一定条件下可以流通转让，特别是持票人必要时可向金融机构以贴现方式融入资金，因而，无论是有闲置资金的卖方还是无闲置资金的卖方企业，都愿意运用商业信用来推销商品。正因为如此，一般在商业信用能解决贷款融资的情况下，买方企业无须求助于银行信用。商业信用是西方国家信用制度的基础和基本形式之一。

商业信用虽有其优点，但由于其本身具有的特征又决定了它的存在和发展具有局限性，主要表现在以下几个方面。

1. 规模和数量上的局限性。商业信用是企业间买卖商品时发生的信用，是以商品交易为基础的。因此，信用的规模受商品交易量的限制，生产企业不可能超出自己所拥有的商品向对方提供商业信用。商业信用无法满足由于经济高速发展所产生的巨额资金需求。

2. 方向上的局限性。因为商业信用的需求者也就是商品的购买者，所以这就决定了企业只能和与自己的经济业务有联系的企业发生信用关系，通常只能由卖方提供给买方，而且只能用于限定的商品交易。例如，纺织业只能按下列方向提供信用：棉花商→纺织厂→织布厂→印染厂→服装厂……而不能反向大量并经常地提供商业信用。

3. 信用能力上的局限性。商业信用的借贷行为之所以能成立，不仅是因为买卖关系的成立，更重要的是出售商品的企业比较确切了解需求者的支付能力，也只有商品出售者相信购买者到期后能如数偿付货款，这种信用关系才能成立。因此，在相互不了解信用能力的企业之间就不容易发生商业信用。

4. 信用期限的局限性。企业在向对方提供商业信用时，一般受企业生产周转时间的限制，期限较短，所以商业信用只能解决短期资金融通的需求。

5. 管理上的局限性。信用是企业之间自愿发生的，有其盲目、自发、无序的一面，对商业信用如果不正确地加以引导和管理，其中也潜伏着危机，容易掩盖企业经营管理中的问题，可能引起虚假的繁荣，可能引发信用规模膨胀，造成微观或宏观效益低下。加强对商业信用的管理，需要银行信用来支持，国家可以通过信贷政策合理控制和引导商业信用。

商业信用的局限性，使它难以满足资本主义经济发展的需要。因此，在商业信用的基础上，为适应商品经济发展的需要，出现了银行信用并迅速地发展起来，银行信用成为一种主要的信用形式。

二、银行信用

（一）银行信用的概念

银行信用是指以银行为中介的，用货币形式提供给企业或个人的信用。银行信用是银行或其他金融机构以货币形态提供的信用，是现代经济中的主导信用。它是伴随着现代资本主义银行的产生，在商业信用的基础上发展起来的一种间接信用。银行信用在规模上、范围上、期限上都大大超过了商业信用，成为现代经济中最基本的占主导地位的信用形式。

【想一想】

银行信用能完全取代商业信用吗？

（二）银行信用的特点

1. 银行信用是以货币形式提供的。银行通过吸收存款的方式不但可以把企业暂时闲置的资金集中起来，而且可以把社会各阶层的货币收入与储存集中起来。因此，银行信用集中与分配的资本不仅仅局限于企业的现有资本，而是超出了这个范围，这就克服了商业信用在信用规模上的局限性。同时，由于银行信用是以货币形式提供的，而货币是一般等价物，所以，银行信用可以通过贷款方式提供给任何一个有需要的部门和企业，这就克服了商业信用在授信方向上的局限性。

2. 银行信用是一种中介信用。银行信用活动的主体是银行和其他金融机构，但它们在信用活动中仅充当信用中介。一方面，银行向商品生产者提供的货币资本绝大部分并非银行所有，而是通过吸收存款、储蓄或借贷方式从其他社会各部门、各阶层取得的；另一方面，银行作为闲置货币资本的集中者但并非最终使用者，它必须通过贷款或投资将货币运用到社会再生产需要的地方。从这个意义上说，银行只是货币资本所有者和使用者的一个中介，起联系、沟通或桥梁的作用。

3. 银行信用期限灵活。银行信用提供的存贷款方式具有相对的灵活性，期限可长可短，数量可大可小，可以满足存贷款人在数量和期限上的多样化需求。

正是由于银行信用具有以上的特点，使它在现代经济生活中成为主要的信用形式。在我国，资金融通的基本形式就是银行信用，其他信用形式所占的比重较小。在一些西方发达国家中，银行信用也是一种主导信用形式。

案例分析

工行蓬莱支行升级普惠金融服务助力小微企业健康发展

2019 年以来，工行蓬莱支行坚定贯彻落实普惠金融发展战略，着力解决实体经济小微企业融资难、融资贵问题，全面升级普惠金融服务，助力实体经济小微企业健康发展，累计发放小微贷款 5 863 万元，支持 45 家实体经济小微企业生产经营，行业遍及农业、建筑、纺织、制造、批发零售、商务服务和住宿餐饮业等，服务范围覆盖了蓬莱全市各行各业。

破解融资难，升级普惠金融服务

在解决小微企业融资难方面，工行蓬莱支行依托总行搭建的“一个平台、三大产品体系”全面升级普惠金融服务。“一个平台”是指集“便捷开户、公私联动、财务管理、理财融资、小微 e 管”等五大功能为一体的“工银小微金融服务平台”，可以为小微客户提供“一站式”的综合金融服务。“三大产品体系”则是指围绕小微企业的成长周期，提供包括纯信用类的“经营快贷”、抵质押类的“E 抵快贷”“网贷通”以及“线上供应链”等在内的多款线上融资产品，方便快捷的贷款形式大大提升了客户服务体验。除了线上产品，该行传统的“小微企业周转贷款”、特色方案项下的“购建贷”“税务贷”“文企贷”等创新产品，全方位满足企业经营活动中不同用途、不同阶段的融资需求。

解决融资贵，小微享受优惠利率

在解决小微企业融资贵方面，工行蓬莱支行体现大行担当，率先对小微企业实行优惠利率。在业务办理中，该行根据企业实际情况，对“E 抵快贷”业务实行基准利率，同时免收抵押物评估费用，大大降低了企业的融资成本，为企业可持续发展提供了有力支持，获得了良好的社会影响。

实现融资快，打造“一站式”服务

在贷款时效方面，工行蓬莱支行设立小微业务专营机构——普惠金融事业部，按照集约化、专业化、标准化，打造小微企业融资“一站式”服务，尽量简化客户提供资料及业务上报流程，大大缩短了客户获取贷款资金的时间，针对白名单客户，在资料齐全的前提下，最快可当天放款。

工行蓬莱支行相关业务人士表示，下一步，该行还将持续推进“助力小微，服务大众”的市场战略，加强对小微企业集中度高的经济产业集聚区、重点行业的金融服务渗透。同时，不断升级创新产品，推动线上税务贷、“开户贷”、区域特色场景化线上融资业务的发展，继续以实际行动践行国有大银行扶持中小企业发展的社会责任。

资料来源：作者梁凤，水母网，http：//finance. shm. com. cn/2019 - 03/29/content_4809419. htm.

思考：

1. 银行信用有哪些特点？
2. 在解决企业融资方面，银行信用的优点和局限性有哪些？

（三）银行信用与商业信用的联系

银行信用与商业信用具有密切的联系。第一，商业信用始终是信用制度的基础。第二，只有商业信用发展到一定程度后才出现银行信用，银行信用正是在商业信用广泛发展的基础上产生与发展的。第三，银行信用的出现又使商业信用进一步完善。第四，商业信用与银行信用各具特点，各有独特的作用，二者之间是互相促进的关系。

【想一想】

银行信用的哪些业务是在商业信用基础上发展起来的？

三、国家信用

（一）国家信用的含义

国家信用又称政府信用，是指国家及其附属机构作为债务人或债权人，依据信用原则向社会公众和国外政府举债，或向债务国放债的一种信用形式，是以国家（政府）为主体的借贷活动。

国家信用是现代信用体系中一种重要的信用形式，主要表现为政府作为债务人而形成的负债。它具有以下特点：（1）国家信用的主体是政府。政府以债务人的身份出现，债权人是国内外经济实体和居民、国外政府及国际金融机构等。如果是对内负债，则债权人包括国内居民、企业和团体；如果是对外负债，则债权人包括国外居民、企业、团体、政府和国际金融机构。（2）国家信用的债务凭证风险小、流动性大、收益低。（3）国家信用的利息支出来自国家税收，由纳税人承担。

（二）国家信用的主要工具

国家信用的主要工具就是国家债券，其主要形式有：（1）发行国家公债。国家公债是一种长期负债，期限一般在1年以上，很多公债期限在10年或10年以上，其目的是用于弥补财政赤字和支持国家重点建设。（2）发行国库券。国库券一般是短期负债，多在1年期以下，以1个月、3个月、6个月居多。（3）发行专项债券。专项债券是一种在发行时指定用途并将筹集来的资金专项使用的债券，如我国近年来发行的重点建设债券。

案例分析

2019年国债发行时间老人彻夜排队抢购国债

3月10日是2019年第一期和第二期储蓄国债发行的第一天，两期利率与去年相同，仍为3年4.0%、5年4.27%，但并不算高的利率，仍吸引了众多老年市民彻夜排队抢购。

银行工作人员表示，国债并不是每期都这么火爆，只有每年第一批储蓄国债经过3个月空档期后会遇到抢购，抢购者多是老年人。尤其是凭证式国债，购买者几乎全部是老年人。

挖财研究员指出，老年投资者之所以痴迷储蓄国债，主要还是市场上真正适合老年人的投资产品少。定期存款利息低，理财产品不保本。

老年人需要安全性高、可以随时提取而且收益适中的产品。银行的大额存单虽然具有以上特点，但起投金额都在20万元、30万元，对普通人来说门槛太高。

随着结构性存款等保本理财逐渐退出市场，非保本理财也摘下了刚性兑付的保护伞。面对市场上令人眼花缭乱的理财产品，老年人钟情国债其实是很明智的选择。

储蓄国债分为凭证式和电子式两种。这两种形式都是面向个人投资者发行，其中凭证式国债，发售和兑付是通过各大银行的储蓄网点、邮政储蓄部门的网点以及财政部门的国债服务部办理。如果投资者要去购买，带上身份证和承办银行的活期存折（或借记卡），并在承办银行网点开立个人国债账户，这个账户开立后便可永久使用。

电子式国债可能更适合年轻人来操作。电子国债怎么买，前提是你要有网银，并通过资金清算账户认证，这一步须在银行柜台进行，然后要开通储蓄卡证券交易功能，最后是开通储蓄国债账户，待时机成熟便登录工商银行的个人网银，即可在网上操作购买，但是需要你眼疾手快。

如果是购买凭证式国债，只能持身份证去银行柜台进行实名制购买。国债一般从早上8：30开始售卖，以银行公布时间为准，基本上你耳熟能详的那些大中银行都可以买到。

资料来源：作者佚名，中研网，http：//it. chinairn. com/news/20190312/150053502. html

思考：

1. 发行国债对政府有什么作用？是否发行数量越多越好？
2. 为什么老年人会排队购买国债？

（三）国家信用的作用

1. 调剂财政收支不平衡。在国家预算执行过程中，财政收入和实际支出之间经常出现暂时脱节的现象。比如，从整个财政年度来看，财政收支是平衡的，但可能也出现上半个财政年度支大于收，下半个财政年度收大于支。为了解决财政年度内收支暂时不平衡，政府往往借助于发行国库券来调剂。通过国家信用可以拓宽财政筹资渠道，缓解财政资金供求矛盾，促进财政收支平衡。

2. 弥补财政赤字。政府可以通过三种方式来设法增加收入以弥补财政赤字。一是增加税收，二是向银行借款或透支，三是发行政府债券。由于发行债券既不会像增加税收引起公众反感，也一般不会导致通货膨胀，因此，各国政府一般都尽量采取发行国债的方法弥补财政赤字。

3. 调节货币供应量是实现宏观调控的重要手段。中央银行通过买进或卖出国债来调节货币供应量，影响金融市场资金供求关系，从而实现宏观调控的目的。

四、消费信用

（一）消费信用的含义

消费信用是指企业、银行和其他金融机构向消费者个人提供的、用于生活消费目的的信用。现代市场经济中消费信用的领域主要是住房和耐用消费品，其实质是通过赊销或消费贷款等方式，为消费者提供超前消费的条件，刺激人们的消费和促进商品的销售。

消费信用与商业信用和银行信用并无本质区别，只是授信对象和授信目的有所不同。从授信对象来看，消费信用的债务人是消费者，即消费生活资料的个人和家庭。从授信目的来看，是为了满足和扩大消费者消费生活资料的需求。

（二）消费信用的主要方式

1. 赊销。它是消费品的销售商直接以延期付款的销售方式向消费者提供的信用。一般来说，它是一种短期消费信用形式。

2. 分期付款。它是工商企业向消费者提供的多用于购买耐用消费品的一种中期消费信用方式。消费者先支付一部分首期款项，然后按合同分期摊还本息，或分期摊还本金，利息一次计付。

3. 消费信贷。它是银行或其他金融机构采用信用贷款或抵押贷款方式，直接以货币形式对消费者提供的以消费为目的信用。

（三）消费信用的作用

1. 消费信用的积极作用。消费信用的发展扩大了需求，刺激了经济发展。首先，对于消费者来说，他们可以利用消费信贷提前享受当前无能力购买的消费品（如住房、汽车等），在一定程度上缓解了消费者购买能力和生活需求之间的矛盾，有助于扩大商品需求，提高消费水平。其次，对于商业银行来说，有利于其调整信贷结构，寻求新的利润增长点。尤其是向一些以房屋为抵押的有稳定收入的人群发放的住房贷款，是风险较小的资产业务。最后，利用消费信贷，可以促进技术的应用、新产品的推销以及旧产品的更新换代，可以促进经济的发展。

2. 消费信用的消极作用。消费信用的发展也为经济发展增加了不稳定因素。首先，如果消费需求过高，生产扩张能力有限，消费信用会加大市场供求的不平衡，引起物价上涨。其次，消费信用的过度使用，会造成超前消费的过度膨胀，促使企业生产盲目扩大，可能会诱使经济危机的发生。因此，消费信用应在适度的范围内使用。最后，消费信用的盲目发展，使一部分人陷入沉重的债务负担之中，为社会经济增加了不稳定因素。

案例分析

“月光族”变“月欠族”　别让年轻人被“透支消费”毁掉!

出乎不少人预料，一二线城市的一些年轻白领正受困于自身的经济负债问题。据调查显示，超两成白领2018年处于经济负债状态。越来越多的年轻人选择“月光消费”，甚至“超前消费”，过度消费造就年轻“负翁”，“月光族”变成了“月欠族”。

越忙越穷：过度消费导致年轻“负翁”频现

据《中国青年报》报道，智联招聘发布《2018年白领满意度指数调研报告》显示，有21.89%的受访白领处于负债状态。而存款余额为“1万～3万元”的白领也只占20.15%。据说，出现这种现象的原因，在于当下青年中存在着一种“超前消费”的潮流。

所谓的“超前消费”，就是花明天或者后天的钱过今日的生活，这种消费观促使不少青年男女从“月光族”成了“月欠族”。

有关调查证实，选择贷款的年轻男女大多是出于购物需要，这样的人数在大学生中要占到53%。而这些大学生贷款的目的主要都是用于购买化妆品、衣服、电子产品等，属于能力范围之外的超前消费。比如，一个“90后”大学生用两个月的生活费购买了一台苹果新款手机，其后期的生活费则就靠借钱度日，最终不得不通过消费信贷借到2个月的生活费。而此后，每到还款日就感觉自己被人催债，自己都慨叹“借钱消费就跟喝酒一样，带来的是愁更愁”。

“90后”成“负翁”重灾区，为何这么敢花?

办公室里三代人，“70后”存钱、“80后”投资、“90后”负债，而“90后”的父母在替孩子还贷。这句话道出了以“90后”乃至“00后”为主的年轻人超前消费、负债消费的典型现象。

据蚂蚁金服和富达国际联合发布的2018年《中国养老前景调查报告》显示，35岁以下年轻人里有56%的人暂未开始储蓄。而在开始储蓄的44%的人中，平均每月储蓄额也仅有1 389元。也就是说，大部分年轻人根本存不到钱。赚钱不多却花钱如流水，这似乎成了这一代年轻人一个显著的特点。据调查，“90后”已经成了消费贷款的主力军，在使用消费贷款的人群中有近一半都是“90后”。在虚拟账单的数字背后，是无尽的物欲深渊，它正在让消费者的人生陷入还不尽的账单黑洞中。

与上一代人的省吃俭用、存钱买房的想法不同，现在的“90后”更加倾向于“及时行乐”“对自己好一点”，对生活物质的追求要更加的强烈。相关调查数据显示，消费贷款使用群体中，有26.56%的用户年龄在26～30岁，而月收入在5 000元以下的用户占比逼近80%。值得注意的是，其中主要人群集中在二三线城市，其贷款占比74.44%。

消费借贷诱惑多，助长年轻人负债消费欲望

多年以来，坊间就流传各种各样靠借贷发家致富、及时行乐的广告宣传“故事”，以刺激人们超前消费、及时消费。东方网报道称，许多年轻人会选择花呗、百度有钱花、360白条、微粒贷、分期乐等众多平台借贷，用于消费。通过这些借贷平台，用户可以预支额度，享受“先消费、后付款”的购物体验。有不少网络借贷广告都在向年轻人传递一个理念——年轻就该通过花钱来让自己过得更好，隐含着鼓励年轻人提前消费甚至过度消费的意思，以帮助年轻人去实现自己的爱好和梦想。

当下的年轻人生活条件较好，不必为柴米油盐发愁，还追求时尚，但缺乏理财观念，没有储蓄意识与理财计划。商家狂轰滥炸的消费广告及信贷机构鼓励消费的刻意引导以及借贷机构较低的审核门槛，都让借贷变得非常容易，无不助长年轻人负债消费的欲望，不仅“月光”还“月欠”。

周小川：过度诱导年轻人提前消费或带来影响

超前消费、卡奴，这是“80后”“90后”面临的现实问题，中国人民银行原行长周小川也非常关心这一现象背后带来的影响。

据《钱江晚报》报道，2018年11月3日，在杭州召开的第二届钱塘江论坛上，周小川表示，中国的储蓄率在高峰的时候曾经达到了差不多50%，现在已经降了好几个百分点，继续下降的趋势明显，当然下降有一定的好处，表明我们内需的增强。与此同时也带来调整，需要加以密切关注，比如，借助于新金融科技，使得消费信贷发展非常快，甚至有一些是过分诱导年轻一代提前消费、借贷消费。这不仅是一种经济现象、金融现象，同时也是一种文化现象，是一种人口现象，可能会带来重要的影响。

资料来源：作者佚名，中国搜索，http：//toutiao. chinaso. com/yc/detail/20190221/1000200033137831550714880395540669_1. html

思考：

1. 提前消费的利与弊？
2. 透支消费有哪些渠道？要注意哪些问题？

五、国际信用

（一）国际信用的含义

国际信用是指国与国之间的企业、经济组织、金融机构及国际经济组织相互提供的与国际贸易密切联系的信用形式。国际信用体现了国际间的相互借贷关系，是债权债务关系的国际化。在国际信用中，授信国往往通过借贷资本的输出来带动本国商品的出口，以获得利润；而受信国往往通过利用国际信用，购买发展所需的设备、技术和商品，达到促进本国经济发展的目的。

（二）国际信用的主要形式

国际信用的主要形式包括以下几个方面。

1. 出口信贷，是出口国政府为支持和扩大本国产品的出口，提高产品的国际竞争力，通过提供利息补贴和信贷担保的方式，鼓励本国银行向本国出口商或外国进口商提供的中长期信贷。其特点：一是附有采购限制；二是贷款利率低于国际资本市场利率，利差由贷款国政府补贴；三是属于中长期信贷。出口信贷包括卖方信贷和买方信贷两种具体形式。卖方信贷是出口方银行向该国出口商提供的商业贷款。出口商（卖方）以此贷款为垫付资金，允许进口商（买方）赊购自己的产品和设备。出口商（卖方）一般将利息等资金成本费用计入出口货价中，将贷款成本转移给进口商（买方）。买方信贷是出口国政府支持出口方银行直接向进口商或进口商银行提供信贷支持，以供进口商购买技术和设备，并支付有关费用。买方信贷一般由出口国出口信用保险机构提供买方信贷保险。

2. 国际商业银行贷款，指一些大商业银行向外国政府及其所属部门、私营工商企业或银行提供的中长期贷款。主要方式有：独家银行贷款和银团贷款。银团贷款就是由一家银行牵头，由多家银行参与组成一个贷款团，共同筹资向特定的客户发放贷款。

3. 政府贷款，指一国政府利用国库资金向另一国政府提供的贷款。这种贷款一般由某一发达国家向某一发展中国家提供，其利率较低，期限较长，具有双边援助性质。一般贷款金额不大，有一定的附加条件，如规定采购限制，即借款国必须将贷款的全部或一部分用于向贷款国购买设备和物资，有时还带政治附加条件。

4. 国际金融机构贷款，即国际金融机构对成员方政府提供的贷款。国际金融机构贷款主要包括国际货币基金组织、世界银行、国际金融公司和国际开发协会，以及一些区域性国际金融机构提供的贷款。这种贷款大多条件优惠，有特定的对象和用途，期限也比较长，主要目的是促进成员方长期经济发展和国际收支状况的改善。

5. 国际资本市场业务，指国际资本市场上的融资活动，包括在国际资本市场上购买债券、股票或发行债券、股票。

6. 国际租赁，即商业银行利用手中集聚的资金购买大型的机器设备、电子计算机、飞机、船舶等，出租给所需客户使用，银行按期收取租赁费。

7. 直接投资，指一国居民直接对另一个国家的企业进行生产性投资，并由此获得对投资企业的管理控制权。国际信用体现的是国与国之间的债权债务关系，直接表现为资本在国际间的流动。

【读一读】

新疆乌鲁市齐市利用世界银行贷款 1.4 亿美元用于城市交通改善项目

新疆乌鲁木齐积极争取世界银行贷款支持城乡基础设施建设。近日，世界银行执行董事会批准向乌鲁木齐城市交通改善项目（二期）提供 1.4 亿美元贷款，折合人民币 8.54 亿元。贷款资金主要用于新建 3 条 BRT 快速公交线、交通综合信息平台、客运枢纽、公交停保场和公交首末站。预计项目贷款协定及相关协议将于 2016 年 2 月签订，5 月正式生效。乌鲁木齐市将协助项目办按照已签署的协议文件做好世界银行贷款使用和项目后续管理工作。

资料来源：新疆财政新闻联播，http：//www.mof.gov.cn/mofhome/mof/xinwenlianbo/xinjiangcaizhengxinxilianbo/201602/t20160202_1662593.html

六、民间信用

（一）民间信用的概念及形式

民间信用也称个人信用，是民间个人之间的借贷往来。它主要分散在城乡居民群众中，尤其是农村。民间信用有以货币形式提供的，也有以实物形式提供的。随着城乡个体经济的发展，民间信用日益活跃，个人之间、家庭之间都可以通过民间信用来解决生活费用的短缺以及生产经营资金的不足。民间信用的形式有：（1）居民之间直接的货币借贷；（2）居民之间通过中介人进行的货币借贷；（3）有一定的组织程序的货币“合会”；（4）以实物做抵押取得的“典当”。

（二）民间信用的特点

民间信用的基本特征是没有正规的金融工具作为交易媒体，在活动中带有自发性，利率较正规信用高，风险也非常大。一般情况下，民间信用的活跃程度同一个国家、一个地区的金融服务发达状况成反比。例如，在中国，民间信用在农村比城市活跃、落后地区比发达地区活跃。

1. 利率高。决定民间信用的因素主要是资金供求关系。从实际情况看，民间信用利率普遍高于银行利率。

2. 风险大。民间信用是私人间的借贷，具有一定程度的隐蔽性、随意性和自发性，国家法规难以规范其行为，加上当事人多采取口头信用，因而违约现象盛行，风险较大。

（三）民间信用的作用

1. 积极作用。首先，通过民间资金的调剂，扩大了融资范围，进一步发挥分散在个人手中资金的作用，加速资金运转，有利于商品经济发展，促进国民经济进一步繁荣；其次，民间信用一般是在银行信用涉足不到和力不能及的领域发展起来的，特别是在个体商业、手工业、旅游和运输等行业，可起到拾遗补阙的作用；最后，民间信用能够把竞争机制引入金融领域，有利于推动金融体制改革。

2. 消极作用。民间信用毕竟是一种自发的、盲目的、分散的信用活动，是一种较为落后的信用形式，因此，在充分发挥民间信用积极作用的同时，也应防止其消极的一面。首先，民间信用具有自发性和盲目性，风险大，给国家宏观调控增加了难度；其次，民间信用利率高，金融投机和高利盘剥容易扰乱资金市场，不利于国家稳定、货币流通和维护金融秩序。

案例分析

民间借贷需谨慎　既要凭证更要合法

霍某与左某是朋友关系，在未发生真实的交易关系和债权债务关系的情况下，霍某以汇票形式借给左某100万元，事后左某仅偿还了50万元，并以此票据转让无效拒绝偿还剩余50万元及利息。霍某向法院提起诉讼，二审法院认定二人之间的票据转让系行为无效，判决左某归还霍某50万元，并归还50万元所产生的利息的50%。

霍某系铜陵狮某建筑有限责任公司法定代表人，与左某是朋友关系，2012年11月4日左某向霍某借款100万元（承兑汇票一张，金额为100万元），书面约定借期3个月，借款到期后霍某开始催讨，左某在霍某催讨期仅还款50万元，余款一直以种种借口未能归还。霍某为维护自身合法权益，现起诉要求左某偿还借款本金50万元及利息，并承担案件受理费。

左某认为，霍某与其之间不存在民间借贷关系。霍某从未向左某交付过涉案的银行汇票，霍某在诉状中要求左某归还50万元没有事实和法律依据。即使霍某给付了汇票，也是无效行为，霍某与左某没有相关的业务关系，而票据的签发、取得、转让应基于真实的交易关系和债权债务关系。票据转让必须以背书交付的方式进行，否则不发生票据转让的效力。本案霍某没有证明其合法获得该汇票的凭据，请求驳回霍某的诉讼请求。

法院经审理查明：2012年7月9日，××市某创科技商贸有限公司出具的一张银行承兑汇票，经背书先后转让给铜陵市某茂物资有限责任公司、铜陵市某金翔物资有限责任公司，再经空白背书先后转让给某隆铜业有限公司、某有色金属集团股份有限公司、某有色金属集团股份有限公司某某铜矿、铜陵狮某建筑有限责任公司。经铜陵狮某建筑有限责任公司同意，霍某将该汇票出借给左某，借期从2012年8月3日至2012年11月3日，双方未约定利息。左某取得该汇票后，该汇票经流转，最终由山西长治郊区某煤业有限公司于2013年3月20日承兑。2012年8月31日和2012年9月19日，左某分别支付霍某10万元，共计20万元。

安徽省铜陵市铜官山区人民法院于2014年11月26日作出民事判决，驳回原告霍某的诉讼请求。宣判后，霍某提出上诉。安徽省铜陵市中级人民法院经审理查明，认定霍某已将涉案银行承兑汇票交付给左某，二人之间的票据转让行为无效，判决撤销安徽省铜陵市铜官山区人民法院作出的民事判决；被上诉人左某于本判决生效之日起10日内归还上诉人霍某50万元，并归还霍某该50万元所产生的利息的50%。

法官表示，银行承兑汇票的流转应当以真实的交易关系为基础，若无真实的交易关系，当事人通过买卖、出借、违法贴现等方式流转银行承兑汇票且未背书的，会扰乱正常的票据流转秩序和干扰正常的金融秩序。本案中霍某与左某出借银行承兑汇票的行为即属于此类情形，故法院认定该出借行为无效，对于利息损失双方各负担一半。通过本案，法院告诫当事人在社会经济活动中要遵守各项法律法规，通过合法手段谋取利益。

资料来源：安徽省铜陵市中级人民法院，中国经济网，http：//www.ce.cn/xwzx/fazhi/201601/27/t20160127_8594896.shtml

思考：

1. 什么是民间信用？民间信用有哪些特点？
2. 民间信用有哪些风险？如何规避民间信用风险？

项目要点

1. 信用指的是以还本付息为条件的暂时让渡商品和货币的借贷行为。它具有三个特点：（1）信用是以还本和付息为条件的借贷行为；（2）信用是价值的单方面让渡；（3）信用反映的是债权债务关系。

2. 信用的构成要素有：（1）信用主体；（2）信用工具；（3）信用条件。

3. 商业信用是指企业之间相互提供的与商品交易直接相联系的信用。商业信用的具体形式包括商品赊销、分期付款、预付货款、委托代销等。

4. 银行信用是指以银行为中介的，用货币形式提供给企业或个人的信用。银行信用是银行或其他金融机构以货币形态提供的信用，是现代经济中的主导信用。银行信用在规模上、范围上、期限上都大大超过了商业信用，成为现代经济中最基本的占主导地位的信用形式。

5. 国家信用又称政府信用，是指国家及其附属机构作为债务人或债权人，依据信用原则向社会公众和国外政府举债，或向债务国放债的一种信用形式，是以国家（政府）为主体的借贷活动。

6. 消费信用是指企业、银行和其他金融机构向消费者个人提供的用于生活消费目的的信用。消费信用的主要方式有：(1) 赊销；(2) 分期付款；(3) 消费信贷。

7. 国际信用是指国与国之间的企业、经济组织、金融机构及国际经济组织相互提供的与国际贸易密切联系的信用形式。国际信用体现了国际间的相互借贷关系，是债权债务关系的国际化。

本项目信用知识网络结构见图 2－1。

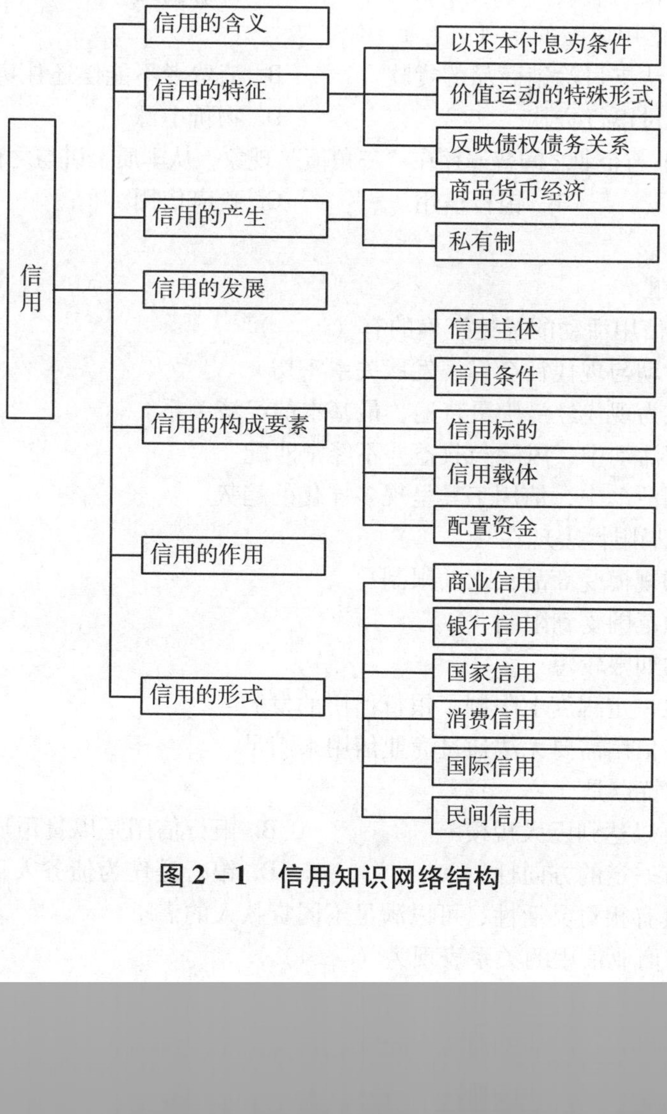

图 2－1 信用知识网络结构

知识练习

一、单项选择题

1. 信用的最基本特征是（　　）。

A. 借贷行为　　B. 偿还和付息

C. 付息性　　D. 价值的单方面让渡

2. 商业信用的特点是（　　）。

A. 主要用于解决企业的大额融资需求

B. 商业信用融资期限一般较短

C. 商业信用周期较长，在银行信用出现后，企业就较少使用这种融资方式

D. 商业信用融资规模无局限性

3. 政府信用的主要形式是（　　）。

A. 发行政府债券　　B. 向商业银行短期借款

C. 向商业银行长期借款　　D. 自愿捐助

4. 以下不属于信用风险的是（　　）。

A. 购货企业无法支付赊销商品的货款　　B. 消费者不能偿还住房贷款

C. 企业不能支付银行贷款　　D. 物价上涨

5. 在我国，企业与企业之间普遍存在“三角债”现象，从本质上讲与之相关的是（　　）。

A. 商业信用　　B. 银行信用　　C. 政府信用　　D. 消费信用

二、多项选择题

1. 以下对现代信用活动的描述正确的有（　　）。

A. 现代信用活动与现代社会经济发展关系密切

B. 信用关系成为现代经济中最普遍、最基本的经济关系

C. 在现代经济活动中，风险与收益并不经常匹配

D. 在现代信用活动中，信用工具呈现多样化的趋势

2. 商业信用的局限性表现在（　　）。

A. 商业信用的规模受商品买卖的限制

B. 商业信用的范围受到限制

C. 商业信用的期限较短

D. 商业信用在一定程度上限制了银行信用的发展

E. 企业的很多信用需要无法通过商业信用来满足

3. 银行信用的特点是（　　）。

A. 银行信用可以达到巨大规模　　B. 银行信用是以货币形态提供的信用

C. 银行信用有一定的方向性　　D. 银行是作为债务人身份出现的

E. 银行信用具有相对灵活性，可以满足不同贷款人的需求

4. 银行信用与商业信用的关系表现为（　　）。

A. 商业信用是银行信用产生的基础　　B. 银行信用推动商业信用的完善
C. 两者相互促进　　D. 银行信用可以取代商业信用
E. 在一定条件下，商业信用可以转化为银行信用
5. 我国消费信用的主要形式有（　　）。
A. 分期付款　　B. 消费贷款　　C. 个人信用　　D. 民间信用

三、名词解释

信用　商业信用　银行信用　政府信用　国际信用

技能测试

案例分析 1

互联网金融或为小微企业注入活水

受制于直接融资困难、融资成本不菲、金融机构为规避风险谨慎贷款以及缺乏有效的担保机制，所以融资难历来是中小企业发展的“瓶颈”。而在经济放缓与产业转型的双重压力下，中小企业的资金链更加紧张，甚至面临断裂的危险，生存发展面临巨大挑战。

在此背景下，小微金融服务也从最初的模式探索阶段转入优化提升阶段。国务院发展研究中心金融所、民生银行等机构联合发布《小微金融发展报告 2014》（以下简称《报告》）。其中，互联网金融与小微金融服务的“嫁接”，为其提供了新的发展路径。

《报告》认为，互联网金融的健康发展，对缓解小微企业融资难发挥了积极作用。互联网金融从提高参与主体信息的透明度、降低金融服务的交易费用、挖掘潜在小微金融服务的供需双方这三个层面对小微金融服务进行了重新解构，为解决小微企业融资问题提供了新的路径。

当前，中国有超过 5 000 万家小微企业，尽管在 2013 年，半数小微企业营业收入有所增长，但成本及支出上升较快，净利润持平或下滑比例由上一年的 57. 7% 上升到 62. 5%，长期资金需求大幅增加。

据民生银行调查，约 30% 的小微企业需要贷款，更多小微企业还期待包括结算、理财等金融服务。

银行贷款也对小微企业倾斜。2013 年小微企业贷款增加 2 万亿元人民币，占全部新增贷款的 22. 5%，正在成为重要业务增长点。《报告》显示，在寻求外部融资时，74% 的小微企业首选向银行贷款，其中中小银行成为绝对主力。尽管如此，但在融资成本的逐渐攀升下，仍有 19. 4% 的企业存在资金需求但未获满足，同时近三成受访企业表示出现过无法按期偿还借款的情况。

全国工商联黄荣认为，“融资贵”是因为通过正规金融渠道解决不了融资问题，解决小微企业融资难、融资贵的问题需要金融机构作出创新、变革，其中，主要是金融服务产品和金融服务方式的创新。一个普遍被认同的观点是，小微金融面对新型机构的加入、移动互联网和大数据技术的兴起，必须以开放的心态进行自我革命，才能抓住新的发展机遇。

事实上，《报告》认为，互联网金融的健康发展，对缓解小微企业融资难发挥了积极作用。从服务小微金融的角度，互联网金融服务小微金融可划分为：传统金融机构通过互联网优化小微金融服务、电商企业向小微金融领域扩展、第三方支付平台通过网络平台建立P2P网络借贷和众筹参与小微金融三种模式。其中，互联网金融从提高参与主体信息的透明度、降低金融服务的交易费用、挖掘潜在小微金融服务的供需双方这三个层面对小微金融服务进行了重新解构，为解决小微企业融资问题提供了新的路径。

民生银行董事长董文标指出，发展小微金融需要观念、商业模式和制度设计的三重突破。毫无疑问的是，互联网金融在加剧银行业竞争的同时，也给商业银行带来了机遇与变革。“互联网金融的发展将给银行增添创新的动力，促使银行加快技术应用，升级改造产品和服务，双方合作共赢。”

资料来源：作者吉雪娇，金融投资报，http：//www. p5w. net/news/gncj/201404/t20140410_552672. htm

思考：

1. 小微企业为什么会出现融资难的问题？
2. 小微企业如何利用互联网金融进行融资？

案例分析2

定期查询个人信用报告　避免信用记录错误

随着互联网及互联网金融快速发展，个人信用作为隐形的“经济身份证”在社会中扮演着越来越重要的角色。日常生活中居民申请房贷、车贷、信用卡等都需要个人信用。专家建议，居民充分利用好征信免费查询次数，养成定期查询个人信用报告的习惯，珍惜个人征信。

一年至少查询一次信用报告

“自从2014年公民可以查询个人征信情况以来，我每年年初会定期查询个人信用情况。我原来在海外留学时深刻地意识到个人征信的重要性，了解到信用违约成本非常高。在国内，征信情况良好，银行贷款还会有优惠。此外，还可以了解到个人征信中是否存在错误的地方、避免造成不必要的信用污点。”市民张先生表示，“了解个人信用情况还能知道哪些机构查询了个人信用，保护个人信用不被乱用。”

融360分析师也表示，“个人信用报告使用范围很广，如商业银行贷款、信用卡审批和贷后管理等。此外，还用于任职资格审查、员工录用等许多环节中。信用报告可以节省银行审贷时间，快速获得贷款。建议居民主动了解自己的信用报告，对其中可能错误的信息要及时向征信中心或业务发生银行提出申请纠正，避免给自己带来不利影响。”

对于没有申请贷款或者信用卡需求的人士，专业人士也建议一年内至少查询一次信用报告，了解自身征信情况，避免他人冒用自己身份获得贷款，了解是否存在错误信息，违规查询个人信用情况。

央行征信中心相关负责人表示，即使这一年都没有任何的需求，不需要贷款也不需要申请信用卡，我们也建议市民一年至少查一次信用报告，以避免别人盗用自己的身份去办了卡或办了房贷。

三个渠道可以查询个人征信

目前查询个人征信方式主要有三种方式：一是可以前往所在地中国人民银行分支机构进

行现场查询；二是通过互联网查询本人信用报告服务；三是网银查询、商业银行代理查询等其他服务渠道。

近日，监管层还下调个人征信查询费用。本月15日起，个人到柜台查询自身信用报告，每年第3次起的收费标准由现行每次25元降低至10元，通过互联网查询及每年前两次到柜台查询继续实行免费。

值得注意的是，如果个人认为本人信用报告上的信息有错误、遗漏时，有权向征信机构和信息提供机构提出异议申请并要求更正。征信机构或者信息提供机构应当自收到异议之日起20日进行核查和处理，并将结果答复异议人。此外，如果本人认为征信机构或者信息提供者、信息使用者侵害其合法权益的，可以向所在地的国务院征信业监督管理部门派出机构投诉或直接向人民法院起诉。

此外，如果个人信用真的存在污点的话也不用担心，个人不良信息超过保存期限将予以删除。征信机构对个人不良信息的保存期限，自不良行为或者事件终止之日起为5年；超过5年的，金融消费者有权要求征信机构予以删除并重建信用记录。

资料来源：作者佚名，融360，http：//bank. hexun. com/2016 - 01 - 20/181907659. html

思考：

1. 个人信用有什么作用？
2. 如何保护好自己的个人信用？

素质拓展

1. 订立一份借款合同，注意，不要缺少任何一个信用要素。
2. 进入一家P2P网站，以其中一个实例，指出其信用要素的构成，如人人贷等。
3. 搜集、阅读、观看民间集资新闻和视频等，讨论民间集资的合法性。
4. 辩论赛——应不应该给大学生发放信用卡。

项目三　利息与利率

学习目标

（一）知识目标

了解利息和利率的含义；掌握利率的种类；理解并掌握单利和复利、终值和现值的计算；掌握利率的决定和影响因素；理解利率的作用。

（二）技能目标

能区别归纳利率的种类；能计算利息和利率；能分析利率调整对我国经济的影响。

（三）素质目标

培养学生的逻辑分析能力、团队合作精神以及人际交往能力等。

【案例导入】

海外降息潮渐现，中国跟不跟？

进入2019年后，美联储多次释放鸽派信号，让市场普遍预期美联储会暂停加息。在2019年首次货币政策会议上，美联储释放出更加明晰的“暂停加息”信号，保持联邦基金利率目标区间在2.25%~2.5%不变。同时暗示将采用更加灵活的路径进行“缩表”，让货币政策更加转向“鸽派”。受此影响，多家海外央行态度进一步转鸽，欧盟委员会、英国央行、澳洲联储纷纷下调各自2019年预期经济增速，印度及埃及央行宣布降息。

1月23日，日本央行宣布，维持政策利率-0.1%不变。该行同时把2019财年核心CPI预期从0.9%下调至0.8%。日本央行行长黑田东彦表示，继续推行实现2%的通胀目标前不会加息政策是合适的。

1月28日，欧洲央行行长德拉吉重申“欧元区经济前景所面临的风险正发展成为偏下行”，并暗示“如果形势变得非常糟糕”，不排除重启新一轮QE量宽买债政策。2月7日，欧盟委员会将欧盟27国2019年的预期经济增速从2%下调到1.5%。

2月7日，印度央行发布声明，将基准利率下调25个基点至6.25%。这是新任央行行长达斯上任以来的首次政策调整，上次该行下调基准利率是在2017年8月。

2月7日，英国央行宣布，维持0.75%基准利率不变。同时维持4 350亿英镑的月度资产购买规模不变。此外，该行还将2019年英国的经济增速预期从1.7%下调至1.2%。

2月8日，澳洲联储发布声明，将截至2019年6月的GDP增速预期由3.25%下调至2.5%，并暗示未来降息概率增大。

2月13日，新西兰央行宣布，将官方现金利率维持在1.75%，并表示由于通胀低迷表明仍有必要采取支持性政策，预计利率将在2019年和2020年保持在这一水平。

2月15日，埃及央行下调隔夜存款利率（即基准利率）100个基点，至15.75%；下调隔夜贷款利率100个基点，至16.75%。

除上述央行外，据媒体报道，市场对波兰央行、菲律宾央行等多个经济体的降息预期也日益强烈。波兰可能从目前紧缩的货币政策转向宽松，预计2019年菲律宾将有2次降息。

在海外央行一致行动预期下，中国央行是否也迎来降息的时点呢？

恒大研究院研究报告也表示，随着PPI的回落，2019年第二、第三季度可能由正转负，意味着企业利润下滑和实际利率水平上升，货币政策降准、降息可期。

北京大学光华管理学院应用经济系副教授唐遥则认为，中国经济基本面并不需要中央银行在当前就考虑降息，市场应对货币政策宽松方式有理性预期，更多关注货币政策的传导效率。

资料来源：作者王永乐，中国经济网，http：//www.chinanews.com/cj/2019/02－22/8761224.shtml

思考：

1. 利率调整受哪些因素的影响？
2. 面对海外央行的一致行动，我国央行是否也迎来降息呢？
3. 讨论降息还给我们的生活带来了哪些影响？

任务一　认识利息和利率

【学习情境】

小李打算在工商银行存入10万元1年定期储蓄存款，央行公布存款利率为1.5%，而工商银行的存款利率为1.75%。国家统计局公布该月CPI同比上涨2.0%。

任务描述

学生分组讨论：（1）分别指出每个利率的种类。（2）若你是小李，你会把10万元存入银行吗？为什么？（3）若小李存入10万元，1年后得到利息多少？实际收益率为多少？（4）利率还有哪些种类？

【知识链接】

一、利息和利率的概念

（一）利息的概念

利息是信用关系中债务人支付给债权人或债权人向债务人索取的报酬。从信用关系的债权方面看，利息是贷款者让渡货币资金使用权，从借款者手中取得超过本金的那一部分报酬；从信用关系的债务方面看，利息是借款者取得货币资金使用权，而付给贷款者超过本金的那一部分代价。利息是随着信用行为的产生而产生，只要有信用关系存在，利息就必须存在，同时，利息还是信用存在和发展的必要条件。

（二）利率的概念

利率，也称利息率，是指一定时期内利息同借贷资金（本金）之间的比率。利率是单位货币在单位时间内的利息水平，表明利息的多少。现在，所有国家的政府都把利率作为宏观经济调控的重要工具之一，用公式表示为：

$$利率 = \frac{利息}{本金} \times 100\%$$

【读一读】

4 000 元借款“滚”成 20 万　别让校园贷变成“校园害”

今年，25 岁的小文是通过偶然的机会接触到校园贷平台的，毕业答辩完后，她准备换个新手机，还缺 4 000 元但又不想再向父母要。此时，校园公告栏内一则“无利息、无抵押、到账快”的校园贷广告吸引了她，这个平台以“消费金融”“助学贷”等名义提供校园贷借款服务，小文当即联系了该借贷平台的客服准备借款。放贷手续非常简单，小文填写完个人资料、上传了身份证并复制了包含父母、亲戚、老师和同学在内的通讯录后，很快通过面签。3 月 24 日，她获得了借贷平台发放 3 600 元借款，但她不知道这是噩梦的开端。

借贷平台的客服告诉小文，借款的还款日期以 7 天为一个周期，也就是说她借款 4 000 元 7 天后就要还款 4 600 元。小文了解到，该借贷平台规定，如果没有足够的钱付当期的借款，还可以续期支付 600 元来获得借款展期。

以为找到救命稻草的小文开始向另一家校园贷平台求助，借了 1 000 元来支付第一家平台的利息费用。此时，她已经欠下了两家平台借款，利息共计 900 元。到了借款的第 14 天，又临近还款日，由于没有 900 元的续期利息费用，她只得又重新向第三家校园贷平台借款来填补……如此循环借款，拆东墙补西墙，不到半年时间，小文的借款由最初的 4 000 元“滚”到 20 万元。

让小文崩溃的校园贷利息到底有多高？记者以小文在某借贷平台的账单为例算了一笔账：借 17 000 元，分 24 期还款，每月需还 916. 7 元，分摊到每月，看上去似乎没那么夸张。可是仔细算起来，借款 17 000 元，最终却要还 22 000 元，年利率高达 30%。要知道，普通银行 1 年贷款的年利率只有 5%，这是足足 6 倍的差距。这样的账单真让人感叹“利息猛于虎”！

资料来源：作者胡德成，百度转自北京晚报，https：//baijiahao. baidu. com/s? id = 1612743554420452781&wfr = spider&for = pc

二、利率的种类

（一）按照利率的决定方式划分

按照利率的决定方式不同，可划分为官定利率、公定利率和市场利率。

官定利率是一国货币当局或中央银行所规定的利率，是国家实现宏观调节目标的一种重要政策手段。

公定利率是由非政府部门的金融民间组织（如银行工会等）确定的利率，它对会员银行有约束作用。官定利率和公定利率都不同程度地反映了非市场的强制力量对利率形成的干预。

市场利率是按照市场规律而自由变动的利率，即由借贷资金的供求关系之间决定，并由借贷双方自由议定的利率。

【想一想】

中央银行决定24日起下调金融机构人民币贷款和存款基准利率，1年期存款基准利率下调0.25个百分点至1.5%；13日，7天上海银行间同业拆放利率（shibor）报2.3420%。判断以上利率是属于官定利率、公定利率还是市场利率？

（二）按照借贷期内是否调整利率划分

按照借贷期内利率是否调整，可划分为固定利率和浮动利率。

固定利率是在借贷期内不作调整的利率。使用固定利率便于借贷双方进行收益和成本的计算，但不适用于在借贷期间利率会发生较大变动的情况，利率的变化会导致借贷的其中一方产生重大损失。因此，一般固定利率适用于短期借贷，而中长期借贷都不愿意采用固定利率。

浮动利率是在借贷期内随市场利率变动而定期调整的利率。根据借贷双方的协定，由一方在规定的时间依据某种约定的市场利率对其借贷利率进行调整，一般调整期为半年。使用浮动利率可以规避利率变动造成的风险，但也因手续繁杂、计算依据多样而增加费用开支。因此，浮动利率适用于中长期借贷。

【想一想】

住房按揭贷款时，贷款利率是固定利率好，还是浮动利率好？

（三）按照利率与通货膨胀的关系划分

按照利率与通货膨胀的关系不同，可划分为名义利率和实际利率。

名义利率是指没有剔除通货膨胀因素的利率，银行挂牌利率一般为名义利率。

实际利率是名义利率剔除通货膨胀因素以后的真实利率。

$$i = r - p$$

其中，i 为实际利率，r 为名义利率，p 为借贷期内通货膨胀率。

根据名义利率与实际利率的比较，实际利率呈现三种情况：（1）当名义利率高于通货膨胀率时，实际利率为正利率；（2）当名义利率等于通货膨胀率时，实际利率为零；（3）当名义利率低于通货膨胀率时，实际利率为负利率。

【读一读】

“债王”格罗斯：负利率就像一颗终将爆炸的“超新星”

管理着规模 14 亿美元骏利全球无限制债券基金、享有“债券之王”美誉的格罗斯发出警告称，“全球债券收益率处于 500 年有记录历史中的最低点，10 万亿美元的负收益率债券。这就是有一天终将爆炸的‘超新星’”。超新星在其生命尽头会突然亮度大大增加，因为发生了剧烈爆炸，并导致其大部分质量被喷射而出。

格罗斯在过去一段时间里一直强调，经济正处于长达数十年的信贷扩张周期的终点，高潮就是负利率的出现，他认为这种情况是不可持续的。负利率并没有刺激经济增长，而是正推动资产泡沫，这将惩罚个人储户和依赖于利率的行业，如银行和保险公司。

他认为，7.5% 年化投资收益的时代已经成为历史，投资者最终应该采取保护本金或从市场下跌中获益的立场。

资料来源：凤凰网摘编于 FX168 财经报社（香港），http：//finance.ifeng.com/a/20160610/14475284_0.shtml

（四）按照利率所处的地位划分

按照利率所处地位的不同，可划分为基准利率和一般利率。

基准利率是在市场存在多种利率的条件下起决定作用的利率。当它发生变动时，将影响到其他利率的变化。中国人民银行对各商业银行和其他金融机构的存、贷款利率可作为基准利率。

一般利率是商业银行等金融机构和金融市场上的各种金融机构，根据基准利率和借贷业务的特点而换算出的各种利率，如商业银行执行中央银行公布的贷款利率。

（五）按照计算利息的期限划分

按照计算利息的期限不同，可划分为年利率、月利率和日利率。年利率以年为单位计算利息，月利率以月为单位计算利息，日利率以年日为单位计算利息。通常，年利率以本金的百分之几表示，月利率以千分之几表示，日利率以万分之几表示。它们可以相互转换，即：

$$年利率 = 月利率 \times 12 = 日利率 \times 260$$

$$日利率 = \frac{年利率}{360} = \frac{月利率}{30}$$

任务二　利息和利率的计算

【学习情境】

美国的奥富派公司这样宣称：来试试我们的产品，如果你试了，我们将支付您 100 美元！可是，当你真的买了试了，你才发现商家给你的是一个在25年之后支付给你100美元的存款证书。

任务描述

学生分组讨论：（1）25年之后的100美元是什么值？（2）什么是现值？什么是终值？（3）如果该存款的利率是10%，现在此公司真正给你的是多少钱呢？

【知识链接】

一、单利和复利

利息在计算中有两种基本的方法：单利和复利。

（一）单利

单利是指不管贷款期限长短，只按本金计算利息，而当期本金所产生的利息不计入下期本金计算利息。因此，单利的特点是对利息不再付息。其计算公式是：

$$I = P \times r \times n$$

其中，I为利息，P为本金，r为利率，n为借贷期限。

【做一做】

小赵存入银行10万元，若银行存款利率为3%，按单利计算，5年后的利息为多少？

【读一读】

复利的力量

彼得·米尼德于1626年从印第安人手中仅以24美元就买下了57.91平方公里的曼哈顿。这24美元的投资，如果用复利计算，到2006年，即380年之后，价格非常惊人：如果以年利率5%计算，曼哈顿2006年已价值28.4亿美元，如果以年利率8%计算，它价值130.1亿美元，如果以年利率15%计算，它的价值已达到天文数字。

几年前一个人类学家在一件遗物中发现一个声明，声明显示凯撒曾借给某人相当于1罗马便士的钱，但并没有记录这1便士是否已偿还。这位人类学家想知道，如果在21世纪凯撒的后代想向借款人的后代要回这笔钱，本息值总共会有多少。他认为6%的利率是比较合适的。令他震惊的是，2000多年后，这1便士的本息值竟超过了整个地球上的所有财富。

在古代的印度有一个国王与象棋国手下棋输了，国手要求在第一个棋格中放上一粒麦子，第二格放上两粒，第三格放上四粒，依此直至放满64格为止，即按复利增长的方式放满整个棋格。国王原以为顶多用一袋麦子就可以打发这个棋手，而结果却发现，即使把全世界生产的麦子都拿来也不足以支付。

资料来源：根据和讯网转自上海证券报《24美元，你也能买下曼哈顿岛》删减而成，http：//

news. hexun. com/2008 - 07 - 14/107398233. html

（二）复利

复利是一种将上期利息转为本金一并计算的方法，也就是说，不仅本金要计算利息，利息也要计算利息，即通常所说的“利滚利”。如按年计息，第一年按本金计算利息，第一年年末所得的利息要并入本金，第二年则按第一年年末的本利和计算计息，第二年年末得到的利息还要并入本金，第三年按第二年年末的本利和计算利息，如此类推，直到信用契约期满。其计算公式是：

$$I = F - P = P \times [(1 + r)^n - 1]$$

其中，I 为利息，F 为本利和，P 为本金，r 为利率，n 为借贷期限。

案例分析

玫瑰花悬案

1797 年 3 月，拿破仑偕同新婚妻子约瑟芬参观了卢森堡大公国第一国立小学。在那里，他们受到全校师生的热情款待，拿破仑夫妇很过意不去。在辞别的时候，拿破仑慷慨、豪爽地向该校校长送上一束价值 3 个金路易的玫瑰花。他说：“为了答谢贵校对我，尤其是对我夫人约瑟芬的盛情款待，我不仅今天呈上一束玫瑰花，并且在未来的日子里，只要我们法国存在一天的每年今天我将亲自派人送给贵校一束价值相等的玫瑰花，作为法兰西与卢森堡友谊的象征。”

事过境迁，疲于连绵不断的战争和此起彼伏的政治事件，最终惨败而被流放的拿破仑，把青年时代在卢森堡的许诺忘得一干二净，可卢森堡这个小国却把这段“欧洲巨人与卢森堡孩子亲切和睦相处的一刻”载入史册。

1894 年底，这件相隔百年的轶事却给法国惹出个大麻烦——卢森堡通知法国政府，提出了“玫瑰花债务案”之索赔。要求：要么从 1797 年起，用 3 个金路易作为一束花的本金，双五厘复利息（即利滚利）结算，全部清偿这笔玫瑰花外债；要么法国各大报纸承认：你们的一代伟人拿破仑是言而无信的小人。

起初，法国政府认为，法国的一代天骄之荣誉，岂可被区区小事诋毁？打算不惜重金赎回拿破仑的荣誉。但是，财政部门官员看着从电子计算机里输出的数据时，不禁面面相觑，叫苦不迭。原本 3 个金路易的“玫瑰花债务”，本息竟高达 1 375 500 法郎。

经过一番苦思苦想，法国人用如下的措辞获得了卢森堡公民的谅解：今后，无论在精神上还是在物质上，法国将始终不渝地对卢森堡大公国中小学教育事业予以支持与赞助，来体现我们的拿破仑将军一言千金的玫瑰花“许诺”。

资料来源：百度百科，http：//baike. baidu. com/link？url = 4OuXu5hal20xuI3L _ xcFRf1E0Tyfmb8nSECB9LlYXlB4Ko-yX12LgQ8OoV4ZT3WGycf_qJXoPlSzM-I32T_ko_

思考：

1. 是什么原因导致本息如此之高？
2. 这项巨额债务是如何计算出来的？

同样条件下，用单利计算的利息少于用复利计算的利息。从理论上说，复利克服了单利的确定，反映了货币运动的客观规律，能完全体现货币的时间价值，因此在实际操作过程中采用复利计算货币的实际价值。

【做一做】

小赵存入银行10万元，若银行存款利率为3%，按复利计算，5年后的利息为多少？

二、终值和现值的计算

（一）终值

终值，是指按一定的利率水平计算出一笔资金在未来某一时点上的金额，即前面所说的本利和。

1. 单利终值。由于单利是本金计算利息，利息不再计算利息，因此，单利终值就是本金加上利息。其计算公式是：

$$F = P \times (r \times n + 1)$$

2. 复利终值。复利是本金计算利息，利息也并入下期本金中计算利息。其计算公式是：

$$F = P \times (1 + r)^n$$

其中，F为终值，即本利和；P为现值，即本金；r为利率；n为借贷期限。

【做一做】

小邓存入银行20万元，若银行存款利率为5%，分别按照单利和复利，计算10年后的本利和为多少？

（二）现值

现值，是指根据未来某一时点上一定金额的资金（本利和），按一定利率计算出来的现在的价值，俗称“本金”。其实，现值与终值是相对而言的，两者可以相互换算。

1. 单利现值。由单利终值可知，单利现值的计算公式是：

$$P = \frac{F}{(r \times n + 1)}$$

2. 复利现值。由复利终值可知，复利现值的计算公式是：

$$P = \frac{F}{(1 + r)^n}$$

其中，F为终值，即本利和；P为现值，即本金；r为利率；n为借贷期限。

【做一做】

小杨计划在2年后以5 000元购买一部苹果手机，若年利率为3%，分别按照单利和复利，计算小杨现在应向银行存入多少钱？

（三）年金终值和现值

年金，是定期或不定期的时间内一系列的现金流入或现金流出。年金在我们的经济生活中非常普遍，如支付房屋的租金、抵押支付、商品的分期付款、分期付款赊购、分期偿还贷款、发放养老金、提取折旧以及投资款项的利息支付等，都属于年金收付形式。

年金一词最初的含义是指仅限于每年一次的付款。实际上，很多种付款与年金具有相同的性质，只是时间单位并不仅局限于1年，所以现在已将年金一词的意义扩展到每一固定时间间隔支付一次。

在现实经济生活中普通年金最为常见。它是指每期期末有等额的收付款项的年金。

普通年金终值犹如零存整取的本利和，它是一定时期内每期期末等额收付款项的复利终值之和。普通年金现值与其终值相对应，是指一定时期内每期末等额系列收付款项的复利现值之和。

普通年金终值的计算公式是：

$$F = A \times [(1+r)^1 + (1+r)^2 + \cdots + (1+r)^n]$$

$$F = A \times \frac{(1+r)^n - 1}{i}$$

普通年金现值的计算公式是：

$$P = A \times \left[\frac{1}{(1+r)^1} + \frac{1}{(1+r)^2} + \cdots + \frac{1}{(1+r)^n}\right]$$

$$P = A \times \frac{1-(1+r)^{-n}}{i}$$

其中，F 为终值，即本利和；P 为现值，即本金；A 为年金（每期支付相等金额）；r 为利率；n 为借贷期限。$\frac{(1+r)^n - 1}{i}$和$\frac{1-(1+r)^{-n}}{i}$分别为年金终值系数和年金现值系数，可通过年金终值系数表和年金现值系数表查得。

任务三　利率的决定和作用

【学习情境】

2015 年 10 月 24 日，小袁去工商银行办理业务，发现银行挂牌的 1 年期存款利率又下降，变成了 1.75%，1 年期的贷款利率也下降了，变成 4.35%。

任务描述

1. 学生分组讨论：（1）利率受哪些因素的影响导致其变化？（2）利率的变化有什么作用？对居民、企业甚至经济有什么影响？

2. 情景模拟：每组选定一个群体模拟，分析利率对其的影响。

【知识链接】

一、利率的决定

利率是计算使用借贷资金报酬的依据。利率水平的高低直接影响借款者的成本和贷款者的收益。利率作为金融产品的价格，受到很多因素的决定和影响。

（一）利率的决定因素

马克思和西方经济学家在研究利率决定理论时，认为决定利率水平的因素有：一是社会平均利润率；二是借贷市场中资金供求状况。

1. 社会平均利润率。当企业从银行借入资金从事生产经营后，所得的利润分为两部分：一部分以利息形式支付给银行；一部分作为企业的利润。所以，利息是利润的一部分，利润率是决定利率的基本因素。在一般情况下，社会平均利润率是利率的最高界限，如果利率达到或超过社会平均利润率，银行通过利息形式拿走了企业借入资本的全部利润，企业无利可图，从而就不会借款。因此，利率总是在零和社会平均利润率之间波动，社会平均利润率越高，利率越高。

2. 资金供求状况。在商品货币经济条件下，借贷资金是一种特殊商品，利率是借贷资金价格，受借贷资金供求状况决定。借贷资金同普通商品一样要受价值规律的支配，其价格也一样要受供求状况的影响。当借贷资金供不应求时，利率会提高；反之，当借贷资金供大于求时，利率则会下跌，借款者可以支付较少的利息，获得更多的利润。所以，资金供求状况是影响利率变动的一个重要因素。

（二）利率的影响因素

除了上述主要因素决定着利率水平之外，还有其他一些因素对利率有着不同程度的影响，主要有经济因素、政策因素和制度因素。具体地说，影响利率变动的因素主要有以下几点。

1. 国家宏观经济政策。目前，各国都把利率作为宏观经济调控的重要经济杠杆之一，通过利率的变动来调节一定时期的国内货币供应量和本币的汇率水平，从而调节经济。国家宏观经济政策主要包括货币政策、财政政策、汇率政策等，其中，以货币政策对利率变动的影响最为直接与明显。中央银行若实行扩张的货币政策，就会增加货币供应量，使可贷资金的供给增加，利率下降；反之，如果采取紧缩的货币政策，就会减少货币供给量，使可贷资金的供给减少，利率上升。

2. 物价水平。利率与物价有着密切的关系，利率的制定要考虑一定时间内物价变动影响。物价上涨，货币就会贬值。如果存款的名义利率低于物价上涨的幅度，就意味着客户存款的购买力不但没有增加，反而减小了，银行很难吸收到存款。如果贷款的名义利率低于通货膨胀率，就意味着银行贷款的实际收益不但没有增加，反而减少了，银行就不会发放贷款。所以，当物价上涨时，应适当提高名义利率，使实际利率水平不至于太低，更不能为负数。

3. 国际利率水平。在开放经济条件下，资本可以自由流动，国际利率对国内利率的影响较大。对一国来说，若国际利率水平高于国内利率水平，会刺激资本外流，增加套汇、逃汇活动，导致基础货币回笼，货币供给量减少，国内利率呈上升压力；反之，若国际利率水平低于国内利率水平，会刺激资本流入，导致基础货币投放增加，货币供给量增加，国内利率呈下降压力。

4. 风险状况。风险与收益是成正比的，利率水平的高低与风险状况是密切相关的。在借贷资金过程中可能出现各种风险，如违约风险、利率风险、通货膨胀风险和流动性风险等，其中最主要的是违约风险。如果借款人的信用水平比较低，违约风险比较大，在这种情况下，贷款人通常要求获取更多的利息作为风险补偿。因此，一般而言，风险越大，利率要求越高，如国债利率比企业债券利率低。

总之，影响利率的因素很多，也很复杂，如利率管制、经济周期、借贷期限、历史利率水平、银行成本等因素也会影响利率的变化。

案例分析

7 个月内三度降息　央行称不是中国版 QE

2015 年 5 月 10 日，央行宣布，下调金融机构存贷款基准利率，幅度为 0.25 个百分点，同时将金融机构存款利率浮动区间的上限由基准利率的 1.3 倍调整为 1.5 倍。

这是 7 个月内以来，央行第三次降息，前两次降息分别为 2014 年 11 月和 2015 年 3 月。本轮降息自 5 月 11 日起，贷款基准利率下调 0.25 个百分点至 5.1%；存款基准利率下调 0.25 个百分点至 2.25%。

对于此次降息的原因和力度，央行研究局陆磊向《第一财经日报》记者表示："2015 年第一季度以来经济运行所面临的下行压力、物价总水平保持低位，都决定了通过名义利率适度下调以实现实体经济部门的实际融资成本稳中有降的客观需要，以此稳定实体经济运行预期。"

"从宏观层面上看，其主要动因是，由于经济面临较大下行压力，有必要通过降低名义利率来达到降低实际利率、稳定投资增长的目的。如果名义利率不降，在通胀率明显下行的情况下，就会出现由于实际利率上升而导致货币条件被动紧缩的局面。"央行研究局首席经济学家马骏向本报记者解读此次降息时称。

5 月 9 日，国家统计局公布的 4 月 CPI（居民消费价格指数）和 PPI（生产价格指数）数据显示，4 月 CPI 同比增长 1.5%，环比降低 0.2%；PPI 同比下降 4.6%，环比降低 0.3%。PPI 维持低位说明工业通缩形势严峻。

"当前，国内经济结构调整步伐加快，外部需求波动较大，我国经济仍面临较大的下行压力。同时，国内物价水平总体处于低位，实际利率仍高于历史平均水平。"央行有关负责人答记者问时表示，此次进一步下调存贷款基准利率，重点就是要继续发挥好基准利率的引导作用，进一步推动社会融资成本下行，支持实体经济持续健康发展。

资料来源：作者李德尚玉、王子约，搜狐转自第一财经日报（上海），http：//stock.sohu.com/20150511/n412777618.shtml

思考：

1. 央行此次降息的原因有哪些？

2. 降息之后对我国经济有哪些影响？对我们生活有哪些影响？请举例说明。

二、利率的作用

利率是一个重要的经济杠杆，对经济有着重要的调节作用。这种作用既表现在利率对微观经济的调节，又表现在对宏观经济的调节。

（一）利率在微观经济中的作用

1. 利率对个人消费和储蓄的引导作用。利率的变动会影响个人收入在消费和储蓄之间分配。在收入不变的条件下，利率的上升将会使人们减少即期消费，增加未来消费——储蓄。之所以会如此，是因为利率被视为消费的机会成本，即在利率提高的情况下，如果人们减少消费而将其转换为储蓄，则他可以获得更多的利息收入；相反，如果此时人们不改变其消费量，则他将丧失更多的利息收入，这丧失的利息收入就是他消费的机会成本。

2. 利率对企业投资决策和经营管理的影响作用。利率变化对企业投资决策和经营管理的影响机制是企业对投资收益率与利率水平的对比。利率是企业融入资金的成本，当企业投资收益率不变而利率上升时，其支付利息后的收益将伴随着利率的上升而下降，企业会相应减少投资。另外利率的上升导致企业融入资金成本提高，经济效益差的企业将减少借款，使有限的资金流向经济效益良好的行业和企业，实现资源优化配置。同时，还将促使企业加强经营管理，加速资金周转，努力节约资金的使用和占用，提高资金的使用效率；反之亦然。

3. 利率对个人和企业证券投资的影响作用。证券投资是指个人和企业对有价证券等金融工具的购买和持有。在正常的经济情况下，利率与证券价格呈反方向变化，即当利率下降时，银行存款收益减少，资金更多地流向证券市场，证券价格会上升。利率变化是影响证券行情的一个重要因素。

（二）利率在宏观经济中的作用

利率在政府宏观经济调控中发挥着重要的作用，在不同的经济运行条件下，政府可以通过政策操作调整利率，充分发挥利率的调控作用，实现政策调控的目标。

1. 利率对物价水平的调节作用。利率受通货膨胀预期的影响，预期通货膨胀越高，利率则会越高；反过来，利率作为经济杠杆，也反作用于物价水平，起到稳定物价、抑制通货膨胀的作用。当物价上涨，通过上调利率，可以抑制信贷需求，从而收缩信贷规模，减少货币供应量，最终实现稳定物价。同时，上调利率可以吸引更多的社会闲置资金以存款的方式集中到银行。一方面，推迟了购买，减少了社会总需求；另一方面，银行得以汇集更多的资金，用来支持商品生产和流通，增加有效供给，从而使社会总供给和总需求趋于平衡，达到稳定物价的目标。

2. 利率对经济增长的调节作用。政府可以通过利率杠杆作用调节经济增长。利率的变动，会影响个人和企业的储蓄、消费和投资，进而影响社会总消费和社会总投资。投资和消费又是拉动经济增长的两个重要变量。一般来说，在经济萧条期，中央银行会通过货币政策操作引导利率走低，促进消费和投资，以此拉动经济增长；在经济高涨期，中央银行则会通过货币政策操作促使利率提高，进而降低消费和投资，抑制经济过热。

3. 利率对国际收支的调节作用。利率与国际经济的关系非常密切。当国际收支不平衡时，可以通过利率杠杆进行调节。如当国际收支逆差比较严重时，可以将本国的利率调到高于其他国家的程度。这样，一方面可以阻止本国资金流向利率较高的其他国家；另一方面还可以吸引国外资本流入本国。国际收支顺差时，则可以降低利率，资金会流向国外，从而恢复国际收支的平衡。

总之，利率发挥着宏观经济调节的作用，对经济结构、货币流通、收入分配等都具有调节作用。

【读一读】

我国利率市场化进程的五个阶段

（一）1993～2007年：逐渐放开货币市场利率、贷款利率上限和存款利率下限约束

我国的利率市场化改革始于1993年的两份文件，即《关于建立社会主义市场经济体制若干问题的决定》和《国务院关于金融体制改革的决定》，这两份文件确定了我国利率市场化改革的基本原则和路径，即“先外币、后本币，先贷款、后存款，先长期、后短期，先大额、后小额”。随后，在1993～2007年的14年时间里，我国先后放开银行间同业拆借利率、银行间债券回购利率、债券发行利率、外币存贷款利率、贷款利率上限和存款利率下限、同业存单利率、国债发行利率等货币市场利率约束。

（二）2007～2012年：适逢金融危机冲击，利率市场化改革进程有所放缓

在2007年以前全部放开货币市场利率、贷款利率上限和存款利率下限后，受2007～2008年金融危机影响，我国利率市场化改革进程有所放缓。这一时期，我国利率市场化改革的工作主要是完善中央银行利率体系、培育货币市场基准利率、放开替代性金融产品价格等几个方面，主要目的也重在探索利率市场化改革的有效途径，并未形成体系化。

（三）2012～2015年：构建央行政策利率体系，逐步放开存贷款利率约束

随着2012年以来的金融创新，合意贷款约束、社会融资规模指标的产生，均使得数量型货币政策的效力大幅下降，部分金融指标也难以代表实体经济的境况，价格型货币政策的推出成为政策的努力方向。这一时期的主要工作有两个方面：

1. 在加强合意贷款约束、窗口指导的基础上，不断丰富央行货币政策工具箱，相继推出短期流动性调节工具、常备借贷便利、中期借贷便利等工具，同时加大存贷款基准利率与准备金率等政策的调整力度。

2. 进一步放开存贷款基准利率的约束，2013年7月央行全面放开贷款利率和票据贴现利率管制、10月推出贷款基础利率（LPR）、12月推出同业存单，2015年6月推出大额存单，2015年10月放开商业银行、农村合作金融机构、村镇银行、财务公司、金融租赁公司、汽车金融公司等金融机构活期存款、1年以内（含1年）定期存款、协定存款、通知存款利率上限，2015年12月放开金融机构1年以上（不含1年）定期存款利率浮动上限（其余仍保持基准利率的1.5倍）。

可以看出，在这3年期间，正是我国影子银行大发展、金融创新进程加快的时期，利率市场化的进程明显加快，央行的货币政策工具也不断丰富。尽管利率市场化进程表面上趋于完成，但仍有一些鸡肋问题尚未得到解决，市场利率与管制利率并存的局面已经严重影响到央行货币政策的传导效应。

（四）2015～2018年：进一步完善货币市场利率体系，建立利率走廊机制

这一期间存贷款基准利率没有进一步调整，但却频繁调整政策性利率，通过完善同业存单发行利率、推出存款类金融机构债券回购利率、回购定盘利率、建立走廊机制等举措形成基准利率框架，使我国政策利率、市场利率形成了多维度的参考框架。

2014年5月，时任央行行长周小川表示，未来短期利率调控的方式将采取利率走廊模式，利率走廊机制开始引起市场关注。此后，2015年第一季度货币政策执行报告明确提出“探索常备借贷使得利率发挥货币市场利率走廊上限的功能”，2017年12月央行创设的CRA进一步明确了将法定存准率利率作为货币市场利率的下限。至此，我国利率走廊机制的框架基本清晰，即上限和下限分别为SLF利率与法定存款准备率利率水平。

与此同时，央行在进行价格政策调整的同时，也相继推出普惠性降准政策、置换式降准、临时准备金动用安排、临时流动性便利等数量型政策举措。

（五）2019年：利率两轨并一轨工作实质性开展

2018年经济弱势得到验证后，央行之前丰富的货币政策工具除能够有效降低货币市场利率以外，对于实体经济融资成本的影响则较不明显，货币政策传导机制不畅的问题进一步突出，也即货币市场利率的变化无法有效传导至实体经济，而在其中本应起到过渡性作用的参考利率体系也没有发挥相应效力，利率两轨并一轨的急迫性显著上升。

2018年4月央行行长易纲在博鳌论坛上提出利率并轨的事宜，随后的1年时间里利率并轨事项也成为我国利率市场化进程中的最后一跃。

资料来源：作者任涛，摘编自搜狐网，http：//www.sohu.com/a/300951334_100003691

项目要点

1. 利息是信用关系中债务人支付给债权人或债权人向债务人索取的报酬。利率是指一定时期内利息同借贷资金（本金）之间的比率。

2. 利率按照利率的决定方式划分官定利率、公定利率和市场利率；按照借贷期内是否调整利率划分固定利率和浮动利率；按照利率与通货膨胀的关系划分名义利率和实际利率；按照利率所处的地位划分基准利率和一般利率；按照计算利息的期限划分年利率、月利率和日利率。

3. 利息在计算中有两种基本的方法：单利和复利。单利是指不管贷款期限长短，只按本金计算利息，而当期本金所产生的利息不计入下期本金计算利息；复利是一种将上期利息转为本金一并计算的方法，也就是说，不仅本金要计算利息，利息也要计算利息，即通常所说的“利滚利”。

4. 终值，是指按一定的利率水平计算出一笔资金在未来某一时点上的金额，即前面所说的本利和。现值，是指根据未来某一时点上一定金额的资金（本利和），按一定利率计算出来的现在的价值，俗称“本金”。其实现值与终值是相对而言的，两者可以相互换算。

5. 利率的决定与影响因素有：（1）社会平均利润率；（2）资金供求状况；（3）国家宏观经济政策；（4）物价水平；（5）国际利率水平；（6）风险状况。

6. 利率是一个重要的经济杠杆，对经济有着重要的调节作用。这种作用既表现在利率会对微观经济的调节，又表现在对宏观经济的调节。（1）利率在微观经济中的作用：利率对个人消费和储蓄的引导作用；利率对企业投资决策和经营管理的影响作用；利率对个人和

企业证券投资的影响作用。(2) 利率在宏观经济中的作用：利率对物价水平的调节作用；利率对经济增长的调节作用；利率对国际收支的调节作用。

利息与利率知识网络结构见图 3-1。

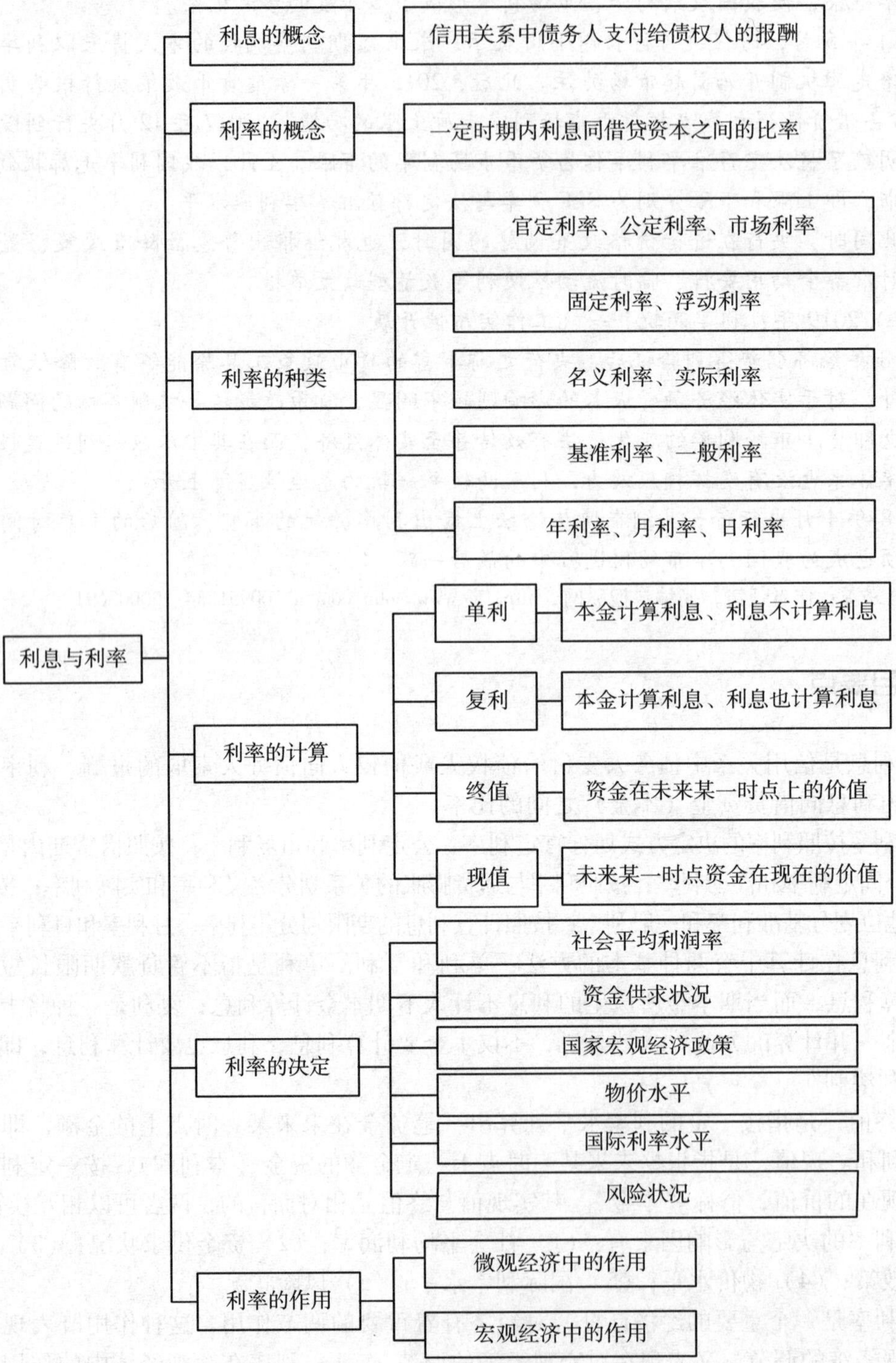

图 3-1　利息与利率知识网络结构

知识练习

一、单项选择题

1. 在多种利率并存的条件下起决定作用的利率是（　　）。

A. 一般利率　　B. 实际利率　　C. 公定利率　　D. 基准利率

2. 认为利息实质上是利润的一部分，是剩余价值特殊转化形式的经济学家是（　　）。

A. 凯恩斯　　B. 马克思　　C. 杜尔阁　　D. 俄林

3. 国家货币管理部门或中央银行所规定的利率是（　　）。

A. 实际利率　　B. 市场利率　　C. 公定利率　　D. 官定利率

4. 由非政府部门的民间金融组织确定的利率是（　　）。

A. 市场利率　　B. 优惠利率　　C. 公定利率　　D. 官定利率

5. 某公司获得银行贷款 100 万元，年利率 6%，期限为 3 年，按年计息，单利计算，则到期后应偿还银行本息共为（　　）万元。

A. 11.91　　B. 119.1　　C. 118　　D. 11.8

6. 某公司获得银行贷款 100 万元，年利率 6%，期限为 3 年，按年计息，复利计算，则到期后应偿还银行本息共为（　　）万元。

A. 11.91　　B. 119.1　　C. 118　　D. 11.8

二、多项选择题

1. 中国工商银行某储蓄所挂牌的 1 年期储蓄存款利率属于（　　）。

A. 市场利率　　B. 官定利率　　C. 名义利率　　D. 实际利率

E. 优惠利率

2. 按照利率的决定方式可将利率划分为（　　）。

A. 官定利率　　B. 基准利率　　C. 公定利率　　D. 市场利率

E. 固定利率

3. 影响利率变动的因素有（　　）。

A. 资金的供求状况　　B. 国际利率水平

C. 利润的平均水平　　D. 国家宏观经济政策

E. 物价变动的幅度

4. 关于名义利率和实际利率的说法正确的有（　　）。

A. 名义利率是包含了通货膨胀因素的利率

B. 名义利率扣除通货膨胀率即可视为实际利率

C. 通常在经济管理中能够操作的是实际利率

D. 实际利率调节借贷双方的经济行为

E. 名义利率对经济起实质性影响

5. 银行提高贷款利率有利于（　　）。

A. 抑制企业对信贷资金的需求　　B. 刺激物价上涨

C. 刺激经济增长　　D. 抑制物价上涨
E. 减少居民个人的消费信贷

三、计算题

1. 小明把 50 000 元存入银行，存期 3 年，年利率 3%，按复利计算，可得利息多少元？到期可取回多少元？

2. 某人拟购置房产，开发商提出两个方案：方案一是现在一次性支付 80 万元；方案二是 5 年后支付 100 万元。若目前的银行贷款利率是 5%，应如何付款？按复利计算。

3. 某企业向 A、B 两家银行贷款，本金 100 万元，期限为 3 年，A 银行利率为 6.5%，单利计息；B 银行利率为 6%，复利计息。试比较哪家银行贷款成本更低。

4. 假设 1 年期存款利率 6.84%，3 年期存款利率 7.92%，5 年期存款利率 8.28%，8 年期存款利率 9%。如果你有 100 元，怎么存最划算？

技能测试

案例分析 1

美联储加息难以为继　2019 年全球金融市场“大变局”

回顾 2018 年，美联储在新任主席鲍威尔的领导下总共加息 4 次，令市场有种既属意料之中，又在情理之外的感觉。美国经济的强劲增速可谓一家独大，在 2018 年下半年，油价一度触及 80 美元/桶，使通胀抬头预期大幅升温，导致美联储延续其以经济数据为基础的加息步伐显得合情合理。

而令市场不解之处在于：由美国总统特朗普所倡导的贸易保护主义已在 2018 年大举搅乱市场，令新兴市场国家普遍遭到冲击，而又恰逢欧元区经济增长乏力，民粹主义冒头激起的地缘政治风险多发，使得资金纷纷流入美国市场以追求确定性收益，美元因此大幅升值。在这种情况下，美联储继续加息，将进一步推升美元并削弱美国的贸易竞争力。同时，低利率金融环境难以为继也将拖累美国的经济增速。对此，美国总统特朗普就多次在推特上炮轰美联储过快加息。

在这一令人左右为难的情况下，市场作出了反应。在 2018 年大部分时候都表现良好的美国股市，到了第四季度开启跳水模式，不但完全回吐年内涨幅，且距离技术性熊市也仅仅一步之遥。结果可想而知，市场纷纷将矛头指向美联储过于鹰派加息，而没有意识到经济前景可能已经步入拐点的现实。美债收益率曲线倒挂，美国房地产市场表现疲软等迹象也从侧面证明了这一担忧并非空穴来风。

在这种情况下，虽然美联储一再强调其独立性，但显然它还是迫于各方压力选择了放缓脚步，并等待信号进一步明确才采取行动。据美联储在 2018 年 12 月会议上公布的“点阵图”显示，美联储委员们预计 2019 年将加息两次，较 9 月会议上显示的三次有所下降。

美联储主席鲍威尔最新一次讲话也同样释放了放慢脚步的信号。鲍威尔在出席美国经济协会年会时表示，美联储看到的数据显示通胀低迷，因此会在观察经济形势如何发展的时候保持耐心。同时，他也提到，最近金融市场下跌反映了投资者对未来下行风险的担忧，将准备好快速、灵活地调整政策，并在需要把经济维持在增长轨道上的时候，动用我们所有的工具来支持经济，没有预设的政策路径。

综上，2019年美联储放慢加息步伐将是大概率事件，全球金融市场格局也将因此大幅改变。那么，谁将因此受益，而谁又将因此受到波及呢？

资料来源：作者大维，金融界转自汇金网（版权所有者），http：//finance. jrj. com. cn/2016/06/15060021069021. shtml

思考：

1. 为什么美联储加息成为全球金融市场上一个重要的话题？
2. 美联储加息对我国经济和金融市场有什么影响？

案例分析2

我国利率市场化基本完成

央行2015年10月24日进行今年以来的第三次“双降”，降低金融机构人民币贷款和存款基准利率，降低金融机构人民币存款准备金率。同时，放开存款利率浮动上限。央行接受采访时表示，“双降”符合目前经济形势，现在是推进利率市场化改革的最好时机。

对此，央行货币政策司李波解释说，这主要还是考虑到目前的经济形势：第一，物价比较低，为了保持实际利率水平相对稳定也应该降息，市场也有这个呼声。第二，考虑到外汇占款下降，流动性有一定的下降，通过降准保持流动性合理充裕。第三，定向降准反映了本届政府定向调控的思路。

与此同时，央行还同时宣布对商业银行、农村合作金融机构等不再设置存款利率浮动上限，这意味着我国利率管制基本放开。北京大学国家发展研究院教授周其仁认为，利率市场化改革具有非常重要的意义：“国际上也有一种声音，认为中国的改革说得多，做到少，这次是一个回答。在世界金融动荡以及中国遇到股市和汇率变动的情况下，能够继续着力推进利率市场化改革，这表明中国通过改革来稳增长，通过改革来调结构不是说说而已。”

事实上，自从1992年中共十四大决定要发挥市场在资源配置中的基础性作用以来，我国一直在推动利率市场化改革。经过20多年渐进式的改革，目前银行的定价能力逐步提高，金融机构的资产方已经完全市场化，负债方也已经90%实现了市场化。取消存款利率上限标志着利率市场化改革迈出了最为关键的一步。

利率市场化影响将逐步显现。对于利率市场化带来的影响，清华大学中国与世界经济研究中心主任李稻葵认为，中国的消费者将享受到更加多样化的金融服务：“当利率市场化以后，我们整个金融行业会变得更加灵活，效率会提高，从而给老百姓提供更多的金融产品。”

但是也有人担心，利率管制基本放开后，个别银行机构会不会陷入高息揽储的怪圈。对此，上海高级金融学院朱宁认为，利率市场化之后，央行的监督引导不会放松：“这只是非常重要和关键的一步，但这并不意味着央行对于金融的宏观调控和对稳定安全的影响力下降了，我觉得反而会提升。”

同时，李稻葵也建议说，不能光靠央行一家来完成利率市场化这个系统工程，需要各部委共同跟进，完善改革的配套措施：“比如说，银行监管部门针对那些高息揽储的银行要进行监管，如财政部如果发行的国债少了，就很难通过央行的公开市场操作来有效引导货币市场利率。所以，其他部门也需要在改革上跟进。”

资料来源：作者刘楠，网易财经转自央广网，http：//money.163.com/15/1025/09/B6OTPO5600254TI5.html

思考：

1. 为什么要进行利率市场化改革？
2. 利率市场化对人们的生活和生产有什么影响？

素质拓展

1. 资料搜集：查阅资料，找出各种利率，并对它们进行归类。
2. 调查近几次我国利率的调整，分析利率变动原因以及对经济的影响。

项目四　汇率与国际收支

学习目标

（一）知识目标

掌握外汇的含义和特征；理解外汇的种类；掌握汇率的含义、两种标价方法；理解汇率的种类。

（二）技能目标

能够运用外汇和汇率的基本知识分析和解释国际金融问题；能分析不同标价法下本币和外币是升值还是贬值；能根据即期汇率和掉期率，计算远期外汇汇率。

（三）素质目标

培养学生勤于思考的习惯，对国际国内经济金融问题有较强的敏锐感，加强合作精神和讨论意识的培养。

【案例导入】

加入“SDR”2周年，人民币正走向全世界

2016年10月1日，国际货币基金组织（IMF）正式将人民币纳入特别提款权（SDR）货币篮子，与美元、欧元、英镑和日元一起跻身全球储备货币之列，成为仅次于美元和欧元的第三大权重货币。2018年10月1日，正值人民币“入篮”2周年之际，尽管国际金融市场风起云涌，人民币却显示出其独特的吸引力，悄悄发生着一些变化：朋友圈不断扩大，国际范儿愈浓。

“朋友圈”扩大。实际上，在加入SDR后，人民币被更为广泛国家的接受，更多国家愿意接受人民币作为储备货币。用当前流行的话语来说，人民币“朋友圈”扩大了。目前已有包括新加坡、俄罗斯和澳大利亚等在内的60多个国家和地区将人民币纳入外汇储备，人民币正成为全球外汇储备的“新宠”。值得一提的是，IMF近日发布的数据显示，2018年第二季度，人民币在全球外汇储备的占比上升至1.84%，这已是人民币在全球外汇储备中占比连续第四个季度上升。以“一带一路”沿线国家为例，许多国家对人民币的接受程度在提升，运用人民币进行的投资、支付结算、借款及债权都在逐步发展，其在全球市场的影响力将不断扩大。

“国际范”愈浓。在人民币“朋友圈”扩大的同时，其“国际范”也愈发浓烈，直接体现就是其作为国际贸易支付货币的使用量在稳步提升。根据环球银行金融电信协会（SWIFT）发布的数据，2018年8月，人民币全球交易使用量比例上升至2.12%，在全球支付货币中的使用排名为第5位；而2016年8月，人民币在全球使用量为1.86%。

SWIFT数据还显示，全球已有超过1 900家金融机构使用人民币作为支付货币，28个国

家宣布使用人民币进行贸易结算，人民币已经成为全球交易最活跃的新兴市场货币。

资料来源：一牛财经原创编撰，https：//baijiahao. baidu. com/s? id = 1613309173713525076&wfr = spider&for = pc

思考：

1. 根据货币的职能，人民币具有世界货币职能吗？
2. 人民币纳入 SDR，将给老百姓带来什么样的影响？

任务一　外汇与汇率

【学习情境】

“教育是最好的投资。”把孩子送到海外留学，是上海诸多认同这一观点的小康家庭的理财大计之一。吴女士的女儿已经在英国留学两年。对于换汇的问题，吴女士透露，女儿出国 1 年大约需要花 30 万元人民币，包括了学费和所有的生活费用。每年的九十月份是出国留学的高峰期，不少家长都趁这个时候准备出国留学换汇。兑换外汇，吴女士有自己的安排。为了避免换汇高峰，特意提早了 5 个月兑换。一则，3 月前后正好是换汇淡季，购汇利率相对低一些。二则，万一需要增加费用，家长有充分的时间办理换汇和汇款。虽然规定每人每年换汇额度不得超过等值 5 万美元，但是 3 口之家就可以兑换到 15 万美元。所以对他们家来说，目前不存在需求超额的问题。

任务描述

学生分组讨论：（1）什么是外汇？为什么出国留学要换汇？（2）吴女士女儿在英国留学，应兑换什么外汇？按 30 万元人民币花费，需要换多少外汇？（3）为什么说吴女士 3 口之家不存在“需求超额的问题”？试计算分析一下。

【知识链接】

项目一我们学习了货币，外汇本质上还是货币，不过是把范围拓展到国际这个舞台。那什么是外汇呢？

一、外汇

（一）外汇的概念

外汇（foreign exchange），即国际汇兑，是国际经济活动得以进行的基本手段，是国际金融最基本的概念之一。我们可以从动态和静态两个不同的角度理解外汇的含义（见图 4 - 1）。

外汇
- 动态概念——国外汇兑的简称
- 静态概念
  - 广义静态概念：泛指一切以外国货币表示的资产
  - 狭义的静态概念：是指以外币表示的，可以用于进行国际之间结算的支付手段

图4－1　外汇的含义

动态的外汇，是指把一国货币兑换为另一国货币以清偿国际间债权债务关系的实践活动或过程。从这个意义上说，外汇同于国际结算。

静态的外汇，是指国际间为清偿债权债务关系而进行的汇兑活动所凭借的手段和工具。静态的外汇概念是从动态的汇兑行为中衍生出来并广为运用的，它又有广义与狭义之分。各国外汇管理法令所称的外汇就是广义的外汇。如我国 1996 年 1 月 29 日颁布并于同年 4 月 1 日开始实施的《中华人民共和国外汇管理条例》第 3 条规定，外汇是指以外币表示的可以用作国际清偿的支付手段和资产，它们是：（1）外国货币，包括纸币、铸币；（2）外汇支付凭证，包括票据、银行存款凭证、邮政储蓄凭证等；（3）外币有价证券，包括政府债券、公司债券、股票等；（4）特别提款权、欧洲货币单位资产；（5）其他外汇资产。而狭义的外汇，也就是我们通常所说的外汇，它是指外国货币或以外国货币表示的能用于国际结算的支付手段。

【看一看】

常见的外国纸币

100美元

100欧元

100英镑

100港元

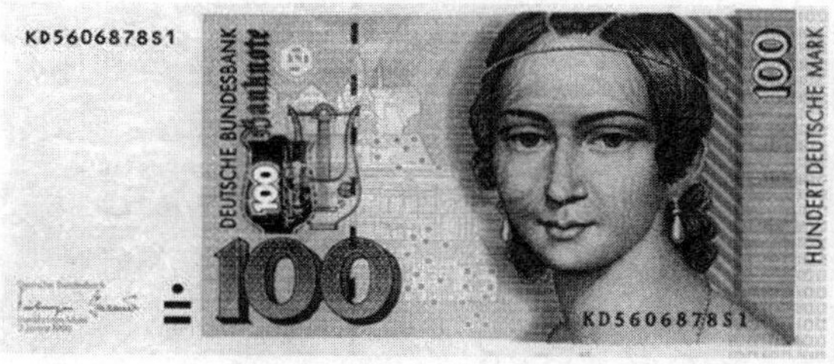

100德国马克

100澳大利亚元

常见的外币名称、符号、简写和单位见表 4－1。

表 4－1　　常见的外币名称、符号、简写和单位

外币名称	符号	简写	单位	外币名称	符号	简写	单位
英镑	£	GBP	镑	澳大利亚元	A $	AUD	元
美元	US $	US $	元	瑞典克朗	SKR	SEK	克朗
日元	J ￥	JPY	日元	丹麦克朗	DKR	DKK	克朗
港元	HK $	HKD	元	挪威克朗	NKR	NOK	克朗
欧元	€	EUR	欧元	芬兰马克	FMK	F1M	马克
德国马克	DM	DEM	马克	韩国圆	WON	KRW	圆
瑞士法郎	SF	CHF	法郎	泰国铢	B	THB	铢
法国法郎	FF	FRF	法郎	菲律宾比索	P	PHP	比索
荷兰盾	F	NLG	盾	印度卢比	RS	INR	卢比
奥地利先令	ASCH	ATS	先令	俄罗斯卢布	RBS	SUR	卢布
比利时法郎	BF	BEF	法郎	缅甸元	K	BUK	元
意大利里拉	LIT	ITL	里拉	新西兰元	NZ $	NZD	元
加拿大元	CAN $	CAD	元	新加坡元	S $	SGD	元

（二）外汇的特征

但是，不是所有的外国货币都能成为外汇的。一种外币成为外汇有三个前提条件：第一，自由兑换性，即这种外币能自由地兑换成本币；第二，可接受性，即这种外币在国际经济交往中被各国普遍地接受和使用；第三，可偿性，即这种外币资产是能得到补偿的债权。这三个前提条件是外汇的三大特征，只有满足这三个条件或符合这三个特征的外币及其所表示的资产才是外汇。

照此推理，以外币表示的有价证券由于不能直接用于国际间的支付，故不属于外汇；同样，外国钞票也不能算作外汇。外钞只有携带回发行国并贷记在银行账户上后，才能称作外汇。在这个意义上，只有存放在国外银行的外币资金，以及将对银行存款的索取权具体化了的外币票据，才构成外汇。具体来看，外汇主要指以外币表示的银行汇票、支票、银行存款等。其中银行存款是狭义外汇概念的主体，这不仅是因为各种外币支付凭证都是对外币存款索取权具体化了的票据，而且还因为外汇交易主要是运用国外银行的外币存款来进行的。人们通常就是在这一狭义意义上使用外汇的概念。

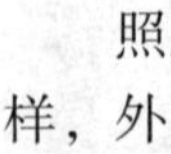
【想一想】

外国钞票是外汇吗？为什么？

（三）外汇的种类

1. 根据外汇是否可自由兑换，划分为自由外汇和记账外汇。

（1）自由外汇。它是指无需外汇管理当局批准，可以自由兑换成其他国家货币或用于对第三国支付的外汇。换句话说，凡在国际经济领域可自由兑换、自由流动、自由转让的外币或外币支付手段，均称为自由外汇。例如，美元、英镑、日元、欧元、瑞士法郎等货币以及以这些货币表示的支票、汇票、股票、公债等都是自由外汇。由于许多国家基本上取消或放松外汇管制，因此目前世界上有50余种货币是自由兑换货币，持有它们可自由兑换成其他国家货币或向第三者进行支付，因而成为国际上普遍可以接受的支付手段。

（2）记账外汇。它又称为协定外汇或双边外汇，是指在两国政府间签订的支付协定项目中使用的外汇，不经货币发行国批准，不准自由兑换成他国货币，也不能对第三国进行支付。记账外汇只能根据协定在两国间使用，协定规定双方计价结算的货币可以是甲国货币，乙国货币或第三国货币；通过双方银行开立专门账户记载，年度终了时发生的顺差或逆差，通过友好协商解决，或是转入下一年度，或是用自由外汇或货物清偿。记账外汇的特点是：它只能记载在双方银行的账户上，用于两国间的支付，既不能兑换成他国货币，也不能拨给第三者使用。一些彼此友好的国家与第三世界国家之间为了节省双方的自由外汇，常采用记账外汇的方式进行进出口贸易。

2. 根据外汇的来源和用途不同，划分为贸易外汇和非贸易外汇。

（1）贸易外汇。它是指进出口贸易所收付的外汇，包括货物及相关的从属费用，如运费、保险费、宣传费、推销费用等。由于国际经济交往的主要内容就是国际贸易，贸易外汇是一个国家外汇的主要来源与用途。

（2）非贸易外汇。它是指除进出口贸易和资本输出/输入以外的其他各方面所收付的外汇，包括劳务外汇、侨汇、捐赠外汇和援助外汇等。一般来说，非贸易外汇是一国外汇的次要来源与用途；也有个别国家例外，如瑞士，非贸易外汇是其外汇的主要来源与主要用途。

3. 根据外汇的交割期限，划分为即期外汇和远期外汇。

（1）即期外汇，又称现汇。是指外汇买卖成交后，在当日或在两个营业日内办理交割的外汇。所谓交割是指本币的所有者与外币所有者互相交换其本币的所有权和外币的所有权的行为，即外汇买卖中的实际支付。

（2）远期外汇，又称期汇。是指买卖双方不需即时交割，而仅仅签订一纸买卖合同，预定将来在某一时间（在两个营业日以后）进行交割的外汇。远期外汇，通常是由国际贸易结算中的远期付款条件引起的；买卖远期外汇的目的，主要是为了避免或减少由于汇率变动所造成的风险损失。远期外汇的交割期限从1个月到1年不等，通常是3~6个月。

二、汇率及其标价法

（一）汇率的概念

汇率（exchange rate）又称汇价，是一个国家的货币折算成另一个国家货币的比率，即两种不同货币之间的折算比率。也就是，在两国货币之间，用一国货币所表示的另一国货币的相对价格。

当一种商品参与国际交换时，就需将该种商品以本国货币所表示的价格折算成以外国货币所表示的价格，这样就产生了两种货币之间的折算。外汇作为可以在国际上自由兑换、自由买卖的资产，也是一种特殊的商品。在国际汇兑中两种货币之间是可以相互表示对方价格的，这种用一种货币所表示的另一种货币的价格就是汇率，或者说汇率就是外汇这种特殊商品的“特殊价格”。这里，本币和外币都具有同样的表示对方货币价格的功能，也就是说，外汇汇率具有双向特征：既可用本币表示外币的价格，也可以用外币表示本币的价格。确定两种不同货币之间的比价，应先确定用哪个国家的货币作为标准，由于确定的标准不同，于是便产生了不同的外汇汇率标价法。表 4－2 为招商银行 2019 年 4 月 11 日挂牌人民币汇率的情况。

表 4－2　招商银行 2019 年 4 月 11 日挂牌人民币汇率情况

币种	交易单位	中间价	汇买价	钞买价	钞/汇卖出价
澳元	100	478.7500	477.0700	463.4300	480.4300
港元	100	85.6800	85.5100	84.9000	85.8500
美元	100	671.8600	670.5700	665.1300	673.2000
欧元	100	757.8700	755.2200	733.6200	760.5300
日元	100	6.0047	5.9837	5.8126	6.0257
英镑	100	877.3600	874.2800	849.2800	880.4300

【读一读】

出国留学如何兑换外币最划算

出国留学，换汇这一环节必不可少。一般留学生会提前去银行购汇一定数量的外币，用于国外的各种生活开支。那么如何兑换外币最划算？

1. 国内兑换外币汇率低，中国银行可兑换的外币最多。除了固定的学费外，留学生可以将其留学时所需的一部分生活费，在国内银行换成外币现钞，只要随身携带不超过等值 5 000 美元的外币现钞出境就可以。如果时间充裕，能在国内兑换外币就不要选择在国外兑换。国内银行人民币兑换外币的汇率比国外要低。据了解，目前国内很多家银行可以办理外币兑换业务，其中中国银行兑换外币的种类最多，包括英镑、港元、美元、瑞士法郎、新加坡元、韩元、丹麦克朗、挪威克朗、日元、加拿大元、澳大利亚元、欧元等。

在国外并不是所有国家都支持人民币兑换外币。像欧洲、澳洲这些国家，直接用人民币兑换当地币种的外币兑换点非常少，有些地方甚至不支持人民币直接兑换外币，用美元兑换当地币种的兑换点就比较多。若是在以色列等中东国家留学，在国内银行没有币种可以换汇，只能在国内提前兑换好美元，在当地很多兑换点可以兑换当地币种，不过不同的兑换点汇率也不一样，到时可以货比三家。

2. 不同时间购汇，金额相差将近 400 元。很多留学生在换汇的时候，往往会一次性兑换所需的外币。但是外币的汇率每时每刻都在变化，而且不同的银行，外币汇率也不一样。

例如，购汇5万美元，根据中国银行外汇牌价，5月13日15：48美元卖出价是6.5347元，需支付326 735元人民币；5月12日21：56的美元卖出价是6.5272元，所需支付326 360元人民币。仅相隔一天，两者所需支付的人民币相差375元。根据工商银行的外汇牌价，5月13日15：48美元的卖出价是6.5354元，所需支付326 770元人民币。同一时间购汇美元，相比其他银行，在中国银行购汇则便宜35元。

留学生在换汇时，可以在出行前一段时间关注外币汇率卖出价的变化，也可以分批次购汇，在汇率比较低的时候买入外币会划算很多。

3. 兑换不局限于柜台，网银24小时可换汇。一般出国留学要兑换外币，先想到的都是跑去银行排队。在银行柜台办理外汇业务只有在银行上班时间才可以，而每人一天最多只能购汇1万美元现钞。除了在银行柜台购汇外，还可通过网上银行、手机银行、电话银行进行购汇，而且24小时都可以办理。

一般通过网上银行购汇每人有5万美元的购汇额度，购汇的美元直接存在本人银行卡的子账户里，需要提取的时候去银行取外币就可以，不过每次每人最多只能提取1万美元现钞。需要提醒的是，存在银行子账户的外币在国外提款机是无法直接取出外币的。若是提取大额的外币现钞，需要提前向银行预约，因为银行每天没有那么多的外币现钞。

资料来源：作者王晓易，摘编自青年时报，2016-05-22.

（二）汇率的标价方法

1. 直接标价法。直接标价法是以一定单位（1个外币单位或100个、10 000个、100 000个外币单位）的外国货币作为标准，折算为一定数额的本国货币来表示其汇率。

例如，我国2019年4月11日公布的外汇牌价中，每100美元价值人民币671.86元，用货币符号的形式可以写作：

$$USD100 = RMB671.86$$

这一标价方法就是直接标价法。国际上绝大多数国家（除英国和美国以外）都采取直接标价法。美国长期以来也一直采用直接标价法，但在第二次世界大战后，美元在国际支付和国际储备中逐渐取得统治地位，为了与国际外汇市场上对美元的标价一致，美国从1978年9月1日起，除对英镑继续使用直接标价法以外，对其他货币一律改用间接标价法公布汇价。

在直接标价法下，汇率上升，表示外币升值、本币贬值；汇率下降，则相反。表4-3为中国外汇交易中心发布的数据。

表4-3　中国外汇交易中心发布的数据

时间	汇率	外币币值	本币币值
2019年4月9日	USD100 = RMB672.90		
2019年4月10日	USD100 = RMB673.89	升值	贬值
2019年4月11日	USD100 = RMB671.86	贬值	升值

2019年4月10日，100美元可兑换673.89人民币，比4月9日100美元兑换652.90人民币要多一些，这意味着美元升值，人民币在贬值。相应地，4月11日100美元可兑换

671.86元人民币，比4月10日兑换的人民币略少，这代表美元的价值下降了，发生了贬值，人民则升值了。

2. 间接标价法。间接标价法，是以一定单位的本国货币为标准，折算为一定数额的外国货币来表示其汇率。英国一直使用间接标价法。

在直接标价法下，外国货币的数额固定不变，汇率的高低或涨跌都以相对的本国货币数额的变化来表示。一定单位以外币折算的本国货币越多，说明本国货币的币值越低，而外国货币的币值越高。反之则本国货币币值越高，而外国货币币值越低。同理，一定单位以外币折算的本国货币增多，说明外币汇率上涨，即外国货币币值上升，或本国货币币值下降。反之则外国货币币值下降，或本国货币币值上升。在间接标价法下，本国货币的数额固定不变，汇率的高低或涨跌都以相对的外国货币数额的变化来表示。此种关系正好与直接标价法下之情形相反。

表4-4是美国纽约市场汇率，本币为美元，外币为欧元。在此间接标价法下，汇率上升，外币贬值，本币升值；汇率下降，则相反。

表4-4　　美国纽约市场汇率

时间	汇率	外币币值	本币币值
2019年4月9日	USD100 = EUR128.27		
2019年4月10日	USD100 = EUR127.27	升值	贬值
2019年4月11日	USD100 = EUR129.27	贬值	升值

由于直接标价法下汇率涨跌的含义和间接标价法下汇率涨跌的含义正好相反。所以，在引用某种货币的汇率，说明其汇率涨跌时，必须明确来源于哪个外汇市场，即采用哪种标价法，以免混淆。

案例分析

直接标价法　间接标价法

根据中国外汇交易中心的数据，2019年4月3日银行间外汇市场人民币汇率中间价为：1美元兑人民币6.5793元，1欧元兑人民币7.3347元，1港元兑人民币0.84678元，1英镑兑人民币9.4830元，1新加坡元兑人民币4.7831元，1瑞士法郎兑人民币6.6438元，1加拿大元兑人民币5.0254元，1元人民币兑0.62884林吉特，1元人民币兑10.1536俄罗斯卢布。

而2019年4月2日银行间外汇市场人民币汇率中间价为：1美元兑人民币6.5688元，1欧元兑人民币7.3550元，1港元兑人民币0.84545元，1英镑兑人民币9.4706元，1新加坡元兑人民币4.7729元，1瑞士法郎兑人民币6.6491元，1加拿大元兑人民币5.0251元，1元人民币兑0.62965林吉特，1元人民币兑10.1924俄罗斯卢布。

思考：

1. 中国外汇交易中心公布的汇率，哪些采用的是直接标价法？哪些是间接标价法？
2. 对比2019年4月3日和4月2日的汇率中间价，哪些货币升值了？哪些贬值了？

（三）汇率的种类

汇率的种类很多，从不同的角度，一般可将汇率进行如下分类：

1. 按银行买卖外汇的价格不同，分为买入汇率、卖出汇率和中间汇率。先了解一下被报价货币的概念。所谓被报价货币，也称基础货币或基准货币、参考货币，指的是数量固定不变、作为比较基础的货币，也就是被用来表示其他货币价格的货币。而与之相对，数量不断变化，用以说明基准货币价格高低的货币则被称为报价货币或计价货币、汇率货币。在汇率上，被报价货币与报价货币的计量关系为：

（多少）？报价币 =1 被报价币

例如，在德国，马克对美元的汇价为 DEM1.6510 = USD1，在德国的民众用 1.6510 可买卖 1 美元，在此 USD 是商品，它扮演的是被报价货币的角色。在美国，美元对马克的汇价为 USD0.6057 = DEM1，在美国的民众可用 0.6057 美元买卖 1 马克，此时马克是商品，它所扮演的是被报价货币的角色。从这个例子可以看出，虽然是同样两种货币的兑换关系，但在不同的国家却可以有不同的汇率表现形式。此汇率虽表现形式不同，但实质上同样是表示两种货币之间的兑换率，而且此两种不同表现形式的汇率互为倒数，那是因为其中的被报价货币不同的缘故。与此同时，报价银行与询价者在汇率报价上的相对关系也告诉我们，由于外汇交易实际上是以一种货币换取另一种货币的买卖行为，因此，在买入被报价币的同时也就卖出报价币，并且在报价银行买入被报价币的同时是询价者在卖出被报价币。

例如，某日在纽约外汇市场上，银行所挂出的马克和英镑的牌价分别为：

USD/DEM	1.6510/20
GBP/USD	1.7650/60

在上述银行双向报价中，汇率中的第一个数字（1.6510 和 1.7650）表示报价银行愿意买入被报价货币的价格，即所谓的买价或买入汇率；第二个数字（1.6520 和 1.7660）表示报价者愿意卖出被报价货币的价格，即所谓的卖价或卖出汇率。在上述银行报价中，相对于被报价货币而言，总是买价在前、卖价在后，而且买价总是小于卖价，买卖价之间的差额就是报价银行买卖被报价货币的收益。

一般来说，在直接标价法下，前一数值表示银行的买入汇率，后一数值表示卖出汇率。而在间接标价法下，前一数值表示卖出汇率，后一数值表示买入汇率。这里，有几点值得注意：（1）买入或卖出都是站在报价银行的立场来说的，而不是站在进出口商或询价银行的角度。（2）按国际惯例，外汇交易在报价时通常可只报出小数 10/20 或 50/60，其中的大数 1.65 和 1.76 可以省略不报，在交易成交后再确定全部的汇率 1.6510 或 1.7650。（3）买价与卖价之间的差额，是银行买卖外汇的收益。如上例，英镑兑美元的买卖差价为每英镑 0.0010 美元，通常称为卖出价高于买入价 10 点。在外汇市场上，每一“点”为 1% 的 1%，即 0.0001 称为 1 点。

中间汇率是指买入汇率与卖出汇率的平均数，又称中间价。其计算公式为：

中间汇率 =（买入汇率 + 卖出汇率）÷2

中间汇率不是外汇买卖的执行价格，它通常只用于报刊和统计报表对外报道汇率消息以及汇率的综合分析。

2. 按外汇买卖交割的期限不同，分为即期汇率和远期汇率。即期汇率是指外汇买卖的双方在成交后的2个营业日内办理交割手续时所使用的汇率。远期汇率则是指外汇买卖的双方事先约定，据以在未来约定的期限办理交割时所使用的汇率。银行一般都直接报出即期汇率，但对于远期汇率则有两种报价方法，其中一种方法叫完整汇率报价方法，是直接将各种不同交割期限的远期买入价、卖出价完整地表示出来。

例如，某日伦敦外汇市场英镑兑美元的汇率为：

即期汇率	1个月远期汇率	3个月远期汇率	6个月远期汇率
1.6205/15	1.6235/50	1.6265/95	1.6345/90

这种方法通常用于银行对客户的报价上。在银行同业间往往采用另一种方法，即远期差价报价方法。它是指不直接公布远期汇率，而只报出即期汇率和各期的远期差价，然后再根据即期汇率和远期差价来计算远期汇率。某一时点上远期汇率与即期汇率的汇率差称为掉期率，具体又可分为升水和贴水两种。升水表示远期汇率比即期汇率高，或期汇比现汇贵；贴水表示远期汇率比即期汇率低；还有一种情况叫平价，表示远期汇率与即期汇率相同。升贴水的幅度一般用点数来表示。

例如，伦敦外汇市场，英镑对美元的汇率则可公布为：

即期汇率	1个月远期差价	2个月远期差价	6个月远期差价
1.6205/15	20/35	60/80	140/175

由于伦敦市场采用的是间接标价法，且英镑对美元1个月的远期差价为20/35，则表示1个月远期美元贴水，于是伦敦外汇市场英镑对美元1个月的远期汇率为：

$$\begin{array}{rr} 1.6205 & 1.6215 \\ +0.0020 & +0.0035 \\ =1.6225 & =1.6250 \end{array}$$

即£ 1 = \$1.6225/50。计算后我们可以发现，英镑对美元即期的买卖差价为10点，而1个月远期的买卖差价则扩大为25点。

如果我们将上例中的伦敦外汇市场改为纽约外汇市场，其他条件均不变，这样，1个月的远期差价20/35则表示1个月远期英镑升水，于是纽约外汇市场英镑对美元1个月的远期汇率为：

$$\begin{array}{rr} 1.6205 & 1.6215 \\ +0.0020 & +0.0035 \\ =1.6225 & =1.6250 \end{array}$$

即£ 1 = \$1.6225/50。虽然伦敦和纽约两个外汇市场英镑对美元汇率的标价方法不一样，但计算结果完全一致。于是，在根据即期汇率和远期差价计算远期汇率时，不论何种标价法，我们都可以归纳为：

当远期点数按“小/大”排列时，远期汇率 = 即期汇率 + 远期汇率；当远期点数按“大/小”排列时，远期汇率 = 即期汇率 − 远期汇率。

3. 按制定汇率的方法不同，分为基本汇率和套算汇率。由于外国货币种类繁多，而且各国货币制度不尽相同，因而在制定汇率时，本国货币不能对所有外国货币都单独制定汇率，而只能选择某一货币为关键货币，并制定出本币对关键货币的汇率。这一汇率就称为基本汇率，它是确定本币与其他外币之间汇率的基础。

实际上，在国际外汇市场上，几乎所有的货币都与美元有一个兑换率。正因为如此，其他任何两种无直接兑换关系的货币都可以通过美元计算出它们之间的兑换比率，这种计算出来的汇率，被称作套算汇率。简言之，套算汇率是指两种货币通过各自对第三种货币的汇率而算得的汇率。

4. 按汇兑方式的不同，分为电汇汇率、信汇汇率和票汇汇率。电汇汇率是指以电报、电传等解付方式买卖外汇时所使用的汇率，即银行卖出外汇后，立即用电报、电传等方式通知国外分支行或代理行付款给收款人，此种情况下所使用的汇率即为电汇汇率。一般说来，电汇汇率较其他汇率高，这主要是因为银行卖出外汇后用电汇方式付款，使实际付款时间缩短，银行不能利用汇款资金，加之国际电报、电传收费较高，进出口商一般在贸易合同中均规定交付货款时采用电汇方式，银行同业间的外汇或资金划拨，更是使用电汇方式。外汇市场所公布的汇率也多为电汇汇率。

信汇汇率是指以信函解付方式买卖外汇时所使用的汇率。在信汇方式下，汇出的外汇须在外汇凭证邮寄到国外后，对方银行才能在委托付款行的存款账户内支用。信汇汇率一般低于电汇汇率。信汇方式通常在中国香港和东南亚地区用于邻近国家或地区之间的交易。

票汇汇率是指银行买卖外汇票据时所使用的汇率。由于票据从售出到付款也有一段间隔时间，票汇汇率自然也就比电汇汇率低。

任务二 国际收支

【学习情境】

旅游是人们休闲生活不可或缺的一部分，随着各国间贸易的频繁往来，出国旅游得到了快速的发展。联合国世界旅游组织表示，旅游消费已经连续 4 年增长，增速超过国际贸易。世界最热点的旅游目的地是美国，其次是中国、法国和西班牙。数据显示，自 2012 年起，中国连续多年成为世界第一大出境旅游消费国。中国、美国和英国都是出境旅游消费大国，2018 年中国出境旅游 14 972 万人次，比上年同期增长 14. 7%；旅游花费 1 045 亿美元，继续位列世界第一，比前一年增加 25%。

小张是一个三口之家，在自己的努力和打拼下，家庭收入有了改观，生活条件也日益改善。他最近就存了一笔钱，准备带妻子和女儿暑假到欧洲旅游一趟。他已办好了护照，旅游路线也规划好了，“万事俱备只欠东风”。

任务描述

学生分组讨论：(1) 小张一家可能会产生哪些消费呢？这些消费都属于国际收支范围吗？(2) 出国旅游产生的境外消费，欧洲国家的海关需要统计吗？它又属于国际收支的哪一部分呢？

【知识链接】

一、国际收支概念

国际收支是指一定时期内，一国或地区的居民和非居民之间，由于经济、政治、文化等各项往来而引起的全部国际经济交易的系统的货币记录。

对国际收支的理解应注意以下几点。

1. 国际收支记录的是经济交易。与国际收支这一名词的字面含义不同，它不是以收支为基础的而是以交易为基础的，有些交易可能不涉及货币支付，但这些未涉及货币收支的交易须折算成货币加以记录。

2. 国际收支是一个流量概念。国际收支表示在一定时期一国从国外所得到的资金和对国外所支付的资金，因而它只能是一个流量而不是一个存量概念，是一定时期的发生额而不是某个时点的持有额。

3. 国际收支必须是居民和非居民之间的交易。居民是指一个国家的经济领土内具有一经济利益中心的经济单位，依照这一标准，则居民包括：

（1）官方居民。官方居民指的是本国中央和地方政府，以及该国坐落在其他国家领土上的领使馆，军事机构和其他政府组织。因此，凡是在这个国家领土上的外国使馆和国际组织，如联合国、国际货币基金组织、世界银行等都被看作是这个国家的非居民。

（2）企业。企业根据其营业活动所在地来确定。凡是在一个国家领土上从事生产经营活动的企业都是这个国家的居民，包括外国独资、合资和合作企业。有时各国的法律规定不同。

（3）个人。个人一般根据住所来判断，各国不同，一般以居住 1 年以上为准，但不包括外交人员、留学生、病人。

【想一想】

辨别哪些情景属于国际收支：（1）本国在外国投资建厂，该厂产品在本国市场的销售收入；（2）外国在本国投资建厂，在该厂工作的本国工人的工资收入；（3）本国居民购买外国在本国直接投资的企业的股票；（4）在本国驻外国使馆工作的本国工作人员的工作收入。

二、国际收支重要性

（一）可以预测货币汇率的变动情况

在一般情况下，一国的国际收支如有逆差，则可以预测该国的货币汇率将是下跌趋势，如有顺差，汇率会上升。如 1987 年上半年，美元汇率大跌，直接原因是美国 1986 年贸易赤字为1 700亿美元，导致美元大幅度贬值。

（二）可以估计外汇管制松紧程度

国际收支逆差国一般会加紧外汇管制来压缩对外汇需求，而顺差国则会因外汇的过多供给而放松外汇管制。发展中国家由于常出现贸易逆差，外汇管制较严，而发达国家则放松或取消。

（三）可以分析进出口状况

国际收支逆差时，货币汇率下跌，出口商品价格相应下跌，从而有利出口；当国际收支顺差时，货币汇率上涨，出口商品价格随之上升，抑制出口。

（四）可以了解货币金融政策趋向

一国的国际收支对这个国家的国际金融政策具有指导性作用。由于逆差是内需增加，出口减少，因此为改善逆差，一般应采取紧缩性货币金融政策。在顺差情况下，则可能采取扩大内需为主的扩张性货币金融政策。它还对掌握国际市场行情、制定正确的对外经济贸易战略和策略都具有重大意义。

案例分析

Allen公司出口销售计划的调整

位于美国费城的Allen公司是一家生产发电设备的企业，在国际市场上享有一定的知名度。公司向亚洲一些国家和地区大量出口设备，占其出口总额的60%。但由于这些国家和地区在2008年世界金融危机的冲击下，外汇紧缺，无力进口设备，因此，连续几年Allen公司的出口业绩不佳，合同订单急剧下降。

Allen公司召开部门经理会议商讨对策。会上调研开发部经理提出，根据他对各国国际收支状况的研究，近年来中国的国际收支连年顺差，外汇储备剧增，同时中国的西部地区经济发展潜力巨大，急需扩大电力生产，公司应把市场开拓的重点放在中国，尽快制定向中国销售的具体策略。

Allen公司采纳了其意见，确定了中国为主攻市场。在销售部的运作下，该公司与中国苏州、石家庄、嘉兴等地的电厂连续签订了金额较大的合同，销售额迅猛，并超过历史最高水平。

思考：

1. Allen公司销售业绩为什么会改善？
2. 一国国际收支状况会对企业产生影响吗？具体分析一下。

三、国际收支平衡表

国际收支平衡表是系统地记录一个国家或地区在一定时期内各种对外经济往来所引起的

全部国际经济交易的一种统计表，它是集中反映一国或地区国际收支状况的一种流量表。

我国国际收支平衡表按国际货币基金组织（IMF）《国际收支手册》第五版规定的各项原则编制，采用复式记账原则记录所有发生在我国居民（不包括港、澳、台地区）与非居民之间的经济交易。其基本内容见图 4－2。

- 国际收支平衡表
  - 经常项目
    - 货物和服务
    - 收益
    - 经常转移
  - 资本和金融项目
    - 资本项目
    - 金融项目
      - 直接投资
      - 证券投资
      - 其他投资
  - 储备资产
  - 净差错和遗漏

图 4－2　国际收支平衡表内容

（一）经常项目

经常项目是指本国与外国进行经济交易而经常发生的项目，反映一国与他国之间真实资源的转移状况。它是一个极为重要项目，通常包括四部分内容：

1. 货物。货物是国际收支平衡表中最重要的项目，包括货物的进口和出口。
2. 服务。服务即“无形贸易”，包含运输、旅游、通信服务、建筑服务、保险服务等。
3. 收益。收益包括职工海外报酬、其他收益等。
4. 经常转移。如各类国际援助、捐款及战争赔款等。

【读一读】

2018 年中国货物贸易总额高达 4.62 万亿美元，再次全球第一

按照中国海关公开的初步数据，2018 年中国对外货物贸易进出口总额 30.51 万亿元人民币，折合 4.62 万亿美元，增长 12.6%。其中，中国对外出口的商品总额约为 2.48 万亿美元，增长 9.9%；进口 2.14 万亿美元，增长 15.8%。中国货物贸易顺差 3 517.6 亿美元。

而根据美国商务部预测，2018 年美国的货物贸易总额只是约 4 万亿美元。这意味着 2018 年中国的货物贸易总额再次全球第一。

2018 年是改革开放 40 周年，也是中国加入世贸组织第 17 个年头。在 40 年的征程中，中国的对外货物贸易额出现了巨大的增长——1978～2017 年，我国进出口总额从 355 亿元提升至 27.8 万亿元，贸易规模扩大 782 倍，且年均增速达 18.6%（高于同期中国 GDP 的增速）。

同样，中国的对外进出口贸易也从 1978 年的排不进全球前 20 名，到 2018 年稳居全球第一名，实现了跨越式发展。

此外，中国的出口商品结构更加优化。在 20 世纪 80 年代，中国的出口商品中仍然是大量的资源产品、劳动密集型产品。曾经有出口“1 亿条裤子换回 1 架飞机”的说法。但现

在，中国的出口商品中机电产品占比超过了一半——2018 年占比是58.8%。

工业制成品占比已经达到了94.8%，初级产品占比下降到5.2%。此外，高新技术产品占我国出口比重也从2%左右提高到28.8%。而在进口商品中，虽然仍有大量的高科技产品，但更多的是铁矿石、石油、天然气、煤炭、粮食等大宗商品。

资料来源：中国海关数据，2019 年。

（二）资本与金融项目

资本与金融项目是指对资产所有权在国际间流动行为进行记录的账户，它包括资本账户和金融账户两大部分。

1. 资本项目。资本项目反映资产在居民与非居民之间的转移，主要包括：资本转移、非生产非金融资产的收买和出售。

2. 金融项目。金融项目反映居民与非居民之间投资与借贷的增减变化，通常包括直接投资、证券投资和其他投资。

【读一读】

2018 年利用外资和对外投资继续增长

2018 年，我国利用外资逆势增长。全年新设外资企业超过 6 万家，增长 69.8%；实际使用外资 8 856 亿元，增长 0.9%，折合 1 350 亿美元，增长 3%。这是在全球跨国投资下降19%的情况下取得的。其中，来自发达经济体的投资较快增长，英国、德国、韩国、日本、美国对华投资分别增长了 150.1%、79.3%、24.1%、13.6%和 7.7%。利用外资结构持续优化，制造业利用外资占比升至 30.6%，高技术制造业利用外资增长 35.1%，特斯拉、宝马等项目取得积极进展。合同外资 5 000 万美元以上的大项目近 1 700 个，增长 23.3%。中西部地区快速增长，西部地区实际使用外资 646 亿元，增长 18.5%；中部地区实际使用外资 648 亿元，增长 15.4%。

与此同时，我国全年对外直接投资 1 298 亿美元，增长 4.2%。对外投资结构持续优化，主要流向租赁和商务服务业、制造业、批发和零售业、采矿业，对“一带一路”沿线国家直接投资 156 亿美元，增长 8.9%，占比升至 13%。对外投资方式不断创新，实施并购 405 起，实际交易额 703 亿美元。实物投资、股权置换、联合投资、特许经营等方式呈良好发展态势。对外承包工程带动东道国经济社会发展和我国出口，全年完成营业额 1 690 亿美元，主要集中在交通、运输、建筑、电力行业，占比 2/3，既促进东道国基础设施建设，创造当地就业岗位 84 万个，又带动我国设备材料出口 170 亿美元，增长 10.4%。

资料来源：责任编辑宋岩，中华人民共和国中央人民政府网站，http：//www. gov. cn/xinwen/2019 -02/12/content_5365155. htm

（三）储备资产

储备资产是指一国货币当局能够用来满足国际收支平衡需要的一切资产，包括货币性黄金、美元、英镑等国际上通用外汇，国际货币基金组织的普通提款权（储备头寸）和分配的特别提款权。

【读一读】

我国外汇储备现状

外汇储备是一个国家货币当局所持有的用于弥补国际收支赤字、维持该国货币汇率稳定的国际间普遍接受的外国货币，是国际储备的一部分。国际储备包括外汇储备、黄金储备、国际货币基金组织（IMF）中的普通提款权和特别提款权。外汇储备在储备资产中最为重要。

回顾中国外汇储备的发展变化：1996 年底，中国外汇储备首次突破了 1 000 亿美元，此后 4 年，储备上升相对平稳。自 2000 年起，中国外汇储备呈快速增长趋势。2005 年末增至 8 188.72 亿美元，居全球第二位。2006 年 2 月，中国外汇储备达 8 537 亿美元，超过日本，成为全球外汇储备最大持有国。

2018 年末中国外汇储备 30 727.12 亿美元，相比 2018 年 11 月末增加 110.03 亿美元，相比 2017 年末减少 672.37 亿美元。2018 年末中国黄金储备为 5 956 万盎司，此前已连续 26 个月保持在 5 924 万盎司。

资料来源：作者佚名，新华网客户端，https：//baijiahao. baidu. com/s？id = 1622054069898825379&wfr = spider&for = pc

（四）净差错与遗漏

错误与遗漏是一个人为设计的平衡项目，确保国际收支平衡表借贷总相等，差额为 0。

案例讨论

2018 年中国国际收支

根据国家外汇管理局数据，2018 年，我国经常账户顺差 491 亿美元，保持在合理的顺差区间。其中，第一季度出现逆差，第二至第四季度持续顺差，并且顺差规模逐季扩大。第四季度，经常账户顺差 546 亿美元，较第三季度增长 135%，主要是国际收支口径的货物贸易顺差 1 391 亿美元，环比增长 38%；服务贸易逆差 641 亿美元，环比下降 21%。

非储备性质的金融账户保持顺差，跨境资本呈现净流入。2018 年，非储备性质的金融账户（含第四季度净误差与遗漏）呈现顺差 602 亿美元。其中，直接投资呈现净流入 1 074 亿美元，较 2017 年增长 62%。具体看，对外直接投资净流出 961 亿美元，下降 6%；外国来华直接投资净流入 2 035 亿美元，增长 21%。

储备资产增加。2018 年，我国储备资产因国际收支交易（不含汇率、价格等非交易因素影响）增加 189 亿美元，其中，外汇储备增加 182 亿美元。

2018 年中国国际收支平衡表（简表） 单位：亿美元

项目	差额	项目	差额
1. 经常项目	491	2. 资本和金融项目	408
1. A 货物和服务	1 029	2. 1 资本项目	-6
1. A. a 货物	3 952	2. 2 金融项目	413
1. A. b. 服务	-2 922	2. 2. 1 非储备性质的金融项目	602
1. B 初次收入	-514	2. 2. 2 储备资产	-189
1. C 二次收入	-24	3. 净误差与遗漏	-898

资料来源：根据国家外汇管理局网站 2018 年 4 个季度的相关数据整理。

注：根据《国际收支和国际投资头寸手册》（第六版编制）。

思考：

1. 我国“经常项目”总体情况怎样？与“资本和金融项目”有哪些差异？
2. 根据表中的数据，你认为应如何优化我国国际收支状况？

项目要点

1. 外汇是国际经济活动得以进行的基本手段。动态的外汇，是指把一国货币兑换为另一国货币以清偿国际间债权债务关系的实践活动或过程；静态的外汇，是指国际间为清偿债权债务关系而进行的汇兑活动所凭借的手段和工具，静态的外汇又有广义与狭义之分。

2. 外汇的三个特征：第一，自由兑换性，即这种外币能自由地兑换成本币；第二，可接受性，即这种外币在国际经济交往中被各国普遍地接受和使用；第三，可偿性，即这种外币资产是能得到补偿的债权。

3. 外汇的种类，根据外汇是否可自由兑换，划分为自由外汇、记账外汇；根据外汇的来源和用途不同，划分为贸易外汇、非贸易外汇；根据外汇的交割期限，划分为即期外汇、远期外汇。

4. 汇率是一个国家的货币折算成另一个国家货币的比率，即两种不同货币之间的折算比率。汇率标价方法有直接标价法和间接标价法。直接标价法是以一定单位的外国货币作为标准，折算为一定数额的本国货币来表示其汇率；间接标价法，是以一定单位的本国货币为标准，折算为一定数额的外国货币来表示其汇率。

5. 汇率的种类，按银行买卖外汇的价格不同，分为买入汇率、卖出汇率和中间汇率；按外汇买卖交割的期限不同，分为即期汇率和远期汇率；按制订汇率的方法不同，分为基本汇率和套算汇率；按汇兑方式的不同，分为电汇汇率、信汇汇率和票汇汇率。

6. 国际收支是指一定时期内，一国或地区的居民和非居民之间，由于经济、政治、文化等各项往来而引起的全部国际经济交易的系统的货币记录。

7. 国际收支平衡表是系统地记录一个国家或地区在一定时期内各种对外经济往来所引

起的全部国际经济交易的一种统计表。包含经常项目、资本和金融项目、储备资产和净误差与遗漏项目。

汇率与国际收支知识网络结构见图 4 - 3。

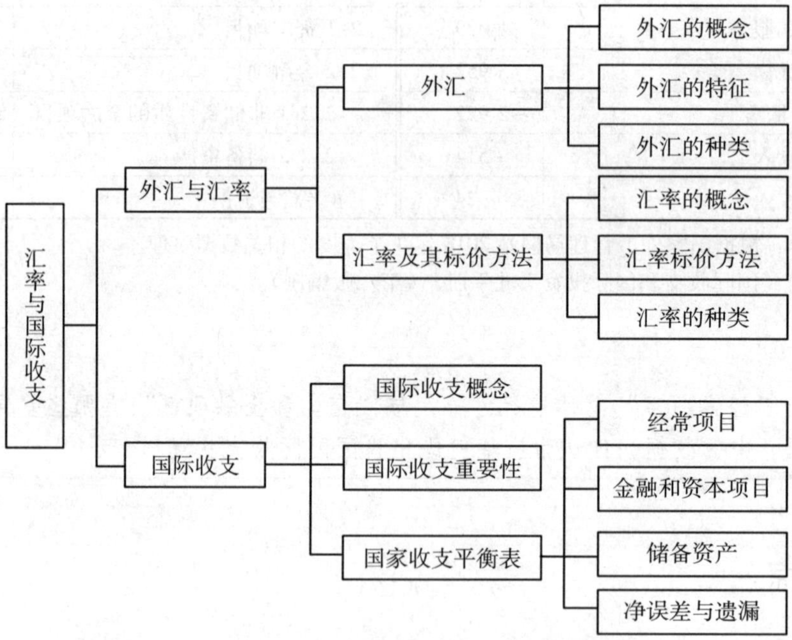

图 4 - 3　汇率与国际收支知识网络结构

知识练习

一、单项选择题

1. 以下（　　）是错误的。

A. 外汇是一种金融资产

B. 外汇必须以外币表示

C. 用作外汇的货币不一定具有充分的可兑性

D. 用作外汇的货币必须具有充分的可兑性

2. 远期汇率高于即期汇率称为（　　）。

A. 贴水　　B. 升水　　C. 平价　　D. 议价

3. 动态外汇是指（　　）。

A. 外汇的产生　　B. 外汇的转移

C. 国际清算活动和行为　　D. 外汇的储备

4. 在直接标价法下，一定单位的外币折算的本国货币增多，说明本币汇率（　　）。

A. 上升　　B. 下降　　C. 不变　　D. 不确定

5. 在间接标价法下，汇率数值的上下波动与相应外币的价值变动在方向上（　　），而与本币的价值变动在方向上（　　）。

A. 一致相反　　B. 相反一致　　C. 无关系　　D. 不确定

二、多项选择题

1. 外国货币作为外汇的前提有（　　）。

A. 可偿性　　B. 可接受性　　C. 可转让性　　D. 可兑换性

E. 一致性

2. 在直接标价法下，使用的外币单位有（　　）。

A. 一　　B. 十　　C. 百　　D. 万　　E. 百万

3. 我国规定外汇包括（　　）。

A. 外国钞票　　B. 外国铸币

C. 外币有价证券　　D. 外币支付凭证

E. 特别提款权

4. 一国货币对外币的汇率有（　　）。

A. 两种货币的兑换　　B. 两种货币之间的交换比率

C. 是国内物价水平的体现　　D. 本币内部价值的外在表现

5. 在直接标价法下，本币数额增加表示（　　）。

A. 外币币值不变　　B. 本币升值

C. 外汇汇率下降　　D. 本币汇率下降

E. 外汇汇率上涨

6. 在间接标价法下，外币数额减少，表示（　　）。

A. 本币币值不变　　B. 本币贬值

C. 外汇汇率上涨　　D. 本币汇率上涨

E. 外汇汇率下降

三、计算题

1. 在美国纽约外汇市场上，汇率行情如表 4－5 所示。

表 4－5　　美国纽约外汇市场汇率

时间	汇率	外币币值	本币币值
2019 年 3 月 31 日	USD100 = RMB657.90		
2019 年 4 月 1 日	USD100 = RMB658.89	（　）	（　）
2019 年 4 月 2 日	USD100 = RMB656.88	（　）	（　）

请将表中括号部分填写完整（是升值还是贬值）。

2. 在伦敦外汇市场，2019 年 4 月 4 日，英镑对日元的汇率为：

即期汇率	1 个月远期差价	2 个月远期差价	6 个月远期差价
154.6312/45	20/35	80/60	140/175

试计算 1 个月、2 个月和 6 个月的远期汇率。

四、简答论述题

1. 外汇的特征有哪些?
2. 间接标价法和直接比较法有什么不同?
3. 谈谈你对人民币升值问题的看法?

技能测试

案例分析 1

2018 年全年美国对外贸易情况

美国当地时间 2019 年 3 月 6 日早上 8 点 30 分，美国商务部发布了 2018 年 12 月及 2018 年全年美国对外贸易数据。

数据显示，去年 12 月，美国对外贸易逆差再创新高，达到 598 亿美元，增幅 18.8%，均为去年 4 月中美贸易摩擦以来的最高值。2018 年全年，美国对外贸易逆差达 6210 亿美元，较 2017 年增加 688 亿美元，增幅 12.5%，为 10 年以来最大贸易逆差。

而根据中国国新办发布的数据，2018 年中国对美出口 4 784.2 亿美元，增长 11.3%；进口 1 551 亿美元，增长 0.7%；对美贸易顺差 3 233.2 亿美元，同比扩大 17.2%，是自 2006 年以来的最高纪录。

资料来源：根据中新网“美商务部发布对外贸易情况”整理，2019 年 3 月 7 日。

思考：

1. 美国 2018 年的国际收支总体情况如何?
2. 中美贸易战下，美国国际收支发生了明显变化了吗?

案例分析 2

2019 年初以来人民币兑美元汇率走势

2019 年初至今，人民币兑美元汇率呈现出较为明显的升值态势。2018 年 12 月底至 2019 年 3 月 11 日，人民币兑美元汇率中间价由 6.8632 上升至 6.7202，升值了约 2.1%。一般而言，从基本面角度出发，可以用来解释人民币兑美元汇率升值的原因，大致包括美元指数的走弱、中美双边利差的扩大、短期资本流入等。

那么，导致 2019 年初以来人民币兑美元汇率显著升值的原因是什么呢? 自 2015 年“811 汇改”以来，人民币兑美元汇率走势，的确与美元指数走势存在显著的相关性。当美元指数上升（下降）时，人民币兑美元汇率通常会呈现贬值（升值）态势。造成这一现象的最根本原因是，从 2016 年初开始，中国央行开始实施多因子汇率中间价决定机制，而维持人民币兑一篮子货币汇率大致稳定是其中因子之一。要维持人民币兑篮子货币汇率稳定，那么当美元对其他主要货币升值（也即美元指数上升）之时，人民币应对美元贬值，反之亦然。

不过，从2019年初至今，美元指数大致呈现窄幅盘整态势，并未出现显著下降。2018年底至2019年3月11日，美元指数由96.0741上升至97.1805，反而上升了1.2%！这就意味着，造成2019年初至今人民币兑美元汇率显著升值的原因不是美元指数走弱。

资料来源：作者张明，和讯网，http：//stock. hexun. com/2019 - 03 - 14/196491607. html

思考：

1. 2019年初人民币兑美元汇率是如何变化的？
2. 人民币兑美元汇率为何升值？这将会产生什么样的影响？

素质拓展

1. 进入某一家商业银行网站，查找最新的人民币汇率买入价、卖出价和中间价。
2. 上网查找2017年、2018年我国国际收支平衡表，简单地进行对比分析。
3. 搜集、阅读、观看人民币汇率走势的新闻视频，谈谈你的观后感。

模块二

金融体系

项目五　金融市场

学习目标

（一）知识目标

掌握金融市场的概念、类型和功能；掌握各种金融工具的含义与特点；熟悉货币市场的子市场和资本市场的子市场；了解衍生工具市场。

（二）技能目标

能够分析和解释身边的金融市场活动；能够区分各金融工具收益和风险特点；能够结合具体情况选择金融工具开展投融资活动。

（三）素质目标

培养学生的逻辑分析能力、团队合作精神以及人际交往能力等。

【案例导入】

金融市场震荡加剧　理财规划需谨慎

2016年春节期间，在国人欢度佳节的同时，全球金融市场发生剧烈震荡，全球股市、汇率、原油等暴跌，黄金等避险资产价格飙升，而国内理财市场收益一路走低。

数据显示，2016年1月理财产品平均收益率低至4.12%，再创近年新低。其中保证收益类理财产品平均预期收益率为3.48%，保本浮动收益类理财产品平均预期收益率为3.52%，非保本浮动收益类理财产品平均预期收益率为4.47%。市场预期一致依旧下滑。

当前形势既要规避风险，又能获得不错的收益是门学问，简理财CEO张阳建议：

分散投资是关键

一个善于理财的人，都不会把鸡蛋放到一个篮子里，合理配置资金对于投资理财最为关键，大部分投资人都知道这个道理，但是却不知道其中的真谛。分散投资要从几个方面来考量：第一，要产品分散，将资金投资到不同的市场、平台或理财产品中；第二，风险分散，把资金分别投资到不同风险的理财产品中，高风险产品资金保障会存在不确定性，都投到低风险产品中则收益会降低；第三，期限分散，把资金投到不同流动性的理财产品中，短期、长期产品要合理搭配，如果投资的期限都过长，一旦急需资金会造成不必要的麻烦。

评估风险承受力

每个投资人都要对自己的风险承受能力有个基本的判断，如果购买了超出自身承受能力的投资产品，一旦资金出现亏损会造成很大的心理压力，更容易在投资中出现判断失误。对于风险厌恶型投资者，可以将资金投向国债、银行理财、货币基金、债券基金等风险等级较低的理财产品；有一定风险承受能力的投资人，则可以考虑股票、股基等风险较高的投资产品；如果是有一定理财知识储备的投资人，还可以选择股票、期货等高风险投资。

投资理财需做足功课

在做任何投资或购买任何理财产品之前，都要对市场有充分的了解，清楚产品的风险大小、资金的去向、市场的发展前景等。2016年金融市场风险依然存在，充分了解当前市场，选对产品非常重要。例如，在投资互联网金融理财前，要清楚平台背景、规模以及平台的优劣，以及平台发展趋势，有无资金存管，收益是否合理，信息披露是否完善等都应该系统了解。

资料来源：简理财CEO张阳：金融市场震荡加剧理财规划需谨慎，中国网，http：//xiaofei.china.com.cn/news/info－11－9－177495.html

思考：

1. 结合你家庭的实际情况，分析你家里的理财是否做到以上几点？
2. 在案例中出现了哪些金融工具？
3. 你在理财时，主要会选择哪些金融工具进行投资？

任务一　认识金融市场

【学习情境】

小赵、小邓、小杨和小张4人是好朋友。其中，小赵将家里的闲置资金投资买了几只股票；小邓认为股票的风险太大，所以就全部买了债券；小杨则买了保险；小张认为当前的黄金价格已经处于底部，所以将大部分资金买了黄金。

任务描述

学生分组讨论：（1）小赵等4人分别进入了哪个市场进行投资，这个市场有哪些特点？（2）本案例体现了金融市场的哪些功能？

【知识链接】

一、金融市场的概念和特点

（一）金融市场的概念

金融市场是指资金供求双方以票据和有价证券为金融工具的货币资金交易、黄金外汇买卖以及金融机构之间的同业拆借等活动的总称。在这个定义中，市场的含义不是指一个固定的场所，而是供求双方依据市场经济的规则所进行的特定活动。

广义的金融市场泛指资金供求双方运用各种金融工具，通过各种途径进行的全部金融性交易活动，包括金融机构与客户之间、各金融机构之间、资金供求双方之间所有的以货币资金为交易对象的金融活动。狭义的金融市场则一般限定在以票据和有价证券为金融工具的融资活动，金融机构之间的同业拆借，以及黄金外汇交易等交易之内。

（二）金融市场的特点

金融市场是市场体系的重要组成部分，它同产品市场和要素市场等紧密联系在一起。金融市场有其自身的一些特点：

第一，金融市场的交易对象具有特殊性。金融市场的交易对象是货币资金等各种金融资产的特殊商品。

第二，金融市场的借贷活动具有集中性。在金融市场上，货币资金的供应者与需求者通过相互接触，融通资金的余缺，实现资金交易。这是一种极为复杂的借贷活动，常常需要有中间机构从中牵线搭桥。

第三，金融市场的交易场所具有非固定性。金融市场的交易场所可以是有形的市场（如证券交易所），也可以是无形的市场。

第四，金融市场上的交易价格具有一致性。金融市场上的交易价格完全是由市场供求关系决定的，且这种价格并不是货币资金当时本身的价格，而是借贷资金到期归还时的价格即利率，而利率在市场机制的作用下趋于一致。

第五，金融市场上交易商品的使用价值具有同一性。在金融市场上，虽然金融工具有许多种（如货币资金、商业票据、股票、债券等），但它们都代表了一定的货币资金，其使用价值是相同的。

第六，金融市场的买卖双方具有可变性。在金融市场上，买卖行为可以交替出现，比如，一个时期某企业可能是资金的供应者（买方），但另一个时期它可能成为资金需求者（卖方）。

【比一比】

金融市场与产品市场和要素市场有何区别？

二、金融市场的构成要素

金融市场主要由以下四个基本要素构成。

（一）参与者

参与者即参与金融市场交易活动而形成买卖双方的各经济单位。各国金融市场的参与者大致可以分为五类：政府、中央银行、工商企业、金融机构、个人。金融市场的参与者必须是独立作出决策，并承担利益和风险的经济主体。

（二）金融工具

金融工具即借以进行金融交易的工具。金融工具一般包括债权债务凭证（票据、债券等）和所有权凭证（股票），是金融市场上买卖交易的对象。金融工具的种类繁多，各具特色，能够分别满足资金供求双方的不同需要，由此形成了金融市场的各类子市场。

（三）交易价格

金融市场上各种交易都是在一定的价格下实现的。由于金融市场上的交易对象是货币资金，交易所实现的只是货币资金使用权的转移，因此，交易价格反映的是在一定时期内转让货币资金使用权的报酬。尽管金融商品价格最终是以货币单位来计价，但具体的金融商品交易价格是不同的。

（四）组织方式

组织方式即金融交易采用的方式，主要有三种。

1. 有固定场所的有组织、有制度、集中进行交易的方式，如证券交易所方式。

2. 在各金融机构柜台上买卖双方进行面议的、分散交易的方式，如商业银行柜台交易方式。

3. 场外交易方式，即没有固定的场所，也不直接接触，而主要是借助电信手段来完成交易的方式。

上述四个要素仅仅构成金融市场的基本框架，金融市场交易活动的正常运行还必须有健全的内在机制和必要的外部管理。健全的内在机制是指根据市场资金供求状况灵活调节的利率体系。必要的外部管理是指中央银行为维护金融市场的正常秩序而实行的管理，主要有两条途径：一是颁布各种金融法规，为金融交易活动制定行为规范，提供法律保障；二是运用经济手段作为政策性工具，调节金融市场的活动，必要时，也可以运用行政手段进行管理。健全的金融法规和行之有效的管理调节手段是保持金融市场正常运行的必要条件。

三、金融市场的分类

金融市场有多种分类方法，依据不同的划分标准，可以从不同的角度进行分类。下面仅介绍几种常见的分类。

（一）按交易标的物划分

按照金融市场交易标的物划分是金融市场最常见的划分方法。按这一划分标准，金融市场分为货币市场、资本市场、外汇市场、金融衍生品市场、保险市场、黄金市场及其他投资品市场。

货币市场是指融资期限在 1 年及 1 年以下的金融市场；资本市场是指期限在 1 年以上的各种资金借贷和证券交易市场；外汇市场是指经营外币和以外币计价的票据等有价证券买卖的市场；金融衍生品市场是以金融衍生品为交易对象的市场；保险市场是以保险单为交易对象的市场；黄金市场是专门集中进行黄金买卖的交易中心或场所。在后面的任务中，我们将对货币市场等主要市场进行具体介绍。

（二）按交易对象是否新发行划分

按交易对象是否新发行，金融市场可以分为发行市场和流通市场。

发行市场也称一级市场、初级市场，是新证券发行的市场。流通市场也称为二级市场、次级市场，是已经发行、处在流通中的证券的买卖市场。

【想一想】

发行市场和交易市场之间有何联系？

（三）按成交后是否立即交割划分

按成交后是否立即交割划分，金融市场可以分为现货市场和期货市场。

现货市场是指即期买卖、立即交割的市场。期货市场是指先行成交，在以后某一约定时间再行交割的市场。

四、金融市场的功能

金融市场的功能是多方面的，其中最基本的功能是满足社会再生产过程中的投融资需求，促进资本的集中与转换。具体来看，主要表现在以下几个方面。

（一）融通资金

金融市场为投资者的闲置资金找到了兼顾安全性、流动性、收益性的投资工具；为筹资者提供了灵活多样的融资渠道，促进资本的部门集中，满足社会化大生产对于社会资金集中使用的要求。

（二）资源配置

金融市场使期限、金额、地域不同的资金能够根据不同需要在不同的主体之间转移，合理引导资金流向、流量，促进资本向高效益单位转移，合理配置社会资源、提高资源利用效率，使资本流动和社会生产实现均衡。

（三）转移和分散风险

利用金融市场上的各种金融工具，风险厌恶者可以将其风险转移给风险偏好程度更高的投资者，从而实现风险的再分配。另外，丰富多样的金融产品，可以使投资者将投资分布于具有不同收益风险组合的多种金融产品上，达到分散投资风险的目的。

（四）调节和反映经济状况

金融市场的存在与发展，为政府实施对宏观经济活动的间接调控创造了条件。金融市场既提供货币政策操作的场所，也提供实施货币政策的决策信息。此外，财政政策的实施也越来越离不开金融市场，政府通过国债的发行及运用等方式对各经济主体的行为加以引导和调节，并提供中央银行进行公开市场操作的手段，也对宏观经济活动产生着巨大的影响。

同时，金融市场历来被称为国民经济的“晴雨表”，是公认的国民经济信号系统。

【读一读】

习近平：深化金融供给侧结构性改革　增强金融服务实体经济能力

2019年2月22日下午，中共中央政治局就完善金融服务、防范金融风险举行第十三次集体学习。习近平同志主持会议并发表重要讲话。他指出，金融是国家重要的核心竞争力，金融安全是国家安全的重要组成部分，金融制度是经济社会发展中重要的基础性制度。改革开放以来，我国金融业发展取得了历史性成就。特别是党的十八大以来，我们有序推进金融改革发展、治理金融风险，金融业保持快速发展，金融改革开放有序推进，金融产品日益丰富，金融服务普惠性增强，金融监管得到加强和改进。同时，我国金融业的市场结构、经营理念、创新能力、服务水平还不适应经济高质量发展的要求，诸多矛盾和问题仍然突出。我们要抓住完善金融服务、防范金融风险这个重点，推动金融业高质量发展。

习近平强调，金融要为实体经济服务，满足经济社会发展和人民群众需要。金融活，经济活；金融稳，经济稳。经济兴，金融兴；经济强，金融强。经济是肌体，金融是血脉，两者共生共荣。我们要深化对金融本质和规律的认识，立足中国实际，走出中国特色金融发展之路。

习近平指出，深化金融供给侧结构性改革必须贯彻落实新发展理念，强化金融服务功能，找准金融服务重点，以服务实体经济、服务人民生活为本。要以金融体系结构调整优化为重点，优化融资结构和金融机构体系、市场体系、产品体系，为实体经济发展提供更高质量、更有效率的金融服务。要构建多层次、广覆盖、有差异的银行体系，端正发展理念，坚持以市场需求为导向，积极开发个性化、差异化、定制化金融产品，增加中小金融机构数量和业务比重，改进小微企业和“三农”金融服务。要建设一个规范、透明、开放、有活力、有韧性的资本市场，完善资本市场基础性制度，把好市场入口和市场出口两道关，加强对交易的全程监管。要围绕建设现代化经济的产业体系、市场体系、区域发展体系、绿色发展体系等提供精准金融服务，构建风险投资、银行信贷、债券市场、股票市场等全方位、多层次金融支持服务体系。要适应发展更多依靠创新、创造、创意的大趋势，推动金融服务结构和质量来一个转变。要更加注意尊重市场规律、坚持精准支持，选择那些符合国家产业发展方向、主业相对集中于实体经济、技术先进、产品有市场、暂时遇到困难的民营企业重点支持。

习近平指出，防范化解金融风险特别是防止发生系统性金融风险，是金融工作的根本性任务。要加快金融市场基础设施建设，稳步推进金融业关键信息基础设施国产化。要做好金融业综合统计，健全及时反映风险波动的信息系统，完善信息发布管理规则，健全信用惩戒机制。要做到“管住人、看住钱、扎牢制度防火墙”。要管住金融机构、金融监管部门主要负责人和高中级管理人员，加强对他们的教育监督管理，加强金融领域反腐败力度。要运用现代科技手段和支付结算机制，适时动态监管线上线下、国际国内的资金流向流量，使所有资金流动都置于金融监管机构的监督视野之内。要完善金融从业人员、金融机构、金融市场、金融运行、金融治理、金融监管、金融调控的制度体系，规范金融运行。

习近平强调，要把金融改革开放任务落实到位，同时根据国际经济金融发展形势变化和我国发展战略需要，研究推进新的改革开放举措。要深化准入制度、交易监管等改革，加强监管协调，坚持宏观审慎管理和微观行为监管两手抓、两手都硬、两手协调配合。要统筹全融管理资源，加强基层金融监管力量，强化地方监管责任，做到抓小抓早、防微杜渐。要建立监管问责制，由于监督不力、隐瞒不报、决策失误等造成重大风险的，要严肃追责。要解决金融领域特别是资本市场违法违规成本过低问题。要提高金融业全球竞争能力，扩大金融高水平双向开放，提高开放条件下经济金融管理能力和防控风险能力，提高参与国际金融治理能力。要培养、选拔、打造一支政治过硬、作风优良、精通金融工作的干部队伍。

资料来源：习近平在中共中央政治局第十三次集体学习中的讲话，中央人民广播电台，http：//china. cnr. cn/news/20190224/t20190224_524519971. shtml

思考：当前金融市场发展现状如何，未来发展趋势如何？

任务二　认识金融工具

【学习情境】

小李是一位白领，工作5年，已有一定的闲散资金。他深知理财的重要性，所以想拿出100万元资金进行投资。但他的理财知识有限，不知该如何投资。故他找到你们，希望你们能为他设计一份简单的投资方案。

任务描述

1. 学生分组讨论：（1）目前主要有哪些投资工具?（2）结合小李的具体情况，为小李选择合适的投资工具，设计出简单的投资方案。

2. 情景模拟：每组选定一种投资方案，并为小李介绍投资品种的含义、特点、优势。

【知识链接】

一、金融工具的特征

金融工具是金融市场至关重要的构成要素，指金融市场上的交易对象或标的物，具体指以书面形式发行和流通、借以保证债权人或投资人权利的凭证，是资金供应者和需求者之间继续进行资金融通时，用来证明债权的各种合法凭证。

随着金融市场的不断完善、金融活动的不断创新，金融工具的种类也在不断增多。尽管金融工具种类多样，但都具有一些共同的特征。

（一）期限性

金融工具中的债权凭证具有期限性，一般有约定的偿还期，即规定发行人到期必须履行还本付息义务。债券一般有明确的还本付息期限，以满足不同筹资者和投资者对融资期限和收益率的要求。债券的期限具有法律约束力，是对融资双方权利和义务的保障。

（二）流动性

流动性是指金融工具在金融市场上能迅速地转化为现金而不致遭受损失的能力，主要通过买卖、承兑、贴现与再贴现等交易实现。流动性的强弱一般用买卖差价和换手率两个指标来衡量。金融工具换手率越低，买卖差价越大，其流动性越差；反之流动性越强。偿还期限、发行人的资信程度、收益率水平等是影响金融工具流动性强弱的主要因素。一般来说，偿还期限与金融工具的流动性呈反向变动关系，而发行人的资信程度和收益率水平则与流动性呈正向变动关系。因此，国家发行的债券、信誉卓著的大公司签发的商业票据、银行发行的大额可转让存单等都具有很强的流动性；金融工具的收益率水平越高，愿意持有该金融工具的投资者越多，该金融工具的流动性也越强。对持有者来说，流动性强的金融工具相当于货币。

（三）风险性

金融工具的风险性是指金融工具的持有人具有收益和损失的不确定性。购买任何一种金融工具都会有风险。风险主要有信用风险和市场风险两种。信用风险是指债务人不能或不愿履行约定而带来如期归还本金和利息的风险。市场风险是指由于金融工具价格的波动而带来的风险。一般来说，信用风险与金融工具发行者的信用等级与经营状况紧密相关，金融工具发行者的信用等级越高、经营状况越好，则该金融工具的信用风险越低。金融工具，尤其是长期金融工具的市场风险很难预测，因为政治、经济、政策、市场等诸多方面因素的变动都会影响金融工具的交易价格，使金融工具的交易价格具有很强的不确定性。

（四）收益性

收益性是指金融工具能够为其持有者带来收益的特性。金融工具的持有者之所以愿意购入金融工具，而将自己的货币资金转让给金融工具的发行者使用，就是因为持有金融工具能够给其带来一定的收益。金融工具给其持有者带来的收益有两种：一是利息、股息或红利等收入；二是买卖金融工具所获得的价差收入。

【想一想】

金融工具的这四个特征之间有何联系？

二、金融工具的分类

众多的金融工具按照不同的标准可以划分为不同的种类。

（一）按金融工具的期限划分

按金融工具的期限划分，金融工具可分为货币市场工具和资本市场工具。货币市场工具是期限在1年或1年以内的金融工具，包括商业票据、国库券、大额可转让定期存单、回购协议等。资本市场工具是指期限在1年以上的金融工具，包括股票、债券、证券投资基金等。

（二）按性质不同划分

按性质不同，金融工具可分为债权凭证和所有权凭证。债权凭证是发行人依法定程序发行并约定在一定期限内还本付息的有价证券。它反映了证券发行人与持有人之间的债权债务关系。所有权凭证主要是指股票，反映的是股票持有人对公司的所有权。

（三）按资金融通方式划分

按资金融通的方式划分，金融工具可分为直接融资工具和间接融资工具。直接融资是指资金直接在投资人和筹资人之间转移，商业票据、政府债券、公司债券和股票等都属于直接融资工具；间接融资是指资金通过中介机构实现在投资人和筹资人之间转移，可转让大额定期存单、保险单等属于间接融资的金融工具。

（四）按与实际信用活动的关系划分

按是否与实际信用活动直接相关，金融工具可分为原生金融工具和衍生金融工具。原生金融工具指商业票据、股票、债券、基金等基础金融工具。衍生金融工具是在原生金融工具的基础上派生出来的，包括远期合约、期货合约、期权合约、互换合约等金融工具。

三、货币市场工具

货币市场工具指期限在 1 年或 1 年以内的金融工具。它主要包括商业票据、银行票据和国库券。

（一）商业票据

商业票据是在商业信用的基础上产生的，由工商企业签发，用于记录企业之间由于信用关系形成的短期无担保债权债务的书面证明。商业票据包括商业汇票和商业本票两种。

商业汇票是由债权人或债务人签发、经承兑人承兑的要求债务人按约定的期限向持票人或第三人无条件支付一定款项的支付命令书。按照承兑人的不同，商业汇票分为商业承兑汇票和银行承兑汇票。由债务人承兑的汇票叫商业承兑汇票；由银行接受债务人委托承兑的汇票称为银行承兑汇票。

商业本票又称期票，是债务人向债权人签发的在约定期限内无条件支付一定款项的支付承诺书。由于发行商业本票融资比向银行借款手续简单，利率较低，且不受银行信贷的干扰，所以 20 世纪 60 年代以后，在西方发达国家，商业本票的发行量急剧增长。我国目前尚未使用商业本票。

【想一想】

持有商业票据是否存在风险？如果有，具体为哪些？

（二）银行票据

银行票据是在银行信用的基础上由银行签发的或由银行承担付款义务的信用凭证。它包括银行汇票、银行本票、支票和大额可转让定期存单等。

1. 银行汇票。银行汇票是由银行签发的交由汇款人寄给外地收款人，凭此向指定银行兑取款项的汇款凭证。银行汇票可用于转账，也可以支出现金。银行汇票的特征是：出票人为银行；是见票即付的即期票据；支付时按实际交易金额支付，实际交易金额小于或等于票面金额；一般是异地使用。银行汇票有转账汇票和现金汇票两种。

2. 银行本票。银行本票是由银行签发的，承诺自己在见票时无条件支付票据金额给收款人或持票人的票据。银行本票的特征是：出票人为银行；是见票即付的即期票据；支付时按票面金额支付，仅限于同一票据交换区使用。银行本票有转账本票和现金本票两种。

【比一比】

银行汇票和银行本票有何区别？

3. 支票。支票是指银行的存款人签发的要求银行从其活期存款账户上支取一定金额给指定人或持票人的凭证。支票的特征是：出票人为在银行开设了活期存款账户的人；是即期票据。

【读一读】

一张未收回支票引发官司　开票者已付清货款仍要赔

近日，广州从化区法院审理了一宗因为支票引发的纠纷案，为了支付货款，李某经营的公司向公司货品供应商开具了10万元的支票，在支票承兑前，李某又将货款转账给了供应商，转账后也没有将支票收回。谁知道，这张未收回的支票却为李某及其公司惹了官司。

10万元支票几经转让兑不出

2015年5月21日，从化区某装饰材料经营部经营者李某开具了一张票面金额为10万元的支票给自己的建材供应商用于支付货款。拿到支票后，这家建材供应商又在生意往来中将支票背书给了佛山市的A公司，A公司又将支票背书给了佛山的一家纸箱厂用于支付货款。拿到支票后，纸箱厂向付款银行申请承兑，但在2015年6月2日被银行以出票人账户余额不足为由退票了。

由于将支票背书转让给纸箱厂的佛山A公司无力再支付支票票面金额，纸箱厂就联系了出票人即李某，要求支付票据上的10万元款项，但遭到了李某的拒绝。无奈之下，纸箱厂于2015年8月起诉李某及其装饰材料经营部，主张票据权利，要求经营部履行付款义务。

出票人：货款早已付清

在法庭上，经营者李某直呼冤枉。原来，他在开出支票后不久便被供应商告知银行账户余额不足，出于方便操作的考虑，他直接另行转账汇款10万元给了供应商，供应商也出具收据证明所欠货款已全部付清。当李某向供应商索要支票时，已将支票背书给佛山A公司的供应商却称，暂时不能将支票退回。不明情况的李某认为，自己与供应商存在长期合作关系，且双方的债权债务已经了结，对方应该也不会再承兑支票，因此也没有坚持要回支票，没想到这张未收回的支票却为他惹下大麻烦。

纸箱厂有权行使票据追索权

从化法院经审理认为，纸箱厂取得票据合法，且票据形式完备、记载事实完整，为有效票据，其主张的票据权利依法应受保护。纸箱厂作为持票人在支票被银行拒绝付款后，有权依法向票据债务中国人民银行使票据追索权。

正因为纸箱厂承兑涉案支票在前，李某另行支付10万元货款给其供应商在后，纸箱厂对此事并不知情，根据票据法的相关规定，经营部作为票据债务人不得以自己与持票人的前手之间的抗辩事由对抗持票人。最后，从化法院判决从化某装饰材料经营部和李某支付支票金额10万元及利息给纸箱厂。

资料来源：作者何小敏、邹静、刘佳星，搜狐新闻，http：//news. sohu. com/20160203/n436722160. shtml

思考：从上述案例中，可以看出支票有什么特点？

4. 大额可转让定期存单。大额可转让定期存单，是一种不记名、金额大且固定的定期存款凭证，期限一般为3 ~6个月。它由银行签发，可以流通转让，但在期满前不能要求银行偿付。大额可转让定期存单是国际上广泛使用的金融工具，我国从1987年开办这项业务，发行的大额可转让定期存单多为1年期。

【比一比】

大额可转让定期存单与定期存款的主要区别有哪些？

（三）国库券

国库券是一国财政部门发行的，借以应付临时性、季节性财政需要，期限在1年以内的短期债券。在美国，国库券是货币市场上最重要的交易品种之一，为期91天、182天的国库券每周都有发行，270天或360天的国库券每月都有发行。国库券是信誉最高的一种债券，可以随时在市场上买卖或向银行贴现，往往被看作具有利息收益的活期存款，而且中央银行易于通过公开市场对其进行管理。

四、资本市场工具

资本市场工具指期限在1年以上的金融工具。它主要包括股票、债券以及证券投资基金等。

（一）股票

股票是股份有限公司签发的用于证明投资者的股东身份、所持股份，据以获得股息和红利并承担义务的凭证。

1. 股票的特点。股票作为一种有价证券，具有以下五个方面的特征。

（1）收益性。收益性是股票的最基本特征，是指股票可以为持有人带来收益的特征。股票的收益主要来源于两个方面：一是公司派发的股息和红利；二是在股票流通过程中的资本损益，也称为资本利得。

（2）风险性。股票风险是指股票投资收益的不确定性。受各种因素影响，股票市场价格波动频繁，可能给投资者带来收益，也可能带来巨大的损失。

（3）流动性。流动性是指股票可以通过依法转让而变现。股票持有者虽不能直接向股份公司退股，但可以在股票交易市场随时转让股票。

（4）不可返还性。股票一经发行，便具有不可返还的特性，对股票持有者来说，不能要求退股还本，但可以依法转让。

（5）参与性。股票持有者是股份公司的股东，有权出席股东大会，选举董事会和参与公司的经营决策。

2. 股票的分类。股票可以从不同的角度划分为许多种类。

（1）按照股东享有的权利不同，股票可以分为普通股和优先股。普通股是指在公司的经营管理和盈利及财产的分配上享有普通权利的股票。普通股的股东承担比优先股股东更大的风险，同时也享有比优先股股东更多的权利，如经营参与权、优先认股权等。普通股是股票的一种基本形式，也是发行量最大、最重要的股票。

优先股是相对于普通股而言的，是股份公司发行的、在分配公司盈利和剩余资产方面比普通股有优先权的股票。优先股在发行之时就约定了固定的股息，该股息不随公司业绩的好坏而波动，并且可以优先于普通股股东领取股息。同时，当公司破产进行财产清算时，优先股股东对公司剩余财产有优先于普通股东的要求权。但是优先股股东一般没有表决权，不能借助表决权参与公司的经营管理。

【想一想】

股份公司为什么会发行优先股？

（2）按照股票是否记载股东的姓名，可以将股票分为记名股票和无记名股票。记名股票是指在股票票面和股份公司的股东名册上记载股东姓名的股票。记名股票的转让须经股份公司的许可并需在公司股东名册上作更改，所以记名股票具有安全性强、流动性差的特点。

无记名股票是指在股票票面和股份公司股东名册上均不记载股东姓名的股票。为此，谁持有该股票，谁就取得股东资格并享有相应的股东权利。它与记名股票相比，区别不在股东权利的内容上，而是在股票的记载方式上。

（3）按照是否标有票面金额，可以把股票分为有面额股票和无面额股票。有面额股票是指在股票票面上记载一定金额的股票，这一金额即为票面金额，简称面额。同批次发行的有面额股票的每股票面金额相同。有面额股票的票面金额明确表示每一股所代表的股权比例，并且为股票发行价格的确定提供依据。例如，某股份公司发行 1 亿元的股票，每股面额为 1 元，则每股代表了一亿分之一的股权。

无面额股票是指在股票票面上不记载股票面额，只注明它在公司总股本中所占比例的股票。因此，无面额股票的价值将随着股份公司资产的增减而增减。目前我国还不允许发行无面额股票。

（二）债券

债券是各类资金需求者（发行人、债务人、借款人）按照法定程序发行的，为筹集资金而向债券投资者（债权人、出借人）出具的按约定时间和利率承诺到期还本付息的债权债务凭证。

1. 债券的特点。

（1）偿还性。债券一般都规定偿还期限，债券到期，发行人必须按约定条件偿还本金并支付利息。

（2）流动性。流动性是指债券持有人可按自己的需要和市场的实际状况，在债券到期前在证券市场上自由流通和转让。

（3）安全性。债券的安全性是指债券遭受损失的风险较小。它主要体现在两个方面：一是债券的利率往往是事先确定的，投资者的利息不受市场利率波动的影响；二是投资者的本金在债券到期后可以收回。

【想一想】

债券是不是没有风险？如果有，包括哪些方面？

（4）收益性。债券的收益性主要表现在三个方面：一是投资债券可以使投资者获得固定的利息收入；二是投资者可以利用债券价格的变动，买卖债券赚取差价；三是投资者可以将投资期间利息收入进行再投资获得再投资收益。

2. 债券的分类。

（1）按发行主体分类，债券可以分为政府债券、公司债券和金融债券。政府债券是政府为筹集资金而发行的债务凭证，具有安全性高、流通性强、收益稳定及免税待遇的特征，是各类债券中信用等级最高的，通常被称为“金边债券”。政府债券又可分为中央政府债券和地方政府债券。中央政府债券也称国债，是中央政府发行的债券，一般由财政部发行；地方政府债券是由地方政府发行的债券。

银行或非银行金融机构发行的债券称为金融债券。金融债券是金融机构筹集特殊用途资金和调整资产负债结构的主要渠道。

公司债券是由各类公司按照法定程序发行，约定在一定期限还本付息的债券，是公司融资的重要手段。

（2）按利率是否固定分类，债券可以分为固定利率债券和浮动利率债券。固定利率债券是指在债券存续期内利率固定不变的债券。存续期内，债券持有人按照票面载明利率取得利息，与市场利率的变化无关。浮动利率债券是指利率可以定期浮动的债券，这类债券的利率按预先确定的基准利率定期调整，一般高于基准利率一定的百分点。因此债券的利率将与市场利率的波动同向变动，可以避开市场利率风险。

（3）按利息的支付方式分类，债券可以分为零息债券、附息债券、息票累积债券。零息债券也称零息票债券，指债券合约未规定利息支付，即在存续期内不支付利息的债券。其发行价格是债券面值按票面利率折现后的现值，到期按票面金额还本付息。投资者以低于面值的价格购买，债券面值与购买价格之间的差额是投资者的收益。

附息债券是指债券合约中规定，存续期内每半年或每年定期支付一次利息的债券。

息票累积债券又称一次还本付息债券，这类债券也规定了票面利率，但不分期付息，也不计复利，债券持有人只有在债券到期时一次性获得本息，在存续期内则没有利息支付。

【想一想】

在其他要素相同的情况下，你会选择附息债券还是息票累积债券？为什么？

（4）按有无担保分类，债券可以分为信用债券、担保债券。信用债券又称无担保债券，发行人凭借其信用发行债券，而没有特定物品作担保。一般情况下，国债、金融债券、信用良好的公司发行的公司债券归类为信用债券。

担保债券是指以各类财产或第三人作担保而发行的债券。以各类财产或第三人作担保可以降低此类债券的风险。按照担保物品的不同，此类债券又可分为抵押债券、质押债券和保证债券。抵押债券一般以不动产作担保，质押债券一般以动产或权利作担保，而保证债券是以第三人作担保，公司债券大部分属于担保债券。

（三）证券投资基金

证券投资基金是指通过公开发售基金份额募集资金，由基金托管人托管，由基金管理人管理和运用资金，为基金份额持有人的利益，以资产组合方式进行证券投资的一种利益共享、风险共担的集合投资方式。

1. 基金的特点。

（1）集合投资。基金通过发售基金份额的方式将投资者零散的、小额的资金汇集起来，交给专业机构投资于各种金融工具，以谋取资产的增值。基金可以最广泛地吸收社会闲散资金，聚沙成塔，集腋成裘，汇成规模巨大的投资资金，是一种集合投资的方式。在证券市场中，基金规模越大，相对来说越具有投资优势，如抗风险能力越强、可以节约交易成本等，从而获得规模效益的好处。

（2）分散风险。基金可以凭借其雄厚的资金，在法律规定的投资范围内进行科学组合，将资金分散投资于多种证券或资产上，通过有效组合，最大限度地降低非系统性风险。

（3）专家管理。证券投资风险较大，要想较好地把握投资时机，进行正确的投资决策，需要相当多的专业知识。而证券投资基金的投资是由专业人士来进行的，他们一般具有良好的知识背景和丰富的实践经验。在投资中，他们可以更好地审时度势，最大限度地避免投资决策的失误，提高投资收益。

【比一比】

股票、债券和证券投资基金有何区别？

2. 基金的分类。基金根据不同的标准可以分为不同的种类。

（1）按基金的组织形式不同，基金可分为公司型基金和契约型基金。公司型基金是指依据公司法成立的、以营利为目的的股份有限公司形式的基金；契约型基金是指将投资者、管理人、托管人三者作为信托关系当事人，通过签订基金契约的形式发行受益凭证而设立的一种基金。

（2）按基金运作方式不同，可以将基金分为封闭式基金与开放式基金。封闭式基金是指基金份额在基金合同期限内固定不变，基金份额可以在依法设立的证券交易所交易，但基金份额持有人不得申请赎回的一种基金运作方式。开放式基金是指基金份额不固定，基金份额可以在基金合同约定的时间和场所进行申购或者赎回的一种基金运作方式。

（3）根据投资对象不同，可将基金分为股票基金、债券基金、货币市场基金、混合基金等。股票基金是指以股票为主要投资对象的基金。债券基金主要以债券为投资对象。在我国，根据《公开募集证券投资基金运作管理办法》的规定，80%以上的基金资产投资于股票的为股票基金，80%以上的基金资产投资于债券的为债券基金。货币市场基金是以货币市场工具为投资对象的一种基金，其投资对象包括银行短期存款、国库券、公司债券、银行承兑票据及商业票据等货币市场工具。同时以股票、债券等为投资对象，但股票投资和债券投资的比例不符合股票基金、债券基金规定的基金为混合基金。衍生证券投资基金是一种以衍生证券为投资对象的基金，包括期货基金、期权基金、认股权证基金等。

（4）根据投资目标不同，可分为成长型基金、收入型基金和平衡型基金。成长型基金是指以追求资本增值为基本目标，较少考虑当期收入的基金，主要投资于信誉度高、有长期成长前景或长期盈余的成长型公司股票。收入型基金是指以追求稳定的经常性收入为基本目标的基金，主要以大盘蓝筹股、公司债券、政府债券等稳定收益证券为投资对象。平衡型基金则是既注重资本增值又注重当期收入的一类基金。在实际操作中，该类基金通常将资产的25%～50%投资于债券等固定收益类产品，其余的投资于普通股，以便从投资组合中既能得到稳定收益，又能得到升值收益。

（5）依据投资理念的不同，可以分为主动型基金与被动型基金。主动型基金是指基金管理人可以依据基金契约自由选择投资品种，力图取得超越基准组合表现的基金。与主动型基金不同，被动型基金并不主动寻求取得超越市场的表现，而是试图复制指数的表现。被动型基金一般选取特定指数作为跟踪对象，因此通常又被称为指数基金。

【搜一搜】

在基金市场中，找出不同类型的基金各一只，并比较得出它们的特点。

（四）金融衍生工具

金融衍生工具又称金融衍生产品，与基础性金融工具相对应，是指建立在基础产品或基础变量之上，其价格取决于基础金融产品价格（或数值）变动的派生金融产品。

1. 金融衍生工具的特点。

（1）跨期性。金融衍生工具是交易双方通过对利率、汇率、股价等因素变动趋势的预测，约定在未来某一时间按照一定条件进行交易或选择是否交易的合约。

（2）杠杆性。金融衍生工具一般只需要支付少量的保证金或权利金就可签订远期大额合约或互换不同的金融工具。

（3）联动性。金融衍生工具的价值与基础产品或基础变量紧密联系、规则变动。通常，金融衍生工具与基础变量相联系的支付特征由衍生工具合约规定，其联动关系既可以是简单的线性关系，也可以表达为非线性函数或者分段函数。

（4）不确定性和高风险性。金融衍生工具的交易后果取决于交易者对基础工具（变量）未来价格（数值）的预测和判断的准确程度。基础工具价格的变幻莫测决定了金融衍生工具交易盈亏的不稳定性，这是金融衍生工具高风险性的重要诱因。

2. 金融衍生工具的类别。随着金融创新的发展，金融衍生工具种类已经十分繁多，但其基本的金融衍生品包括四种：金融远期合约、金融期货合约、金融期权合约和金融互换合约。

金融远期合约是在指定的未来时刻以确定的价格交割某物的协议。金融期货合约是指交易双方在金融市场上，以约定的时间和价格，买卖某种金融工具的具有约束力的标准化合约。金融期权合约是指合约买方向卖方支付一定费用（称为“期权费”或“期权价格”），在约定日期内（或约定日期）享有事先确定的价格向合约卖方买卖某种金融工具的权利的契约。金融互换合约是指两个或两个以上的当事人按共同商定的条件，在约定的时间内定期交换现金流的合约。具体内容将在任务五中介绍。

任务三　货币市场

【学习情境】

某商业银行因贷款未及时收回，出现了 7 天的 1 亿元资金短缺。目前，银行的部分资产包括：1.5 亿元的 2015 年凭证式（四期）国债；2 亿元的未到期票据；1.3 亿元的还有 1 个月到期的国库券。

任务描述

1. 学生分组讨论：银行可以通过哪些方式筹集这 1 亿元的资金。
2. 情景模拟：每组选定一种方式，结合当前的市场情况，为银行完成此次筹资。

【知识链接】

货币市场是进行短期资金融通的市场，融资期限一般在 1 年以内。货币市场是一个形成最早和最基本的金融市场分市场。参与货币市场交易的主体多为机构投资者，交易通过计算机网络进行，一般没有确定的交易场所。货币市场的交易期短而频繁，市场价格波动范围较小，具有流动性强、风险性和收益性较低的特点。货币市场的金融产品种类多样，按照金融产品的不同，货币市场可划分为许多子市场，如银行间拆借市场、回购协议市场、票据市场、短期债券市场、大额可转让定期存单市场，等等。

一、银行间拆借市场

银行间拆借市场又称同业拆借市场，是指银行之间进行短期、临时性的资金调剂的市场。市场的参与者为商业银行以及其他各类金融机构，包括证券公司、财务公司、基金公司、保险公司等。同业拆借市场主要是为了满足弥补银行资金头寸不足和灵活调剂资金的需要。

同业拆借具有以下特征：

1. 同业性。参加同业拆借的各方都是银行或非银行金融机构，非金融机构不能参与同业拆借活动。

2. 短期性。同业拆借融通的资金期限都比较短，有隔夜、7 天、14 天等，最长不会超过 1 年。

3. 无担保性。由于同业拆借市场的参加者均为金融机构，它们之间的拆借大多凭借同业间的信誉，一般不需要担保。

4. 管理的特殊性。中央银行对同业拆借市场进行特殊的管理，商业银行相互融资的对象是拆借双方在中央银行存款账户的余额，拆借时不提交存款准备金。

5. 利率变动频繁。同业拆借利率变动频繁，可以灵敏地反映资金供求状况，并对其他市场上的金融工具的利率变动产生导向作用，进而引导整个金融市场的利率变化趋势。

我国的同业拆借市场是 1996 年 1 月联网试运行的，目前已经成为我国规模最大的一种货币市场，也是中国人民银行进行公开市场操作的重要场所。

【搜一搜】

我国同业拆借利率主要采用 Shibor，即上海同业拆借利率。那么，当前的 Shibor 为多少？

二、回购协议市场

回购协议市场又称证券购回协议市场，是通过回购协议进行短期资金融通交易的场所。这里的回购协议是指资金融入方在出售证券的同时和证券购买者签订的、在一定期限内按原定价格或约定价格购回所卖证券的协议。回购协议的标的物是有价证券，在我国主要体现为中国人民银行批准的，可在回购协议市场进行交易的政府债券、中央银行债券及金融债券。

回购协议市场的交易特点：

1. 流动性强。回购协议多以短期为主，如 1 天、2 天、3 天、7 天、14 天、28 天、91 天和 182 天等。

2. 安全性高。交易场所为规范性的场内交易，交易双方的权利、责任和业务都有法律保护。

3. 收益稳定并较银行存款收益为高。回购利率是市场公开竞价的结果，一般可获得平均高于银行同期存款利率的收益。

4. 融入资金免交存款准备金。商业银行利用回购协议筹集的资金不需要交存款准备金，所以其成为银行扩大筹资规模的重要方式。

回购协议为卖方提供了一种有效筹措资金的方式，使回购方可以避免因急于变现而在市场低迷的情况下放弃优质债券资产的损失。对于买方来说，因为有证券作抵押，是一种较为安全的短期投资方式。

我国的国债回购业务开始于1991年，主要采取场外交易的方式。1997年，中国人民银行为了防范金融风险，规范和引导银行资金流向，将回购协议市场分作两大部分：一部分以两大证券交易所为交易平台；另一部分在全国银行间同业市场进行交易。

【搜一搜】

进入股票交易软件，了解证券交易所内回购协议的品种。

三、票据市场

票据市场是指在商品交易和资金往来过程中产生的以汇票、本票和支票的发行、担保、承兑、贴现、转贴现、再贴现来实现短期资金融通的市场。在这个市场中，资金融通的特点是：期限短、数额小、交易灵活、参与者众多、风险易于控制，可以说是一个古老的、大众化、基础性的市场。

承兑是指汇票到期前，汇票付款人或指定银行确认票据记明事项，在票面上作出承诺付款并签章的一种行为。只有承兑后的汇票才具有法律效力，才能作为市场上合格的金融工具转让流通。由于承兑者以自己的信用作保证，负责到期付款，故若委托他人或银行办理承兑，需要支付承兑手续费。贴现是商业票据持有人在票据到期前，为获得现款向金融机构贴付一定的利息所做的票据转让。贴现利息与票据到期时应得款项的金额之比叫贴现率。转贴现是指商业银行将贴现收进的未到期票据向其他商业银行或贴现机构进行贴现的融资行为。再贴现是指商业银行将其贴现收进的未到期票据向中央银行办理贴现的融资行为。

四、短期债券市场

短期债券市场是发行和买卖1年期以内的短期政府债券和企业债券活动的总称。这些债券包括两种：一种是债券的原始期限在1年以内；另一种是债券的原始期限在1年以上，但随着到期日的临近，剩余期限已经不足1年。短期债券市场上最主要的流通产品是以国库券为代表的政府短期债券，其期限多在1年以内，以3~6个月居多。

我国国库券从1981年开始发行。但与发达国家有较大差别，主要是期限太长，实际上是中长期国债。1994年后，财政部也开始发行期限为1年及半年的国库券。国库券通常采用贴现招标方式发行，不付息，不记名。国库券的二级市场一般为证券交易所市场或银行间债券市场。

投资于国库券享有税收优惠，且市场风险小，期限短，既可以贴现，也可以随时在市场上出售，因此流动性很强。众多的优点使其成为各国货币市场上重要的信用工具。

五、大额可转让定期存单市场

大额可转让定期存单，简称CDs，是银行印发的一种定期存款凭证，凭证上印有一定的票面金额、存入和到期日以及利率，到期后可按票面金额和规定利率提取全部本利，逾期存款不计息。大额可转让定期存单，是银行发行的到期之前可转让的定期存款凭证。第一张大额可转让定期存单是由美国花旗银行于1961年创造的，其目的是稳定存款、扩大资金来源。

大额可转让定期存单的特点：

1. 通常不记名，不能提前支取，可以在二级市场上转让。

2. 金额固定，面额较大。美国的可转让大额定期存单最低起价为10万美元。存单的期限通常不少于两周，大多为3~6个月，一般不超过1年。可转让大额定期存单的利率略高于同等期限的定期存款利率，与当期的货币市场利率基本一致。

3. 允许买卖、转让。它集中了活期存款和定期存款的优点。对银行来说，它是定期存款，未到期不能提前支取，故可作为相对稳定的资金用于期限较长的放款；对于存款人来说，既有较高的利息收入，又能在需要资金时转让出售，迅速变现。

【读一读】

央行推可转让大额存单利率市场化差最后一跃

2015年6月2日下午，中国人民银行宣布推出大额存单产品，商业银行、政策性银行、农村合作金融机构等可面向非金融机构投资人发行记账式大额存款凭证，并以市场化的方式确定利率。同时，中国人民银行制定了《大额存单管理暂行办法》，从即日起施行。

大额存单的全称是大额可转让定期存单，是由银行业存款类金融机构，面向非金融机构投资人发行的记账式大额存款凭证。简言之，就是银行发行的金额较大的存款产品。

2016年6月，为推进大额存单业务发展，拓宽个人金融资产投资渠道，增强商业银行主动负债能力，中国人民银行决定将《大额存单管理暂行办法》(2015) 第6条“个人投资人认购大额存单起点金额不低于30万元”的内容，修改为“个人投资人认购大额存单起点金额不低于20万元”，自2016年6月6日起施行。

做一做：解读《大额存单管理暂行办法》。

任务四 资本市场

【学习情境】

小李经过了解，结合自己的资金和风险承受能力情况，准备投资于债券、股票和基金市场。但是他不知该从何入手。

任务描述

1. 学生分组讨论：(1) 小李可以在哪些市场买入债券、股票和基金？(2) 股票交易有哪些程序？

2. 情景模拟：模拟完成股票的开户。

【知识链接】

资本市场是指以期限在1年以上的金融工具为媒介，进行长期性资金交易活动的市场，又称长期资金市场。狭义的资本市场是指股票、债券和其他有价证券的发行与交易市场，即证券市场。广义的资本市场则包括证券市场和信贷市场两个方面。本书中提到的资本市场是狭义的资本市场，即证券市场。按证券进入市场的顺序而形成的结构关系，证券市场可分为发行市场和交易市场。

一、证券发行市场

（一）证券发行市场的含义与特点

证券发行市场也称为“一级市场”或“初级市场”，是发行人以筹集资金为目的，按照一定的法律规定和发行程序，向投资者出售新证券所形成的市场。

在发行过程中，证券发行市场作为一个抽象的市场，其买卖成交活动并不局限于一个固定的场所；它是一个无形的市场，为资金使用者提供了获得资金的渠道和手段。

证券发行市场是整个证券市场的基础，它具有以下特点：

第一，证券发行是直接融资的实现形式。证券发行市场的功能就是连接资金需求者和资金供给者，证券发行人通过销售证券向社会招募资金，而认购人通过购买其发行的证券提供资金，将社会闲散资金转化为生产建设资金，实现直接融资的目标。

第二，证券发行市场主要是无形市场，通常不存在具体形式的固定场所，也无通常的专业设备和设施。

第三，证券发行市场的证券具有不可逆转性。在证券发行市场上，证券只能由发行人流向认购人，资金只能由认购人流向发行人，而不能相反。

（二）证券发行市场的构成

【搜一搜】

通过上海证券交易所、深圳证券交易所等网站，解读某公司的股票发行公告，找出股票发行市场的参与者。

1. 证券发行人。证券发行人又称发行主体，就是为筹措资金而发行股票或债券的企业单位、政府机构、金融机构等。证券发行人是证券发行市场得以存在的首要因素。

2. 证券投资者。证券投资者就是以取得利息、股息或资本收益为目的，而根据发行人的招募要约，将要认购或已经认购证券的个人或机构。它是构成证券发行市场的另一个基本要素。证券投资者包括个人投资者和机构投资者两大类。在证券发行市场上，投资者人数的多少、购买能力的强弱、资产数量的大小、收益要求的高低，以及承担风险能力的大小等，直接影响和制约着证券发行的数量。

3. 证券承销商。证券承销商是指与发行人签订证券承销协议，协助公开发行证券，借此获取相应的承销费用的证券经营机构。证券承销商是连接发行人和认购人的桥梁和纽带，接受发行人的委托，通过一定的发行方式和发行渠道，向认购人销售发行人的证券。我国目前从事证券承销业务的机构是经批准有承销资格的证券公司、金融资产管理公司和金融公司。

4. 证券服务机构。证券服务机构是指依法设立的从事证券服务业务的法人机构。主要包括证券投资咨询公司、信用评级机构、会计师事务所、资产评估机构、律师事务所、证券信息公司等。它们一同为证券的发行提供服务。

二、证券交易市场

证券交易市场也称证券流通市场、二级市场、次级市场，是指对已经发行的证券进行买卖、转让和流通的市场。证券交易市场为证券持有者提供证券变现的场所，也为新的投资者提供投资的机会。

（一）证券交易市场的形式

证券交易市场有场内交易市场和场外交易市场两种形式。

1. 场内交易市场。场内交易市场指由证券交易所组织的集中交易市场。而证券交易所是证券买卖双方公开交易的场所，有固定的交易场所和交易活动时间，是一个高度组织化、集中进行证券交易的市场。证券交易所是整个证券市场的核心。

证券交易所本身并不买卖证券，也不决定交易价格，而是为证券交易提供一定的场所和设施，配备必要的管理和服务人员，并对证券交易进行周密的组织和严格的管理，为证券交易顺利进行提供一个稳定、公开、高效的市场。

证券交易所的特征有：（1）有固定的交易场所和交易时间；（2）交易采取经纪制，即一般投资者不能直接进入交易所买卖证券，只能委托会员作为经纪人间接进行交易；（3）交易的对象限于合乎一定标准的上市证券；（4）通过公开竞价的方式决定交易价格；（5）集中了证券的供求双方，具有较高的成交速度和成交率；（6）实行“公开、公平、公正”原则，并对证券交易加以严格管理。

证券交易所采取两种组织形式，一种是公司制，另一种是会员制。公司制证券交易所是由银行、证券公司等作为股东组成，其组织结构和有关的权利义务等法律关系均以公司法的规定为准。会员制证券交易所是不以营利为目的的法人。证券交易所的会员由证券公司等证券商组成，只有取得证券交易所会员资格之后，证券商才能在证券交易所参加交易。目前，我国上海证券交易所、深圳证券交易所均采用会员制。

2. 场外交易市场。场外交易市场即业界所称的 OTC 市场，又称柜台交易市场或店头市场，是指在证券交易所外进行证券买卖的市场。

场外交易市场主要由柜台交易市场、第三市场、第四市场组成。柜台交易市场是通过证券公司、证券经纪人的柜台进行证券交易的市场。第三市场是指已上市证券的场外交易市场，产生于1960 年的美国，原属于柜台交易市场的组成部分，但其发展迅速，市场地位提高，被作为一个独立的市场类型对待。第四市场是投资者绕过传统经纪服务，彼此之间利用计算机网络直接进行大宗证券交易而形成的市场。

场外交易市场的特征有：(1) 场外交易市场是一个分散的无形市场，它没有固定的、集中的交易场所，是由许多各自独立经营的证券经营机构分别进行交易的，主要是依靠电话、电报、传真和计算机网络联系成交的；(2) 场外交易市场的组织方式采取做市商制；(3) 场外交易市场是一个拥有众多证券种类和证券经营机构的市场，以未能在证券交易所批准上市的股票和债券为主；(4) 场外交易市场是一个以议价方式进行证券交易的市场，证券买卖采取一对一的交易方式，对同一种证券的买卖不可能同时出现众多的买方和卖方，也就不存在公开的竞价机制；(5) 场外交易市场的管理比证券交易所宽松。

【比一比】

结合场内交易市场和场外交易市场的定义和特征，比较场内交易市场和场外交易市场的区别。

(二) 证券交易的方式

早期证券交易主要采取现货交易方式，但随着商品经济及资本市场的发展，证券交易形式呈现出由低级向高级、由简单向复杂、由单一向复合的发展趋势。

1. 现货交易。现货交易是证券交易双方在成交后立即交割的交易方式。现货交易的成交和交割基本上是同时的，一般是当天成交当天交割，最多不超过5天。

2. 期货交易。期货交易是指交易双方约定在将来某个时候按成交时约定的条件进行交割的交易方式。期货交易是一种远期合同交易，期货合同签订后，证券并没有发生真正意义上的所有权转移，只是许诺在一定时间内交付证券。

3. 期权交易。期权交易又称为选择权交易，是指在一定时间内以一定的协议价买卖证券交易权的交易。在期权交易中，买卖双方从事交易的不是实际的证券，而是买进或卖出一定数量证券的权利。

4. 信用交易。信用交易又称保证金交易或垫头交易，是指证券交易者通过交付一定的保证金，得到证券商或经纪人的信用而进行证券买卖的一种交易方式。

【想一想】

现货交易、期货交易、期权交易和信用交易分别有何特点？

任务五　金融衍生品市场

【学习情境】

某进出口贸易公司3个月后将收到产品销售收入1 000万美元。但公司担心3个月后美元贬值，从而出现亏损。

任务描述

1. 学生分组讨论：(1) 该公司可以采取哪些方式规避美元贬值的风险？(2) 这些方式分别有什么特点？

2. 情景模拟：从上述方式中选择一种，并模拟完成该方式。

【知识链接】

金融衍生工具，又称金融衍生产品，与基础性金融工具相对应，是指在一定的基础性金融工具的基础上派生出来的金融工具。目前，在国际金融市场上最为普遍运用的衍生工具有金融远期、金融期货、金融期权和金融互换。

一、金融远期市场

(一) 金融远期合约的含义与特点

金融远期合约是指交易双方约定在未来某一个确定的时间，按照某一确定的价格买卖一定数量的某种金融资产的合约。在合约中，交易双方约定买卖的资产称为“标的资产”，约定的成交价格称为“协议价格”或“交割价格”，同意以约定的价格在未来卖出标的资产的一方称为“空头”或“空方”，同意以约定的价格在未来买入标的资产的一方称为“多头”或“多方”。

金融远期合约最主要的特点在于它是由交易双方通过谈判后签署的非标准化合约，因此合约中的交割地点、交割时间、交割价格以及合约的规模、标的物的品质等细节都可由双方协商决定，具有很大的灵活性，可以尽可能地满足交易双方的需要。但是，非标准化合约的特点决定了金融远期合约一般不在交易所内进行交易，违约风险较高。

(二) 金融远期合约的种类

根据基础资产划分，常见的金融远期合约包括四个大类：股权类资产的远期合约、债权类资产的远期合约、远期利率协议、远期汇率协议。

股权类资产的远期合约包括单个股票的远期合约、一篮子股票的远期合约和股票价格指数的远期合约三个子类。债权类资产的远期合约主要包括定期存款单、短期债券、长期债券、商业票据等固定收益证券的远期合约。远期利率协议是指按照约定的名义本金，交易双方在约定的未来日期交换支付浮动利率和固定利率的远期合约。远期汇率协议是指按照约定的名义本金，交易双方在约定的未来日期交换支付浮动利率和固定利率的远期协议。

二、金融期货市场

（一）金融期货的含义

金融期货合约是指由交易双方订立的、约定在未来某个日期以成交时所约定的价格交割一定数量的某种金融商品的标准化契约。金融期货是期货交易的一种。期货交易是指交易双方在集中的交易市场以公开竞价的方式所进行的标准化期货合约的交易。金融期货合约的基础工具是各种金融工具（或金融变量），如外汇、债券、股票、价格指数等。换言之，金融期货是以金融工具（或金融变量）为基础工具的期货交易。

【比一比】

结合金融远期和金融期货的含义和特点，比较金融远期与金融期货的区别。

（二）金融期货的种类

按基础工具不同，金融期货可分为外汇期货、利率期货和股权类期货。

1. 外汇期货。外汇期货又称货币期货，是以外汇为基础工具的期货合约。外汇期货是最早产生的期货，是适应各国从事对外贸易和金融业务的需要而产生的，目的是借此规避汇率风险。

2. 利率期货。利率期货是指由交易双方签订的，约定在将来某一时间按双方事先商定的价格，交割一定数量与利率相关的金融资产的标准化合约。利率期货交易则是指在有组织的期货交易所中通过竞价成交的、在未来某一时期进行交割的债券合约买卖。

3. 股权类期货。股权类期货是以单只股票、股票组合或者股票价格指数为基础资产的期货合约。其主要种类包括股票价格指数期货、单只股票期货、股票组合的期货。

【读一读】

股市活跃提振衍生品业务　期货公司调升业绩目标

中国期货业协会近期发布的数据显示，2018 年全年，境内期货公司交易额达 210.82 万亿元，增长 12.2%。其中，商品期货和金融期货交易额分别增长 13.1% 和 6.22%。成交量方面，全年期货总交易量 30.29 亿手，较 2017 年略有下滑。其中的特别之处在于，商品期货的交易量较 2017 年略有减少，但金融期货的交易量却增加了 10.57%。

对于将来的监管环境，业内人士认为，2019 年仍会保持“严监管”基调，但局部业务可能会适度松闸。2018 年，监管层对期货经营机构的监管力度、处罚力度显著加强，尤其强化了对期货公司的现场检查工作。而同时，在金融市场加快开放的大背景下，局部业务（特别是金融期货）迎来进一步松闸的信号。

近期，股指期货成交量及持仓量不断上升，多家期货公司也调整了各自的内部经营目标。还有期货公司人士向上证报表示，目前正在加大对金融期权的关注度，为新品种的上市随时做好准备。

弘业期货总经理周剑秋表示，随着股指期货流动性的不断恢复，风险对冲功能重新得到发挥，有助于在几大方面推动期货行业发展。其一，期指恢复将扩大期货公司的客户群体。其二，风险对冲功能的恢复，有助于期货公司与机构客户（如私募机构）的合作变得更加紧密。其三，金融经纪业务的逐渐恢复，将会为期货公司增加保证金收入提供一个良好的切入点。其四，期货资管的资金也在逐渐加大对期货端的投入，股指期货流动性逐渐恢复，期货端的资金沉淀有所增加，这对期货公司增加客户权益以及手续费收入也有助力。

就2019年的业务拓展，不少受访期货公司表示，金融衍生品必定是重要的业绩增长点。

资料来源：作者丁静灵，凤凰网财经，http：//finance. ifeng. com/c/7lDWFnZ6f3r

搜一搜：通过中国金融期货交易所网站，查看我国金融期货交易品种及其交易规则。

（三）金融期货交易所

金融期货交易所是专门组织各种金融期货交易，为交易提供服务的经济组织。

2006年9月8日，经中国证监会批准，由上海期货交易所、郑州商品交易所、大连商品交易所、上海证券交易所和深圳证券交易所共同发起设立的中国金融期货交易所在上海成立。中国金融期货交易所的主要职能是：组织安排金融期货等金融衍生品上市交易、结算和交割；制定业务管理规则；实施自律管理；发布市场交易信息；提供技术、场所、设施服务；中国证监会许可的其他职能。

三、金融期权市场

（一）金融期权的含义

金融期权，是指赋予其购买方在规定期限内按买卖双方约定的价格购买或出售一定数量某种金融资产的权利的合约。期权购买方为了获得这个权利，必须支付期权出售方一定的费用，即期权费。

【想一想】

某中国制造商购买美国某企业商品，货款为1 000万美元，双方约定3个月以美元支付。如果该合同对应的期权价格为20万元，协议价格为USD1 = CNY 6.52。该制造商为了规避3个月后美元升值的风险，购买了此期权。那么当汇率分别为USD1 = CNY 6.58、USD1 = CNY 6.52、USD1 = CNY6.48时，该制造商会如何选择？

（二）金融期权的种类

金融期权的分类标准有很多，按不同的标准可以划分为不同的类型。

1. 按期权权利性质划分，期权可分为看涨期权和看跌期权。看涨期权也称买权，是指赋予期权的买方在给定时间或在此时间以前的任一时刻以执行价格从期权卖方手中买入一定数量的某种金融资产权利的期权合约。看跌期权也称卖权，是指赋予期权的买方在给定时间或在此时间以前的任一时刻以执行价格卖给期权卖方一定数量的某种金融资产权利的期权合约。

2. 按照合约所规定的履约时间的不同，金融期权可以分为欧式期权、美式期权和修正的美式期权。欧式期权只能在期权到期日执行；美式期权则可在期权到期日或到期日之前的任何一个营业日执行；修正的美式期权也被称为"百慕大期权"或"大西洋期权"，可以在期权到期日之前的一系列规定日期执行。

3. 按照金融期权基础资产性质的不同，金融期权可以分为股权类期权、利率期权、货币期权、金融期货合约期权、互换期权等。

股权类期权与股权类期货类似，股权类期权也包括三种类型：单只股票期权、股票组合期权和股票指数期权。利率期权指买方在支付了期权费后，即取得在合约有效期内或到期时以一定的利率（价格）买入或卖出一定面额的利率工具的权利。利率期权合约通常以政府短期、中期、长期债券，欧洲美元债券，大面额可转让存单等利率工具为基础资产。货币期权又称"外币期权""外汇期权"，指买方在支付了期权费后，即取得在合约有效期内或到期时以约定的汇率购买或出售一定数额某种外汇资产的权利。货币期权合约主要以美元、欧元、日元、英镑、瑞士法郎、加拿大元及澳大利亚元等为基础资产。金融期货合约期权是一种以金融期货合约为交易对象的选择权，它赋予其持有者在规定时间内以协定价格买卖特定金融期货合约的权利。金融互换期权是以金融互换合约为交易对象的选择权，它赋予其持有者在规定时间内以规定条件与交易对手进行互换交易的权利。

【搜一搜】

我国金融市场目前交易的股权类期权有哪些，具体的交易规则是什么？

四、金融互换市场

（一）金融互换的含义

金融互换是约定两个或两个以上的当事人按照商定条件，在约定的时间内，交换一系列现金流的合约。金融互换是交易双方利用各自筹资机会的相对优势，以商定的条件将不同币种或不同利息的资产或负债在约定的期限内互相交易，以避免将来汇率或利率变动的风险，获取常规筹资方法难以得到的币种或较低的利息，实现筹资成本降低的一种交易活动。

（二）金融互换的种类

在金融互换的种类中，利率互换和货币互换比较常见。

1. 利率互换。利率互换交易是指市场交易双方约定在未来的一定期限内，根据约定数量的同种货币的名义本金交换利息额的金融合约。最常见的利率互换是在固定利率与浮动利率之间进行转换。利率互换的目的是减少融资成本。如一方可以得到优惠的固定利率贷款，但希望以浮动利率筹集资金，而另一方可以得到浮动利率贷款，却希望以固定利率筹集资金，通过互换交易，双方均可获得希望的融资形式。

【例5-1】 A和B两家公司，A公司的信用级别高于B公司，因此B公司在固定利率和浮动利率市场上借款所需支付的利率要比A公司高。现在A、B两家公司都希望借入期限为5年的10亿美元，并提供了如表5-1所示的利率。

表5-1　　A、B两公司为借款提的利率

公司	固定利率（%）	浮动利率
A公司	10	6个月LIBOR+0.3%
B公司	11.2	6个月LIBOR+1.0%

从表5-1中可以看出：在固定利率市场B公司比A公司多付1.2%，但在浮动利率市场只比A公司多付0.7%，说明B公司在浮动利率市场有比较优势，而A公司在固定利率市场有比较优势。现在假如A公司想借入浮动利率资金，B公司想借入固定利率资金。双方利用各自的比较优势，A公司以固定利率借款，利率为10%，B公司以浮动利率借款，利率LIBOR+1.0%，然后进行利率互换。由于本金相同，故双方不必交换本金，而只交换利息的现金流。具体的互换协议内容为：A公司同意每半年向B公司支付6个月的LIBOR计算的利息，B公司同意每半年向A公司支付9.95%固定利率。

则A公司的实际利率为：10%-9.95%+LIBOR，即LIBOR+0.05%；B公司的实际利率为：LIBOR+1%-LIBOR+9.95%，即10.95%。所以，通过利率互换，A、B公司的利息支出均减少了0.25%。

利率互换作为一种新型的金融衍生产品，在中国发展很快，特别是随着中国参与国际金融资本运作幅度的加大，利率互换已成为众多公司及银行之间常用的债务保值和资本升值的有效手段之一。

2. 货币互换。货币互换是指交易双方相互交换金额相同、期限相同、利率计算方法相同但是货币币种不同的两笔资金及其利息的业务。简单来说，利率互换是相同货币债务间的调换，而货币互换则是不同货币债务间的调换。货币互换双方互换的是货币，它们之间各自的债权债务关系并没有改变。初次互换的汇率以协定的即期汇率计算。货币互换的目的在于降低筹资成本及防止汇率变动风险造成的损失。

项目要点

1. 金融市场是指资金供求双方以票据和有价证券为金融工具的货币资金交易、黄金外汇买卖以及金融机构之间的同业拆借等活动的总称。在这个定义中，市场的含义不是指一个固定的场所，而是供求双方依据市场经济的规则所进行的特定活动。

2. 金融市场有多种分类方法，依据不同的划分标准，可以从不同的角度进行分类。按照金融市场交易标的物划分是金融市场最常见的划分方法；按交易对象是否新发行，金融市场可以分为发行市场和流通市场；按成交所是否立即交割划分，金融市场可以分为现货市场和期货市场。

3. 金融市场的功能主要包括：融通资金、资源配置、转移和分散风险、调节和反映经济状况。

4. 金融工具的特点：期限性、流动性、风险性、收益性。

5. 货币市场工具指期限在1年或1年以内的金融工具。它主要包括商业票据、银行票据和国库券。货币市场是进行短期资金融通的市场，融资期限一般在1年以内。货币市场的金融产品种类多样，按照金融产品的不同，货币市场可划分为许多子市场，如银行间拆借市场、回购协议市场、票据市场、短期票据市场、大额可转让定期存单市场，等等。

6. 资本市场工具指期限在1年以上的金融工具。它主要包括股票、债券以及证券投资基金等。资本市场是指以期限在1年以上的金融工具为媒介，进行长期性资金交易活动的市场，又称长期资金市场。按证券进入市场的顺序而形成的结构关系，证券市场可分为发行市场和交易市场。

7. 金融衍生工具，又称金融产衍生品，与基础性金融工具相对应，是指在一定的基础性金融工具的基础上派生出来的金融工具。目前，在国际金融市场上最为普遍运用的衍生工具有金融远期、金融期货、金融期权和互换。

金融市场知识网络结构见图5－1。

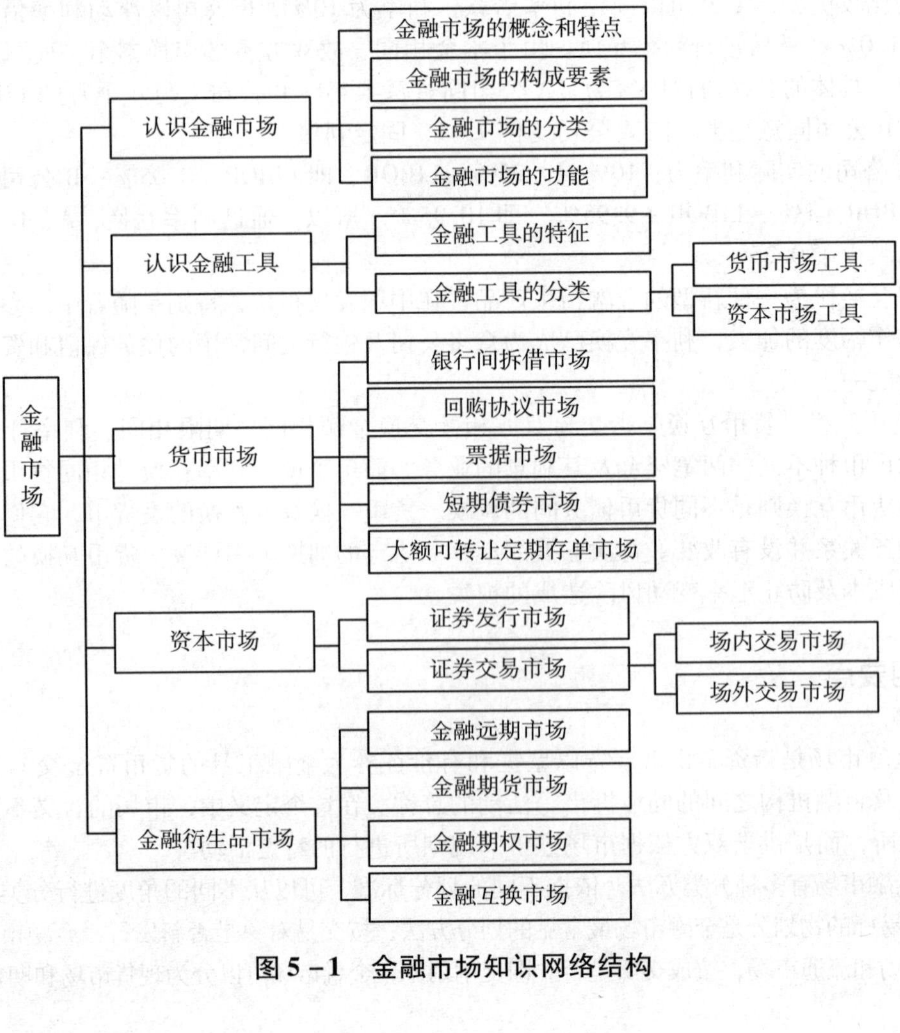

图5－1　金融市场知识网络结构

知识练习

一、单项选择题

1. 短期金融市场又称为（　　）。

A. 初级市场　B. 货币市场　C. 资本市场　D. 次级市场

2. 下列属于资本市场的是（　　）。

A. 同业拆借市场　B. 股票市场

C. 票据市场　D. 大额可转让定期存单

3. 下列属于所有权凭证的金融工具是（　　）。

A. 商业票据　B. 股票

C. 政府债券　D. 可转让大额定期存单

4. 期权合约买方可能形成的收益或损失状况是（　　）。

A. 收益无限大，损失有限大　B. 收益有限大，损失无限大

C. 收益有限大，损失有限大　D. 收益无限大，损失无限大

5. 金融期货交易的是（　　）。

A. 基础性金融商品　B. 基差

C. 价格　D. 标准化期货合约

二、多项选择题

1. 按金融交易的交割期限可以把金融市场划分为（　　）。

A. 现货市场　B. 货币市场

C. 长期存贷市场　D. 证券市场

E. 期货市场

2. 金融市场的参与者有（　　）。

A. 居民个人　B. 商业性金融机构

C. 政府　D. 企业

E. 中央银行

3. 下列属于金融衍生工具的有（　　）。

A. 股票价格指数期货　B. 银行承兑汇票

C. 短期政府债券　D. 货币互换

E. 开放式基金

4. 下列描述属于资本市场特点的有（　　）。

A. 金融工具期限长　B. 为解决长期投资性资金的需要

C. 资金借贷量大　D. 流动性强

E. 交易工具有一定的风险性和投机性

5. 下列有关证券流通市场的组织方式的说法，正确的有（　　）。

A. 场内交易包括证券交易所交易和柜台交易

B. 场外交易是指在证券交易所以外进行的交易

C. 在各国金融市场的发展历程中，无论是参与者、交易品种还是交易数量，场内交易均占主导地位

D. 证券交易所在二级市场上处于核心地位

E. 场外交易是二级市场的主体

三、判断并改错

1. 金融市场是统一市场体系的一个重要组成部分，属于产品市场。（　　）

2. 不论企业是否获利，企业债券必须按期如数还本付息，而普通股票的收益则取决于企业盈利状况。（　　）

3. 看涨期权又称卖出期权，因为投资者预期这种金融资产的价格将会上涨，从而可以市价卖出而获利。（　　）

4. 对于商业银行来说，利用回购协议融入的资金不用交纳存款准备金。（　　）

5. 有价证券从发行者手中转移到投资者手中，这类交易属于二级市场交易。（　　）

四、名词解释

金融市场　金融期货合约　证券投资基金　回购协议　市场金融期权

技能测试

祛魅金融衍生品

金融衍生品自20世纪90年代引入我国，在经历了最初的起步、探索、稳定阶段后，逐步进入快速发展期。多家开展衍生品套保业务的企业向本刊表示：随着中资企业国际化运营步伐加快、程度加深，有实力的企业在开展跨境业务之际，通过衍生品来锁定风险、管理风险逐渐成为普遍现象；企业适当开展衍生品业务，既可以帮助企业在开展跨境交易之际实现套期保值、风险对冲，还可以帮助企业更好地管理跨境现金流，解决本外币资本错配等问题。

需要注意的是，因风险而生的金融衍生品，其自身恰恰又是一项高风险业务。也正是基于衍生品高风险的属性，国内监管机构对于市场主体参与衍生品交易一直奉行的是强监管导向，通过各种规章严格规范市场主体行为。整体而言，我国对于金融衍生品交易业务的监管主要是遵循严格的市场准入和场内监管原则，包括对境外衍生品的场内交易也实行严格准入制。但近些年，随着国务院简政放权的不断推进，加之多数央企境外衍生业务开展得也较为规范、运行稳健，监管取向有了调整。2015年，国资委向各央企发出《关于取消中央企业境外商品衍生业务核准事项的通知》，将企业金融衍生业务的决策核准权下放至央企董事会或有关决策机构，监管方式也由事前的核准备案转变为事中监控和事后的检查备案。

就在业内认为中企对金融衍生品交易操作已经不再是“特别关注点”之际，2018年12月，国内某石化企业原油套保损失事件，再次将金融衍生品从幕后推向前台（见表5-2）。

表 5－2　中企因参与金融衍生品而发生的巨额亏损事件一览

年份	事件主体	亏损金额	大致经过	原因简述
2018	联合石化	不详	联合石化在采购进口原油过程中，由于对国际油价走势判断失误，部分套期保值业务的交易策略失当，造成某些场内原油套期保值业务的期货端在油价下跌过程中产生损失	套保交易策略失当
2008	中信泰富	147 亿港元	中信泰富为对冲澳大利亚铁矿石项目的货币风险，与13家外资银行签订若干杠杆式外汇产品买卖合约，后因汇率暴跌，且交易金额远大于其澳元保值的真实需求，亏损敞口高达147亿港元	投机失败
2008	深南电	不详	2008年3月，深南电与杰润签署了两份石油衍生品合约，看多油价。随后国际油价暴跌，这两份“有限收益、无限风险”的对赌合约才浮出水面。2008年12月，深南电公告终止与高盛全资子公司杰润公司签下的期权合约，杰润要求深南电给予一定赔偿	套保交易策略失当
2008	中国远洋	41 亿元人民币	2008年9月，中国远洋运输（集团）总公司公布在FFA（远期运费协议）的衍生品交易上，投资亏损拨备高达50多亿元	套保交易策略失当
2008	国航、东航	不详	2008年10月28日，国航和东航同时公布三季报，称在燃油套期保值业务上出现巨额亏损。2009年，东航和国航两家公司均实现扭亏为盈，业绩增幅将超百亿元。而扭亏为盈的原因均是由于“燃油套保合约公允价值的回转”	套保交易策略失当
2004	中航油	5.5 亿美元	2003年底至2004年，中航油新加坡公司错误地判断了油价走势，卖出买权并买入卖权，导致期权盘位到期时面临亏损。为了避免亏损，中航油新加坡公司进行了三次挪盘，每天挪盘均成倍扩大了风险，最终导致公司财务困境	投机失败
1997	株洲冶炼厂	1.758 亿美元	1997年3月锌市走俏，株洲冶炼厂进口公司开始做空。由于对锌价走势判断错误以及交易对家逼仓，在1997年3～7月，株洲冶炼厂进口公司因无法支付保证金，多次被逼平仓。因抛售量过大，株洲冶炼厂为了履约只好高价买入合约平仓，形成1.758亿美元的巨额亏损	投机失败

资料来源：作者荣蓉、王亚亚、章蔓菁，摘编自和讯网转自《中国外汇》2019年第6期，http://news.hexun.com/2019-03-20/196562606.html

思考：

1. 什么是金融期货合约？它的特点有哪些？
2. 金融期货的功能有哪些？
3. 为什么说因风险而生的金融衍生品，其自身恰恰又是一项高风险业务？

素质拓展

设计调查问卷，调查身边的亲人朋友和老师的主要投资工具，并对调查结果进行分析。

项目六　金融机构体系

学习目标

（一）知识目标

了解我国金融体系的基本概况，掌握中央银行、商业银行、政策性金融机构、非银行金融机构的具体职能。

（二）技能目标

能够描述我国金融体系的基本框架，熟悉我国金融机构和知名国际金融机构的基本情况。

（三）素质目标

培养学生科学的思维方法、开拓学生的眼界。

【案例导入】

重庆江北嘴金融核心区概况

按照国务院赋予两江新区定位，江北嘴金融核心区是打造长江上游金融中心核心区，是以金融、商务、总部经济等现代服务业为支柱的金融集聚区、总部经济集聚区、高端商业承载区和国际化都市风貌展示区，由重庆江北嘴中央商务区投资集团有限公司整体开发建设。

一、江北嘴金融核心区基本情况

江北嘴金融核心区占地面积约5平方公里，以朝天门大桥为界，上游为核心区——江北城，占地2.26平方公里；下游为拓展区——溉澜溪，占地2.7平方公里。以大疏大密手法，规划了记忆之城和未来之城（“双城”）并存的空间结构，按照“双城、一轴（景观主轴线）、五区（商务办公区、综合服务区、混合使用区、配套居住区和休闲娱乐区）”的基本格局建设成为重庆国际化大都市标志性的现代化中央商务区。

在记忆之城中，把江北城2000多年的历史文脉和文化底蕴作为江北嘴的灵魂，保留了明玉珍墓、保定门、觐阳门等文物古迹和天主教堂、基督教堂等历史建筑，展示江北嘴中央商务区厚重的历史文化积淀。同时修建重庆大剧院、重庆科技馆等现代公益文化基础设施。

在未来之城中，充分体现集约高效的土地使用效率，展示现代商务办公区繁荣向上的形态特征。充分考虑现代商务办公和必要的服务休闲功能，配以三栋超300米高的超高层建筑，形成了江北嘴中央商务区独特的天际轮廓线。具有五大独特优势：

一是政策优势，江北嘴金融核心区汇聚“一带一路”、重庆自由贸易试验区、中新战略性互联互通示范项目、两江新区等国家级政策，支持江北嘴打造现代金融产业体系。

二是区位优势，江北嘴金融核心区东临长江黄金水道，南濒嘉陵江，江岸线长约6公里，距寸滩保税港区、观音桥商圈、解放碑商圈各3公里，处于“一区两圈”的交汇点。

三是交通优势，江北嘴金融核心区内部已建成30公里长城市道路，并通过四座跨江大桥（黄花园大桥、千厮门大桥、朝天门大桥、大佛寺大桥）和四座立交桥（对山立交、五里店立交、江北城立交、江洲立交）与轨道交通6号、9号线和重庆城市道路互联互通。

四是生态文化优势，具体表现为：(1) 江北嘴金融核心区内写字楼将全部采用江水源热泵集中供冷供热系统，能很好地克服中央商务区城市热岛效应；(2) 江北嘴200公顷土地，有约66.67公顷土地用于绿地建设，如江北嘴中央公园、聚贤广场、中央广场、三洞桥民俗风情街等；(3) 江北嘴建设有重庆大剧院、重庆科技馆等现代文化设施，并与明玉珍睿陵、测候亭、基督教堂、天主教堂等历史建筑相得益彰，打造重庆独有的文化高地。

五是高品质国际化标准的节能生态建筑，在江北嘴中央商务区规划建设中，以大疏大密手法，规划布局了商务办公区、综合服务区、混合使用区、休闲娱乐区和配套居住区等五个功能区，邀请德国GMP、美国SOM、日本久米等世界一流设计团队规划设计了国际化标准的节能生态建筑。

目前，江北嘴已经全面完成了城市拆迁、市政基础设施和公建配套文化设施建设，建成了以重庆大剧院、中央公园、水源空调等为代表的一批重点工程，已有金融城、国金中心、财信广场、力帆中心、锦嘉国际大厦、重庆农商行大厦等项目投入使用，进入了功能全面形成的阶段。预计到2020年，除个别项目外，江北嘴核心区项目将基本建成。业态上将以高档商务写字楼为主，涵盖高档酒店和商业、精品公寓。

二、江北嘴金融核心区的经济发展情况

到2017年底，江北嘴CBD已入住企事业单位1 790家，2017年片区实现金融业增加值136.8亿元，金融资产规模突破1.2万亿元，限上商品销售总额142.1亿元，全口径税收收入61.1亿元。

1. 金融服务业和总部经济。江北嘴CBD现已引进了农业银行、中国银行、交通银行、韩国友利银行、重庆农村商业银行、中邮储金融租赁公司、中新互联互通投资基金、平安保险、人民人寿保险等金融企业180余家。其中银行、证券、保险、信托等重点金融机构总部50余家，金融租赁、私募、股权基金、小贷、担保等创新型金融企业130余家，初步形成了以总部金融机构为主体，新型金融业态为辅助的现代金融产业体系。新加坡美集物流、韩国GS机构、搜房网、城投集团、民投集团等一批企业总部入驻。

2. 高端商业。江北嘴各甲级写字楼，是集商业、办公、酒店、餐饮、会议、休闲娱乐为一体的商务办公综合体，规划商业配套面积约100万平方米。现已有金融城、财信广场、重庆金融中心等项目的配套商业开业，营业面积约50万平方米。随着各建设项目完工，金融机构和企事业单位入驻，江北嘴CBD的商业氛围将越来越浓厚，今后还将引进国内外高端时尚产品、时尚品牌，国际品牌旗舰店、专卖店在这里集聚，满足江北嘴CBD高品质、多元化的消费需求。

3. 其他现代服务业。除了发展金融机构和总部经济集聚、高档商业设施外，江北嘴的众多写字楼还将发展楼宇经济，依托重庆大剧院、重庆科技馆、中央公园等文化基础设施，推进研发、会计、法律、咨询、会展、文化创意、旅游服务等现代服务业发展。

资料来源：江北嘴中央商务区官网，http：//www.cqcbd-jbc.com/news/2018/11/15/394029.htm

思考：

1. 案例中提到了哪些金融机构？

2. 这些金融机构有什么作用？

任务一 认识金融机构

【学习情境】

小陈是一个在当地从事机械加工生意的企业主，公司刚接了笔来自国外的大单，需要购买设备扩大产能，但公司的资金不够，急需一笔资金用于购买新的设备。在这个时候，朋友给小陈提出几个建议：（1）以名下的工厂和机械设备所有权为抵押，向银行申请抵押贷款；（2）向民间小额贷款公司申请贷款（小陈个人信用良好，经营情况正常）；（3）向融资租赁公司申请购买设备；（4）通过 P2P 借贷平台借款。

任务描述

学生分组讨论：（1）以上借贷渠道属于哪些金融机构？（2）这些金融机构有哪些特点？（3）你还知道哪些金融机构？

【知识链接】

金融机构随着商品经济和信用制度的发展而产生、发展起来。在商品经济迅速发展的过程中，资金分布的不均匀性使得一些商品生产者积累了大量资金，出现剩余，而另一些生产者则出现了资金短缺，金融机构的出现使得这种供求矛盾得以解决，在资金盈余者和短缺者之间起到了桥梁作用。

一、金融机构的相关概念

金融机构是指以货币资金为经营对象，从事货币信用、资金融通、金融交易以及相关业务的组织机构，概括地说，泛指从事各种金融活动的组织。

金融服务业包括银行、证券、保险、信托、基金等行业，与此相应，金融中介机构也包括银行、证券公司、保险公司、信托投资公司和基金管理公司等。

【读一读】

历史上出现最早的金融机构是银行，并且在相当长的一段时期内，银行都占据着金融机构的主体地位。银行是对经营货币和信用业务的金融机构的总称，是商品生产和市场交易逐步发展的产物。在金属货币出现以后，就出现了早期的金银兑换、保管业务，形成了早期的货币兑换商和钱庄等金融机构。

随着商品经济的快速发展，货币兑换商积聚了一定的货币量，并开始将其中闲置的资金贷放出去，因此产生了贷款业务，贷款业务的产生标志着银行的产生。但这种贷款往往带有高利贷性质，使一般工场手工业主和商人很难获得贷款，即使获得了也会因高额利息而无利可图。这显然不能适应资本主义经济发展的需要，必须建立资本主义的银行。在资本主义工商业发展的推动下，真正现代意义上的银行是在17世纪末至18世纪中期逐步发展起来的。

现代银行体系建立并取代传统的货币经营业、高利贷商人，主要是通过两条途径实现的：一是旧的高利贷性质的银行在新的经济条件下，调整放款原则，逐渐转变为现代银行；二是按照资本主义原则组织创建的股份制银行，1694年，在英国成立了第一家现代银行——英格兰银行，它的建立标志着现代银行的诞生。

二、金融机构的特点

从金融机构产生的历史过程来看，它是一种以追逐利润为目标的金融企业，具有现代企业的基本特征。说它是企业，是因为它与普通企业相同，经营目标都是为了以最小的成本获得最大的利润。但是，与一般企业相比，金融机构又有其特殊性，表现为以下几点。

第一，经营对象与内容的特殊性。金融机构的经营对象是货币资金这种特殊商品，经营内容则是货币的收付、借贷及与货币运动有关的或与之联系的各种金融服务。

第二，经营关系与活动原则的特殊性。金融机构与客户个人之间主要是货币资金的借贷或投资关系，其经济活动遵循信用原则。

第三，经营风险及影响程度的特殊性。金融机构因其业务大多是以还本付息为条件的货币信用业务，因而风险主要表现为信用风险、利率风险、汇率风险等。

在现代市场经济中，金融机构对从事的金融活动发挥着重要的作用。一方面，金融机构是金融市场上不可缺少的中介主体，金融市场上的各种金融活动都要借助于一定的金融机构来完成，资金从盈余者向短缺者融通，无论是采取直接融资方式还是间接融资方式，金融机构作为信用中介和支付中介都起着不可替代的作用；另一方面，由于金融机构联系面广，信息比较灵通，使其具备了为客户提供信息服务的条件，如利率、汇率、股市行情等，这些信息对于投资决策、经营决策是非常重要的，金融机构提供这些金融信息形成的机制为社会各界提供了广泛的金融服务，满足了社会发展的需要。

【想一想】

金融机构和一般经济单位之间是什么关系？

三、金融机构的分类

金融机构按照不同标准可以划分为不同种类。

1. 按照金融机构的主要业务类别可划分为银行性金融机构和非银行性金融机构。一般以存款、贷款、汇兑、结算为核心业务的金融机构就是银行，如商业银行、储蓄银行、开发银行等；非银行金融机构一般泛指除银行以外的其他各种金融机构，包括保险、证券、信托、租赁和投资等机构。

2. 按金融机构的地位、性质划分。在市场经济条件下，金融机构按照其地位、性质可以分为金融业务经营机构和金融调控监管机构。金融业务经营机构包括各类商业银行、专业银行、证券公司、保险公司等各类经营信用业务的金融机构。金融调控监管机构则包括中央银行和各类金融监管机构（银监保会、证监会等）。

3. 按照融资方式的不同可划分为直接金融机构和间接金融机构。直接金融机构是在直接融资领域，为投资者和筹资者提供中介服务的金融机构，其主要业务包括证券的发行、经纪、保管、登记、清算、资信评估等，如证券公司；间接金融机构是指一方面以债务人的身份从资金盈余者的手中筹集资金，另一方面又以债权人的身份向资金短缺者提供资金，是以间接融资为主要特征的金融机构，如商业银行。

【想一想】

举几个金融机构的例子，看看他们属于什么类别的金融机构？

四、金融机构的功能

金融机构的市场功能主要表现在以下几个方面：

1. 在市场上筹资从而获得货币资金，将其改变并构建成不同种类的更易接受的金融资产，这类业务形成金融机构的负债和资产。这是金融机构的基本功能，行使这一功能的金融机构是最重要的金融机构类型。

2. 提供结算服务，为客户交易金融资产。随着商品经济的发展和社会分工的细化，客户之间的货币收付及资金结算活动越来越复杂，金融机构通过一定的技术手段和不断改进的业务流程在客户间的支付结算活动中充当金融中介，为客户提供各种便利的服务。

3. 为客户打理金融资产，提供投资理财的建议。随着金融的发展，客户对于金融机构的需求不再局限于存贷款等基本业务，越来越多的客户需要有金融机构为其理财，所以金融机构就慢慢具备了咨询和信托的功能。通过金融创新满足社会不断升级的金融需求。

4. 调控货币供应量，发挥创造信用货币的职能。一方面，中央银行发行货币保证社会商品流通对货币的需求；另一方面，商业银行通过信用创新创造派生货币，影响市场的货币供应量。

案例分析

银行理财收益“跌跌不休”节日专属理财产品走俏

为了吸引不同类型的客户，银行在发售理财产品时，往往会采取不同的营销策略，这样的差异催生了各类专属理财产品的诞生。

据普益标准研究员李林夏介绍，银行所发行的专属理财产品通常有以下几种类型：一是地域专属，分行多的银行按发行地区有区域专属产品；二是产品对象专属，除分为个人、机构、同业三种客户类型外，在个人产品下通常还会按照投资起点分为普通、高端、尊享等类型；三是购买渠道专属，一般分为网银、柜面、直销银行等；四是节日专属，大到国庆节、春节，小至情人节、儿童节，甚至还有银行按二十四节气发行产品。

通常情况下同一系列的专属理财产品，在流动性方面差异不大，但在某些特殊日期，相对于平日发行的常规产品，节日专属理财产品收益率会有非常明显的提升，收益率相较同期发行的其他理财产品均有明显的溢价。

据统计，今年银行发行的13款端午节专属理财产品投资期限均为一个月至半年，多集中在两个月左右，非保本浮动型产品有12款，收益率最高为5.05%、最低为4.05%；保证收益型产品有1款，收益率为3.65%。

“在发行节日专属理财产品时，银行的发行和定价策略通常有两种：一种是大幅提高收益率，但在同一募集期不再募集同类产品（同样的投资期限或收益类型）；另一种则是维持一贯的产品类别，仅增加节日专属的版本，收益率较同期其他版本稍高，幅度不大。”李林夏表示。

以泉州银行发行的“海西源泉”水天一色系列理财产品为例，5万元起、63天型产品，几乎每周都会成立一期，从端午节前发行的近4期产品来看，收益率已从5月19日起息的4.30%降至6月8日起息的4.20%，但端午节专属理财产品收益率为5.05%，较上期上涨近85个基点。

“这既是银行对投资者的回馈，也是银行利用节日概念进行市场营销的一种方式。”李林夏说。

资料来源：记者孟杨，金融时报，2016-06-09.

思考：以上案例展现了银行这类金融机构的什么功能？

任务二 我国金融机构体系

【学习情境】

毕业3年的小周准备买房了，为了凑够所需的首付款，他把自己之前买的基金赎了回来；还有父母给他买的人寿保险产品，今年正好返了5 000元；打开手机支付宝客户端，把放在里面当零花的8 000多元从“余额宝”里转了出来；另外，到了银行，顺便把自己到期的定期存款也一并转到了活期账户里面，终于凑够了自己的买房首付款。之后很快在家人的陪同下，高兴地在银行办理了20年的住房按揭贷款。

任务描述

学生分组讨论：（1）小周准备买房首付款的时候，跟几个金融机构打了交道？（2）上面涉及的金融机构的功能分别是什么？（3）除了这些机构之外，你还知道哪些金融机构，说说它们的功能？

【知识链接】

金融机构体系是指金融机构的组成及其相互联系的统一整体。在市场经济条件下，各国金融体系大多数是以中央银行为核心来进行组织管理的，因而形成了以中央银行为核心、商业银行为主体、各类银行和非银行金融机构并存的金融机构体系。

在我国，就形成了以中央银行（中国人民银行）为领导，商业银行为主体，政策性银行、保险公司、证券公司、信托公司等非银行金融机构，外资各金融机构并存和分工协作的金融机构体系。

一、中央银行

中央银行简称央行，是负责该国或该地区货币政策的主体，通常也是一个经济共同体的货币发行机构，是维护一国货币稳定以及制定和执行货币政策的职能机构。中国人民银行是我国的中央银行。

中央银行的特点主要有：不以盈利为目的；不经营普通银行业务；具有相对独立性，不受其他部门或机构的行政干预和牵制（详见项目九）。

【想一想】

你平时听说过有谁到中国人民银行办理过存款业务？

【读一读】

中国人民银行的职责

1. 发布与履行其职责有关的命令和规章；
2. 依法制定和执行货币政策；
3. 发行人民币，管理人民币流通；
4. 监督管理银行间同业拆借市场和银行间债券市场；
5. 实施外汇管理，监督管理银行间外汇市场；
6. 监督管理黄金市场；
7. 持有、管理、经营国家外汇储备、黄金储备；
8. 经理国库；
9. 维护支付、清算系统的正常运行；
10. 指导、部署金融业反洗钱工作，负责反洗钱的资金监测；
11. 负责金融业的统计、调查、分析和预测；
12. 作为国家的中央银行，从事有关的国际金融活动；
13. 国务院规定的其他职责。

中国人民银行为执行货币政策，可以依照本法第四章的有关规定从事金融业务活动。

资料来源：《中华人民共和国中国人民银行法（修正）》2003 年。

二、商业银行

商业银行是世界各国金融体系的主体，是金融业中服务范围最为广泛，对社会经济活动影响最大的金融机构。商业银行是以追求最大利润为目标，以多种金融负债筹集资金，以多种金融资产为其经营对象，能利用负债进行信用创造，并向客户提供多功能、综合性服务的金融企业。

商业银行的职能主要包括：信用中介、支付中介、信用创造、金融服务（详见项目七）。

三、政策性银行

所谓政策性银行，主要是指由政府创立或担保、以贯彻国家产业政策和区域发展政策为目的、具有特殊的融资原则、不以营利为目的的金融机构。1994 年，我国组建了 3 家政策性银行，即国家开发银行、中国进出口银行、中国农业发展银行，均直属国务院领导。

（一）特点

1. 政策性银行的资本金多由财政拨付；
2. 政策性银行经营时主要考虑国家整体利益、社会效益，不以营利为目的，但它也必须考虑盈亏，力争保本微利；
3. 政策性银行有其特定的资金来源，主要依靠发行金融债券或向中央银行举债，一般不面向公众吸收存款；
4. 政策性银行有特定的业务领域，不与商业银行竞争。

（二）国家开发银行

国家开发银行于 1994 年 3 月正式成立，总行设在北京，下设总行营业部、27 家国内分行和中国香港代表处。国家开发银行注册资本金为 500 亿元人民币，由国家财政全额拨付。主要任务是：按照国家有关法律、法规和宏观经济政策、产业政策、区域发展政策，筹集和引导境内外资金，重点向国家基础设施、基础产业和支柱产业项目以及重大技术改造和高新技术产业化项目发放贷款；从资金来源上对固定资产投资总量和结构进行控制和调节。

国家开发银行按照国家宏观经济政策和开发银行信贷原则独立评审贷款项目、发放贷款。其资金主要靠以市场方式向国内外发行金融债券筹集，资金运用领域主要包括：制约经济发展的“瓶颈”项目；直接关系增强综合国力的支柱产业中的重大项目；重大高新技术在经济领域应用的项目；跨地区的重大政策性项目等。

（三）中国进出口银行

中国进出口银行于 1994 年 4 月正式成立，总行设在北京，在境内设有 18 家营业性分支机构，境外设有 3 家代表处。中国进出口银行注册资本金为 33.8 亿元，由政府财政全额拨付。

中国进出口银行实行自主、保本经营和企业化管理的经营方针。其主要任务是：执行政府产业政策和外贸政策，为扩大我国机电产品和成套设备等资本性货物出口提供政策性金融支持。

（四）中国农业发展银行

中国农业发展银行于1994年11月正式成立，总行设在北京，国内设有2 000家分支机构。中国农业发展银行注册资本金为200亿元人民币，由政府财政全额拨付。

中国农业发展银行实行独立核算，自主、保本经营，企业化管理的经营方针。其主要任务是：按照国家有关法律、法规和方针、政策，以国家信用为基础，筹集农业政策性信贷资金，承担国家规定的农业政策性金融业务，代理财政性支农资金的拨付。

四、金融资产管理公司

该类公司是经国务院决定设立的收购国有独资商业银行不良贷款，管理和处置因收购国有独资商业银行不良贷款形成的资产的国有独资非银行金融机构。

目前，中国有四大金融资产管理公司，分别是中国华融资产管理公司、中国长城资产管理公司、中国东方资产管理公司、中国信达资产管理公司。设立之初，这些公司分别接收了从中国工商银行、中国农业银行、中国银行、中国建设银行剥离出来的不良资产。现在，该类公司积极开展商业化转型，综合金融服务集团架构雏形形成并逐年完善，业务涵盖了资产管理、保险、证券、信托、租赁、投融资、评级和海外业务等，致力于为客户提供多元化、全生命周期的金融服务，目标是成为以资产管理为主导、全价值链的领先金融服务集团。

此外，近年来不断有其他集团涉足此类业务，开设了资产管理公司，如中国中信集团设立了中信资产管理有限公司，进行不良资产处置、短期融资、融资租赁、商业保理、股权投资等。

五、证券公司

证券公司是指依照公司法的规定，经国务院证券监督管理机构审查批准，从事证券经营业务的有限责任公司或者股份有限公司。它是非银行金融机构的一种，是从事证券经营业务的法定组织形式，是专门从事有价证券买卖的法人企业，分为证券经营公司和证券登记公司。证券经营公司具有证券交易所的会员资格，可以承销发行、自营买卖或自营兼代理买卖证券。

国内知名券商包括：中信证券、海通证券、招商证券、国泰君安证券、中国银河证券、广发证券、国信证券、申万宏源证券、东方证券、中信建投证券等。

【读一读】

证券公司提前“入秋”转向投行资产管理业务

今年以来资本市场表现疲软，市场人气低迷，经纪、自营等业务将受到较大的影响。24家上市券商4月份财务数据显示，受股指下挫以及成交量萎缩影响，上市券商业绩惨淡。其中，有13家上市券商4月的净利润环比降幅超过50%。

伴随着股市下行的行情，一位国信证券某营业部客户经理透露，其现在的工资相比去年同期少了一半以上。通常，券商营业部客户经理工资的主要来源，是根据手中客户的交易量而获得相应的提成。然而，眼下行情不如去年同期。今年一季度市场下跌导致交投活跃度下降，日均成交额5 402亿元，同比下降24.29%。

更让上述客户经理紧张的是，公司开始加任务。在其看来，这是变相裁员。“任务没达到，自己走人。比如新开户数要求每个月要达到一二十个，在这样的行情下并不好完成。”该客户经理抱怨道，以前是客户自己主动找上门来，一个月能有30多个，而且很多是组团开户。如今，他要想尽办法去找客户。

这位客户经理的经历并非个例。华泰证券一位创新业务经理称，“公司目前进入全员营销，所有业务都要开始做。”他没有拒绝前来添加微信的陌生人，一番简单交流后，他建议对方用手机在华泰证券开户，并承诺会给予万分之二佣金，虽然对方已在另一家券商开过户。

2015年4月的“一人多户制”放行，使券商行业争夺客户进入白热化。而不断下滑的佣金率则成为各自的武器。在此趋势下，降低通道费用将是主流趋势。因此各家券商都在积极转型，如转型财富管理、提升投资能力、发展两融创新业务、互联网业务等。

华泰证券创新业务经理说，开户只是开始。他需要寻找真正的投资者，以提供服务。眼下，经纪业务渠道正在成为券商的获客渠道和财富综合管理平台，其佣金盈利功能正在淡化，而财富管理功能将强化。

华泰证券除了借力互联网和下调佣金，还在推进以满足客户需求为中心的财富管理体系建设。4月，华泰证券公告拟计划以7.8亿美元收购美国资产管理软件生产商AssetMark。像华泰证券一样，不少券商都在寻找客户价值的二次开发的模式。不论是市场的需求还是监管的导向，传统经纪业务的转型迫在眉睫。4月，证监会正在制定《证券经纪业务管理办法(草案)》的消息传出，这是券商开展证券经纪业务以来，首部对证券经纪业务进行集中统一规定的部门规章。松绑佣金管理是本次办法中最为业界关注的内容之一。全行业交易佣金水平或再下一个台阶，这有利于促进全行业经纪业务加速转型，提升客户服务水平。

资料来源：作者陈秀月、夏依萌，经济观察网，http：//www.eeo.com.cn/2016/0531/287881.shtml

六、保险公司

保险公司是指以经营保险业务为主的经济组织，在我国，是指经中国保险监督管理机构批准设立，并依法登记注册的商业保险公司，包括直接保险公司和再保险公司。按所有制性质不同，我国保险公司可分为国有保险公司和股份制保险公司两大类型。1998年10月中国人民保险（集团）公司撤销，其下属的3个专业公司成为3家独立的国有保险公司，即中国人民保险有限公司（主营财产险）、中国人寿保险有限公司（主营人寿险）、中国再保险有限公司（主营再保险）。随着我国保险业的发展，保险市场的主体逐渐增加，中国太平洋保险公司、中国平安保险公司、华泰财产保险有限公司、新华人寿保险有限公司、泰康人寿保险有限公司及一些外资保险公司不断加入进来。

为加快发展，我国国有保险公司基本完成了股份制改革。2003年7月，中国人民保险公司率先完成了股份制改革，由中国人保控股公司、中国人民财产保险股份有限公司、中国人保资产管理公司3家取而代之。2009年9月，中国人民保险集团公司成功改制为中国人民保险集团股份有限公司，实现了从传统国有企业向现代国有控股金融保险集团的重大转变。2012 年 12 月 7 日，中国人民保险集团股份有限公司在香港联合交易所完成了 H 股上市，中国人寿保险公司、中国再保险公司也已完成股份制改革。2003 年，经国务院和中国保险监管机构批准，原中国人寿保险公司进行重组改制，变更为中国人寿保险（集团）公司，并独家发起设立中国人寿保险股份有限公司。2007 年 10 月中国再保险（集团）股份有限公司（简称“中再集团”）整体改制为股份有限公司，2015 年 10 月 26 日，中再集团在香港联合交易所有限公司主板挂牌交易，成为上市公司。现今，我国的保险市场已初步形成了国有商业保险公司为主，中外保险公司并存，多家保险公司竞争的新格局。

七、信托投资公司

信托是指委托人基于对受托人的信任，将其合法持有的财产或财产权利委托给受托人，由受托人根据委托人的意愿，以受托人自己的名义管理和处置该财产或财产权利，从而为委托人和受益人获得利益。信托投资公司就是主要经营信托业务的金融机构。我国信托投资公司主要经营资金和财产委托、代理资产保管、金融租赁、经济咨询、证券发行以及投资等。

目前，我国较有影响的信托投资公司有中国国际信托投资公司和中国新技术创业投资公司。此外，还有中国光大国际信托投资公司、中国民族国际信托投资公司以及地方开办的信托投资机构等。

八、基金公司

基金管理公司是指依据有关法律、法规设立的对基金的募集、基金份额的申购和赎回、基金财产的投资、收益分配等基金运作活动进行管理的公司。

证券投资基金的依法募集由基金管理人承担。基金管理人由依法设立的基金管理公司担任，担任基金管理人应当经国务院证券监督管理机构核准。基金管理公司的发起人一般是投资银行、投资咨询公司、经纪商行或保险公司。基金公司一般委托外部的基金管理人来管理基金资产，委托其他金融机构托管基金资产。

从基金资产规模来看，现在国内较大型的基金公司有：天弘基金、华夏基金、易方达基金、工银瑞信基金、嘉实基金、南方基金、广发基金、建信基金、中银基金、汇添富基金等。

九、金融租赁公司

金融租赁公司是专门经营租赁业务的公司，是租赁设备的所有权人，通过提供租赁设备而定期向承租人收取租金。租赁公司根据企业的要求，筹措资金，提供以“融物”代替“融资”的设备租赁；在租期内，作为承租人的企业只有使用租赁物件的权利，没有所有权，并要按租赁合同规定定期向租赁公司交付租金。租期届满时，承租人向租赁公司交付少量的租赁物件的名义贷价（即象征性的租赁物件残值），双方即可办理租赁物件的产权转移手续。金融租赁在发达国家已经成为设备投资中仅次于银行信贷的第二大融资方式，从长远来看，金融租赁公司在中国同样有着广阔的前景。

目前业内比较知名的金融租赁公司有：华融金融租赁公司、国银金融租赁、中国外贸金融租赁、江苏金融租赁、山西金融租赁、河北省金融租赁、工银金融租赁、建信金融租赁等。

十、企业财务公司

企业财务公司是指以加强企业集团资金集中管理和提高企业集团资金使用效率为目的，为企业集团成员单位提供财务管理服务的非银行金融机构。按照国家相关规定，企业财务公司主要有以下职能：

1. 对成员单位办理财务和融资顾问、信用鉴证及相关的咨询、代理业务；
2. 协助成员单位实现交易款项的收付；
3. 经批准的保险代理业务；
4. 对成员单位提供担保；
5. 办理成员单位之间的委托贷款及委托投资；
6. 对成员单位办理票据承兑与贴现；
7. 办理成员单位之间的内部转账结算及相应的结算、清算方案设计；
8. 吸收成员单位的存款；
9. 对成员单位办理贷款及融资租赁；
10. 从事同业拆借（须经过中国人民银行批准获得网上拆借资格）；
11. 中国银行业监管机构批准的其他业务（经批准发行财务公司债券、承销成员单位的企业债券、对金融机构的股权投资、有价证券投资、成员单位产品的消费信贷和买方信贷及融资租赁）。

备注：财务公司不得从事离岸业务，除第二条业务外，不得从事任何形式的资金跨境业务；不得办理实业投资、贸易等非金融业务。

任务三　国际金融机构

【学习情境】

国际货币基金组织（IMF）2016 年 1 月 27 日宣布 IMF2010 年份额和治理改革方案已正式生效，这意味着中国正式成为 IMF 第三大股东。

据新华社 2016 年 1 月 28 日报道，IMF 在一份声明中说，IMF 的《董事会改革修正案》从 1 月 26 日开始生效，该修正案是 IMF 推进份额和治理改革的一部分。根据方案，约 6% 的份额将向有活力的新兴市场和发展中国家转移，中国份额占比将从 3.996% 升至 6.394%，排名从第六位跃居第三，仅次于美国和日本。中国、巴西、印度和俄罗斯 4 个新兴经济体跻身 IMF 股东行列前十名。

任务描述

学生分组讨论：（1）IMF 到底是个什么组织？（2）除了文中提到的组织外，你还知道哪些国际金融组织？

【知识链接】

一、全球性国际金融机构

（一）国际货币基金组织

国际货币基金组织（IMF）根据1944年7月在美国布雷顿森林召开的联合国货币金融会议上通过的“国际货币基金协定”，于1945年12月正式成立，总部设在美国首都华盛顿，它是联合国的一个专门机构。我国是创始国之一。

国际货币基金组织成立的宗旨是，帮助会员国平衡国际收支，稳定汇率，促进国际贸易发展。其主要任务是，通过向会员国提供短期资金、解决会员国国际收支暂时不平衡和外汇资金需要，以促进汇率的稳定和国际贸易的扩大。

参加基金组织的每一个会员国都要认缴一定的基金份额。基金份额的确定，与会员国利益密切相关，因为会员国投票权的多寡和向基金组织取得贷款权利的多少取决于一国份额的大小。

国际货币基金组织的最高权力机构是理事会，由各会员国委派理事和副理事各1人组成。执行董事会是负责处理基金组织日常业务的机构，共由23人组成。

它的资金来源，除会员国缴纳的份额以外，还有向会员国借入的款项和出售黄金所获得的收益。国际货币基金组织的主要业务是：发放各类贷款、商讨国际货币问题、提供技术援助、收集货币金融情报和与其他国际机构的往来。

（二）世界银行

世界银行又称“国际复兴开发银行”，是1944年与国际货币基金组织同时成立的另一个国际金融机构，也属于联合国的一个专门机构。它于1946年6月开始营业，总行设在美国首都华盛顿。世界银行的宗旨是：通过世界银行组织长期贷款和投资，解决会员国战后恢复和发展经济的资金需要。

凡该组织的会员国均须认购世界银行的股份，认购额由申请国与世界银行协商，并经理事会批准。一般情况下，一国认购股份的多少根据其经济财政实力，并参照该国在基金组织缴纳份额的大小而定。世界银行会员国的投票权与认缴资本的数额成正比。

我国也是世界银行的创始会员国之一，我国向世界银行缴纳的股份大约占世界银行股金总额的1/3。

二、区域性国际金融机构

（一）国际清算银行

国际清算银行是根据1930年1月20日在荷兰海牙签订的海牙国际协定，于同年5月，由英国、法国、意大利、德国、比利时和日本六国的中央银行，以及代表美国银行界利益的摩根银行、纽约花旗银行和芝加哥花旗银行组成的银团共同联合创立，行址设在瑞士的巴塞尔。

国际清算银行成立之初的宗旨是，处理第一次世界大战后德国赔款的支付和解决对德国的国际清算问题。1944 年，根据布雷顿森林会议决议，该行应当关闭，但美国仍将它保留下来，作为国际货币基金组织和世界银行的附属机构。此后，该行的宗旨转变为，增进各国中央银行间的合作，为国际金融业务提供额外的方便，同时充当国际清算的代理人或受托人。

国际清算银行的最高权力机构是股东大会，由认缴该行股金的各国中央银行代表组成，每年召开一次股东大会。董事会领导该行的日常业务，下设银行部、货币经济部、秘书处和法律处。

国际清算银行的资金来源主要是会员国缴纳的股金，还有向会员国中央银行的借款以及大量吸收客户的存款。其主要业务活动是：办理国际结算业务；办理各种银行业务，如存、贷款和贴现业务；买卖黄金、外汇和债券；办理黄金存款；商讨有关国际货币金融方面的重要问题。国际清算银行作为国际货币基金组织内的十国集团（代表发达国家利益）的活动中心，经常召集该集团成员和瑞士中央银行行长举行会议，会议于每月第一个周末在巴塞尔举行。

（二）亚洲开发银行

亚洲开发银行是 1965 年 3 月根据联合国亚洲及远东经济委员会（即联合国亚洲及太平洋地区经济社会委员会）第 21 届会议签署的“关于成立亚洲开发银行的协议”而创立的。1966 年 11 月，在日本东京正式成立，同年 12 月开始营业，行址设在菲律宾首都马尼拉。亚洲开发银行的宗旨是，为亚太地区的发展计划筹集资金，提供技术援助，帮助协调成员国在经济、贸易和发展方面的政策，与联合国及其专门机构进行合作，以促进区域内经济的发展。其资金来源主要是会员国缴纳的股金、亚洲开发基金和在国际金融市场上发行债券。

（三）非洲开发银行

非洲开发银行在联合国非洲经济委员会的赞助下，于 1964 年 9 月正式成立，1966 年 7 月开始营业，行址设在象牙海岸首都阿比让。非洲开发银行的宗旨是，为会员国的经济和社会发展提供资金，协调各国发展计划，促进非洲经济一体化。其资金来源主要是会员国认缴的股本以及向国际金融市场借款。

（四）泛美开发银行

泛美开发银行于 1959 年 12 月 30 日正式成立，1960 年 11 月 1 日开始营业，行址设在美国首都华盛顿。泛美开发银行的宗旨是，动员美洲内外资金，为拉丁美洲国家的经济和社会发展提供项目贷款和技术援助，以促进拉美经济的发展。其资金来源主要是会员国认缴的股金、向国际金融市场借款和较发达会员国的存款。

（五）欧洲投资银行

欧洲投资银行是在 1957 年 3 月 25 日，根据《欧洲共同体条约》（即《罗马条约》）的有关条款组成的欧洲金融机构。它的成员都是欧洲共同体的会员国，行址设在卢森堡。欧洲投资银行的宗旨是，为了欧洲共同体的利益，利用国际资本市场和共同体本身的资金，促进共同市场平衡而稳定地发展。该行的主要业务活动是，在非营利性的基础上，提供贷款和担保，以资助欠发达地区的发展项目，改造和使原有企业现代化以及开展新的活动。其资金来源主要是向欧洲货币市场借款。

（六）亚洲基础设施投资银行

亚洲基础设施投资银行（简称亚投行，AIIB）是一个政府间性质的亚洲区域多边开发机构，重点支持基础设施建设，成立宗旨在促进亚洲区域的建设互联互通化和经济一体化的进程，并且加强中国及其他亚洲国家和地区的合作，总部设在北京。亚投行法定资本1 000亿美元。

截至2015年12月25日，包括缅甸、新加坡、文莱、澳大利亚、中国、蒙古国、奥地利、英国、新西兰、卢森堡、韩国、格鲁吉亚、荷兰、德国、挪威、巴基斯坦、约旦等在内的17个意向创始成员国（股份总和占比50.1%）已批准《亚洲基础设施投资银行协定》（以下简称《协定》）并提交批准书，从而达到《协定》规定的生效条件，即至少有10个签署方批准且签署方初始认缴股本总额不少于总认缴股本的50%，亚洲基础设施投资银行正式成立，全球迎来首个由中国倡议设立的多边金融机构。

案例分析

亚投行与欧洲投资银行合作升级

正在中国进行访问的欧洲投资银行（EIB）行长霍耶尔30日表示，欧洲投资银行（EIB）与亚洲基础设施投资银行（AIIB）签署的合作框架文件，将推动双方机构实现更高效的合作。

据亚洲基础设施投资银行（AIIB）网站公布的消息，30日，两家国际性投资机构同意拓展合作，支持对具有战略性重要意义的项目进行投资，寻求联合融资项目，并在双方机构均有项目的国家加强合作。

欧盟驻华使馆在随后发布的新闻简报中，引述了欧洲投资银行行长霍耶尔的表态。霍耶尔说："国际金融机构在完善关键基础设施、创造就业机会和改善人们生活方面的投资上扮演着关键的角色。我很高兴地看到欧洲投资银行和亚洲基础设施投资银行的同行之间现有的、富有成果的合作能锦上添花。"霍耶尔表示，他期待与金立群行长及其团队共事。他还表示："单凭任何一个机构的力量无法解决的问题，我们将共同携手应对，比如应对气候变化、确保可持续交通系统的发展以及供给清洁水。"

据悉，霍耶尔目前正对中国进行为期5天的正式访问。霍耶尔此行重点是加强欧洲投资银行和中国在应对气候变化问题上的合作。欧洲投资银行是气候相关投资的全球最大贷方之一，且在绿色债券的发行上处于全球领先位置。

亚洲基础设施投资银行行长金立群表示，十分高兴能签署这份与欧洲投资银行的合作框架文件，这标志着亚投行在满足全球范围内的、不可估量的基础设施融资需求方面享有不断加强的伙伴关系。金立群还说，建立亚洲基础设施投资银行的目的就是促进地区合作和伙伴关系的建立，解决发展难题。欧洲投资银行是个强大的合作伙伴，"通过共同的努力，我们将能成为这个复杂的全球经济环境中一股稳定的力量，并能取得持续的、积极的发展成就。"

欧洲投资银行和亚洲基础设施投资银行已建立合作关系，包括通过共享技术和金融方面的专业信息。金立群行长和霍耶尔行长在亚洲基础设施投资银行北京总部所签署的、新的框架协议将基于现有合作，寻求进一步的发展，包括提高联合融资项目效率和确保双方定期进行对话。

资料来源：作者王龙云，经济参考报，2016－05－31.

思考：欧洲投资银行和亚投行合作的原因是什么？

项目要点

1. 金融机构是指以货币资金为经营对象，从事货币信用、资金融通、金融交易以及相关业务的组织机构，概括地说，泛指从事各种金融活动的组织。金融服务业包括银行、证券、保险、信托、基金等行业，与此相应，金融中介机构也包括银行、证券公司、保险公司、信托投资公司和基金管理公司等。

2. 金融机构的功能包括：筹集资金并构建为金融资产；为客户交易金融资产提供结算服务；为客户打理金融资产，提供投资理财的建议；调控货币供应量，发挥创造信用货币的职能。

3. 中央银行简称央行，是负责该国或该地区货币政策的主体，通常也是一个经济共同体的货币发行机构，是维护一国货币稳定以及制定和执行货币政策的职能机构。中国人民银行是我国的中央银行。

4. 商业银行是以追求最大利润为目标，以多种金融负债筹集资金，以多种金融资产为其经营对象，能利用负债进行信用创造，并向客户提供多功能、综合性服务的金融企业。

5. 政策性银行，主要是指由政府创立或担保、以贯彻国家产业政策和区域发展政策为目的、具有特殊的融资原则、不以营利为目的的金融机构。

6. 金融资产管理公司是经国务院决定设立的收购国有独资商业银行不良贷款，管理和处置因收购国有独资商业银行不良贷款形成的资产的国有独资非银行金融机构。

7. 证券公司是指依照公司法的规定，经国务院证券监督管理机构审查批准，从事证券经营业务的有限责任公司或者股份有限公司。

8. 保险公司是指以经营保险业务为主的经济组织，在我国，是指经中国保险监督管理机构批准设立，并依法登记注册的商业保险公司，包括直接保险公司和再保险公司。

9. 信托是指委托人基于对受托人的信任，将其合法持有的财产或财产权利委托给受托人，由受托人根据委托人的意愿，以受托人自己的名义管理和处置该财产或财产权利，从而为委托人和受益人获得利益。信托投资公司就是主要经营信托业务的金融机构。

10. 基金管理公司是指依据有关法律、法规设立的对基金的募集、基金份额的申购和赎回、基金财产的投资、收益分配等基金运作活动进行管理的公司。

11. 金融租赁公司是专门经营租赁业务的公司，是租赁设备的所有权人，通过提供租赁设备而定期向承租人收取租金。

12. 企业财务公司是指以加强企业集团资金集中管理和提高企业集团资金使用效率为目的，为企业集团成员单位提供财务管理服务的非银行金融机构。

13. 国际金融机构是指从事国际金融管理和国际金融活动的超国家性质的组织机构，能够在重大的国际经济金融事件中协调各国的行动；提供短期资金缓解国际收支逆差稳定汇率；提供长期资金促进各国经济发展。按范围可分为全球性国际金融机构和区域性的国际金融机构。

14. 全球性国际金融机构包括：国际货币基金组织、世界银行。

15. 区域性国际金融机构包括：国际清算银行、亚洲开发银行、非洲开发银行、泛美开发银行、欧洲投资银行、亚洲基础设施投资银行。

图 6－1 为金融机构体系。

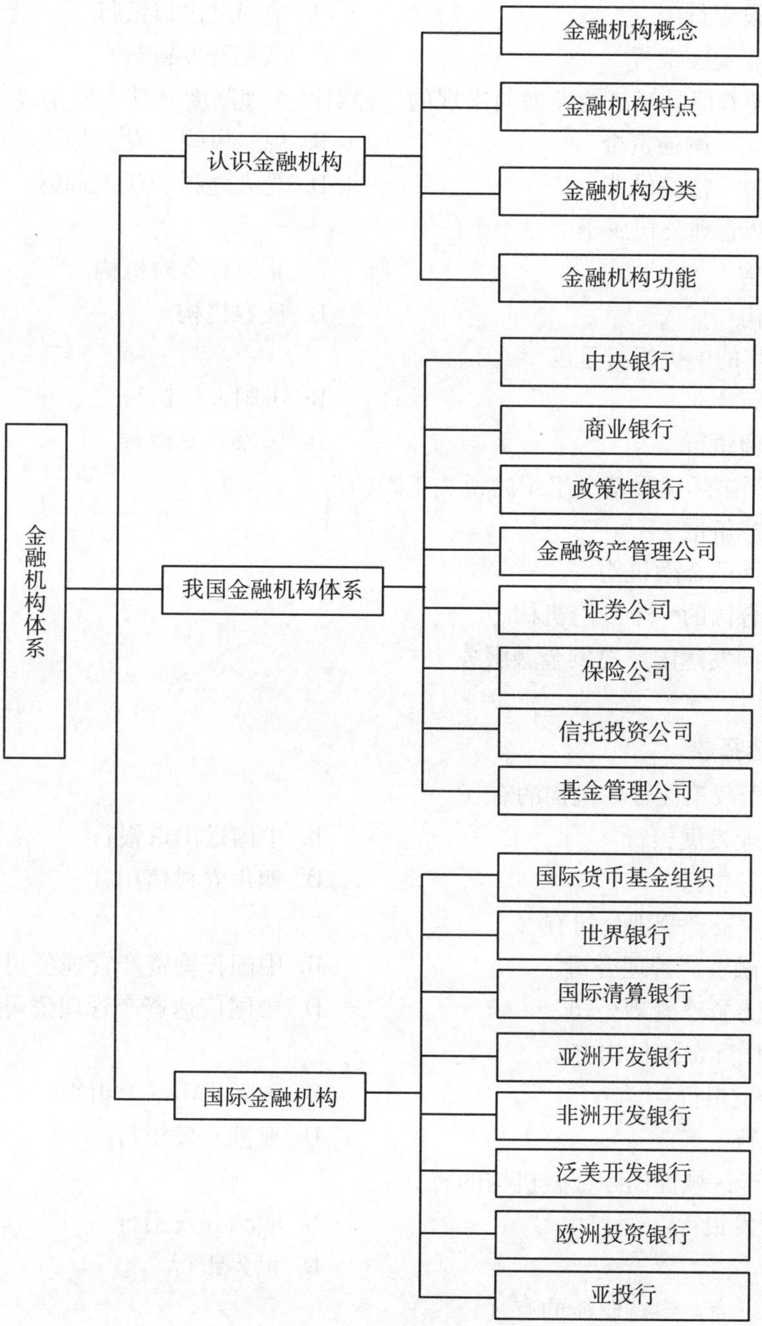

图 6－1　金融机构体系

知识练习

一、单项选择题

1. 下列不属于政策性银行的是（　　）。

A. 中国建设银行　　B. 中国进出口银行

C. 中国农业发展银行　　D. 国家开发银行

2. 信托是随着商品经济的发展而出现的一种财产管理制度，其本质是（　　）。

A. 吸收存款、融通资金　　B. 规避风险、发放贷款

C. 办理收付、清算结账　　D. 受人之托、代人理财

3. 金融资产管理公司属于（　　）。

A. 银行机构　　B. 非银行金融机构

C. 信托机构　　D. 证券机构

4. 我们国家的中央银行是（　　）。

A. 中国银行　　B. 中国人民银行

C. 中国工商银行　　D. 国家开发银行

5. 下列关于国际货币基金组织的说法正确的是（　　）。

A. 现在已经解散

B. 是区域性的金融机构

C. 它是联合国的一个专门机构

D. 主要是向发达国家提供金融服务

二、多项选择题

1. 下列属于政策性金融机构的有（　　）。

A. 中国农业发展银行　　B. 中国进出口银行

C. 国家开发银行　　D. 四川农村信用社

2. 我国四大资产管理公司有（　　）。

A. 中国华融资产管理公司　　B. 中国长城资产管理公司

C. 中国东方资产管理公司　　D. 中国信达资产管理公司

3. 全球性国际金融机构有（　　）。

A. 泛美开发银行　　B. 国际货币基金组织

C. 世界银行　　D. 亚洲开发银行

4. 下列属于区域性国际金融机构的有（　　）。

A. 非洲开发银行　　B. 欧洲开发银行

C. 亚投行　　D. 世界银行

5. 下列属于商业银行职能的有（　　）。

A. 信用中介　　B. 支付中介　　C. 金融服务　　D. 信用创造

三、名词解释

中央银行　商业银行　保险公司　金融资产管理公司　基金公司　金融租赁公司

技能测试

案例分析

第12家民营银行在重庆设立

中金网2016年5月18日讯，重庆市金融办今日（2016年5月18日）表示，银行监管机构已经批复同意在重庆市筹建重庆富民银行。

据悉，该银行类别为民营银行，该银行也成为民营银行常态化设立后全国首家获批的民营银行，其中瀚华金控拟持股30%。业内人士指出，这也是进入论证阶段的12家民营银行中首家获批的民营银行，或许意味着第二批民营银行正式开闸。

据知情人透露，根据瀚华金控公告称，作为主发起人，与其他6家公司拟发起设立重庆富民银行股份有限公司签订发起人协议。6名发起人从事各行业，包括但不限于摩托车及其零配件制造、医药、精密配件、汽车制造、餐饮、电脑软件硬件开发等。

资料显示：重庆富民银行，是重庆市首家以小微企业为客户对象，定位为“服务小微企业的普惠金融银行”，提出了“扶微助创，实体互联，立足两江，辐射库区”的经营模式，以“三农”经济体和其他金融弱势群体为核心服务主体，支持和服务“大众创业、万众创新”的银行机构。

思考：

1. 民营银行属于商业银行吗？
2. 谈谈你对民营银行的理解。

素质拓展

1. 画出我国金融机构的知识树。
2. 举办“猜金融机构”知识竞赛。

项目七　商业银行

学习目标

（一）知识目标

了解商业银行的产生和发展、性质和职能、组织形式；理解商业银行的主要业务；掌握商业银行的经营原则和管理方法。

（二）技能目标

能结合实际阐述商业银行的信用中介、支付中介、信用创造和金融服务的职能；能运用商业银行的负债业务、资产业务和表外业务；能进行商业银行风险的防范。

（三）素质目标

培养学生科学的思维方法，树立银行从业人员所具备的职业素养。

【案例导入】

开放创新，编织全球化的服务网络

银行业越来越开放。在公平竞争、同等待遇的原则下，民间资本通过发起设立、认购新股、受让股权、并购重组等方式进入银行业。目前，农村中小金融机构已实现民间资本投资种类全覆盖和地域无限制，民间资本进入的非银行金融机构已达103家。

开放不仅体现在对内，中国银行业对外资银行敞开的门更大了，外资银行经营人民币业务的准入门槛逐步降低，可开展的业务种类不断丰富。越来越多的中资银行也跟随中国企业“走出去”，在海外扎根生长，散枝开花。截至2016年底，中资银行在境外设立了超过200家一级分支机构。同时，在“一带一路”建设中，中资银行完善沿线国家机构布局，主动对接重点领域重大境外项目建设，支持基础设施互联互通、国际产能合作和经贸产业合作区建设。

银行的经营理念开始转变。银行从伴“大”转向扶“小”。“之前银行都是伴大企业，现在银行都明白过来，谁抓住了‘小微’，谁就抓住了未来。”不少银行从业人员感慨。数据显示，截至2016年底，全国小微企业贷款余额26.7万亿元，占各项贷款余额的24.07%，同比增速13.82%，超过各项贷款平均增速。

如今，银行业务更“绿”了。越来越多银行大力推广绿色金融，有些银行已经对标国际先进做法，形成一套完善的绿色信贷评价体系，既能利用资金杠杆撬动环保产业，又能实现业务的商业可持续性。截至2016年底，21家主要银行机构绿色信贷余额达7.51万亿元，占各项贷款的8.8%。

资料来源：摘编自记者欧阳洁，人民日报，2017-07-22.

思考：

1. 我国商业银行发展现状和趋势是怎样的？

2. 商业银行的主要业务有哪些？

3. 银保监会该如何监管商业银行？

任务一 认识商业银行

【学习情境】

小王是一名金融专业刚毕业的大学生，应聘到中国银行某支行从事柜员一职，报到的第一天要对该银行及岗位进行了解。

任务描述

1. 学生分组讨论：（1）商业银行的产生与发展历程是怎样的？（2）联系实际，我国商业银行的发展趋势有哪些？（3）商业银行与一般企业的区别是什么？主要职能有哪些？（4）帮小王总结出中国银行的组织形式。

2. 分组模拟：每组选定一家银行进行模拟，分析并总结出该银行的产生与发展历程、主要职能、组织形式及未来的发展趋势。

【知识链接】

商业银行是以获取利润为经营目标，以多种金融资产和金融负债为经营对象，具有综合性服务功能的金融企业，在金融机构体系中有着重要的地位。

一、商业银行的产生与发展

（一）商业银行的概念

商业银行是以获取利润为经营目标，以多种金融资产和金融负债为经营对象，具有综合性服务功能的金融企业。在各类金融机构中，商业银行的历史最为悠久、业务范围最为广泛、对社会经济生活影响面最大，是唯一能吸收存款，具有派生存款创造能力的特殊的金融企业，是金融机构体系的主体。

关于商业银行的定义，长期以来，经济学家及学者们对其有不同的解释。我国《商业银行法》规定：商业银行是指依照本法和《中华人民共和国公司法》设立的吸收公众存款、发放贷款、办理结算等业务的企业法人。

（二）商业银行的产生

【读一读】

“Bank”的由来

据说，英语单词“Bank”的意义源于拉丁文中的“Banco”一词，“Banco”的意思是

"长板凳"。在中世纪中期的欧洲，各国之间的贸易往来日益频繁，意大利的威尼斯、热那亚等港口城市由于水运交通便利，各国商贩云集，成为欧洲最繁荣的商业贸易中心。各国商贾带来了五花八门的金属货币，不同的货币由于品质、成色、大小不同，兑换起来就会有些麻烦。于是就出现了专门为商人鉴别、估量、保管、兑换货币的人。按照当时的惯例，这些人都在港口或集市上坐着长板凳，等候需要兑换货币的人，渐渐地，这些人就有了一个统一的称呼——"坐长板凳的人"。"坐长板凳的人"由于经常办理保管和汇兑业务，手里就有一部分没有取走的现金，他们把这部分暂时不用兑付的现金借给急需用钱的人，以赚取利息。老百姓（现称为客户）有了闲钱就可以存到"坐长板凳的人"那里去，需要时再取出来。这些机构就像一个存钱的箱子，所以后来人们又把它们称为"Bank"，这就是银行的英文名称"Bank"一词的由来。

在历史上，较早出现的银行是1171年成立的威尼斯银行和1407年成立的热那亚银行，当时的威尼斯和热那亚是地中海沿岸与欧亚地区贸易交往的中心。当时的银行是为了适应商品经济的发展而形成，并以高利贷为主要特征来经营。但随着资本主义生产方式和社会化大生产的出现，高利贷性质的银行已不能适应社会大生产对货币资本的需要，客观上需要建立一种新型的、规模巨大的、资本雄厚的、能满足和适应资本主义生产方式的银行来为经济发展服务。于是，从治理结构角度看，大量旧式的高利贷银行兼并、重组，并以股份公司形式组建新的商业银行。1694年，在国家的支持下，由英国商人集资合股成立了第一家股份制银行——英格兰银行，它的成立标志着适应资本主义生产方式要求的新信用制度的确定，各国相继仿效，对加速资本的积累和生产的集中起到了巨大作用，推动了资本主义经济的发展。尤其是美国、日本等经济大国，在其资本主义经济高速发展的阶段，银行业作为经济的"助推器"，发挥了无可替代的作用，美英等国也随之成为"金融帝国"。

与西方的银行相比，中国的银行则产生得较晚。中国关于银行业的记载，较早的是南北朝时的寺庙典当业。到了唐代，出现了类似汇票的"飞钱"，这是我国最早的汇兑业务。北宋真宗时，由四川富商发行的"交子"，成为我国早期的纸币。到了明清以后，当铺、票号是中国主要的信用机构。我国近代银行业，是在19世纪中叶外国资本主义银行入侵之后才兴起的。最早到中国来的外国银行是英商东方银行，其后各资本主义国家纷纷来华设立银行。在华外国银行虽给中国国民经济带来巨大破坏，但在客观上也对我国银行业的发展起了一定的刺激作用。为了摆脱外国银行支配，清政府于1897年在上海成立了中国通商银行，标志着中国现代银行的产生。

（三）商业银行的发展

各国商业银行的发展基本上遵循着两种传统模式：第一种是英国式融通短期资金模式（又称职能分工型模式），即商业银行以提供短期商业性贷款为主；第二种是德国式综合银行模式（又称全能型模式），即商业银行不仅提供短期的商业周转性贷款，也提供中长期固定资产贷款，并对新兴企业进行投资。

20世纪90年代，国际金融领域出现了不少新情况，直接或间接地对商业银行的经营与业务产生了深远的影响。这些影响主要表现在：银行资本越来越集中，国际银行业出现竞争新格局；国际银行业竞争激化，银行国际化进程加快；金融业务与工具不断创新，金融业务进一步交叉，传统的专业化分工界限有所缩小；金融管制不断放宽，金融自由化的趋势日益明显；国内外融资出现证券化趋势，证券市场蓬勃发展；出现了全球金融一体化的趋势。

【议一议】

互联网金融对商业银行的影响有哪些？商业银行挑战互联网金融的发展方向是什么？

二、商业银行的性质与职能

（一）商业银行的性质

1. 银行是企业。商业银行与一般工商企业一样，是以盈利为目的的企业，它也具有从事业务经营所需要的自有资本，依法经营，照章纳税，自负盈亏，以利润为目标。

2. 银行是不同于一般工商企业的特殊企业。其特殊性具体表现为经营对象的差异。工商企业经营的是具有一定使用价值的商品，从事商品生产和流通；而商业银行是以金融资产和金融负债为经营对象，经营的是特殊商品——货币和货币资本。经营内容包括货币收付、借贷以及各种与货币运动有关的或者与之相联系的金融服务。从社会再生产过程看，商业银行的经营，是工商企业经营的条件。同一般工商企业的区别，使商业银行成为一种特殊的企业——金融企业。

3. 银行是不同于中央银行、专业银行和其他金融机构的金融企业。中央银行不对客户办理具体的信贷业务，不以盈利为目的。专业银行和其他金融机构只限于办理某一方面或几种特定的金融业务，业务经营具有明显的局限性。而商业银行的业务更综合，功能更全面，经营一切金融“零售”业务和“批发”业务，为客户提供所有的金融服务。随着西方各国金融管制的放松，专业银行的业务经营范围也在不断扩大，但与商业银行相比，仍差距甚远。

（二）商业银行的职能

商业银行的职能是由它的性质所决定的，主要有四个基本职能。

1. 信用中介。信用中介是商业银行最基本、最能反映其经营活动特征的职能。这一职能的实质，是通过银行的负债业务，把社会上的各种闲散货币集中到银行里来，再通过资产业务，把它投向经济各部门；商业银行是作为货币资本的贷出者与借入者的中介人或代表，来实现资本的融通，并从吸收资金的成本与发放贷款利息收入、投资收益的差额中，获取利益收入，形成银行利润。商业银行成为买卖“资本商品”的“大商人”。商业银行通过信用中介的职能实现资本盈余和短缺之间的融通，并不改变货币资本的所有权，改变的只是货币资本的使用权。

2. 支付中介。商业银行除了作为信用中介、融通货币资本以外，还执行着货币经营业的职能。通过存款在账户上的转移，代理客户支付，在存款的基础上，为客户兑付现款等，成为工商企业、团体和个人的货币保管者、出纳者和支付代理人。以商业银行为中心，形成经济过程中无始无终的支付链条和债权债务关系。

3. 信用创造。商业银行在信用中介职能和支付中介职能的基础上，产生了信用创造职能。商业银行是能够吸收各种存款的银行，用其所吸收的各种存款发放贷款，在支票流通和转账结算的基础上，贷款又转化为存款，在这种存款不提取现金或不完全提现的基础上，就增加了商业银行的资金来源，最后在整个银行体系，形成数倍于原始存款的派生存款，具有了信用创造职能。

4. 金融服务。随着经济的发展，工商企业的业务经营环境日益复杂化，银行间的业务竞争也日益剧烈，银行由于联系面广，信息比较灵通，特别是电子计算机在银行业务中的广泛应用，使其具备了为客户提供信息服务的条件，咨询服务，对企业“决策支援”等服务应运而生。工商企业生产和流通专业化的发展，又要求把许多原来属于企业自身的货币业务转交给银行代为办理，如发放工资，代理支付其他费用等。个人消费也由原来的单纯钱物交易，发展为转账结算。现代化的社会生活，从多方面给商业银行提出了金融服务的要求。在强烈的业务竞争权力下，各商业银行也不断开拓服务领域，通过金融服务业务的发展，进一步促进资产负债业务的扩大，并把资产负债业务与金融服务结合起来，开拓新的业务领域。在现代经济生活中，金融服务已成为商业银行的重要职能。

三、商业银行的组织形式

商业银行的组织形式因各国政治经济情况不同而有所不同。概括起来主要有：单一制银行、总分行制银行、持股公司制银行和连锁制银行。

1. 单一制银行，又称单元银行制，指商业银行业务由各个相互的商业银行经营，商业银行是不设或不允许设分支机构的一种组织形式。

单一制银行的优点体现在以下几个方面：

（1）由于禁止或限制设立分支机构，商业银行业务规模的扩大受到制约，可防止银行业的过度集中和垄断。

（2）只限于地区营业，有利于地区经济的发展，同样也利于地方政府协调。

（3）管理层次少，具有独立和自主性，业务经营具有较大灵活性。

单一制银行的缺点体现在以下几个方面：

（1）银行规模小，经营成本大，难以取得规模经济。

（2）组织和运用资金的能力有限，业务相对集中，风险较大。

（3）没有设立于各地的分支机构，与经济的外向发展，商品交换范围不断扩大存在矛盾。

（4）在电子化时代，业务发展和金融创新受到限制。

2. 总分行制，又称分支银行制，指允许银行在总行之外，在国内外各地普遍设立分支银行的一种组织形式。这种体制按总行管理方式不同还可以分为总行制和总行管理处制。总行制指总行除管理各分支银行外，本身也对外营业，办理业务；总行管理处制指总行作为管理处，只负责管理分支银行，本身不对外办理银行业务。

总分行制银行的优点体现在以下几个方面：

（1）分支银行遍布各地，有利于迅速发展各种银行业务。

（2）其规模可按业务发展的需要而扩张，使银行经营取得较好的规模经济效益。

（3）分支机构多，业务范围较大，易于组织资金，实力强，可以相互之间调剂资金，分担风险。

（4）可实施高度专业化的分工，以提高工作效率。

（5）一定程度地克服地方干预，促进银行业的竞争。

（6）由于银行数量少，便于国家管理和控制。

总分行制银行的缺点体现在以下几个方面：

（1）容易形成金融垄断。

（2）层次多，较难管理。

（3）经营状况依赖总行，对地方经济缺少关切，且大规模调动资金，不利于地方经济发展。

3. 持股公司制。持股公司制银行又称为集团制银行，是指由少数大企业或大财团设立控股公司，再由控股公司控制或收购若干家商业银行。这种股权公司既可以由非银行的大企业组建，也可以由大银行组建。持股公司所拥有的银行在法律上是独立的，保持其自身的董事会，对股东负责，接受管理机构的监督。

4. 连锁银行制。连锁银行是指由某个人或某集团拥有若干银行的股权，以取得对这些银行的控制权的一种组织形式。它和银行控股公司制相似，但它不需设立控股公司。它与银行持股公司制一样，都是为了弥补单一银行制的不足、规避对设立分支行的限制而实行的。但连锁银行制与控股公司制相比，由于受个人或某一集团的控制，因而不易获得银行所需要的大量资本，因此许多连锁银行相继转为银行分支机构或组成持股公司。

任务二　商业银行的业务

【学习情境】

小王作为中国银行的新进员工，需要对所在支行的日常业务进行了解。

任务描述

1. 学生分组讨论：（1）商业银行的主要业务有哪些？（2）商业银行的资金来源有哪些？资金运用又有哪些？

2. 角色演练：每组学生分配角色（客户、大堂经理、柜员、客户经理、信贷主管等）进行某类银行业务的模拟。

【知识链接】

商业银行的业务可分为负债业务、资产业务和表外业务三大类。商业银行作为信用中介，负债业务是其筹措资金以形成资金来源的业务，资产业务是其运用所积聚的货币资金从事各种信用活动，以取得收益的业务，也是商业银行主要的利润来源。

一、商业银行的负债业务

【想一想】

像所有的企业一样，商业银行的经营也必须有资本金，但是与普通企业不同的是，商业银行的资本金只占全部资产的10%左右，它的资金80%~90%是从各种各样的客户手中借来的。当家庭和个人有了闲置资金，我们会把它存到商业银行；当企事业单位有闲置和结余资金也会把它存到商业银行。实际上是我们把资金借给银行，商业银行还会向其他银行甚至向中央银行借入资金。另外，商业银行还会发行金融债券。这些都构成了商业银行的资金来源，也就是商业银行的负债。那么，什么是商业银行最主要的资金来源呢？商业银行如何以最低的成本获得更多的资金呢？

商业银行的负债业务是商业银行通过对外负债方式筹措日常工作所需资金的活动，是商业银行资产业务和外表业务的基础，主要由自有资本、存款和借款构成，其中存款负债占了很大的比重，是银行负债业务的重点。

（一）自有资本

商业银行的自有资本是指其拥有所有权的资本金，主要包括股本、资本公积和盈余公积、未分配利润、补偿性准备资金以及从属负债。

1. 股本。股本又称实收资本，是银行资本中最基本、最重要、最稳定的部分，也是银行成立时发行股票所筹集的股份资本。

2. 资本公积和盈余公积。资本公积，也称为资本盈余，是指商业银行溢价发行股票时所取得的额外收入以及银行资产在进行重估时产生的增值部分。

盈余公积是指在银行税后利润中提取的公积金。国家法律规定商业银行在经营期间必须将每年营利的一定比例用来充实资本金，如美国商业银行法规定，国民银行在营业期间必须将每年营利的10%作为盈余公积，直至累计盈余公积与股本数额相等。

3. 未分配利润，又称留存收益，是商业银行税后利润中未分配给股东的部分，也是商业银行增加资本金的重要渠道。

4. 补偿性准备金，是指银行为应付意外损失而从收益中预先提留的资金，包括资本准备金和贷款、证券损失准备金。资本准备金用于应付优先股的赎回和股份损失等股票资本的减少；贷款、证券损失准备金则用于应付呆账损失、证券本金拒付或价格下跌所造成的损失。为鼓励商业银行审慎经营，许多国家银行监管者允许银行从税前收益中提取补偿性准备金，因此提取补偿性准备金成为商业银行避税的重要手段。

5. 从属负债，是商业银行资本中最特殊的部分，是指当商业银行破产清算时，偿还顺序较为靠后的负债。它包括资本性票据和债券。由于这些债务的清偿排在担保债务、存款和其他一般性债务之后，所以具有一定的资本属性。

在商业银行的全部信贷资金来源中，自有资金所占比例较小，一般为全部负债业务总额的10%左右，但是自有资金在银行经营活动中发挥着十分重要的和不可替代的作用。首先，它是商业银行开业并从事银行业务的前提；其次，它是银行资产风险损失的物质基础，为银行债权人提供保障；最后，它是提高银行竞争力的物质保证。

（二）存款业务

存款是社会公众基于对银行的信任而将资金存入银行并可以随时或按约定时间支取款项的一种信用行为。

商业银行存款按期限不同，可划分为活期存款和定期存款。按存款者的不同，可划分为单位存款和个人存款。个人存款即居民储蓄存款，是居民个人存入银行的货币。

1. 活期存款。活期存款指无需事先通知银行，存款人即可随时存取和转让的一种存款。持有活期存款的存款者可以用各种方式提取存款，如开出支票、本票、汇票，电话转账，使用自动柜员机或其他电传手段等。企业、个人、政府机关、金融机构都能在银行开立活期存款账户。活期存款是一国货币供应的最大部分，也是商业银行的重要资金来源。鉴于活期存款不仅有货币支付手段和流通手段的职能，同时还具有较强的派生能力，因此，商业银行在任何时候都必须把活期存款作为经营重点。但由于该类存款存取频繁，手续复杂，所费成本较高，因此西方国家商业银行一般都不支付利息，有时甚至还要收取一定的手续费。

【算一算】

顾客刘某于2014年2月18日在某银行存入3 000元开立普通存折，5月8日全部支取并销户。则他能获得多少利息？（5月8日挂牌公告的活期储蓄存款利率为0.35%）

步骤一：利率计算方法。

活期储蓄存款利率按结息日挂牌活期利率计息，每季末月的20日为结息日，存款在存期内遇利率调整，均以结息日挂牌公告的活期储蓄存款利率计付利息，不分段计息。销户时，按清户日挂牌公告的活期储蓄存款利率计付利息。

活期储蓄存单：按实际存期有一天算一天，大小月要调整。

日利率（万分之）＝年利率（%）÷360

月利率（‰）＝年利率（%）÷12

步骤二：计算利息。

5月8日所获利息＝79天×3 000×0.35%÷360＝2.3（元）

2. 定期存款。定期存款是银行与存款人双方在存款时事先约定期限、利率，到期后支取本息的存款。它具有存期最短3个月，最长5年，选择余地大，利息收益较稳定的特点。定期存款原则上不能提前支取，客户如要提前支取，则会损失一些利息或向银行支付罚息。

商业银行为迎合客户的需求，创新出一些定期存款品种，最基本的是1961年由美国花旗银行推出的大额可转让定期存单（CDs），它是一种银行发行的到期之前可转让的定期存款凭证。大额可转让定期存单的推出，迅速在各国商业银行业务中得以推广，它既保持了定期存款高利息的特点，又克服了定期存款不能提前支取或变现性差的缺点，通过市场转让来提高其流动性。

【比一比】

试从利率、期限、支取方式、流动性等方面比较活期存款与定期存款。

3. 储蓄存款。储蓄存款指为居民个人积蓄货币资产和获取利息而设定的一种存款。储蓄存款基本上可分为活期和定期两种。活期储蓄存款虽然可以随时支取，但取款凭证——存折不能流通转让，也不能透支。传统的定期储蓄存款的对象一般仅限于个人和非营利性组织，且若要提取，必须提前7天事先通知银行，同时存折不能流通和贴现。目前，美国也允许营利公司开立储蓄存款账户，但存款金额不得超过15万美元。除此之外，西方国家一般只允许商业银行的储蓄部门和专门的储蓄机构经营储蓄存款业务，且管理比较严格。

【读一读】

个人储蓄存款种类

个人储蓄账户的目的主要是取得利息收入，根据个人存取款频率、资金量等可以选择以下存款种类：

活期储蓄，是只能用于现金存取的个人活期存款账户，账户内的资金按中国人民银行公布的活期利率计算利息。

整存整取，是指开户时约定存期，一次性存入，到期一次性支取本息的一种个人存款方式。整存整取存款本息可以在到期日自动转存，也可根据客户意愿到期办理约定转存。

零存整取，是一种定期储蓄，是指个人将属于其所有的人民币存入银行储蓄机构，每月固定存额，集零成整，约定存款期限，到期一次支取本息的一种定期储蓄。

存本取息，是指一种一次存入本金，分次支取利息，到期归还本金的存款方式。

定活两便，指客户在存款开户时不必约定存期，银行根据客户存款的实际存期按规定计息，可随时支取的一种个人存款。

个人通知存款，指客户在存入款项时不约定存期，支取时事先通知银行，约定支取存款日期和金额的一种个人存款方式。按存款人选择的提前通知的期限长短划分为1天通知存款和7天通知存款两个品种。

教育储蓄，是为鼓励城乡居民以储蓄方式，为其子女接受非义务教育积蓄资金，促进教育事业发展而开办的储蓄。对象为在校小学四年级（含四年级）以上学生。存款按存期分为1年、3年和6年三种。

【看一看】

个人存款账户实名制

我国的金融机构实行个人存款账户实名制，规定在开立储蓄账户、大额取款、大额转账、购买有价证券、代为他人办理业务、办理挂失、查询、冻结止付、办理提前支取等业务时，需客户提交有效身份证件。客户提交的有效身份证件指：身份证、户口本、护照、军人身份证、港澳居民往来内地通行证、来往大陆通行证等。

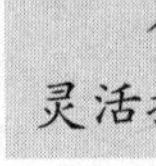

【想一想】

存款是理财的第一步，不同的存法给存款者带来的收益不同。如何根据个人资金需要灵活搭配呢？

（三）借款业务

商业银行可以向中央银行、其他商业银行借款或发行金融债券获取资金来源，以弥补暂时性准备金不足或获取额外的利润。与存款相比，它是一种主动型负债，在时间、规模、用途等方面，有较大的灵活性。

1. 向中央银行借款。商业银行在资金不足时，可向中央银行借入资金以维持资金周转。中央银行作为“最后贷款人”，也有义务向商业银行提供资金支持。向中央银行的借款主要通过再贴现和再贷款两种形式实现。再贴现是指商业银行将客户已贴现但还没有到期的商业票据转让给中央银行，以获取资金融通的方式。再贷款是指商业银行直接向中央银行借入资金，具有临时融通、短期周转的性质。我国中央银行的再贷款有年度性再贷款、季节性再贷款和日拆借性再贷款三种。商业银行向中央银行借款的利率一般低于市场利率，但由于央行贷款受货币政策的牵制，条件较为苛刻。

2. 同业拆借。同业拆借是银行之间及其他金融机构之间的短期资金融通，主要用于临时性头寸的调剂，日常性资金的周转，期限短，有的只有一天或一夜。它是商业银行为解决短期资金缺口，调节法定存款准备金头寸的重要融资渠道。同业拆借利率低，融资对象、数额和时间较灵活。

3. 回购协议。回购协议是指证券持有人在出售证券的同时，与证券购买商达成协议，约定在一定期限后按协定价格再购回此项证券，从而获得即时可用资金的一种交易方式。

4. 发行金融债券。发行金融债券是指商业银行经批准，通过向社会公众推销债务凭证的方式筹集资金的业务。发行债券时可以灵活规定期限，如为了一些长期项目投资，可以发行期限较长的债券。

因此，发行金融债券可以使商业银行筹措到稳定且期限灵活的资金，金融债券能够较有效地解决商业银行资金来源不足和期限不匹配的矛盾。但是银行发行金融债券的时候，要考虑发行成本、清偿能力以及资金使用的期限结构等多方面的问题。

除上述四种借款方式外，商业银行的借款还包括出售大额可转让定期存单、发行商业票据、国际货币市场借款等。

【比一比】

对于商业银行来说，发行金融债券获得资金和吸收存款有什么区别？

二、商业银行的资产业务

商业银行的资产业务，是商业银行对通过负债业务所集聚的货币资金加以运用的业务，是其取得收益的主要途径。银行的资金运用一般包括四个方面：现金资产、贷款、证券投资和贴现业务。

（一）现金资产

现金资产通常是指商业银行持有的现金及与现金等同的、可随时用于清算支付的资产，是商业银行流动性需求的第一道防线，具有高流动性和低盈利性的特点。商业银行的现金资产通常包括库存现金、在中央银行的存款、存放同业存款和在途资金四个部分。

1. 库存现金，是满足银行日常经营需要而保存在银行业务库内的现钞和硬币。因为库存现金属于不生利资产，因此，银行一般只保持必需的数额。库存现金太多，影响银行收益；太少，不能应付客户提取现金的需求，甚至造成挤提存款，增加银行风险。

2. 在中央银行的存款。中央银行存款由两部分构成：一是法定存款准备金；二是超额准备金，而只有超额准备金才是商业银行的可用资金。法定存款准备金是按照法定准备率向中央银行缴存的存款准备金。规定缴存存款准备金的最初目的，是为了银行备有足够的资金以应付存款人的提取，避免流动性不足而产生流动性危机，导致银行破产。目前，存款准备金已经演变成中央银行调节信用的一种政策手段，在正常情况下一般不得动用。缴存法定比率的准备金具有强制性。所谓超额准备金有两种含义：广义的超额准备金是指商业银行吸收的存款中扣除法定存款准备金以后的余额，即商业银行可用资金；狭义的超额准备金是指在存款准备金账户中，超过了法定存款准备金的那部分存款。

3. 存放同业资金。存放同业存款是指商业银行存放在代理行和相关银行的存款。在其他银行保持存款的目的，是为了便于银行在同业之间开展代理业务和结算收付。由于存放同业的存款属于活期存款的性质，可以随时支用，因此可以视同银行的现金资产。

4. 在途资金，也称托收未达款，是指在本行通过对方银行向外地付款单位或个人收取的票据。在途资金在收妥之前，是一笔占用的资金，又由于通常在途时间较短，收妥后即成为存放同业存款，所以将其视同现金资产。

（二）贷款业务

贷款是商业银行的传统核心业务，也是商业银行最主要的盈利资产，是商业银行实现利润最大化目标的主要手段。贷款亦称放款，是指商业银行作为贷款人按照一定的贷款原则和政策向借款人提供的，由借款人按约定的利率和期限还本付息的货币资金。广义的贷款指贷款、贴现、透支等出贷资金的总称。

1. 按贷款期限分类，商业银行贷款可分为活期贷款、定期贷款和透支。

（1）活期贷款，指在贷款时不确定偿还期限，可以随时由银行发出通知收回贷款，这种贷款比定期贷款更为灵活主动。

（2）定期贷款，指具有固定偿还期限的贷款，按照偿还期限的长短，又可分为短期贷款、中期贷款和长期贷款。短期贷款指期限在1年以内（含1年）的各项贷款；中期贷款指期限在1~5年（含5年）的各项贷款；长期贷款指期限在5年（不含5年）以上的各项贷款。

（3）透支贷款，指活期存款户依照合同向银行透支的款项，性质上是银行的一种贷款。优点：有利于监控贷款的流动性和资金周转状况，使银行长短期贷款保持适当的比例；有利于银行按资金偿还的长短安排贷款顺序，保证银行信贷资金的安全。

2. 按贷款的保障条件分类，商业银行贷款可分为信用贷款、担保贷款和票据贴现。

（1）信用贷款，指银行完全凭借客户的信誉而无需提供抵押物或第三者保证而发放的贷款。这类贷款从理论上讲风险较大，因此，银行要收取较高的利息，且一般只向银行熟悉的较大公司借款人提供，对借款人的条件要求较高。

（2）担保贷款，指具有一定的财产或信用作还款保证的贷款。根据还款保证的不同，具体可分为抵押贷款、质押贷款和保证贷款。抵押贷款，指按《中华人民共和国担保法》

规定的抵押方式以借款人或第三者的财产作为抵押发放的贷款；质押贷款，指按《中华人民共和国担保法》规定的质押方式以借款人或第三者的动产或权利作为质物发放的贷款；保证贷款，指按《中华人民共和国担保法》规定的保证方式以第三人承诺在借款人不能偿还到期贷款时，按约定承担一般保证责任或者连带责任而发放的贷款。

【想一想】

抵押贷款和质押贷款的区别有哪些？

（3）票据贴现，指银行应客户的要求，以现款或活期存款买进客户持有的未到期的商业票据的方式发放的贷款。票据贴现实行预扣利息，票据到期后，银行可向票据载明的付款人收取票款。如果票据合格，且有信誉良好的承兑人承兑，这种贷款的安全性和流动性都比较好，是贷款的一种特殊方式。

3. 按贷款对象的不同分类，商业银行贷款可分为工商业贷款、农业贷款、不动产贷款和消费贷款。

（1）工商业贷款，指商业银行对工商企业发放的贷款。这种贷款一般在商业银行贷款总额中占的比重最大，是商业银行最主要的贷款，商业银行通常把这种贷款看作是优先项目。工商业贷款适用对象很广泛，包括季节性的短期商品库存贷款，以及对机器、设备、建筑物的基本建设投资的长期贷款等。

（2）农业贷款，指商业银行发放给农业企业、个体农户和农村个体商户的贷款。短期的农业贷款主要用于资助农民的季节性开支，如购买种子、化肥、农药、饲料等。中长期农业贷款主要用于改良土壤、水利设施、购置各种机器设备等。从整个商业银行的贷款规模来看，农业贷款规模很小。农业贷款的主要提供者是专门从事农业贷款的金融机构，包括政府的某些专门机构。

（3）不动产贷款，是以土地、房屋等不动产作为抵押品而发放的贷款。这类贷款主要用于土地开发、住宅公寓、大型设施购置等方面。这类贷款包括对建房承包人的短期贷款，一般在房屋建成或出售后还贷，贷款以建筑项目作抵押。土地开发贷款是用于取得未开发或已稍作开发的土地，然后将土地细分出售，作为建筑用地。土地开发贷款期限一般比较长，属中长期贷款，以不动产作抵押。不动产贷款的特点是期限长（最长可达 30 年）、风险较大，但其收益较高。商业银行的不动产贷款中有相当一部分是住宅用地的出售，所归还的贷款都要高于其分摊额，这样，在最后一块场地出售之前，银行已全部收回贷款。

（4）消费贷款，是指商业银行发放给个人消费者用于生活消费方面的贷款。大多数消费贷款是用于购买高档耐用消费品，如住房、汽车等，而且这些耐用消费品又成为贷款的抵押品。消费者贷款按用途可分为住宅贷款、汽车贷款、助学贷款、度假旅游贷款等。消费者贷款又可分为直接和间接两种形式。前者是直接发放贷款给消费者，后者是银行以资金融通给工商企业购买赊销合同，支持消费者以分期付款的形式购买消费品。间接消费者贷款的好处在于，可以节省银行的人力和财力，扩大贷款数额；但同时也增大了银行的风险，若消费者无力偿还，商业企业就要收回已出售的商品，银行贷款也就无法收回。目前，消费者贷款在许多发达国家商业银行贷款中的比重已占到 20% ~30%，在有些国家，如美国，消费贷款的比重更是达到了 40% 左右。

4. 按贷款的偿还方式分类，商业银行贷款可分为一次性偿还和分期偿还两种方式。

（1）一次性偿还，是指借款人在贷款到期日一次性还清贷款，其利息可以分期支付，也可以在归还本金时一次性付清。

（2）分期偿还贷款，是指借款人按规定的期限分次偿还本金和支付利息的贷款。

5. 按照贷款的质量和风险程度分类，商业银行贷款可分为正常贷款、关注贷款、次级贷款、可疑贷款和损失贷款五类。

（1）正常贷款，指借款人能够履行借款合同，有充分把握按时足额偿还本息的贷款。这类贷款的借款人财务状况无懈可击，没有任何理由怀疑贷款的本息偿还会发生任何问题。

（2）关注贷款，指贷款的本息偿还仍然正常，但是发生了一些可能会影响贷款偿还的不利因素。如果这些因素继续下去，则有可能影响贷款的偿还，因此，需要对其进行关注，或对其进行监控。

（3）次级贷款，指借款人依靠其正常的经营收入已经无法偿还贷款的本息，而不得不通过重新融资或拆东墙补西墙的办法来归还贷款，表明借款人还款能力出现了明显的问题。

（4）可疑贷款，指借款人无法足额偿还贷款本息，即使执行抵押或担保，也肯定要造成一部分损失。这类贷款具备了次级货款的所有特征，但是程度更加严重。

（5）损失贷款，指在采取了所有可能的措施和一切必要的法律程序之后，本息仍无法收回，或只能收回极少部分。这类贷款银行已没有意义将其继续保留在资产账面上，应当在履行必要的内部程序之后，立即冲销。

【读一读】

商业银行贷款的程序

1. 贷款的申请。借款人向当地银行提出借款申请，除申请农村小额贷款外，申请其他种类的贷款须提供有关资料：（1）借款人及保证人基本情况；（2）财政部门或会计（审计）事务所核准的上年度财务报告，以及借款申请前一期的财务报告；（3）原有不合理占用贷款的纠正情况；（4）抵押物、质押物清单和有处分权人的同意抵押、质押的证明及保证人拟同意保证的有关证明；（5）项目建议书和可行性报告；（6）银行认为需要提供的其他有关资料。

2. 信用等级评估。银行对借款人的信用等级进行评估。

3. 贷款调查。银行对借款人的合法性、安全性、盈利性等情况进行调查。

4. 贷款审批。银行按审贷分离、分级审批的贷款管理制度进行贷款审批。

5. 签订合同。银行与借款人签订借款合同。

6. 贷款发放。银行按借款合同规定按期发放贷款。

7. 贷后检查。银行对借款人执行借款合同情况及借款人经营情况进行追踪调查和检查。

8. 贷款归还。贷款到期，借款人按时足额归还贷款本息，如要展期应在借款到期日之前，向银行提出贷款展期申请，是否展期由银行决定。

（三）证券投资业务

商业银行证券投资是指商业银行将手中的货币资金用于购买股票、债券等有价证券以获取投资收益的行为。商业银行进行证券投资的目的有三个：

1. 赚取利润。这是商业银行从事证券投资的首要目标。银行的放款业务是通过资金的存贷利差来获取收益。在社会资金紧缺、放款收益较高、风险也较小时，银行往往把资金主要用在放款上。当放款风险较大、效益较低时，银行从资金安全的角度考虑，一般不会将资金放款出去，而是把资金转移到证券投资上。银行通过证券投资，可使资金得以充分运用，避免资金闲置，又能增加收益。

2. 减少风险。商业银行的证券投资和放款一样，有遭受损失的风险。证券投资的其中一个目标，就是要尽量减少投资的风险，这是商业银行资产管理的一个重要原则。减少风险的一个基本办法是将资产分散化，而不是将所有资金投放在一种资产上。商业银行证券投资在分散风险方面有独特的作用。首先，它为银行资产分散提供了一种新的途径，银行如果单一把资产集中在放款上，如果放款收不回，银行承受的风险很大。而证券投资业务，即使有些放款不能收回，证券投资仍能收回来，从而分散银行的风险。其次，与放款业务相比，证券投资选择面广。放款一般都受银行资产规模、地理区域和客户条件等的限制，而证券可以小额投资，一般不受地区限制，可以购买各国各地乃至其他国家的各种证券。最后，证券投资比较灵活，可根据需要随时买进或卖出，独立性强，因而可以更有效地分散风险。而放款投放出去后，到期才能收回。所以商业银行要把全部资产分散开，一部分用来放款，另一部分购买证券。证券的购买亦应按照分散化的原则进行，以减少银行经营的风险。

3. 提高流动性，提高资产的流动性是银行业务经营的基本要求，也是衡量银行业务经营活动是否正常的一个重要标志。在银行资产中，放款和固定资产的流动性都比较差，只有现金的流动性最强，其次是证券。库存现金是用来应付顾客的提存，为银行的第一储备，除此之外，银行还要保持二级储备即银行的短期证券投资。在某些情况下，如在通货膨胀时期，银行存款减少，放款一时不能回收，而借款和取款量却在增加，银行的现金不足以应付，就需要出售一部分资产来换取现金。但银行的大部分资产如放款等，一般不具备随时转让的性质，只有短期证券可以迅速变现。因此，证券的投资为提高银行资产流动性提供了一个重要的来源。因此，西方国家的商业银行往往都保持相当部分的短期证券投资，银行短期证券通常占银行购入证券的25%左右。

【想一想】

根据我国《商业银行法》，我国商业银行在中国境内不得从事信托业务和股票业务，不得投资非自用房地产，除承销国债、代理发行国债外不得办理证券业务。我国商业银行的证券投资业务规模很小，主要限于政府债券和金融债券。

为什么我国禁止商业银行投资股票呢？

（四）贴现业务

银行办理贴现业务，指银行承兑汇票的持票人在汇票到期日前，为了取得资金，贴付一定利息将票据权利转让给银行的票据行为，是持票人向银行融通资金的一种方式。办理贴现时，银行向客户收取一定的利息，即是从贴现日起至到期日这段时间的利息，然后以票面余额付款给客户。所扣的利息要根据票面额、贴现率以及未到期日数来计算，公式为：

贴现息＝票面金额×年贴现率×未到期天数/360

贴现付款额＝票面金额－贴现息

【算一算】

假设企业手里有一张2015年7月15日签发银行承兑汇票，金额是100万元，到期日为2015年12月15日，企业2015年8月10日到银行要求贴现，贴现率为1.88%。试计算企业申请贴现后所得到的金额。

贴现息＝金额×时间×利率＝100万元×127/360×1.88%＝6 632.22（元）

贴现付款额＝票面金额－贴现息＝100万元－6 632.22＝993 367.78（元）

三、商业银行的表外业务

【读一读】

商业银行除了负债业务和资产业务外，还给我们提供了越来越多的服务，如我们可以通过商业银行给远方的亲人寄钱，持有银行发放的银行卡，我们可以在百货商场里潇洒购物，我们的工资养老金等的发放，水费、电费、煤气费、保险费的缴付，都可由商业银行代为办理，为我们省去了很多的麻烦。另外，商业银行可以为企事业之间的结算提供服务，为企业代收账款，为企业提供担保、咨询等业务。这些都不计入商业银行的资产负债表，所以我们把它叫作表外业务。商业银行给我们提供全方位的金融服务，不仅大大便利了我们的生活，而且提高了整个社会的运作效率。表外业务的出现为我们提供了全新的、高质量的服务。

商业银行的表外业务是指银行从事的按会计准则不计入资产负债表内、不影响资产负债总额，但却能为银行带来额外收益或使银行承受额外风险的业务。这种业务不直接反映在银行的资产负债表内，所以称为表外业务。

广义表外业务包括所有不在资产负债表反映的业务，它由中间业务和狭义表外业务构成，狭义的表外业务有一定的风险。

（一）无风险的表外业务

1. 支付结算类业务。支付结算是指单位、个人在社会经济活动中使用票据、信用卡和汇兑、托收承付、委托收款等结算方式进行货币给付及资金清算的行为。主要的结算工具有：

（1）银行汇票。单位和个人的各种款项均可使用银行汇票，银行汇票可在全国范围内使用，付款期限自出票日起1个月。银行汇票经收款人背书以后可以转让，进入市场流通。

（2）商业汇票。商业汇票分银行承兑汇票和商业承兑汇票。银行承兑汇票有银行的信誉作付款保证，其安全性高于以一般企业的商业信用作保证的商业承兑汇票。

（3）银行本票，是银行签发的、承诺自己在见票时无条件支付确定的金额给收款人或者持票人的票据。

（4）支票，是出票人签发的、委托办理支票存款业务的银行在见票时无条件支付确定的金额给收款人或持票人的票据。

（5）汇兑。汇兑又称“汇兑结算”，是指企业（汇款人）委托银行将其款项支付给收款人的结算方式。单位和个人的各种款项的结算，均可使用汇兑结算方式。这种方式便于汇款人向异地的收款人主动付款，适用范围十分广泛。在当前银行业务电子化的情况下，大笔资金都是通过电子资金划拨系统处理。

（6）委托收款，是指收款人委托银行向付款人收取款项的结算方式。委托收款分为邮寄和电报划回两种，由收款人选用。前者是以邮寄方式由收款人开户银行向付款人开户银行转送委托收款凭证、提供收款依据的方式；后者则是以电报方式由收款人开户银行向付款人开户银行转送委托收款凭证，提供收款依据的方式。

（7）信用证，是指开证银行应申请人（买方）的要求并按其指示向受益人开立的载有一定金额的、在一定的期限内凭符合规定的单据付款的书面保证文件。信用证是国际贸易中最主要、最常用的支付方式。

2. 银行卡业务。银行卡是指由商业银行（含邮政金融机构）向社会发行的具有消费信用、转账结算、存取现金等全部或部分功能的信用支付工具，包括：借记卡、准贷记卡、贷记卡等。

借记卡（通常称为储蓄卡）是集存款、取款、转账、消费理财于一体的银行卡。既可以通存通取、支付结算、存款，还兼备电话银行、代收代付的功能。消费或提款时资金直接从储蓄账户划出，不能透支，卡内的金额按活期存款计付利息。

准贷记卡是持卡人须先按发卡银行要求交存一定金额的备用金，当备用金账户金额不足支付时，可在发卡银行规定的信用额度内透支的信用卡。准贷记卡中存入的资金是有利息的，利率按照央行规定的活期利率执行。

贷记卡（通常称为信用卡）的最大亮点是透支消费，有一定的申办条件，透支余额的大小由银行根据申请人的个人资信情况而确定。信用卡主要用来消费和提现，除此之外，许多银行针对特定人群推出了个性信用卡，如招商银行的瑞丽联名信用卡，持卡人开通信用卡就可成为瑞丽俱乐部的会员，享受会员优惠。

【读一读】

ATM：自动柜员机，持卡人自助操作办理取款、账户余额查询等业务。

CDM：自动存取款机，持卡人自助操作办理存款、取款、账户余额查询等业务。

POS：电子付款机，银行与签约商户合作，使消费者能在安装电子付款机的商家直接用卡消费，而无须去银行取款后再携带现金去商家消费。

3. 代理类业务。代理类业务是指商业银行接受客户委托，代为办理客户指定的经济事务，并收取一定费用的业务。主要包括代理政策性银行业务、代理中国人民银行业务、代理商业银行业务、代收代付业务、代理证券业务、代理保险业务、其他代理业务等。

代理政策性银行业务，指商业银行接受政策性银行委托，代为办理政策性银行因服务功能和网点设置等方面的限制而无法办理的业务，包括代理贷款项目管理等。

代理中国人民银行业务，指根据政策、法规应由中国人民银行承担，但由于机构设置、专业优势等方面的原因，由中国人民银行指定或委托商业银行承担的业务，主要包括财政性存款代理业务、国库代理业务、发行库代理业务、金银代理业务。

代理商业银行业务，指商业银行之间相互代理的业务，如为委托行办理支票托收等业务。

代收代付业务，是商业银行利用自身的结算便利，接受客户的委托代为办理指定款项的收付事宜的业务，如代理各项公用事业收费、代理行政事业性收费和财政性收费、代发工资、代扣住房按揭消费贷款还款等。

代理证券业务，是指银行接受委托办理的代理发行、兑付、买卖各类有价证券的业务，还包括接受委托代办债券还本付息、代发股票红利、代理证券资金清算等业务。此处有价证券主要包括国债、公司债券、金融债券、股票等。

代理保险业务，是指商业银行接受保险公司委托代其办理的保险业务。商业银行代理保险业务，可以受托代个人或法人投保各险种的保险事宜，也可以作为保险公司的代表，与保险公司签订代理协议，代保险公司承接有关的保险业务。代理保险业务一般包括代售保单业务和代付保险金业务。

其他代理业务，包括代理财政委托业务、代理其他银行的银行卡收单业务等。

4. 信托业务。信托业务是指商业银行信托部门接受客户的委托，代替委托单位或个人经营、管理或处理货币资金或其他财产，并从中收取手续费的业务。我国实行分业经营，商业银行不允许从事信托业务。

5. 咨询顾问类业务。咨询顾问类业务是指商业银行依靠自身在信息、人才、信誉等方面的优势，收集和整理有关信息，并通过对这些信息以及银行和客户资金运作的记录和分析，形成系统的资料和方案，提供给客户的服务活动。

（二）有风险的表外业务

有风险的表外业务也即狭义的表外业务，指那些未列入资产负债表，但同表内资产业务和负债业务关系密切，并在一定条件下会转为表内资产业务和负债业务的经营活动。通常把这些经营活动称为或有资产和或有负债，它们是有风险的经营活动，应当在会计报表的附注中予以揭示。狭义的表外业务包括：

1. 担保业务。指商业银行为客户债务清偿能力提供担保，承担客户违约风险的业务。包括银行承兑汇票、备用信用证和各类保函。银行承兑汇票是由收款人或付款人（或承兑申请人）签发，并由承兑申请人向开户银行申请，经银行审查同意承兑的商业汇票。备用信用证是开证行应借款人要求，以放款人作为信用证的受益人而开具的一种特殊信用证，以保证在借款人破产或不能及时履行义务的情况下，由开证行向受益人及时支付本利。保函包括投标保函、承包保函、还款担保履约书、借款保函等。

2. 承诺业务，指商业银行在未来某一日期按照事前约定的条件向客户提供约定信用的业务，主要指贷款承诺。贷款承诺可以分为可撤销和不可撤销承诺两种。可撤销承诺附有客户在取得贷款前必须履行的特定条款，在银行承诺期内，客户如没有履行条款，银行可撤销该项承诺，可撤销承诺包括透支额度等。不可撤销承诺是银行不经客户允许不得随意取消的贷款承诺，具有法律约束力，包括备用信用额度、回购协议、票据发行便利等。

3. 金融衍生类业务。金融衍生业务指商业银行为满足客户保值或自身风险管理等方面的需要，利用远期合约、金融期货、互换、期权等各种金融衍生工具进行的资金交易活动。

任务三　商业银行的经营管理

【学习情境】

银行业是一个高风险的行业，银行的经营管理也与其他企业有所不同，小王作为中国银行的新进员工，要了解如何进行银行的管理。

任务描述

学生分组讨论：（1）商业银行的经营必须遵循哪些原则？（2）什么叫商业银行的资本，资本的功能有哪些？（3）如何进行银行资本的管理和风险的管理？

【知识链接】

一、商业银行经营管理原则

商业银行以取得最大利润为目标，即商业银行的经营要保证盈利性。同时，银行在经营活动中要保证资金安全，不能发生亏损，即商业银行经营要保证安全性。要保持商业银行经营的持续发展，还要保持资金的流动性，维护银行的清偿能力。只有这样，商业银行才能保证其业务经营的正常进行，保证取得利润。因此，商业银行在经营活动中必须遵循三条原则：安全性、流动性和盈利性。

（一）安全性

安全性原则是指商业银行应当尽量避免各种不确定因素对其资产、负债、利润、信誉等方面造成损失，保证银行的稳健和发展。这是商业银行经营首先要考虑的原则。安全性的反面就是风险性，商业银行的经营就是尽可能地避免和减少风险。

在银行经营活动中，由于确定性和不确定性等种种原因，存在着多种风险，如信用风险、市场风险、政治风险、汇率风险、道德风险等，这些风险直接影响银行资金的安全，会削弱甚至丧失银行的清偿能力，危及银行本身的安全。所以，银行管理者在风险问题上必须严格遵循安全性原则，尽力避免风险、减少风险和分散风险。

（二）流动性

流动性原则是指银行具有随时以适当的价格取得可用资金，随时满足存款人提取存款和满足客户合理的贷款需求的能力。商业银行的流动性包括资产的流动性和负债的流动性。资产的流动性是指银行能在资产价值不受损失的条件下迅速变现；负债的流动性是指银行随时可以适当的价格取得可用资金的能力。

【看一看】

银行的致命“软肋”：挤兑

挤兑是对人们排队拥挤着到银行争相提取现金的混乱而又可怕的场面的形象化描述。挤兑的英文是“run on a bank”，意思是：“人们争着往银行跑”。当挤兑发生的时候，疯狂的人群冲向银行，争相提取存款，银行库存现金顷刻间被提取一空，在挤兑得不到缓解的情况下，银行会很快陷入无力支付的困境，严重时有可能被迫倒闭。可见，挤兑对商业银行来说真是致命的“软肋”。

（三）盈利性

盈利性原则是指商业银行在稳健经营的前提下，尽可能提高银行的盈利能力，力求获取最大的利润，以实现银行的价值最大化。它是商业银行经营管理的基本动力。充足的盈利可以扩充银行资本，扩大经营，增强银行信誉，提高银行的竞争实力。

盈利性、安全性、流动性之间是既相互矛盾又相互统一的。盈利性和安全性、流动性呈反方向变动，盈利性要求越高，往往风险越大，安全性、流动性越低。对于三性的矛盾和统一，银行经营的总方针就是谋求三性尽可能合理地搭配协调。

【想一想】

商业银行在追求盈利性目标的同时，为什么还必须兼顾安全性和流动性原则，银行就是“保险箱”吗？

二、商业银行资本管理

案例分析

海南发展银行倒闭案

1998年春节以后，令金融界最恐惧的事件在中国最南端的海南岛发生了。每天一大早，在海南发展银行的营业网点排成长队的取款人便成为海南岛上的热门话题，而且传闻越来越多、越传越玄，这进一步加剧了人们的心理恐慌，而恐慌的心理又促使更多的人加入取款的行列。由于资金只出不进，海南发展银行不得不限制取款时间和取款金额，这使得存款人能取款的时间间隔越来越长，能取出的数额却越来越少。1998年6月21日，中国人民银行发出公告称：鉴于海南发展银行不能及时支付到期债务，为了保护债权人的合法权益，中国人民银行决定于1998年6月21日关闭海南发展银行，停止其一切业务活动，由中国人民银行依法成立清算组，对海南发展银行进行关闭清算。该公告同时指定由中国工商银行托管其债权债务。这是新中国成立近50年来发生的第一例商业银行被关闭案。

分析： 海南发展银行被关闭案所揭示的道理就是，如果商业银行资本不充分，资产质量差，社会公众必然会对其失去信心，而一旦失去市场认同，银行除了关门也就别无选择了。

（一）商业银行资本的含义

在市场经济中，任何一个自主经营、自负盈亏的经济实体，都必须拥有一定的资本，银行当然也不例外。在银行的各项资金来源中，资本具有铺底的性质，是银行可独立运用的最可靠、最稳定的资金来源，是银行经营的基础。一般来说，商业银行资本是指商业银行自身拥有的或者是能永久支配使用的资金来源。

商业银行的资本不同于一般企业的资本。从数量上看，商业银行的资本在银行资产中，所占比重远低于一般企业资本占总资产的比重。一般企业的资本通常要占其资产总额的50%以上，是企业维持生产经营的主要物质条件和支撑力量；而商业银行资本占其资产总额的比例一般不超过10%，所以不是商业银行资产经营的主要支撑。

（二）商业银行资本的功能

商业银行资本具有营业功能、保护功能和管理功能，以下分别进行介绍。

1. 营业功能。资本是商业银行成立、正常运转和发展的必要前提和保证。首先，由于银行在开业之前，不能依靠外来资金等途径筹集资金，不能利用客户的资金购置营业设备，所以，银行在开业之前必须有足够的资本，为正式开业准备物质条件。其次，良好的银行声誉是维持公众信心的基础，而充足的资本又是银行声誉赖以树立的基本物质条件。一般公众总是通过资本的多寡判断某家银行是否可信、可靠，而金融行家则更注重于资本在经营总规模中所占比重的大小。最后，银行资本数量是银行管理当局在审批银行开业资格和对银行进行监管时的重要指标。

2. 保护功能。资本是客户存款免受偶然损失的保障。银行的大部分资金来自存款者，它从存户那里吸收资金，然后贷放或投资于各项盈利事业。因此，银行是利用别人的资金来经营并赚取收入的。银行在经营活动中，不可避免地存在着风险，资产有受损失的可能性。损失一旦发生，首先要用日常的收益抵补，收益不够，则要用资本补偿。如果银行资产的损失不超过收益和资本家数量，存款人和债权人的资金就不会受到损害。

3. 管理功能。银行资本是金融监管当局进行金融监管的重要参数，是金融监管当局不可缺少的调控手段和调控风险业务的基础。为了实施对国民经济的宏观调控，限制盲目竞争和不正当竞争，维护金融秩序的稳定，各国金融监管当局都对银行资本制定了具体的规定和要求，如新建银行的最低资本额、新设分支机构的最低资本额以及资本与贷款、投资的比率等，以此控制商业银行的经营行为。银行资本充足与否，也是获得金融监管当局认可与信任的重要因素。

（三）商业银行资本的管理

《巴塞尔协议》是“巴塞尔委员会”于1988年7月在瑞士的巴塞尔通过的“关于统一

国际银行的资本计算和资本标准的协议”的简称。该协议第一次建立了一套完整的国际通用的、以加权方式衡量表内与表外风险的资本充足率标准，有效地扼制了与债务危机有关的国际风险。

《巴塞尔协议》首先将银行的资本划分为核心资本和附属资本两类，对各类资本按照各自不同的特点进行明确地界定。其次是风险权重的计算标准，根据资产类别、性质以及债务主体的不同，将银行资产负债表的表内和表外项目划分为0、20%、50%和100%四个风险档次。最后确定资本充足率为资本与风险加权资产总额的比例，这个比例不得低于8%，其中核心资本充足率为核心资本与风险加权资产的比例，这个比例不得低于4%。

一家正常经营的银行，为保证资本充足率，随着资产规模的扩大和业务的增加，总是要不断增加资本。要达到资本充足率8%的最低要求，除了增加资本金，还可以采用减少加权风险资产的方法来进行资本的管理。

三、商业银行风险管理

（一）商业银行风险的含义

商业银行风险是指在经营过程中，由于事前无法预料的不确定因素的影响，使商业银行的实际收益与预期收益产生背离，从而导致商业银行蒙受经济损失或获取额外收益的机会和可能性。

（二）商业银行风险的分类

商业银行作为一种经营风险的特殊企业，为了有效识别和管理风险，必须对其所面临的风险进行明确分类。根据巴塞尔《有效银行监管的核心原则》，按风险表现形式分为8类：

1. 信用风险，指商业银行的债务人，由于种种原因不能或不愿按照事先签订的合同约定，按期偿还债务而使银行遭受损失的可能性。

2. 市场风险，指由于市场价格（包括金融资产价格和商品价格）波动而导致商业银行表内、表外业务遭受损失的风险。

3. 操作风险，指由于不完善或有问题的内部程序、人为错误、技术缺陷或不利的外部事件所造成损失的风险。最重大的在于内部控制及公司治理机制。

4. 流动性风险，指商业银行无力为负债的减少或资产的增加提供融资而造成损失或破产的风险。

5. 国家风险，指经济主体在与非本国居民进行国际经贸与金融往来时，由于别国经济、政治和社会等方面的变化而遭受损失的风险。

6. 声誉，指商业银行所有的利益持有者通过努力、长期信任建立起来的宝贵无形资产。声誉风险是指由于和银行有关的负面消息、不利宣传和留言引起客户流失，以及诉讼或盈利下降等事件在市场上传播，给商业银行的形象带来不利影响而导致这种无形资产损失的风险。

7. 法律风险，指因为无法满足或违反法律要求，导致商业银行不能履行合同、发生争议、诉讼或其他法律纠纷，而可能给商业银行造成经济损失的风险。

8. 战略风险，指商业银行在追求短期商业目的和长期发展目标的系统化管理过程中，不适当的未来发展规划和战略决策可能威胁商业银行未来发展的潜在风险。

（三）商业银行风险管理的方法

制定正确的风险管理策略，对商业银行面临的各种风险实施有效管理，是确保其稳健运行，提高竞争力的主要手段。从具体实施角度看，就是在风险发生之前、发生之时、发生之后，采取一定的策略和措施以减少风险损失、增加风险收益，并降低或消除发生的损失对商业银行正常经营的影响。

1. 风险分散，指通过多样化的投资来分散和降低风险的方法。

2. 风险对冲，指通过投资或购买与标的资产收益波动负相关的某种资产或衍生产品，来冲销标的资产潜在的风险损失的一种风险管理策略。

3. 风险转移，指将风险转移给其他经济主体承担的一种风险管理办法。

4. 风险规避，指通过拒绝或退出某一业务或市场，从而避免在该业务或市场上的风险。

5. 风险抑制，指银行在承担风险之后，通过加强对风险的监测，及时发现问题，并采取相应措施，以便在风险事件实际发生之前阻止情况恶化，或者在风险事件发生之后尽可能减少风险造成的损失。

6. 风险补偿，指商业银行在实际风险损失发生以后，通过各种方式对所发生的损失进行弥补，以保证银行的正常经营并不受风险损失的影响。

项目要点

1. 商业银行是以获取利润为经营目标，以经营存贷款为主要业务，具有综合性服务功能的金融企业。商业银行的职能主要有信用中介职能、支付中介职能、信用创造职能、金融服务职能。商业银行的组织结构可以从外部组织形式和内部组织结构两方面来认识。商业银行的外部组织形式是指其在社会经济生活中的存在形式。从全球商业银行的具体情况来看，主要有四种类型：单一银行制、总分行制、银行持股公司制和连锁银行制。

2. 商业银行的经营范围非常广泛，其主要业务可分为负债业务、资产业务和表外业务三大类。负债业务和资产业务是商业银行的信用业务，表外业务是资产和负债业务的派生业务，是银行经营活动的重要内容，也是极具发展潜力的业务。

3. 商业银行在经营活动中必须遵循三条原则：安全性、流动性和营利性。商业银行的资本是银行可独立运用的最可靠、最稳定的资金来源，是银行经营的基础，因此要保证有充足的资本。制定正确的风险管理策略，对商业银行面临的各种风险实施有效管理，是确保其稳健运行，提高竞争力的主要手段。

商业银行知识网络结构见图 7－1。

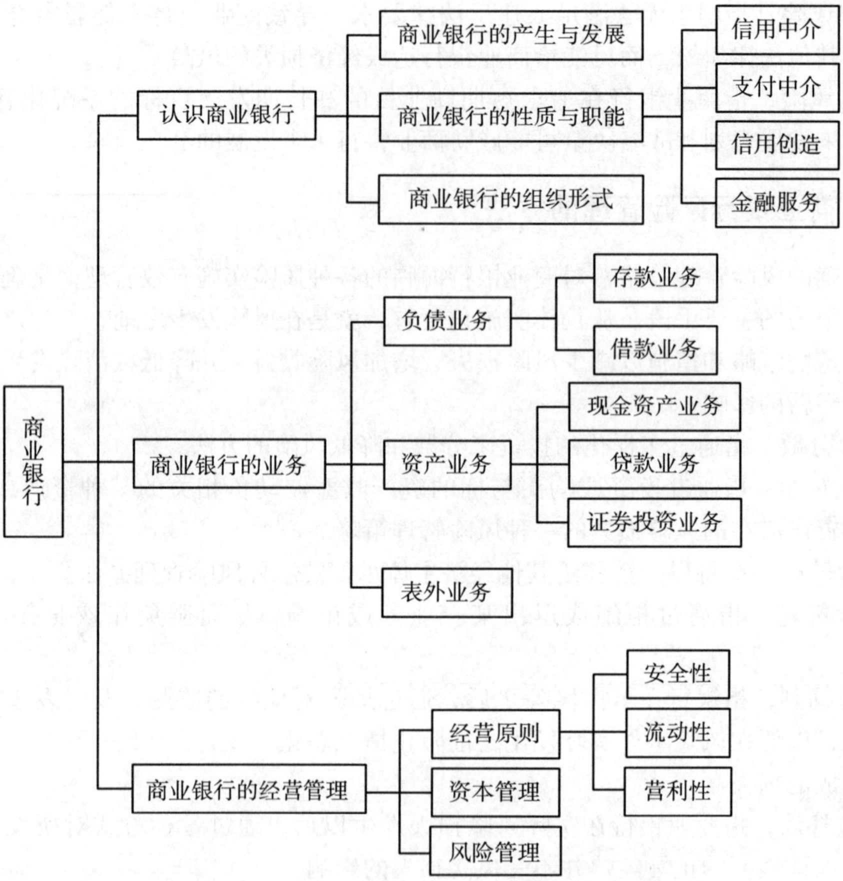

图 7－1　商业银行知识网络结构

知识测试

一、单项选择题

1.（　　）是历史上第一家股份制银行，也是现代银行产生的标志。

A. 巴尔迪银行　　B. 麦迪西银行　　C. 威尼斯银行　　D. 英格兰银行

2.（　　）指借款人或第三人将其动产移交银行占有，将该动产作为债权的担保而发放的贷款。

A. 抵押贷款　　B. 质押贷款　　C. 保证贷款　　D. 信用贷款

3. 商业银行现金资产由库存现金、托收中的现金、同业存款和（　　）组成。

A. 现金性资产　　B. 存款货币　　C. 在中央银行存款　　D. 流通中的现金

4. 我国商业银行目前不可以进行（　　）投资。

A. 股权　　B. 公司债券　　C. 金融债券　　D. 政府债券

5. 贷款担保属于商业银行的（　　）。

A. 表外业务　　B. 管理业务　　C. 资产业务　　D. 负债业务

二、多项选择题

1. 现代商业银行在现代经济活动中发挥的功能主要有（　　）。

A. 信用中介　　B. 支付中介　　C. 金融服务　　D. 信用创造

2. 按商业银行组织形式可将商业银行分为（　　）。

A. 全能银行　　B. 单元银行制　　C. 总分行制　　D. 职能银行

3. 我国商业银行的经营原则是（　　）。

A. 计划性　　B. 安全性　　C. 流动性　　D. 偿还性

E. 营利性

4. 定期储蓄存款的类型有（　　）。

A. 整存整取　　B. 零存整取　　C. 整存零取　　D. 存本取息

5. 商业银行证券投资的对象有（　　）。

A. 政府债券　　B. 金融债券　　C. 公司债券　　D. 公司股票

三、简答题

1. 如何理解商业银行的四大职能?

2. 商业银行的负债业务主要包括哪些?资产业务主要分为哪几类?

3. 如何理解商业银行经营的“三性”?

技能测试

案例分析

巴林银行倒闭案

1995年2月27日，一个令全世界震惊的日子，英国经营了233年的皇家银行——巴林银行突然宣布倒闭。它给金融界造成的恐慌是前所未有的。

巴林银行：英国老牌银行，伊丽莎白女王也信赖它的理财水准，是它的长期客户。

尼克李森：国际金融界“天才交易员”，曾任巴林银行驻新加坡巴林期货公司总经理、首席交易员。

1994年下半年，李森认为，日本经济已开始走出衰退，股市会有大涨趋势，于是大量买进日经225指数期货合约和看涨期权。然而“人算不如天算”，1995年1月16日，日本关西大地震，股市暴跌，李森所持多头头寸遭受重创，损失高达2.1亿英镑。

这时的情况虽糟糕，但不至于能撼动巴林银行，只是对李森来说影响了其光荣的地位。李森凭其经验，为了反败为胜，再次大量补仓日经225期货合约和利率期货合约，头寸总量已达10多万手。

要知道这是以“杠杆效应”放大了几十倍的期货合约。当日经225指数跌至18 500点以下时，每跌一点，李森的头寸就要损失200多万美元。

“事情往往朝着最糟糕的方向发展”，这是强势理论的总结。

2 月 24 日，当日经指数再次加速暴跌后，李森所在的巴林期货公司的头寸损失，已接近其整个巴林银行集团资本和储备之和。融资已无渠道，亏损已无法挽回，李森畏罪潜逃。

巴林银行面临覆灭之灾，银行董事长不得不求助于英格兰银行，希望挽救局面。然而这时的损失已达 14 亿美元，并且随着日经 225 指数的继续下挫，损失还将进一步扩大。因此，各方金融机构竟无人敢伸手救助，巴林银行从此倒闭。

一个职员竟能短期内毁灭一家老牌银行，究其各种复杂原因，其中，不恰当地利用期货“杠杆效应”，并知错不改，以赌博的方式对待期货，是造成这一“奇迹”的关键。

虽然最后抓住了逃跑的李森，但如果不能抓住期货风险控制的要害，更多的“巴林事件”还会发生，包括我们个人投资者中的小“巴林事件”。

资料来源：编者根据相关资料整理。

试分析：巴林银行倒闭案的主要原因有哪些？

素质拓展

讨论并撰写小论文：在互联网信息技术高速发展的今天，商业银行应如何面对机遇与挑战，更好地发展业务、规避风险？

项目八　非银行金融机构

学习目标

（一）知识目标

了解非银行金融机构的构成；了解保险公司的作用及分类；了解证券公司的主要业务范围；了解信托投资公司、企业财务公司、基金管理公司的职能。

（二）技能目标

能够认识和描述我国主要的非银行金融机构及其主要业务。

（三）素质目标

培养学生科学的思维方法、信息处理能力，拓展学生的眼界。

【案例导入】

重庆汽车金融有限公司揭牌

2012 年 8 月 30 日，重庆汽车金融有限公司正式揭牌成立，这是西部首家汽车金融公司，具有在汽车产业链销售和消费环节提供“全国性、全品牌、全车型、全牌照”服务的特点。

市长黄奇帆出席揭牌仪式并讲话，市委常委、常务副市长马正其出席揭牌仪式。

黄奇帆说，今天成立的重庆汽车金融公司是全国第 16 家汽车金融公司，也是西部首家汽车金融公司，使重庆非银行类金融机构增加了一个重要品种。

新成立的重庆汽车金融公司相比全国已有的汽车金融公司，具有自身显著的特点：一是全牌照，一次性取得银监会（银保监会）许可汽车金融公司经营的所有 12 项业务，是全国汽车金融公司中经营业务最齐全的之一；二是全国性，公司总部设在重庆，但是面向中西部，辐射全国，可以在全国范围内经营；三是全品牌，即服务国际、国内所有汽车品牌，打破了以往汽车金融公司背靠汽车厂家，只为某个单一品牌服务的传统模式；四是全车型，可经营微、小、中、大、特各型汽车，覆盖乘用车、微车、商用车、特种车四大产业集群。

汽车产业是重庆的支柱产业，汽车金融作为配套的生产消费服务，对重庆汽车产业是重大利好：第一，汽车金融公司可以通过销售融资的杠杆，提高汽车制造企业的产销率，加速资金周转。第二，有助于促进国内外汽车巨头加速集聚重庆，汽车金融公司以服务国内外、市内外所有汽车厂商为发展目标，必将推动汽车产业集群做优做强。第三，世界汽车产业价值链重心正逐渐从生产环节向销售和售后服务环节后移，汽车金融公司将有助于重庆汽车产业逐渐占据汽车产业价值链的高端。第四，能有效刺激汽车消费，成为扩大汽车消费的金融后援。黄奇帆要求重庆汽车金融公司要聚集各方资金、各路英才，打造优秀团队，创新业务模式，搞好营运管理，提升发展水平，在 2020 年跻身行业中游水平并占据相应的市场份额。

汽车金融，就是由消费者在购买汽车需要贷款时，可以直接向汽车金融公司申请优惠的支付方式，可以按照自身个性化需求，选择不同车型和不同支付方法，是一种购车新选择。

资料来源：摘自作者罗强，重庆晨报，2012-08-31.

思考：文中提到的这类公司属于银行类金融机构吗？它和银行有什么区别？

任务一　证券公司

【学习情境】

小孙工作多年，手里有了点闲钱，准备做投资。因为听说最近股市行情很火爆，好像很容易赚钱，于是他赶紧跑到附近的证券公司去开了个户，跟着人炒股，前一周跟着大盘走，小心翼翼地操作了一只股票，很快赚了300元，小孙心想这东西真好赚，随意动动手就赚了几百元，比辛苦打工强多了。于是不顾家人反对，毅然辞职在家专门炒股，结果在接下来的一个月，因为种种原因，操作失败，把辛辛苦苦积攒下来的10万元赔了个精光，关键是小孙到最后也没明白这10万元怎么赔完的。自己亏钱了，听人家说证券公司反倒赚了不少钱，于是跑到证券公司去讨说法，要求证券公司赔钱。

任务描述

学生分组讨论：（1）什么是证券公司？（2）证券公司有哪些业务？

【知识链接】

一、证券公司概述

证券公司是依法设立的在证券市场上经营证券业务的金融机构。各国对证券公司的划分和称呼不尽相同，在美国通常称其为“投资银行”，在我国，证券公司是指依照《中华人民共和国公司法》（以下简称《公司法》）和《中华人民共和国证券法》（以下简称《证券法》）的规定设立的并经国务院证券监督管理机构审查批准而成立的专门经营证券业务，具有独立法人地位的有限责任公司或者股份有限公司。证券公司是证券市场中最重要的中介机构，在证券市场的运作中发挥着重要作用，主要表现在以下三个方面。

1. 证券公司作为证券市场投融资服务的提供者，为证券发行人和投资者提供专业化的中介服务，如提供代理证券买卖、投资咨询等服务，在发行人和投资者之间起到桥梁和纽带作用，满足企业的筹资需求和投资者的投资需求。

2. 证券公司是证券市场上重要的机构投资者，能够使资金盈余者充分利用多余资金获取收益，帮助资金短缺者获得所需资金以求发展。

3. 证券公司作为金融体系的重要组成部分，通过资产管理等方式，为投资者提供证券及其他金融产品的投资管理服务，通过提供专业化的服务，促进社会资源优化配置。

【想一想】

证券公司和商业银行有什么区别？

二、证券公司的设立条件

我国《证券法》规定，设立证券公司应当具备下列条件：

（1）有符合法律、行政法规规定的公司章程；

（2）主要股东具有持续盈利能力，信誉良好，最近3年无重大违法违规记录，净资产不低于人民币2亿元；

（3）具有符合本法规定的注册资本；

（4）董事、监事、高级管理人员具备任职资格，从业人员具有证券从业资格；

（5）有完善的风险管理与内部控制制度；

（6）有合格的经营场所和业务设施；

（7）法律、行政法规规定和经国务院批准的国务院证券监督管理机构规定的其他条件。

三、证券公司的主要业务

经国务院证券监督管理机构批准，证券公司可以经营以下部分或者全部业务：证券经纪业务、证券投资咨询、与证券交易和证券投资活动相关的财务顾问业务、证券承销与保荐、证券自营、证券资产管理以及其他证券业务。以下简单介绍常用的业务。

（一）证券经纪业务

证券经纪业务是指证券公司接受客户委托，按照客户要求代理客户买卖证券并提供相关服务，收取佣金作为报酬的证券中介业务。我国证券公司从事证券经纪业务主要通过证券公司设立的证券营业网点进行，通过证券公司的证券营业部、证券服务部等分支机构接受客户委托买卖证券。

（二）证券投资咨询业务

证券投资咨询业务是指从事证券投资业务的机构及其咨询人员，为证券投资人或者客户提供证券投资分析、预测或者建议等直接或者间接有偿咨询服务的业务活动。

（三）证券承销业务

证券承销是指证券公司代理证券发行人发行证券的行为。

证券承销业务可以采取代销或者包销两种方式，证券代销是指证券公司代发行人发售证券，在承销期结束后，未售出的证券全部退还给发行人的承销方式。

证券包销是指证券公司将发行人的证券按照协议要求全部购入，或者在承销期结束后将售后剩余的证券全部自行购入的承销方式，可分为全额包销和余额包销两种方式。其中，全额包销是指证券公司作为承销商先行买断发行人发行的证券，再向投资者进行发售，由证券公司承担全部风险的承销方式；余额包销，是指证券公司作为承销商要按照预先约定的发行额和发行条件，在约定期限内向投资者发售证券，直到销售截止日，如果投资者实际认购的证券总额低于预定发行总额，未售出的证券由证券公司负责自行认购，并按预定的时间向发行人支付全部发行价款。

（四）证券自营业务

证券自营业务是证券公司使用自有资金或者合法筹集的资金以自己的名义买卖证券从而获取利润的证券业务。从国际上看，证券公司的自营业务按交易场所可以分为场外（如柜台）自营买卖和场内（交易所）自营买卖。场外自营买卖是指证券公司通过柜台交易等方式，与客户直接洽谈成交的证券交易；场内自营买卖是证券公司通过集中交易场所（证券交易所）买卖证券的行为。我国的证券自营业务一般是指场内自营买卖业务。

证券公司开展自营业务，要求治理结构健全，内部管理有效，能够有效控制业务风险。

（五）证券资产管理业务

证券资产管理业务是指证券公司作为资产管理者，根据相关法律、法规，按照资产管理合同约定的方式、条件、要求等，为投资者提供证券及其他金融产品的投资管理服务，以实现资产收益最大化的业务活动。

在我国，证券公司开展资产管理业务，主要是将客户的资产在资本市场上进行投资运作，如投资股票、债券等金融产品。

（六）融资融券业务

融资融券业务是指证券公司在收取担保物的基础上，向客户出借资金供其买入上市证券或者出借上市证券供其卖出的业务活动。

证券公司向客户融资时，应当使用自有资金或者依法筹集的资金；向客户融券时，须使用自有证券或者依法取得处分权的证券。

【读一读】

2018 年券商分类评价结果出炉

2018 年 7 月 27 日晚间，证监会公布了 2018 年证券公司分类评价结果，共有 98 家券商参与。具体来看，24 家券商评级上升，47 家券商维持去年评级，24 家券商评级惨遭下调。

和往年券商分类评级中最低级为 C 类不同，今年证监会对一家券商给出了 D 类评级，那就是华信证券。

根据评级结果，华信证券由 B 类 BB 级降至 D 类，连降 5 级，是 98 家券商中唯一一家评级为 D 的券商，也是近 9 年来证监会给出的券商最低评级。

今年 5 月，华信证券被爆现金宝 App 下所有华信证券自有产品已全部暂停新增项目，现金宝业务全面暂停；此后，华信证券又陷入资管计划爆雷的危机。

值得注意的是，受“乌龙指”影响，光大证券 2014 年被降为 C 级。而在此次公布的

2015年分类结果中，光大证券已恢复至A级，是此次分类升级幅度最大的证券公司。

证券公司分为A（AAA、AA、A）、B（BBB、BB、B）、C（CCC、CC、C）、D、E等5大类11个级别。A、B、C三大类中各级别公司均为正常经营公司，其类别、级别的划分仅反映公司在行业内风险管理能力的相对水平。D类、E类公司分别为潜在风险可能超过公司可承受范围及被依法采取风险处置措施的公司。

AA级是目前券商分类评级的最高级别，从2018年来看，12家被评为AA级，较去年增加1家，分别是东方证券、平安证券、广发证券、国泰君安、海通证券、华泰证券、申万宏源证券、银河证券、招商证券、中金公司、中信建投、中信证券。值得注意的是，招商证券、中信建投证券连续9年维持AA级评级，国泰君安是第11年连续获得AA评级。

今年共有24家券商分类评价得到上调。方正证券、西南证券、信达证券3家券商升幅最大，其中，分类评价上升最快的是方正证券，连升6级，由去年的C类C级升至A类A级券商；西南证券则由C调至BBB，上升了5个级别；信达证券则由CC升至BBB，上升4个级别。

有人欢喜有人愁。今年同样有24家券商评级惨遭下调，中原证券、华信证券、世纪证券和中山证券分类评价下调幅度较大。其中，中原证券分类评价下调幅度最大，连降6级，从A类券商降至C类券商。

今年还有47家券商评级保持不变。其中，广发证券等10家券商仍维持AA类评级，安信证券、华安证券、东吴证券等17家券商保持A类。

此外，今年还增加了3家券商，分别是东亚前海、汇丰前海和中天国富。评级分别为B类B级、B级和BBB级。

此外，南京证券由CC级升至BBB级、东莞证券由BB级升至AA级、民生证券由CC级升至BB级，升级幅度位列前茅。

资料来源：中国证监会官网，http：//www.csrc.gov.cn/pub/newsite/zjhxwfb/xwdd/201807/t20180727_341898.html

任务二　保险公司

【学习情境】

小王是一名大学生村干部。2015年5月29日小王被平顶山第二人民医院诊断出肝脏形态失常，6月5日确诊为肝癌。随后，小王开始住院治疗，身体上的病痛和巨额的医疗费给小王和他的家庭带来灾难性打击。7月13日小王病重离世。白发人送黑发人，小王的父母失去了唯一的孩子。小王所在单位为其购买了国寿绿洲团体定期寿险。接到报案，中国人寿给予受益人50万元的保险赔偿。

任务描述

学生分组讨论：（1）你了解保险公司吗？你对保险公司印象如何？（2）说说你知道的

保险公司经营的业务。（3）除了文中提到的中国人寿保险公司之外，你还知道哪些保险公司?

【知识链接】

在人类历史上，人们的生存和发展经常受到自然灾害和意外事故的威胁，为了寻求防灾避祸的生存之道，人们萌生了对付各种自然灾害和意外事故的保险思想和保险做法。在各类保险中，起源最早、历史最长的是海上保险，它是海上贸易产生和发展的产物。共同海损分摊原则是海上保险的萌芽，在当时的条件下，海上贸易的风险很大，于是当地商人为了减少因风险产生的损失便形成一种习惯，那就是为了货船的安全而抛弃的货物产生的损失由获益的各方共同承担，这种“一人为众，众为一人”的共同海损分摊原则成为海上保险产生的基石。18 世纪后，保险业迅速发展，保险种类增加，到了 19 世纪，保险的对象和范围不断扩大，其业务也由传统的财产损失保险发展到信用保险等。

一、保险公司的含义及分类

保险公司是指依法成立的、专门经营各种保险业务、分散社会风险的经济组织，是一种非常重要的非银行金融机构。

保险公司按照不同的分类标准，可以分成以下几种类型。

1. 按险种不同，保险公司可分为人寿保险公司、财产保险公司、存款保险公司、老年和伤残保险公司、信贷保险公司等，其中最为普遍的是人寿保险公司和财产保险公司。

2. 按组织形式不同，保险公司还可以分为国营保险公司、私营保险公司、个人保险公司、合作保险公司、自保保险公司和公私合营保险公司等。

3. 按照承保的形式不同，可将保险公司分为原保险公司和再保险公司。原保险是直接保险，是投保人原始风险的第一次转嫁，保险人保障的是直接的风险损失；再保险是风险的第二次转嫁，是一个保险人将其承保业务的部分或全部再向其他保险人投保的保险，再保险公司是经营再保险业务的金融组织机构。

二、保险公司的设立条件

根据《中华人民共和国保险法》的规定，我国保险公司设立条件如下：

（1）主要股东具有持续盈利能力，信誉良好，最近 3 年内无重大违法违规记录，净资产不低于人民币 2 亿元；

（2）有符合保险法和公司法规定的章程；

（3）有符合本法规定的注册资本最低限额（最低限额为人民币 2 亿元）；

（4）有具备任职专业知识和业务工作经验的高级管理人员；

（5）有健全的组织机构和管理制度；

（6）有符合要求的营业场所和与业务有关的其他设施；

（7）法律、行政法规和国务院保险监督管理机构规定的其他条件。

保险监督管理机构审查设立申请时，应当考虑保险业的发展和公平竞争的需要。

三、保险公司的主要业务

我国保险公司的业务范围主要是财产保险业务和人身保险业务。

（一）财产保险业务

财产保险业务主要是以财产及有关的利益和损失赔偿责任为保险标的的各种保险，包括财产损失保险、责任保险、信用保险等保险业务。

财产损失保险是以各种有形的物质财产、相关的利益以及其责任为保险标的的保险，主要包括的业务种类有：企业财产保险、家庭财产保险、运输工具保险、货物运输保险、工程保险、特殊风险保险和农业保险等种类。

责任保险指以被保险人对第三者依法应负的赔偿责任为保险标的的保险，被保险人在保险合同有效期间内因侵权责任给他人造成的损失，应当由保险公司承担赔付责任，主要有雇主责任险、承运人责任险、公众责任险、产品责任险、职业责任险，以及机动车投保中的第三者责任险等。

信用保险实际上是担保保险，保险标的是被保证人的信用风险，当被保证人的作为或不作为致使权利人遭受经济损失时，保险人负经济赔偿责任，主要包括出口信用保险、投资保险和国内商业信用保险等。

（二）人身保险业务

人身保险是以人的寿命和身体为保险标的的保险，当被保险人在保险期限内因意外伤害、疾病、衰老等原因，致死亡、伤残、丧失劳动能力或者生存到保险期满等，保险人向被保险人或其受益人给付约定的保险金的保险业务。按保障的对象和保障的范围不同，将人身保险分为人寿保险、人身意外伤害保险、健康保险等保险业务。

人寿保险是以被保险人的寿命为保险标的，以人的生存、死亡两种形态为给付保险金条件的保险。当发生保险合同约定的事故或合同约定的条件满足时，保险人对被保险人履行给付保险金责任。

人身意外伤害险是被保险人在保险有效期内，因遭受意外事故，致使身体蒙受伤害而残废或死亡时，保险人按照保险合同的规定给付保险金的一种人身保险，如个人意外伤害保险。

健康保险是指以被保险人需要支出医疗费、护理费、因疾病造成残废以及因疾病或者意外伤害暂时不能工作而减少劳动收入为保险标的的一个险种，如医疗保险。

（三）保险公司的业务流程

1. 保险销售。保险展业是保险公司引导具有同类风险的人购买保险的行为。保险公司通过其专业人员直接招揽业务称为“直接展业”；保险公司通过保险代理人、保险经纪人展业称为“间接展业”。

2. 承保。保险人通过对风险进行分析，确定是否承保，确定保险费率和承保条件，最终签发保险合同的决策过程。

3. 理赔。保险公司在承保的保险事故发生，保险单受益人提出索赔申请后，根据保险合同的规定，对事故的原因和损失情况进行调查，并且予以赔偿的行为。

【读一读】

"互联网保险第一股"众安在线发布业绩报告

2019 年 3 月 25 日晚间，首家互联网保险公司众安在线发布 2018 年业绩报告。

数据显示，众安 2018 年录得保费收入 112.6 亿元，同比上涨 89%，成为中国首家保费过百亿的互联网财险公司。综合成本率也有了很大改善，较 2017 年缩减 12.2 个百分点，为 120.9%。具体来看，众安 2018 年聚焦发展健康、消费金融和汽车生态，三大生态的总保费合计增速达到 225%，收入贡献占比从 2017 年的 38% 上升至 2018 年的 66%。

新生代是众安高增长的主要贡献者。数据显示，2018 年，众安服务逾 4 亿用户，"80 后""90 后"等新生代人群占比超过 51%。这些用户人均购买保单 15.8 份，人均贡献保费 28 元，分别较 2017 年提升 25% 和 103%。此外，综合成本率较 2017 年缩减 12.2 个百分点，达到 120.9%。不过，受承保、投资收益、科技输出拖累，该公司 2018 年净亏损近 18 亿元。

资料来源：摘编自唐烨. 众安冰与火保费同比涨 89% 亏损 18 亿［N］. 国际金融报，2019－03－26.

任务三　其他非银行金融机构

【学习情境】

小李刚从大学毕业 1 年，是个不折不扣的投资达人，迄今为止，他已经炒过股票、买过基金、投过保险，拿家里的钱买过信托，在网上参与过众筹，在 P2P 网贷平台上投过标，在网络平台上买过理财产品，在线下通过支付宝、微信发过红包，曾经还向小额贷款公司借过钱。他参与过的金融活动比一般人要多得多。

任务描述

学生分组讨论：（1）文中提到了哪些非银行金融机构？（2）说说你知道的非银行金融机构和它所经营的主要业务。

【知识链接】

一、基金管理公司

基金管理公司是指依据有关法律、法规设立的对基金的募集、基金份额的申购和赎回、基金财产的投资、收益分配等基金运作活动进行管理的公司。

证券投资基金的依法募集由基金管理人承担。基金管理人由依法设立的基金管理公司担任。担任基金管理人应当经国务院证券监督管理机构核准。基金管理公司的发起人一般是投资银行、投资咨询公司、经纪商行或保险公司。基金公司一般委托外部的基金管理人来管理基金资产，委托其他金融机构托管基金资产。

（一）基金管理公司的设立条件

根据《证券投资基金法》的规定，设立基金管理公司，应当具备下列条件。

1. 有符合《证券投资基金法》和《公司法》规定的章程。

2. 注册资本不低于 1 亿元人民币，且必须为实缴货币资本。

3. 主要股东具有从事证券经营、证券投资咨询、信托资产管理或者其他金融资产管理得较好的经营业绩和良好的社会信誉，最近 3 年没有违法记录，注册资本不低于 3 亿元人民币。

4. 取得基金从业资格的人员达到法定人数。

5. 董事、监事、高级管理人员具备相应的任职条件。

6. 有符合要求的营业场所、安全防范设施和基金管理业务有关的其他设施。

7. 有完善的内部稽核监控制度和风险控制制度。

8. 法律、行政法规规定的和经国务院批准的国务院证券监督管理机构规定的其他条件。

（二）基金管理公司的组织架构

1. 专业委员会，包括投资决策委员会和风险控制委员会。

2. 投资管理部门，包括投资部、研究部、交易部。

3. 风险管理部门，包括监察稽核部、风险管理部。

4. 市场营销部门，包括市场部、机构理财部。

5. 基金运营部门。

6. 后台支持部门，包括行政管理部、信息技术部、财务部。

（三）基金管理公司的主要业务

1. 发起设立基金。发起设立基金是指基金管理公司为基金批准成立前所做的一切准备工作，包括基金品种的设计、签署基金成立的有关法律文件、提交申请设立基金的主要文件及申请的审核与批准。

（1）基金管理公司根据市场投资者群体不同的投资需求，结合本身管理基金特长，有重点、有步骤、有选择地推出新的基金品种。

（2）当基金管理公司确定要发起设立的基金品种和发行的总体方案之后，就可以起草并与有关当事人共同签订基金设立的有关法律文件，如基金发起设立协议书、基金契约、基金托管协议书、基金承销或代销协议书等，完成申请前的准备工作。

（3）做好准备工作后，基金管理公司作为基金发起人就应向监管部门提出基金设立申请，监管部门根据国家的法律、法规对基金设立申请进行审核，对符合投资基金设立要求的给予批准。

2. 基金管理业务。基金管理业务是指基金管理公司根据专业的投资知识与经验投资运作基金资产的行为，是基金管理公司最基本的一项业务。作为基金管理人，基金管理公司最主要的职责就是组织投资专业人士，按照基金契约或基金章程的规定制定基金资产投资组合策略，选择投资对象，决定投资时机、数量和价格，运用基金资产进行有价证券的投资，并向基金投资者及时披露基金管理运作的有关信息和定期分配投资收益。

3. 受托资产管理业务。受托资产管理业务是指基金管理公司作为受托投资管理人根据有关法律、法规和投资委托人的投资意愿，与委托人签订受托投资管理合同，把委托人委托的资产在证券市场上进行股票、债券等有价证券的组合投资，以实现委托资产收益最大化的行为。

随着机构投资者的不断增加，法律、监管市场环境的逐渐完善，受托资产管理业务将逐渐成为基金管理公司的核心业务之一。

4. 基金销售业务。基金销售业务是指基金管理公司通过自行设立的网点或电子交易网站把基金单位直接销售给基金投资人的行为。基金管理公司可以直接销售基金单位，也可以委托其他机构代理销售基金单位。

从长远来看，基金管理公司应该选择直销与代销相结合的方式，建立自己的直接销售体系，设立销售分支机构，树立自己的品牌形象，与机构投资者建立良好的业务关系，逐步完善客户服务功能，努力扩大基金销售规模。

二、信托投资公司

（一）信托的要素

信托作为一种经济行为通常是指委托人为了自己或者第三者的利益，将自己的财产或者有关事物委托给自己信任的人或组织代为管理、经营的经济活动；作为一种财产管理制度往往指的是以资金、财产为核心，以信任为基础，以委托和受托为方式的财产管理体制。不管是哪种，信托业务中一般涉及以下几个构成要素。

1. 信托行为。信托行为是指当事人在相互信任的基础上，以信托为目的的法律行为，通过这种信托行为，明确当事人之间的信托关系及权利、义务。

2. 信托主体。即委托人、受托人和受益人。

3. 信托目的。即通过信托行为要达到的目的。

4. 信托客体。通常指的是信托关系的标的物，通过信托行为转移给受托人。

（二）信托投资公司的含义及职能

信托投资公司是依法成立的，主营金融信托业务的非银行金融机构。它的发展对我国经济发展的作用是信托职能的具体体现，主要体现在以下三个方面。

1. 信托投资公司的发展促进了金融体系的发展与完善。社会财富的日益增长和分散化，造成了社会财富所有者的多元化。随着资金供给者要求投资与服务的多样化，以及资金需求者获得资金方式的多样化，信托投资公司的出现满足了这种多样化的投资需求，不但其自身的发展促进了新的金融体系的创立，而且也带动了非银行类金融机构的不断发展和完善。

2. 信托投资公司的发展有利于促进市场经济的发展。信托是一种以信任为基础的财产管理制度，通过信托活动的开展与信托制度的完善，可以大大降低社会交易成本，提高资源配置效率。

3. 聚集社会闲散资金，有利于市场主体效率的提升和投资需求的满足。信托作为一项金融业务，也具有筹集资金的作用。信托投资公司利用其经营方式灵活的优势，根据国家有关规定，吸收信托资金，筹集社会闲散资金，提升市场主体效率，满足多元化的投资需求。

（三）信托投资公司的主要业务

信托投资公司是经营信托投资业务的金融机构，是一种“受人之托，代人理财”的非银行金融机构。信托业务按照不同分类标准可以划分为诸多种类，最常见的分类方法是按照信托业务标的物的不同，将信托业务分为资金信托、实物信托、债权信托和经济事务信托。

按照《信托投资公司管理办法》的规定，我国信托投资公司业务经营范围主要包括以下内容。

（1）受托经营资金信托业务，即委托人将自己无法或者不能亲自管理的资金以及国家有关法规限制其亲自管理的资金，委托给信托投资公司进行管理、运用和处置。

（2）受托经营财产信托业务。财产信托业务包括动产、不动产以及其他财产的信托业务。

（3）受托经营法律、行政法规允许从事的投资基金业务，作为投资基金或者基金管理公司发起人从事投资基金业务。

（4）经营企业资产的重组、购并及项目融资、公司理财、财务顾问等中介业务。

（5）受托经营国务院有关部门批准的国债、政策性银行债权、企业债券等债券的承销业务。

（6）代理财产的管理、运用与处分。

（7）代保管业务。

（8）信用见证、资信调查及经济咨询业务。

（9）以自有财产为他人提供担保。

（10）金融监管部门批准的其他业务。

三、金融租赁公司

金融租赁又称融资租赁，是指企业需要添置某些技术设备而又缺乏资金时，由出租人代其购进或租进所需设备，然后再将它租给承租人，在一定期限内有偿使用的一种租赁方式。金融租赁是一种以融通资金为目的，以技术设备、办公设备等动产为租赁对象，以经济法人为承租人的新型的金融业务。

目前我国常用的金融租赁业务有以下几种。

（一）直接租赁

这是融资性租赁业务中比较普遍的一种形式。租赁公司根据承租人的要求，自行筹资并购进承租人所需设备，租给承租人使用。租赁期内物件所有权完全归属出租人，租赁期满，承租人有廉价购买其租赁设备的特权。承租人用租入设备所新增利润支付租金。租赁设备的维修、保养及保险由承租人负担。

（二）转租赁

转租赁是租进租出的做法，即出租人从制造商或另一家租赁司租进设备，然后转租给用户。转租赁是租赁公司同时兼有承租人和出租人双重身份的一种租赁形式。这种租赁方式至少涉及三方面关系，两份租赁合同，实际上是一个项目两笔租赁，其租金一般比直接租赁高。中间租赁公司作为承租人向出租公司支付租金，又以出租人身份向用户收取租金。设备的所有者与使用者之间没有直接的经济或法律关系。

（三）回租租赁

回租租赁是当企业急需资金时，将自己拥有的设备按规定卖给租赁公司，再作为承租人向租赁公司租回原设备继续使用，并按期向租赁公司交付租金。回租租赁是一种紧急的融资方式，适合于资产流动性差的企业。作为租赁物体的设备就是企业的在用设备，未做任何转移，其销售只是一种形式。承租人既保持了原有设备的使用权，又能使这些设备所占用的资金转化为企业急需的周转资金，使企业固定资产流动化，提高了资金的利用率。

（四）杠杆租赁

杠杆租赁也称平衡租赁或代偿贷款租赁，它是金融租赁的一种特殊形式。这种形式是设备购置成本的小部分由出租人承担，大部分由银行等金融机构提供贷款补足。其做法是：一家租赁公司先出小部分资金，其余的通过把租赁物作抵押，以转让收取租金的权利作附加担保，联合若干家其他金融机构共同提供一项租赁融资，形成较大的资金规模，以购买大型资金密集型设备，提供给承租人使用。设备出租后，承租人要向贷款人支付租金，以替出租人偿还借款债务。由于这种租赁的出租人自筹资金只占少量，而主要依靠抵押贷款的杠杆作用来获取高于一般租赁的投资报酬，因此称为杠杆租赁。

四、企业财务公司

我国的财务公司即企业集团财务公司，是指以加强企业集团资金集中管理和提高企业集团资金使用效率为目的，为企业集团成员单位提供财务管理服务的非银行金融机构。财务公司在业务上接受银保监会领导、管理、监督与稽核，在行政上隶属于各企业集团，是实行自主经营、自负盈亏的独立法人企业。企业集团财务公司不是商业银行，它的业务限制在本集团内，不得从企业集团之外吸收存款，也不得对非集团单位和个人发放贷款。

根据原银监会 2004 年 8 月公布的《企业集团财务公司管理办法》，财务公司的业务主要有：对成员单位办理财务和融资顾问及相关的咨询、代理业务；协助成员单位实现交易款项的收付；经批准的保险代理业务；对成员单位提供担保、办理票据承兑与贴现、办理贷款及融资租赁；办理成员单位之间的委托贷款及委托投资、内部转账结算及相应的结算、清算方案设计；吸收成员单位的存款等。

1987 年，国内第一家财务公司——东风汽车财务公司成立，标志着财务公司在中国的发端。截至 2016 年初，财务公司机构总数为 224 家，表内外资产总额 6. 67 万亿元。

五、互联网金融企业

互联网金融企业是以互联网技术和移动通信技术等现代信息科学技术为基础，以大数据与云计算为核心，实现资金融通的新型金融服务模式的公司。

从参与主体看，国内参与互联网金融的主体，基本可分为以下三大类：一是传统金融机构以互联网为渠道开展金融业务；二是掌握有一定客户和数据的互联网企业向金融领域扩展；三是第三方利用互联网平台介入金融服务业。这些不同参与主体对金融功能的不同实现方式，就构成了互联网金融的生态版图。同时在政策和市场因素双重作用下，互联网金融行业正经历着前所未有的机遇。

（一）P2P网贷

P2P网贷，又称P2P网络借贷。P2P网贷源于英文Peer-to-Peer Lending，即点对点信贷，或称个人对个人信贷。而P2P平台，就是从事P2P网贷中介服务的网络平台。P2P借贷，是基于互联网应用的一个创新模式。P2P网贷起源于英国，随后发展到美国、加拿大、日本等国家，典型的模式为：网络信贷公司提供平台，需要借贷的人群可以通过网站平台寻找到有出借能力并且愿意基于一定条件出借的人群。网络借贷中介帮助确定借贷的条款和准备好必需的法律文本。借贷双方在网贷平台撮合成交。资金借出人获取利息收益，并承担风险；资金借入人到期偿还本金；网络信贷公司收取中介服务费。

此类企业典型的如2007年5月上线的加州森尼维尔市的贷款俱乐部（Lending Club），它看中的是网民联络平台的高传播特性及朋友之间的互相信任，使用Facebook应用平台和其他社区网络及在线社区将出借人和借款人聚合。Lending Club具有固定的贷款利率及平均3年的贷款期限。借款人在进行贷款交易前必须要经过严格的信用认证和A－G分级。出借人可以浏览借款人的资料，并根据自己能够承受的风险等级，或是否是自己的朋友来进行借款交易。Lending Club不采取竞标方式，而是根据不同的借款人的信用等级有不同的固定利率。借款人可以在Lending Club Facebook应用中发出借款请求，因为Facebook中多为认识多时的朋友或同学，所以大多数借款人都觉得将借款请求在此公布会增加成功的可能性，同时也不必将自己的信用历史公布，增强了私密性。

在我国，最早的P2P网贷平台成立于2007年，直到2011年，网贷平台进入快速发展时期，2012年进入爆炸式发展期，比较活跃的有400家左右，到2013年，网贷平台更是蓬勃发展，以每天1～2家上线的速度快速增长，平台数量大幅度增长所带来的资金供需失衡等现象开始逐步显现。据不完全统计，国内含线下放贷的网贷平台每月交易额近70亿元。与此同时，也有近200家平台跑路，涉案金额数十亿元。

P2P网贷的优点是：年复合收益率高、操作简单、开拓了新的营销路径；但它也存在着许多缺点，如无抵押、高利率、信用风险高、缺乏有效监管手段等。

我国目前业内领先的P2P企业包括陆金所、宜信、人人贷等。

（二）众筹

众筹，顾名思义就是利用互联网和SNS传播的特性，让小企业、艺术家或个人对公众展示他们的创意，争取大家的关注和支持，利用众人的力量，集中大家的资金、能力和渠道，为小企业、艺术家或个人进行某项活动等提供必要的资金援助。

2011 年 7 月，众筹模式来到中国，国内第一家众筹网站——点名时间正式上线。

众筹目前面临各种风险，如涉嫌非法集资的法律风险、网站平台的技术风险、支持者的投资风险（项目失败难以得到赔偿）等。

目前，我国著名的众筹平台包括京东众筹、淘宝众筹、苏宁众筹、众筹网等。

（三）第三方支付平台

所谓第三方支付平台是属于第三方的服务型中介机构，它主要是面向开展电子商务业务的企业提供电子商务基础支撑与应用支撑的服务，不直接从事具体的电子商务活动。第三方支付平台独立于银行、网站以及商家，只做职能清晰的支付。它的主要目的就是通过一定手段对交易双方的信用提供担保，从而化解网上交易风险的不确定性，增加网上交易成交的可能性，并为后续可能出现的问题提供相应的其他服务。第三方支付平台以其良好的兼容性、信用中介、安全、方便、快捷等特点进入电子商务的支付领域，并迅速抢占了网上支付的大部分市场份额。

第三方支付是现代金融服务业的重要组成部分，作为新技术、新业态、新模式的新兴行业，具有广阔的市场需求前景。目前，随着第三方支付应用领域的深化和拓展，中国第三方支付行业已经步入了一个新的阶段，线上和线下市场正在通过移动技术、020 等形式不断进行融合。在资质方面，2013 年 7 月中国人民银行公布了第七批 27 家企业获得第三方支付牌照，至此获得第三方支付牌照的企业已达到 250 家。

目前国内最大的支付平台莫过于依托于阿里巴巴集团的支付宝（中国）网络技术有限公司和依托于腾讯集团的财付通支付科技有限公司，另外还有老牌的银联商务有限公司。

（四）大数据金融企业

大数据金融是指集合海量数据，通过对其进行实时分析，重新提取与金融相关的数据价值，为互联网金融机构提供客户全方位的信息。金融大数据通过分析和挖掘客户的交易和消费信息来掌握客户的消费习惯，准确预测客户行为，使金融机构和金融服务平台在营销和风险控制方面有的放矢。借助海量的数据形式，通过分析，使金融行业呈现出更清晰的流程化、新产业链的重构等形态，便于更精准地探测到问题的症结以及寻找新的利润空间，从而为金融企业在竞争日益白热化的时代进行深度掘金提供可能。

目前，大数据服务平台的运营模式可以分为以阿里巴巴集团蚂蚁金服为代表的平台模式和以京东、苏宁为代表的供应链金融模式。

平台模式主要解决平台交易商小额贷款的风险控制问题，凭借电商平台自身系统掌握的贷款人交易数据，对其信用状况进行核定，发放无抵押的信用贷款及应收账款抵押贷款。

供应链模式主要解决核心企业供应商金融借贷所需的信用凭证问题，通过电商核心企业掌握的供应商在支付、物流等关键环节的数据和凭证，与银行合作，对产业链条中的上下游进行融资。大数据互联网金融模式正凭借互联网开放平台的渠道优势和数据传递与挖掘的核心竞争力，尝试突破束缚传统信贷供应的信息与成本枷锁，推动供应链金融市场格局新的变革。

其他互联网金融企业还包括：

（1）直销银行。直销银行是互联网时代应运而生的一种新型银行运作模式，是互联网金融环境下的一种新型金融产物。这一经营模式下，银行没有营业网点，不发放实体银行卡，客户主要通过电脑、电子邮件、手机、电话等远程渠道获取银行产品和服务，因没有网点经营费用和管理费用，直销银行可以为客户提供更有竞争力的存贷款价格及更低的手续费率。降低运营成本，回馈客户是直销银行的核心价值，如民生银行直销银行、兴业银行直销银行、橙子银行等。

（2）互联网保险企业，如众安保险、易安财险等。

（3）互联网基金公司，如天天基金网、数米基金网等。

项目要点

1. 证券公司是指依照《中华人民共和国公司法》和《中华人民共和国证券法》的规定设立并经国务院证券监督管理机构审查批准而成立的专门经营证券业务，具有独立法人地位的有限责任公司或者股份有限公司。

2. 证券公司主要业务有：证券经纪业务、证券投资咨询业务、证券承销业务、证券自营业务、证券资产管理业务、融资融券业务。

3. 保险公司是指依法成立的、专门经营各种保险业务、分散社会风险的经济组织。我国保险公司的业务范围主要是财产保险业务和人身保险业务。

4. 基金管理公司是指依据有关法律、法规设立的对基金的募集、基金份额的申购和赎回、基金财产的投资、收益分配等基金运作活动进行管理的公司。

5. 基金管理公司的主要业务：发起设立基金、基金管理业务、受托资产管理业务、基金销售业务。

6. 信托作为一种经济行为通常是指委托人为了自己或者第三者的利益，将自己的财产或者有关事物委托给自己信任的人或组织代为管理、经营的经济活动；作为一种财产管理制度往往指的是以资金、财产为核心，以信任为基础，以委托和受托为方式的财产管理体制。信托投资公司是依法成立的，主营金融信托业务的非银行金融机构。

7. 金融租赁又称融资租赁，是指企业需要添置某些技术设备而又缺乏资金时，由出租人代其购进或租进所需设备，然后再将它租给承租人，在一定期限内有偿使用的一种租赁方式。金融租赁是一种以融通资金为目的，以技术设备、办公设备等动产为租赁对象，以经济法人为承租人的新型的金融业务。主要有融资租赁、转租赁、回租租赁、杠杆租赁四种业务模式。

8. 企业集团财务公司，是指以加强企业集团资金集中管理和提高企业集团资金使用效率为目的，为企业集团成员单位提供财务管理服务的非银行金融机构。

9. 互联网金融企业是以互联网技术和移动通信技术等现代信息科学技术为基础，以大数据与云计算为核心，实现资金融通的新型金融服务模式的公司。目前在 P2P 网贷、众筹、大数据金融、第三方支付等方面都有较大规模的公司。

非金融机构网络知识见图 8－1。

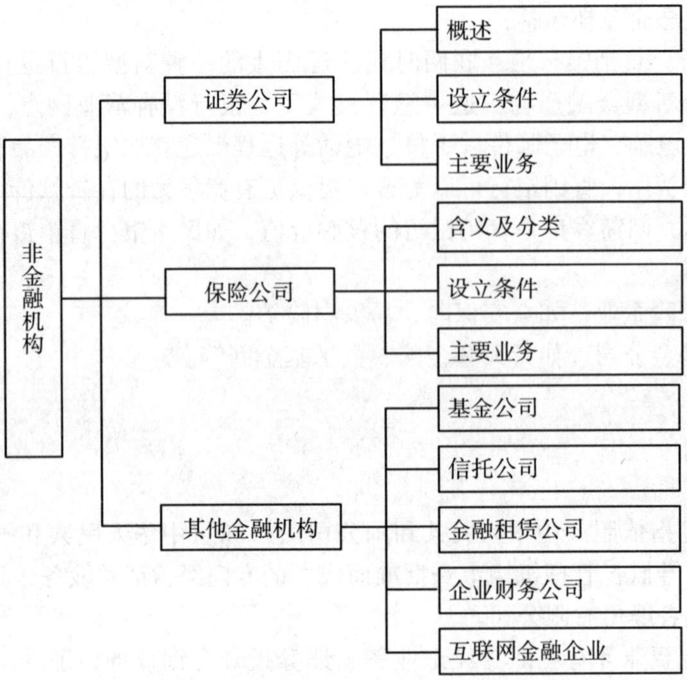

图 8－1　非金融机构体系

知识练习

一、单项选择题

1. 下列不属于非银行金融机构的是（　　）。

A. 信托投资公司　　B. 企业财务公司

C. 证券公司　　D. 城市商业银行

2. 信托的本质是（　　）。

A. 吸收存款、融通资金　　B. 规避风险、发放贷款

C. 办理收付、清算结账　　D. 受人之托、代人理财

3. 在各类保险中，产生最早的是（　　）。

A. 人身保险　　B. 火灾保险　　C. 海上保险　　D. 健康保险

4. 下列属于互联网金融企业的是（　　）。

A. 蚂蚁金服　　B. 中国人民银行

C. 企业财务公司　　D. 国家开发银行

5. 下列说法错误的是（　　）。

A. 设立保险公司注册资本金需要 2 亿元以上人民币

B. 设立证券公司注册资本金需要 2 亿元以上人民币

C. 设立基金管理公司注册资本金需要 1 亿元以上人民币

D. 信托投资公司不能以自有财产为他人提供担保

二、多项选择题

1. 下列属于非银行金融机构的有（　　）。

A. 中国农业银行　　B. 证券公司

C. 基金管理公司　　D. 保险公司

2. 下列属于证券公司主要业务的有（　　）。

A. 融资融券　　B. 证券经纪业务

C. 证券公司自营业务　　D. 投资咨询业务

3. 人身保险主要分为（　　）。

A. 人寿保险　　B. 人身意外伤害险

C. 健康保险　　D. 财产保险

4. 基金管理公司的主要业务有（　　）。

A. 发起设立基金　　B. 基金管理业务

C. 受托资产管理业务　　D. 基金销售业务

5. 金融租赁业务主要有（　　）。

A. 融资租赁　　B. 转租赁

C. 杠杆租赁　　D. 回租租赁

三、名词解释

证券公司　信托投资公司　保险公司　基金管理公司　金融租赁公司

技能测试

案例分析

61 家信托公司 2018 年财务数据出炉　榜单变化大

截至 2019 年 1 月 15 日晚，共有 61 家信托公司通过全国银行间同业拆借市场披露了未经审计的 2018 年年报。目前，安信信托、陕国投、山东信托、大业信托、浙商金汇信托、长城新盛信托及东莞信托等 7 家信托公司尚未披露数据。

2018 年，业绩下滑成为信托公司的普遍现象。中国信托业协会数据显示，今年前三季度，行业共实现利润总额 494.43 亿元，与上年同期相比下降 10.72%，普遍业绩压力较大。

根据目前掌握的数据，已经披露数据的 61 家信托公司中，有 34 家利润较 2017 年度出现下滑。其中，下滑幅度最大的是华融信托。

从净利润来看，中信信托以 34.2 亿元的净利润居行业第 1 位，净利排名前五位的公司分别为：中信信托（34.2 亿元）、平安信托（31.74 亿元）、重庆信托（30.56 亿元）、华能信托（24.18 亿元）、华润深国投信托（21.96 亿元）。

数据显示，行业净利润 Top10 变化很大，2018 年外贸信托、中航信托、江苏信托等进步很大，纷纷跻身业内前十。五矿信托的利润总额首次进入行业前十，但其净利润落后于江苏信托排在第 11 位。中海信托同样表现突出，净利润这项指标排名行业第 12 位。

中信信托业务收入惊人：2018 年，占据净利润榜单前三甲的依然是传统劲旅中信信托、平安信托及重庆信托。其中，中信信托总资产、净资产、利息净收入、手续费及佣金收入等多项关键指标均在已经披露数据的 61 家公司中排名第 1 位。

值得一提的是，2018 年该司手续费及佣金收入高达 55.88 亿元，这不仅比第 2 名平安信托高出一大截，更是创造了中国信托业历史上的最高纪录。据悉，平安信托该项数据为 36.84 亿元。

业界观察人士认为，在市场环境较差的情况下，依靠信托本源业务来实现可持续发展显得尤为重要。相比之下，中信信托今年固有业务表现平平，利息净收入 7.65 亿元，投资收益 8.66 亿元，公允价值变动损益亏损 15.75 亿元。

记者注意到，2018 年，中信信托的长期股权投资余额从 2017 年度的 12.5 亿元增长至 73.75 亿元，表明其在股权投资领域又开始了新的布局。

重庆信托江苏信托固有业务强大。2018 年，重庆信托投资收益高达 18.37 亿元，在 61 家信托公司中位列第 1 位，遥遥领先；手续费及佣金收入方面，重庆信托 2018 年的数据为 20.17 亿元，位列第 12 位。江苏信托的情况与重庆信托类似。2018 年，江苏信托实现营业收入为 23.71 亿元，同比增长 18.6%；净利润为 19.67 亿元，同比增长 21.71%。投资收益丰厚依然是江苏信托的成长利器。2018 年该公司手续费及佣金收入为 11.03 亿元，排名第 23 位；投资收益为 12.83 亿元，排名第 5 位。

据了解，重庆信托丰厚的股权投资包括：重庆三峡银行（28.996%）、合肥科技农村商业银行（24.99%）、中国信托业保障基金有限责任公司（13.04%）、益民基金（49%）、国泓资产管理有限公司（49%）等。江苏信托重要的金融股权投资包括：江苏银行股份有限公司（7.73%）、利安人寿保险股权有限公司（10.85%）、江苏国投衡盈创业投资中心（有限合伙）（14.12%）、江苏如皋农村商业银行股份有限公司（4.99%）和江苏民丰农村商业银行股份有限公司（6.00%）等。

华能信托、中航信托发展均衡一路精进。近几年，作风低调的华能信托一直颇受市场关注。2018 年，华能信托实现利润总额 32.05 亿元、净利润 24.18 亿元，两项指标在 61 家信托公司中均排名第 4 位，再度创下历史新高。

具体来看，华能信托营业收入在行业中排名第 7 位。其中，信托业务收入排名第 5 位，固有业务收入排名第 8 位，两项业务表现突出又相对均衡。

值得一提的是，2018 年行业 ROE 下滑态势十分明显。而按照年初年末平均法计算，华能信托的 ROE 为 15.76%，在净资产前十的公司中排名第 1 位。

中航信托也在 2018 年的艰难环境中实现了逆势增长。手续费及佣金收入一项，中航信托以 29.32 亿元名列第 3 位，仅次于中信信托及平安信托。

有业界观察人士表示，从信托公司的收入结构来看，2018 年信托业务收入平均占比较 2017 年有所下降。一方面说明相关公司对主营业务更加着力；另一方面也反映出 2018 年固有业务赚钱效应下滑。

资料来源：作者杨卓卿，金融界，https：//baijiahao. baidu. com/s? id = 1622866635869215487&wfr = spider&for = pc

思考：

1. 信托公司的主要业务是什么？
2. 你认为信托公司应该上市吗？为什么？

素质拓展

1. 学生分别扮演基金管理公司、基金购买人、基金托管人，模拟基金的运作过程。
2. 登录网贷之家，了解我国 P2P 平台的发展现状。

项目九　中央银行

学习目标

（一）知识目标

了解中央银行的产生和发展历程；熟悉中央银行的制度形式；掌握中央银行的性质和职能及主要业务；理解中央银行的相对独立性。

（二）技能目标

能简述中央银行的主要业务；能运用所学知识分析我国现行的中央银行政策。

（三）素质目标

培养学生对国家宏观经济政策的敏感性。

【案例导入】

英格兰银行——各国中央银行体制的鼻祖

英格兰银行是英国的中央银行。早期的英格兰银行只是英国政府的“钱袋子”。300多年前，英法激战正酣，庞大的战争开支早已将英国政府的财政收入消耗一空。为筹集更多军费，急需用钱的英国国王和议会迅速采纳了一位叫威廉·佩特森的苏格兰商人的提议——成立一家可向政府贷款的银行。于是，1694年7月27日，伦敦城的1 268位商人合股出资，正式组建了英格兰银行。此后的短短11天内，英格兰银行就为政府筹措到120万英镑巨款，极大地支持了英国在欧洲大陆的军事活动。

刚刚成立的英格兰银行只算得上是一般的商业银行——发行钞票、吸收存款、发放贷款，那时的商业银行都能办理这些业务。不过，英格兰银行一开始就与政府维系着一种特殊而密切的关系——一直向政府提供贷款，负责筹集并管理政府国债，还逐渐掌握了绝大多数政府部门的银行账户。正是凭借这一关系，英格兰银行的实力和声誉迅速超越了其他银行。到1837年，英格兰银行不但安然挺过当年的银行危机，还拿出大笔的资金，帮助那些有困难的银行渡过难关，这也成为英格兰银行充当“最后贷款人”角色的开始。

1844年，英国议会通过《银行特许法》，让英格兰银行在发行钞票方面享有许多特权。自此，英格兰银行逐渐退出一般性的商业银行业务，专注于货币发行，并开始承担维护英国金融市场稳定和监督其他商业银行的职能。1928年，英国议会通过《通货与钞票法》，使英格兰银行垄断了在英格兰和威尔士地区的货币发行权。到1946年，英国议会通过《英格兰银行法》，赋予英格兰银行更为广泛的权力，使它可以按照法律对商业银行进行监督和管理（后来这项职能移交给1997年10月成立的金融服务局），英格兰银行终于名正言顺地成为英国的中央银行。

在金融史上，英格兰银行具有重要的地位，它是绘就中央银行历史的最具代表性的素材。英格兰银行总部所在的那座城堡早已成为当地的一大标志性建筑，里面还有一座专门介绍英格兰银行历史的博物馆，游客们可以到此参观，领略“历史最悠久的中央银行”的风情。

资料来源：根据《历史悠久的中央银行：英格兰银行》删减而成（作者真实姓名不详），http://blog.sina.com.cn/s/blog_c0a1c2e60102uz7x.html

思考：

1. 参考英格兰银行发展的历史沿革，思考中央银行的产生背景。
2. 中央银行的职能变迁。

任务一 认识中央银行

【学习情境】

小张是名银行工作人员，也是名古装剧迷，在看了多部电视剧后，小张发现早在16世纪末欧洲就出现了中央银行，而当时中国的清朝却完全没有中央银行的影子。香港地区早在1997年就回归祖国，可小张去旅游购物却要用港币，香港地区有中央银行吗？与内地的联系怎样呢？

任务描述

1. 学生分组讨论：（1）古代为什么没有中央银行？（2）中央银行的制度形式有哪些？
2. 资料搜集：每组分别就欧洲、美国、德国、新加坡、中国的中央银行，选择其中一个，通过网上查询资料，分析其产生的背景及制度形式。

【知识链接】

一、中央银行的产生与发展

中央银行是专门从事货币发行、办理对银行的业务、监督和管理金融业、执行国家经济政策的特殊金融机构。现代银行出现后的相当长时期内，并没有中央银行。中央银行是商品货币经济高度发展的产物，中央银行制度更是在经济与金融的长期发展过程中形成的。总的来说，中央银行的产生途径有两条：一是从既有的商业银行逐步演变、地位提升中产生，如英格兰银行；二是从目的明确的直接创设中产生，如美国联邦储备体系。具体而言，中央银行产生的客观经济基础有以下四个方面：（1）发行统一的、可以在全国流通的银行券的需要；（2）建立统一、权威、公正和最后的票据清算中心的需要；（3）稳定金融系统，发挥最后贷款人作用的需要；（4）政府对金融事业进行管理的需要。

二、中央银行的制度形式

中央银行的制度形式是指其以什么形式存在，按什么制度规范运转的组织状态。当前世界各国中央银行的组织形式主要有以下四种。

（一）单一式中央银行制度

单一式中央银行制度是指国家建立单独的中央银行机构，使之全面行使中央银行职能的中央银行制度，即采取总、分行制，分行是总行的下一级组织，总行和分行组成中央银行统一体。这种类型又分两种情况。

1. 一元式中央银行制度。是指一国只设立一家统一的中央银行行使中央银行的权力和履行中央银行的全部职责，中央银行机构自身上下是统一的，机构设置一般采取总分行制，逐级垂直隶属。这种组织形式下的中央银行是完整标准意义上的中央银行，目前世界上绝大多数国家的中央银行都实行这种体制，如英国、法国、日本等。

2. 二元式中央银行制度。是指中央银行体系由中央和地方两级相对独立的中央银行机构共同组成。中央级中央银行和地方级中央银行在货币政策方面是统一的，中央级中央银行是最高金融决策机构，地方级中央银行要接受中央级中央银行的监督和指导。但在货币政策的具体实施、金融监管和中央银行有关业务的具体操作方面，地方级中央银行在其辖区内有一定的独立性，与中央级中央银行也不是总分行的关系，而是按法律规定分别行使其职能。这种制度一般与联邦制的国家体制相适应，如目前的美国、德国等。

【读一读】

美国联邦储备局

美国联邦储备系统为美国的中央银行，与其他国家的中央银行相比，美联储作为美国的中央银行诞生的比较晚。历史上，美国曾多次试图成立一个像美联储这样的中央银行，但因为议员及总统担心央行权力过大，或央行会被少数利益集团绑架而没有成功。这种担心主要是由美国的国家形态所决定的。美联储由在华盛顿的联邦储备局和分布在美国各地区的12个联邦储备银行组成。美联储主要的货币政策由联邦储备局委员和联邦储备银行的主席共同参与制定，以避免政策决策权过于集中在少数几个地区（如华盛顿和纽约）。

美国第一银行和第二银行当初因不被大众接受而最后被迫关闭，其中一个重要原因就是这两个银行都位于美国东北部的费城，被很多人认为主要服务于东北部的一些富豪商人，而不是所有美国人。美联储在成立时认真汲取了这个教训。

在组织形式上，美联储采用的是联邦政府机构加非营利性机构的双重组织结构，从而避免了货币政策完全集中在联邦政府手里。美联储把12个联邦储备银行设立成非营利机构而非政府机构的一个初衷就是希望制定货币政策时能同时考虑政府和私营部门的声音。虽然位于华盛顿的联邦储备局是美国联邦政府的一部分，但12家联邦储备银行不属于联邦政府机构，而是非营利性私营组织。但需要强调，联邦储备银行不同于一般的私营组织。联邦储备银行并不以营利为目的，而与联邦储备局一起承担美国中央银行的公共职能。

目前，12 个联邦储备银行的总部分别位于波士顿、纽约、费城、克里夫兰、里士满、亚特兰大、芝加哥、圣路易斯、明尼阿波利斯、堪萨斯城、达拉斯和旧金山。而每个联邦储备银行在辖区内又设有分支机构。比如达拉斯联储总部在达拉斯，但同时在休斯敦、圣安东尼奥和艾尔帕索设有分部。由于每个联邦储备银行管理一个大区，这些银行往往被简称为“地区联储”。很显然，多数联邦储备银行分布在美国的东北部地区。这主要是由于美联储 1913 年成立时，美国的经济重心主要集中于东北部。

作为美国的中央银行，美联储从美国国会获得权利。它被看作是独立的中央银行，因其决议无需获得美国总统或者立法机关的任何高层的批准，它不接受美国国会的拨款，其成员任期也跨越多届总统及国会任期。其财政独立是由其巨大的盈利性保证的，主要归功于其对政府公债的所有权。它每年向政府返还几十亿美元。当然，美联储服从于美国国会的监督，后者定期观察其活动并通过法令来改变其职能。同时，美联储必须在政府建立的经济和金融政策的总体框架下工作。

资料来源：搜狗百科，http：//baike. sogou. com/v418111. htm？fromTitle

（二）复合式中央银行制度

复合中央银行制度是指一个国家没有设专司中央银行职能的银行，而是由一家大银行集中中央银行职能和一般存款货币银行经营职能于一身的银行体制。这种复合制度主要存在于过去的苏联和东欧等国。我国在 1983 年以前也一直实行这种银行制度。

（三）跨国中央银行制度

跨国中央银行制度是指由若干国家联合组建一家中央银行，由这家中央银行在其成员国范围内行使全部或部分中央银行职能的中央银行制度。其主要职能是：发行货币、为成员国政府服务、执行共同的货币政策及其有关成员国政府一致决定授权的事项。其显著特点是跨国界行使中央银行的职能，一般地，它与一定的货币联盟相联系。实行跨国中央银行制度的国家主要在非洲和东加勒比海地区，目前，西非货币联盟、中非货币联盟、东加勒比海货币区属于跨国中央银行的组织形式。1998 年 7 月 1 日欧洲中央银行正式成立，1999 年 1 月 1 日欧元正式启动。欧洲中央银行的成立和欧元的正式启动，标志着现代中央银行制度又有了新的内容并进入了一个新的发展阶段。

（四）准中央银行制度

准中央银行制度是指有些国家或地区只设置类似中央银行的机构，或由政府授权某个或几个商业银行，行使部分中央银行职能的体制。新加坡是准中央银行制度的典型代表。新加坡不设中央银行，而由货币局发行货币，金融管理局负责银行管理、收缴存款准备金等业务。中国香港也曾实行过准中央银行体制，在过去较长时期并无一个统一的金融管理机构，中央银行的职能由政府、同业公会和商业银行分别承担。1993 年 4 月 1 日，中国香港成立了金融管理局，集中了货币政策、金融监管及支付体系管理等中央银行的基本职能。但它又不同于一般中央银行，如发行钞票职能就是由渣打银行、汇丰银行和中国银行履行的，票据结算所一直由汇丰银行负责管理。

三、中央银行的性质

中央银行的性质是指中央银行自身所具有的特有属性，这是其在国民经济中的经济地位决定的，并随着中央银行制度的发展而不断变化。中央银行既是政府干预经济的重要金融工具，又是国家机构的组成部分，处于一国金融机构的首脑和领导地位，这就决定了中央银行的三大性质。

（一）中央银行的经营不以盈利为目的

获取利润是商业银行业务经营的目标。但中央银行业务经营的目标却不是获取利润，而是制定实施货币政策以确保货币政策目标的实现。例如，适时适度地调节货币供求量以使货币购买力稳定，审时度势地调控金融市场以使融资质、量正常合理。

（二）中央银行以政府和金融机构为业务对象

中央银行的业务对象不是一般的工商企业、家庭个人，而是一国政府、一国金融机构。在对政府业务方面，主要表现为充当政府经济顾问，为政府经济决策提供咨询，代理国库，向政府发放贷款等。在金融机构业务方面，主要有再贷款、再贴现、提供票据清算等。

（三）中央银行是特殊的国家机关

中央银行是国家机构的重要组成部分，是全国金融事业的最高管理机构，代表国家管理金融事业部门。但它又不同于一般的国家行政管理机构：（1）中央银行从事货币信用业务，具有银行属性，实行资产负债管理，有资本、有收益，与完全依靠财政拨付经费的政府机构显然不同。（2）中央银行是社会信用机构的枢纽。它自身是一个信用机构，由此获得创造供给货币的特殊权力，同时它又是信用活动、货币供给的源头。（3）中央银行业务具有较强的技术性和专业性，供给货币有一个特殊的传导过程，这也是其他政府机关业务活动所不能比拟的。（4）中央银行的货币政策目标是稳定币值，这是特殊的社会责任。中央银行具有相对独立的法律地位。

【想一想】

中央银行与商业银行有何不同？

四、中央银行的职能

中央银行作为国家调控宏观经济、管理金融事业的特殊金融机构，它的职能是由其性质决定的。按我国常用的分类方法，中央银行主要有以下职能。

（一）中央银行是发行的银行

所谓发行的银行，是指国家赋予中央银行集中与垄断货币发行的特权，是国家唯一的货币发行机构。中央银行掌管货币发行的基本职能主要体现在：（1）中央银行集中和垄断货币发行权是其自身之所以成为中央银行最基本、最重要的标志，也是中央银行发挥其全部职能的基础。（2）中央银行垄断货币发行权是统一货币发行与流通和稳定货币币值的基本保证。（3）货币发行是中央银行的重要资金来源，也为中央银行调节金融活动和全社会货币、信用总量，促进经济增长提供了资金力量。

（二）中央银行是银行的银行

所谓银行的银行，是指中央银行的业务对象不是工商企业和个人，而是商业银行和其他金融机构及特定的政府部门；中央银行与其业务对象的业务往来仍具有固有的办理“存、放、汇”业务的特征；中央银行为商业银行和其他金融机构提供支持、服务，同时也是商业银行和其他金融机构的管理者。具体表现在以下三个方面。

1. 集中存款准备金。为了保证存款机构的清偿能力，中央银行要求存款机构根据其存款种类和金额，按一定比例提交存款准备金（法定准备金和超额准备金），以便于中央银行理解和掌握各类存款机构的准备金状况，从而组织全国范围内的资金清算。

2. 充当商业银行等金融机构的“最后贷款人”。在商品经济发展过程中，不可避免地会由于经济波动引发金融危机，这不但会影响经济的健康发展，还会对经济造成破坏。为避免此情况发生，中央银行充当最后贷款人，通过再贷款、再贴现等手段，向资金周转困难的商业银行提供流动资金，补充其流动性的不足。

3. 组织、参与和管理全国的资金清算。中央银行对全国范围内的电子资金划拨系统，对商业银行各应收应付款项进行清算，同时对商业银行调拨资金提供划转服务。这不但有利于加快社会资金周转，节约资金成本，而且对提高资金使用效率也有重大意义。

4. 监督和管理银行业。中央银行代表政府管理全国金融机构，负责制定和执行金融法规和银行业务规章，使金融机构和金融市场的运作有章可循。

（三）中央银行是政府的银行

所谓政府的银行，是指中央银行根据法律授权制定和实施货币政策，对金融业实施监督管理，负有保持货币币值稳定和保障金融业稳健运行的责任；中央银行代表国家政府参加国际金融组织，签订国际金融协议，参与国际金融事务与活动；中央银行为政府代理国库，办理政府所需要的银行业务，提供各种金融服务。具体内容包括：代理国库、代理政府债券发行、为政府融通资金、提供特定信贷支持。

任务二　中央银行的主要业务

【学习情境】

央行为银行业改革投入 2.1 万亿四年收益 1 万亿

2008 年 3 月 5 日，全国政协委员、中国人民银行广州分行行长马经在小组发言时透露，目前中国人民银行为中、工、建、交等商业银行改革所支付的成本约为21 000亿元。

马经表示，在存款保险制度尚未建立之前，我国国有商业银行改革最终买单的都是中国人民银行。到现在为止，央行为中、工、建等金融机构付出的改革成本达到21 000亿元，这主要包括几次注资和不良资产的剥离。

资料显示，早在2003年10月，国务院已经决定将部分外汇储备注资商业银行，并选择了中行和建行作为试点，这两家银行共获得450亿美元注资，2005年工商银行获得150亿美元注资。虽然注资人是中央汇金，但这笔资金是记在央行的账面上。而在不良资产的剥离方面，2004年5月22日，中行和建行分别剥离1 400亿元和569亿元不良资产，6月21日，中行和建行再次剥离不良资产共计2 787亿元。

其实，国家也从国有商业银行的改制过程中获得收益。马经表示，目前这几家银行经过改革都已经上市，这几家金融机构通过溢价、分红、缴税创造的效益是31 000亿元，由此计算，2.1万亿元投入所取得的收益为1万亿元。

目前，国家开发银行、光大银行和农业银行的改革重组正在进行，国家开发银行和光大银行已经获得200亿美元的注资，农业银行的注资规模尚未确定，外界传言农行注资将达到400亿美元左右。

资料来源：记者苏曼丽，新京报，2008-03-06.

分组讨论：（1）央行为什么要为国有商业银行改革注资？（2）除注资外，央行还可以采取哪些管理措施？

【知识链接】

中央银行资产负债表是指中央银行在履行职能时业务活动所形成的债权债务存量表。中央银行资产负债业务的种类、规模和结构都综合地反映在资产负债表上。一般而言，根据银行资产负债表所反映的资金运动关系，银行业务可以分为负债业务、资产业务和其他业务。

表9-1给出了一个中央银行资产负债平衡表的一般格式。简化的中央银行资产负债表一般有资产项目和负债项目两部分组成。

表9-1　　简化的中央银行资产负债表

资产项目	负债和资本项目
贴现及放款	流通中货币
各种证券及财政借款	各项存款
	政府和公共机构存款
	商业银行等金融机构存款
黄金外汇储备	其他负债
其他资产	资本账户
资产项目合计	负债及资本项目合计

在中央银行的资产负债表中，由于有的自有资本也是其资金运用的来源之一，因此将其列入负债方。但实际上，自有资本不是真正的负债，其作用也不同于一般负债，因此如果把自有资本从负债中分列出来，资产和负债的基本关系可以用以下3个公式表示。

资产 = 负债 + 资本项目

负债 = 资产 − 资本项目

自有资本 = 资产 − 负债

中央银行可以通过调整自身的资产负债结构来进行宏观金融调控。

一、中央银行的负债业务

中央银行的负债是指金融机构、政府、个人和其他部门持有的对中央银行的债权。中央银行信用体现了国际间的相互借贷关系，是债权债务关系的国际化。在国际信用的负债业务主要包括货币发行业务、存款业务等。

（一）货币发行业务

在现代货币制度下，货币发行是通过中央银行的具体业务形成的。货币发行具有双重含义：一是指货币从中央银行发行库，通过各家银行业务库流向社会；二是指货币从中央银行流出的数量大于从流通中回笼的数量。中央银行发行的货币通过再贴现、再贷款、购买有价证券和收购黄金外汇投入市场，成为流通中货币，成为中央银行对公众的负债。

货币发行是中央银行主要的负债业务，通过这项业务，中央银行既为商品流通和交换提供流通手段和支付手段，也相应筹集了社会资金，满足中央银行履行其各项职能的需要。按性质不同，货币发行可以分为经济发行与财政发行。经济发行指中央银行根据国民经济发展的客观需要增加现金流通量；财政发行是指因弥补国家财政赤字而进行的货币发行。

就中国人民银行而言，由于人民币是我国唯一合法的货币，所以人民币的发行遵循的是由中国人民银行垄断发行的原则，具体包括以下几个方面。

1. 人民币发行原则。

（1）集中统一发行原则。集中是指人民币的发行权集中于代表国家的中央政府——国务院。统一是指国家授权中国人民银行统一垄断货币发行。除中国人民银行外，任何地区、任何单位和个人都无权发行货币或发行变相货币。

（2）计划发行原则，是指货币发行要根据国民经济发展的要求，有计划地发行。具体由中国人民银行总行提出货币发行计划，报国务院批准后组织实施。

（3）经济发行原则，或称信用发行原则，是财政发行的对称，是指根据国民经济发展情况，按照商品流通的实际需要而进行货币发行。这种发行是在经济增长的基础上增加货币投放，是为了适应和满足商品生产和商品流通对货币的客观需要，不会引起物价波动和通货膨胀。

2. 人民币发行准备。中国人民银行人民币发行准备目前是黄金、外汇及政府债券联合准备制度。由于发行的人民币是在信用关系基础上产生的执行货币职能的价值符号，是一种信用货币，不能兑换贵金属，因此也就不需要使用黄金等贵金属作为发行人民币的准备。

3. 人民币发行程序。具体而言，人民币发行程序主要有以下三个环节：首先，由中国人民银行根据国家经济发展的实际需要，通过编制全国信贷计划和现金计划确定年度货币发行总额，报经国务院批准后执行。其次，核定省、自治区和直辖市货币的投放和回笼计划。最后，由中国人民银行发行库办理现金出入库。中国人民银行设立人民币发行库，在其分支机构设立分支库，负责保管人民币发行基金。人民币发行基金是指由制钞厂解缴、中国人民银行保管的未进入流通领域的人民币。发行基金的调拨应按中国人民银行的规定办理。中国人民银行的货币发行主要通过普通银行的现金收付业务活动实现。商业银行存取款必须在中国人民银行开立存款户。中国人民银行在营业时间内，对商业银行办理现金存取业务。

商业银行向中国人民银行存取现金，以开户商业银行为单位办理；开户商业银行下属基层处（所）的现金，由开户商业银行调剂后统一向中国人民银行存取。当商业银行基层行现金不足时，商业银行应填写现金支票，到当地中国人民银行在其存款账户余额内提取现金，于是人民币从发行库转移到商业银行基层行处的业务库，意味着这部分人民币进入流通领域。当商业银行基层行处的现金超过其业务库库存限额时，商业银行应将超过的部分填制现金交款单，送交中国人民银行。该部分人民币进入发行库，意味着退出流通领域。

（二）存款业务

存款业务是中央银行的主要负债之一。中央银行的存款一般可分为商业银行等金融机构的准备金存款、政府存款、非银行金融机构存款、外国存款、特定机构和私人部门存款等几种。

1. 准备金存款业务。存款准备金是指中央银行依据法律赋予的权力，根据宏观货币管理、控制金融体系信贷额度，以及维持金融机构资产流动性的需要，来规定商业银行等金融机构向其交存存款准备金的比率和结构，并根据货币政策的变动对既定比率和结构进行调整，借以间接调控社会货币供应量的制度。存款准备金由两部分组成：一部分是自有准备，通过以库存现金的方式存在；另一部分是法定存款准备金，即根据法律规定，商业银行按照一定比例转存中央银行的部分，在专业银行存款中超过法定准备金的部分称为超额准备金。

2. 政府存款。中央政府存款一般包括：国库持有的货币、活期存款、定期存款和外币存款。我国中央银行资产负债表中的“政府存款”是指各级财政在中国人民银行账户上预算收支的余额。

3. 非银行金融机构存款。并不是所有的国家都将非银行金融机构的存款纳入准备金存款业务。当不纳入准备金业务时，中央银行将其作为一项单独的存款业务。此时，主要是为了这些机构清算的便利，中央银行在这类业务上具有很大的被动性，但能够通过利率作些许调节。我国的非银行金融机构不需缴纳法定存款准备金，其在央行的存款主要是为了结算方便。

4. 外国存款。这项存款债权人为外国中央银行或政府，用于贸易结算和债务清算。其多少由外国存款者决定，本国中央银行处于被动地位。但由于其数量较小，对本国基础货币投放的影响相对有限。

5. 特定机构和私人部门存款。这项存款是为特定目的而收存的非金融机构存款，主要是向这些机构发放贷款而形成的存款或为扩大中央银行资金来源而收存。中国人民银行的该类存款在1998年以前主要为机关、团体、部队的财政性存款，1998年准备金制度改革后则只有部队存款。私人部门存款一般不允许中央银行吸收，即使允许，也只限于特定对象且数量很小。

6. 特种存款。特种存款是指中央银行根据商业银行及其他金融机构信贷资金营运情况，根据宏观调控和货币政策需要，要求这些金融机构以存款方式向其交存一定数量的存款，是中央银行的一种直接信用控制方式。具有非常规性、对象的特定性、存款期限较短、数量和利率由中央银行规定且具有一定强制性等特点。

中央银行吸收存款的主要意义有：第一，中央银行吸收商业银行的存款准备金，有利于调节和控制信贷规模和货币供应量；第二，中央银行集中保管存款准备金，充当商业银行的最后贷款人，有利于维护金融企业安全；第三，商业银行和财政把存款存入中央银行有利于资金清算的顺利进行。

【读一读】

存款准备金制度

由于存款准备率的变动对经济和金融所带来的调整效应比较强烈，中央银行不能把它作为短期的政策工具经常性地加以运用，因而存款准备率有变动幅度小、调整频率慢甚至长期稳定不动的趋势。

中国清朝政府从1905年8月开始建立户部银行（中国最早的中央银行），商业银行和银钱票庄的存款业务并未建立存款准备金制度。中华民国时期，南京国民政府1928年设立的中央银行对当时的中国银行、交通银行、中国农民银行和各地银行的存款业务也未建立起存款准备金制度。中华人民共和国成立前，于1948年12月1日由人民政权创办的国家银行——中国人民银行，既是发行银行又是具体全面办理银行业务的银行，实行全国集中统一的贷存款管理，存款由总行统一运用，贷款由总行统一分配，因而不需要建立存款准备金制度。中国1979年开始进行经济体制改革，从统一的中国人民银行体系中，先后分设了中国农业银行、中国银行、中国工商银行，并恢复了交通银行，组建了一些区域性的银行和非银行金融机构。1983年9月17日国务院决定中国人民银行专门行使中央银行职能，中国人民银行依法建立了存款准备金制度。1986年1月7日，国务院颁布《中华人民共和国银行管理暂行条例》，对存款准备金制度进一步作了法律规定。

我国存款准备金制度的主要内容：各专业银行吸收的各种存款都应缴存存款准备金。外资银行、中外合资银行、农村信用合作社、城市信用合作社和区域性、地方性银行都要缴存存款准备金。对不同存款规定了不同的法定存款准备率。1984年12月31日，中国人民银行规定存款准备金率：企业存款为20%，城镇储蓄存款为40%，农村存款为25%。1985年

1月1日改为统一的法定准备率，并降为10%。1987年第四季度各专业银行及金融机构缴存比例均上调两个百分点，1988年9月调到13%。对某些地区性银行按照改革试点的需要实行有区别的存款准备率，如对上海，按存款增加额的10%缴存存款准备金，对深圳地区银行则按存款增加额的3%缴存存款准备金。

存款准备金持有期按旬（月）计算，实行同期性准备金账户制，并向当地中国人民银行分支机构缴存。中国人民银行根据放松或者收缩银根的需要，对存款准备金的比例进行调整。同时，根据紧缩银根的需要，对专业银行另行规定了存款备付金（即超额准备金）比率，一般不得低于5%。

资料来源：搜狗百科，http：//baike. sogou. com/v7542577. htm? fromTitle

二、资产业务

中央银行的资产是指中央银行在一定时点上所拥有的各种债权。中央银行资产业务是指中央银行通过对银行资产的处理，以履行中央银行的职能，主要包括再贴现业务和贷款业务、证券买卖业务、国际储备业务及其他一些资产业务。

（一）贷款业务

中央银行的贷款对象是：商业银行、政府。对商业银行放款一般是短期、采用政府债券或商业票据为担保的抵押贷款。对政府放款包括对政府的正常借款、透支；证券投资性放款，即在二级市场购买公债。其他放款包括中央银行对外国银行和国际性金融机构的贷款以及对国内工商企业少量的直接贷款等。

（二）再贴现业务

中央银行开办贴现窗口，承办商业银行所持的未到期的已贴现票据的再贴现业务。中央银行再贴现是解决商业银行短期资金不足的重要手段，同时也是中央银行实施货币政策的重要工具之一。中央银行通过对再贴现价格——再贴现率的调节来影响商业银行介入资本的成本，刺激或抑制资金需求，实现对货币供应量的控制和调节。因此，再贴现率对市场利率影响很大。

（三）证券买卖业务

主要指中央银行的证券买卖。中央银行持有的证券一般都是信用等级比较高的政府证券。中央银行持有证券和从事公开市场业务的目的不是为了盈利，而是通过证券买卖对货币供应量进行调节。

（四）黄金与外汇储备

黄金与外汇储备是稳定币值的重要手段，也是国际间支付的重要储备。中央银行承担为国家管理黄金和外汇储备的责任，也是中央银行的重要资金运用。

三、其他业务

除了严格的负债业务和资产业务，中央银行还从事着一些其他业务，如资金清算业务、代理国库业务等。

（一）资金清算业务

作为银行的银行，各商业银行等其他金融机构都在中央银行开立账户，它们之间的资金往来和债权债务关系自然就要中央银行来办理。中央银行的资金清算业务大体分为三类：（1）集中票据交换。一般是由中央银行组织票据交换所，各商业银行持本行应付票据参加交换。（2）清算交换的差额。各商业银行之间应付款的差额，可利用其在中央银行的存款账户划转。（3）组织异地之间的资金转移。

（二）经理国库业务

国库是国家金库的简称，是专门负责办理国家预算资金收纳和支出的机关。国家的全部预算收入都由国库收纳入库，一切预算支出由国库拨付。作为政府的银行，中央银行负有办理和管理国库业务的重要职责。通过经理国库，确保国家预算资金及时收付、准确核算及库款安全，对于国家财政灵活调度资金、实现财政收支平衡、沟通财政与金融之间的联系、促进财政政策和货币政策的协调配合具有重要意义。

中央银行经理国库，主要有以下几个基本职责：（1）准确、及时地收纳国家各项预算收入。（2）为各级财政机关开立账户，审查并办理同级财政库款的支拨。（3）对各级财政库款和预算收入进行会计财务核算。（4）办理有关退库业务的具体事宜。（5）组织、管理和指导下级国库和国库经收处工作。（6）代理国库券发行与兑付等国家交办的与国库有关的工作。

四、中国人民银行的主要业务

2003 年修正的《中华人民共和国中国人民银行法》明确规定了中国人民银行的业务，概括为以下几点。

（一）货币发行业务

发行人民币的渠道是：货币由发行库出库到业务库投放到市场，然后由市场回归业务库，最终入库到中国人民银行发行库。中国人民银行负责收回、销毁残缺污损的人民币，而且是全国现金流通管理机关，负责人民币的反假、反洗钱等工作。

（二）经理国库业务

我国实行委托金库制，中国人民银行依照法律、行政法规的规定经理国库。

（三）存款准备金业务

我国从 1984 年开始建立存款准备金制度，中国人民银行即开办准备金存款业务。目前，除了商业银行，政策性银行、金融信托投资公司、租赁公司等金融机构也是中国人民银行准备金存款业务对象。

（四）再贴现及贷款业务

中国人民银行为在本行开立账户的金融机构办理再贴现，对商业银行和农村信用社办理再贷款。我国票据业务不发达，再贴现业务规模不大，对商业银行等金融机构的贷款一直是中国人民银行最主要的资产业务。

（五）证券业务

中国人民银行办理的证券业务包括：在公开市场上买卖国债和其他政府债券；代理国务院财政部门向金融机构组织发行、兑付国债和其他政府债券。

除了以上五个方面外，中国人民银行还经营黄金外汇业务、组织全国资金清算、对金融机构进行监督管理、开展金融调研统计等业务。

五、中央银行与政府的关系

中央银行与政府负有相同的使命。在任何经济和社会政治模式中，维持货币、金融、社会经济的稳定发展都是中央银行与政府的共同职责：（1）从货币政策自身的最终目标来看，中央银行的货币政策以稳定物价、充分就业、经济增长和国际收支平衡为四大目标，同时也是政府各种经济政策的主要目标。（2）从货币政策在整个国民经济政策中的地位和作用来看，货币政策的变化对经济全面发生影响，从而各国政府都十分重视货币政策的制定，并把它纳入与财政政策并列的最主要经济政策行列，直接置于政府的控制之下，其职责和权力具有国家政权的性质。

中央银行与政府的关系主要体现在以下几个方面。

第一，中央银行是“国家的银行”。它作为一国的最高金融管理机构，代表国家制定和执行金融政策，代为管理国家财政金库以及为国家提供各种金融服务。

第二，中央银行的货币政策要与政府的财政政策及其他政策相配合，共同调控一国的宏观经济活动。

第三，一些国家的中央银行还对政府提供信贷。但是，中央银行向政府财政贷款以弥补赤字的做法，往往会造成货币供应量的被动增加，影响币值稳定，因此许多国家对中央银行向政府提供融资规定了严格的条件。

第四，尽管中央银行与政府关系密切，但中央银行仍然保持相对的独立性，即中央银行能够独立地制定、执行货币政策。这样可以保持中央银行货币政策的连贯性，维护币值稳定，因此，中央银行并不完全受政府控制。

案例分析

中国人民银行决定进一步完善平均法考核存款准备金

2016年6月3日中国人民银行宣布，为进一步完善平均法考核存款准备金，增强金融机构流动性管理的灵活性，平滑货币市场波动，中国人民银行近期决定，自2016年7月15日起，人民币存款准备金的考核基数由考核期末一般存款时点数调整为考核期内一般存款日终余额的算术平均值。同时，按季交纳存款准备金的境外人民币业务参加行存放境内代理行人民币存款，其交存基数也调整为上季度境外参加行人民币存放日终余额的算术平均值。这一政策出来后立即使债市收益率小幅下行。

上周五央行发布调整存款准备金考核制度公告，将现行的时点法改为平均法，一定程度上提升了市场对货币政策继续宽松、资金利率保持低位的预期确定性。受此影响，本周一资金面继续宽松，隔夜和7天回购利率（存款类行情）均下行2BP至1.87%、2.35%，债券二级市场收益率亦出现不同程度下行。

具体来看，二级市场成交主要集中在流动性较好的中长期国债和国开债。如，5年国债15国债19成交在3.15%，较估值下行2BP；7年国债15国债14成交在3.325%，较估值下行2BP；10年国债15国债16成交在3.32%，较估值下行1BP；3年国开150201成交在3.32%，较估值下行2BP；3年国开150207成交在3.2875%，较估值下行2BP；5年国开150208最低成交在3.525%，较估值下行2.5BP；10国开150210最低成交在3.875%，收益率较前一交易日最大下行约4BP。

在经济下行压力仍然较大的情况下，预计财政政策和货币政策仍将进一步宽松，国内资金面有望保持持续宽松，同时财政政策也将继续发力，减缓经济下行斜率。本周需重点关注9月16日至17日美联储议息会议，如果美联储会议决定加息，短期看对国内债市是个冲击，如果不加息，对国内债市则是利好。而无论美联储在9月加不加息，短期美元大概率将出现回调，人民币贬值压力也有望有所缓解。

资料来源：作者代长城，金融界，http：//bond.jrj.com.cn/2015/09/15051819806335.shtml

思考：

1. 什么是平均法考核存款准备金？调整目的是什么？
2. 这一调整对货币市场、股市等金融市场又有哪些政策效应？

项目要点

1. 中央银行的产生需要一个漫长的过程，是代表国家管理金融的政府机关，不以盈利为主要目的。中央银行的制度形式包括四种。中央银行是发行的银行、银行的银行和政府的银行。

2. 中央银行的性质和职能是通过业务体现的，主要有负债业务、资产业务和中间业务。中央银行的独立性是其与政府关系的重要内容。

中央银行知识网络结构见图9－1。

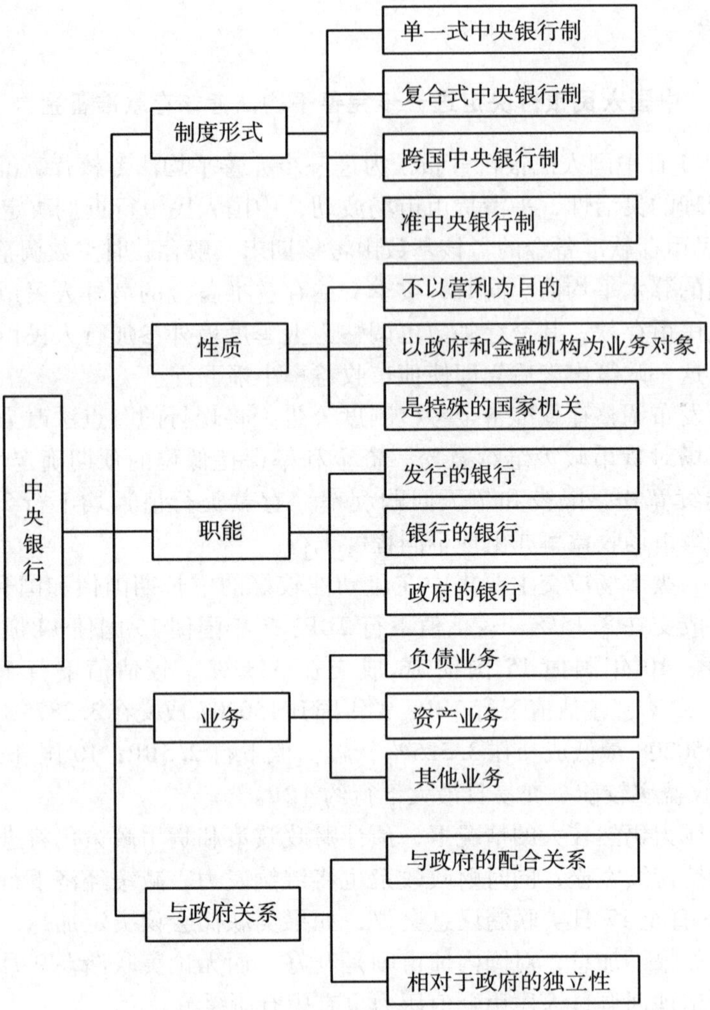

图9-1 中央银行知识网络结构

知识练习

一、单项选择题

1. 被认为是历史上最早的中央银行的雏形是（ ）。

A. 瑞典国家银行　　B. 意大利银行

C. 英格兰银行　　D. 日本银行

2. 下列国家或地区中央银行采取准中央银行制的是（ ）。

A. 苏联　　B. 美国　　C. 欧盟　　D. 香港

3. 中央银行的经营目标是（ ）。

A. 盈利　　B. 实现对金融的控制

C. 币值稳定　　D. 经济发展

4. 中央银行最大的存款来源是（　　）。
A. 商业银行缴纳的存款准备金　　B. 政府和公共部门的存款
C. 外国存款　　D. 财政金库存款

5. 中央银行最主要的贷款业务是（　　）。
A. 对财政部的放款　　B. 对商业银行的放款
C. 对外国银行的贷款　　D. 对国际性金融机构的贷款

二、多项选择题

1. 中央银行产生的客观经济基础有（　　）。
A. 发行银行券的需要　　B. 建立票据交换清算中心的需要
C. 发挥最后贷款人的需要　　D. 政府对金融事业进行管理的需要

2. 中央银行的职能有（　　）。
A. 发行的银行　　B. 银行的银行
C. 政府的银行　　D. 管理金融的银行

3. 中央银行货币发行必须遵循的原则有（　　）。
A. 垄断发行　　B. 消极原则　　C. 积极原则　　D. 依附美元

4. 中央银行的负债业务有（　　）。
A. 货币发行业务　　B. 证券买卖业务
C. 存款业务　　D. 资金清算业务

5. 中央银行的存款来源有（　　）。
A. 商业银行缴纳的存款准备金　　B. 政府部门的存款
C. 外国存款　　D. 公共部门的存款

技能测试

案例分析

日本银行

日本银行是日本的中央银行，在日本经常被简称为“日银”。日本银行本店，位于东京都中央区日本桥。日本银行的代表者是该行的总裁。

2004年11月25日，该行前桥支店的几名职员趁上司等管理人员不在的时候，在该年11月1日新发行的纸钞中，将其中认为具有稀少价值的四枚连码钞票取出，并将自己的非连码钞票替换的事件，在基于民众告发的内部调查中得以确认。该行职员被处以最高一个星期的停职等的处分，日本银行也以机构的形式公开道歉。在报道中却称这是“非营利目的”“并非盗窃是替换，无金额上的实际损害”，强调这只是一件轻微事件，这缺少站在“金融机关的人在上司背后以个人的目的接触‘公家的钱’”的立场，最终以较轻的惩处收场。

日本政府对日本银行决策的干涉由来已久，特别是在2000年日本经济出现走出紧缩的迹象，日本银行贸然加息导致经济重新步入衰退的情况下，政府的干涉更加频繁。2006年8

月日本政府甚至违反常规，修改物价指数计算方法以压低通货膨胀率，从而降低日本银行再次加息的必要性。虽然日本政府每五年一次例行调整CPI编制方式，但这一次在时机上却令人怀疑，因为修改时间发生在货币政策出现历史性转折和CPI年增长率转为正值后不久。

2007年1月18日，日本银行货币政策会议前，市场曾普遍预期该次会议上日本银行将加息25个基点。但是随着日本政府官员的轮番口头劝导和派代表出席货币政策会议，日本银行终于屈服，以6∶3的投票结果维持利率在0.25%的超低水平不变。

在发达国家中，一直信奉政府不能干预中央银行的原则，日本银行也标榜自己具有货币政策的独立性。但这次维持利率不变清楚地表明，日本银行的独立性远远不及其他西方国家，甚至有沦为政府附庸的嫌疑。

资料来源：搜狗百科，http：//baike. sogou. com/v284180. htm？fromTitle

思考：

1. 日本银行存在哪些缺陷？
2. 为什么日本银行的独立性很难得到保障？

素质拓展

角色扮演：各小组分别选择一个国家的中央银行组织体制，组员分角色体验各个部门的职责及业务范围。

模块三

宏观均衡

项目十　货币供求与均衡

学习目标

（一）知识目标

掌握货币需求与货币需求量的含义；认识典型的货币需求理论；掌握货币供给的含义；理解货币层次的划分；理解货币供给机制；理解存款派生机制；理解货币均衡的含义。

（二）技能目标

能利用所学理论解释人们持有货币的动机；能描绘货币供给机制；能解释货币失衡现象。

（三）素质目标

形成对经济的宏观认识，培养学生解释、解读经济现象的能力。

【案例导入】

2018 年中国货币供应量

货币供应量 2018 年中国流通中现金（M0）供应量为 73 208. 4 亿元，同比增长 3. 60%；2018 年中国货币（M1）供应量为 551 685. 91 亿元，同比增长 1. 50%；2018 年中国货币和准货币（M2）供应量为 1 826 744. 22 亿元，同比增长 8. 10%。

资料来源：国家统计局（2019）。

思考：

1. 什么是货币供应量?
2. 我国的货币层次是怎么划分的?

任务一　货币需求

【学习情境】

为引导金融机构加大对小微企业的支持力度，增加银行体系资金的稳定性，优化流动性结构，央行决定，从 2018 年 4 月 25 日起，下调大型商业银行、股份制商业银行、城市商业银行、非县域农村商业银行、外资银行人民币存款准备金率 1 个百分点；同日，上述银行将各自按照“先借先还”的顺序，使用降准释放的资金偿还其所借央行的中期借贷便利（MLF）。

资料来源：中国经济网，http：//finance. ce. cn/rolling/201804/18/t20180418_28861127. shtml.

任务描述

分小组讨论：中国人民银行为什么普遍下调存款准备金率，存款准备金率下调后，社会对货币的需求有什么变化？

【知识链接】

我们需要衣服，是因为衣服能为我们御寒；我们需要食物，是因为食物能为我们充饥；我们需要汽车，是因为汽车能代替我们长途跋涉。

因此，职能产生需求，不同物品的特有职能使我们产生了对它们的需求，货币也不例外。但货币与其他商品不同，货币是交易媒介，它可以与其他任何商品交换，我们主观心理上对货币的需求可能是无限的。我们即将学习的货币需求是这样的吗？答案是否定的。

那么，什么因素决定我们对货币的需求量，是货币需求理论一直探讨的问题。与货币需求相对应的是货币供给。供求均衡是经济学理论的基本论题。谁是货币供给的提供者？货币供给又是怎样被提供出来的？怎样才能使货币供给量与货币需求量相一致？这是我们本项目学习的主要问题。

一、货币需求与货币需求量

提到货币需求，人们并不陌生。在现代经济活动中，无论是财政活动、企业生产经营，还是居民个人生活都离不开货币。因此，社会各个部门的经济活动都会形成对货币的需求。到底什么是货币需求，人们又不同的理解。

所谓货币需求，就是社会各部门（政府、企事业单位和个人）愿意并且能够以货币形式持有财富的动机或行为。而货币需求量则是指一定时期内，社会成员需要货币数量的总和。

在当今社会中，几乎每个人心中都有自己的“货币需求”，但是，如果我们随机找几个人请他们把各自心目中的货币需求讲出来时，我们会发现，每个人的回答都不一样，甚至是大相径庭。有些人会从个人角度考虑，有些人可能会从企业角度考虑，有些人则是从宏观角度考虑等。这就需要我们从不同的角度对货币需求进行分析。

（一）从方法论角度分析

货币需求有主观货币需求和客观货币需求之分。主观货币需求，是指社会各部门在主观上或者动机上希望自己拥有多少货币；客观货币需求，是指在某一经济条件下，社会各部门应该占有多少货币。

（二）从货币需求的性质分析

货币需求可分为名义货币需求和实际货币需求。名义货币需求，是指在不考虑物价变动的情况下引起的货币量需求；而实际货币需求则是指在剔除了物价变动因素后的实际货币需求。两者的区别在于是否剔除了物价变动的影响。

（三）从国民经济整体的角度分析

货币需求可分为宏观货币需求和微观货币需求。宏观货币需求，是指国家在一定时期总体经济运行中对货币的需求；微观货币需求，是指需求主体（政府、企业和个人）所保有货币量，以及需求主体如何配置自己的资产更为有利的需求。

二、马克思关于货币需求量的理论

马克思从货币的功能及对经济的作用入手展开论述。概括起来，主要有以下几点。

1. 商品流通决定货币流通，货币流通的基础和前提是商品流通，货币流通从属于或依附于商品流通，货币流通对商品流通也有一定的反作用。它科学地揭示了流通中为什么需要货币，货币流通应遵循什么样的基本规律。

2. 一定时期内，社会对执行流通手段职能的货币需求量取决于三个基本的因素，即商品可供量、商品的价格水平和货币流通速度，用公式可表示为：

执行流通手段职能的货币需要量 = 商品可供量 × 商品价格水平 ÷ 货币流通速度

很明显，此公式所反映的基本关系是商品的价格决定流通所需的货币量，而不是相反。因为，价格是货币流通的前提，没有价格就谈不上货币的流通。

马克思说，商品只有事先观念地转化为货币，即获得价格规定，表现为价格，才能实际地同货币相交换，转化成货币。因此，价格是货币流通的前提，虽然价格的实现表现为货币流通的结果。

3. 在考察了货币的支付手段职能之后，马克思认为，由于支付手段的实现会引起对货币需求量的增加，在货币周转速度不变的条件下，一定时期到期支付的总额越多，对货币的需求也就越多。也就是说，一定时期的货币需求量是由货币的流通手段和货币的支付手段共同构成的，现在我们来考察一定时期内的流通货币总额。假定流通手段和支付手段的流通速度是已知的，这个总额就等于待实现的商品价格总额加上到期支付总额，减去彼此抵销的支付，最后减去同一货币交替地时而充当流通手段、时而充当支付手段的流通次数。即流通中所需货币量 =（待实现的商品价格总额 - 延期支付总额 + 到期支付总额 - 彼此抵销支付）÷同名货币的流通速度。

三、凯恩斯的货币需求理论

凯恩斯于1936年在《就业利息与货币流通》中，系统地提出了他的货币需求理论，其显著的特点是注重对货币需求的各种动机的分析。

凯恩斯认为，人们之所以需要持有货币，是由于流动性偏好这种普遍的心理倾向。所谓流动偏好，是指人们在心理上偏好流动性，愿意持有货币而不愿意持有其他缺乏流动性资产的欲望。这种欲望构成了对货币的需求。

那么人们为什么偏好流动性，为什么愿意持有货币呢？凯恩斯认为，人们的货币需求是出自以下三种动机：交易动机、预防动机和投机动机。

（一）交易动机（transaction motive）

交易动机是指人们为了应付日常的商品交易而需要持有货币的动机。凯恩斯又把交易动机分为所得动机和业务动机两种。所得动机主要是指个人而言，业务动机主要是指企业而言。基于所得动机与业务动机而产生的货币需求，凯恩斯称之为货币的交易需求。

（二）预防动机（precautionary motive）

预防动机是指人们为了应付不测之需而持有货币的动机。凯恩斯认为，出于交易动机而在手中保存的货币，其支出的时间、金额和用途一般事先可以确定。但是生活中经常会出现一些未曾预料的、不确定的支出和购物机会。为此，人们也需要保持一定量的货币在手中，这类货币需求可称为货币的预防需求。

（三）投机动机（speculative motive）

投机动机是指人们根据对市场利率变化的预测，需要持有货币以便满足从中投机获利的动机。因为货币是最灵活的流动性资产，具有周转灵活性，持有它可以根据市场行情的变化随时进行金融投机。出于这种动机而产生的货币需求，称之为货币的投机需求。

凯恩斯认为，交易动机与预防动机是国民收入的函数，而投机动机的货币需求是随利率的变动而相应变化的需求，它与利率成负相关关系，利率上升，需求减少；反之，则投机动机货币需求增加。

由于交易动机而产生的货币需求，加上出于预防动机和投机动机而产生的货币需求，构成了货币总需求。

【读一读】

经济中需要多少货币

中央银行可以有很多办法来调节货币供应量。但货币供应量多少才算合适呢？为此，中央银行就要搞清楚社会上的货币需求是多少。

您可能会问，怎么还会有货币需求一说呢？谁不希望货币越多越好？这里不是说人们希望拥有多少“钱”，而是说，在人们已有的财富中，愿意把多少财富转化为货币的形式。举个简单的例子，假如您有100万元的财富，您愿意以什么形式持有它？有多少是股票、债券、房子之类的资产，又有多少是货币（现金和银行存款）？

20世纪30年代，大名鼎鼎的经济学家凯恩斯把人们持有货币的动机划分为交易性动机、预防性动机和投机性动机。

20年后，另一位著名的经济学家弗里德曼为货币需求理论增添了新的智慧，在他眼里，货币不仅仅是一种买卖的交换媒介，还是一种资产，人们总是在比较这些资产未来的收益状况，以便在不同的资产形式间作出选择。

现在，研究人员构建了许多数学模型，预测整个社会需要的货币数量，为相关经济决策提供必要的支持。然而，要准确预测整个社会需要多少货币是一件相当困难的事，许多国家的中央银行一直在为此不断努力。弄清了社会需要多少货币，中央银行也就可以据此调节货币供应量，实现供需的平衡。

资料来源：作者王婷、甄洪祥，新浪财经，http：//finance. sina. com. cn/roll/20081217/07382577679. shtml

四、弗里德曼的货币需求理论

美国经济学家弗里德曼认为货币数量论并不是关于产量、货币收入或物价水平的理论，而是货币需求的理论，即货币需求是由何种因素决定的理论。因此，弗里德曼对货币数量论的重新表述就是从货币需求入手的。

弗里德曼将货币看作是资产的一种形式，用消费者的需求和选择理论来分析人们对货币的需求。消费选择理论认为，消费者在选择消费品时，须考虑三类因素：收入，这构成预算约束；商品价格以及替代品和互补品的价格；消费者的偏好。

1. 影响人们货币需求的第一类因数是预算约束，也就是说，个人所能够持有的货币以其总财富量为限，并以恒久收入作为总财富的代表。恒久收入是指过去、现在和将来的收入的平均数，即长期收入的平均数。弗里德曼注意到在总财富中有人力财富和非人力财富。人力财富是指个人获得收入的能力，非人力财富即物质财富。弗里德曼将非人力财富占总财富的比率作为影响人们货币需求的一个重要变量。

2. 影响货币需求的第二类因数是货币及其他资产的预期收益率，包括货币的预期收益率、债券的预期收益率、股票的预期收益率、预期物价变动率。

3. 影响货币需求的第三类因数是财富持有者的偏好。将货币视同各种资产中的一种，通过对影响货币需求的 7 种因素分析，提出了货币需求函数公式。货币学派强调货币需求与恒久收入和各种非货币性资产的预期回报率等因素之间存在着函数关系，货币需求函数具有稳定性的特点。

$$M_d = f(P, rb, re. rm, \frac{1}{p^*}, \frac{Dp}{dt}, Y, W, U)$$

其中，Y 是实际恒久性收入，W 指非人力财富占个人财富的比率，Rm 为货币预期收益率，rb 为固定收益的证券利率，re 为非固定收益的证券利率，$\frac{1}{p^*}$为预期物价变动率，U 为其他的变量函数。

他强调恒久性收入的波动幅度比现期收入小得多，且货币流通速度也相对稳定，所以货币需求也比较稳定。

弗理德曼认为，货币需求函数具有稳定性，理由是：（1）影响货币供给和货币需求的因素相互独立。（2）在函数式的变量中，有些自身就具有相对的稳定性。（3）货币流通速度是一个稳定的函数。因此，货币对于总体经济的影响主要来自货币的供应方面。

弗里德曼的货币需求理论与凯恩斯货币需求理论的区别在于：

（1）在凯恩斯的货币需求函数中，利率仅限于债券利率，收入为即期的实际收入水平。

而在弗里德曼的货币需求函数中，利率则包括各种财富的收益率，收入则是具有高度稳定性的恒久收入，是决定货币需求的主要因素。

（2）凯恩斯的货币需求函数是以利率的流动性偏好为基础的，认为利率是决定货币需求的重要因素。而弗里德曼则认为，货币需求的利率弹性较低，即对利率不敏感。

（3）凯恩斯认为，货币流通速度与货币需求函数不稳定。而弗里德曼则认为，货币流通速度与货币需求函数高度稳定。

凯恩斯认为，国民收入是由有效需求决定的，货币供给量对国民收入的影响是一个间接作用的过程，即经由利率、投资及投资乘数作用而作用于社会总需求和国民收入。弗里德曼则认为，由于货币流通速度是稳定的，货币流通速度的变动则直接引起名义国民收入和物价水平的变动，所以货币是决定总支出的主要因素。

任务二　货币供给

【学习情境】

表 10－1 是中国人民银行调整法定存款准备金率的情况。

表 10－1　　2015 年 2 月～2019 年 1 月中国人民银行调整法定存款准备金率的情况

单位:%

公布时间	生效日期	大型金融机构			中小型金融机构		
		调整前	调整后	调整幅度	调整前	调整后	调整幅度
2019 年 1 月 4 日	2019 年 1 月 15 日	14.50	14.00	－0.50	12.50	12.00	－0.50
2018 年 10 月 7 日	2018 年 10 月 15 日	15.50	14.50	－1.00	13.50	12.50	－1.00
2018 年 6 月 24 日	2018 年 7 月 5 日	16.00	15.50	－0.50	14.00	13.50	－0.50
2018 年 4 月 17 日	2018 年 4 月 25 日	17.00	16.00	－1.00	15.00	14.00	－1.00
2016 年 2 月 29 日	2016 年 3 月 1 日	17.50	17.00	－0.50	15.50	15.00	－0.50
2015 年 10 月 23 日	2015 年 10 月 24 日	18.00	17.50	－0.50	16.00	15.50	－0.50
2015 年 8 月 25 日	2015 年 9 月 6 日	18.50	18.00	－0.50	16.50	16.00	－0.50
2015 年 4 月 19 日	2015 年 4 月 20 日	19.50	18.50	－1.00	17.50	16.50	－1.00
2015 年 2 月 4 日	2015 年 2 月 5 日	20.00	19.50	－0.50	18.00	17.50	－0.50

资料来源：东方财富网，http：//data.eastmoney.com/cjsj/ckzbj.html

任务描述

分小组讨论：降低法定存款准备金率对货币供给有什么影响？中央银行连续下调存款准备金率要达到什么目的？

【知识链接】

一、货币供给与货币供给量

货币供给是指一定时期内，一国的中央银行和商业银行向经济中投入、创造、扩张或者收缩货币的行为，是银行系统向经济中注入货币的过程。货币供给包括现金货币、存款货币等形式。货币供给过程如图 10－1 所示。

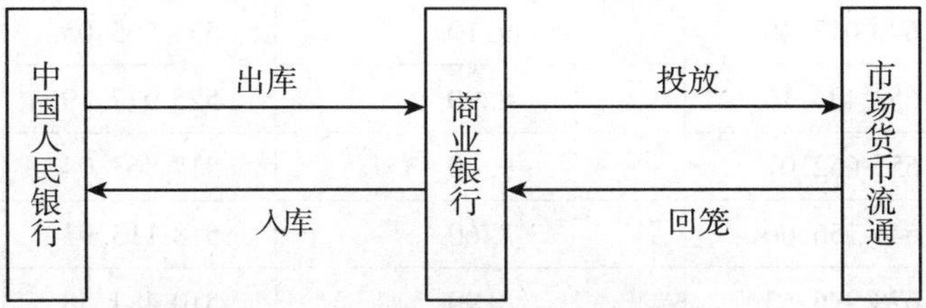

图 10－1　银行系统货币供给过程

货币供给量则是指一个国家在一定时点上存在于个人、企业、金融机构、政府等部门的现金和存款货币的数量。从信用货币的角度来说，货币供给量反映的是中央银行和商业银行供给货币所形成的、为社会大众所持有的债务总量。

二、我国货币层次的划分

货币供应量的基本结构是由现金、活期存款向各类存款和短期证券依次扩展，划分层次的基本标准或依据是货币的流动性强弱。

我国从 1984 年开始探讨对货币层次的划分，1994 年第三季度开始正式按季公布各个层次货币供给量的统计指标。目前，我国将货币划分为三个层次：（1）M_0 = 流通中的现金；（2）$M_1 = M_0$ + 活期存款；（3）$M_2 = M_1$ + 企业单位定期存款 + 城乡居民储蓄存款 + 证券公司客户保证金存款 + 其他存款。

【读一读】

我国货币供应量

我国货币（2017 年 4 月 ~2018 年 6 月）供应量如表 10－2 所示。

表 10－2　　2017 年 4 月 ~2018 年 6 月我国货币供应量

日期	货币和准货币（亿元）	货币和准货币同比增长（%）	货币（亿元）	货币同比增长（%）
2018 年 6 月	1 770 178.37	8.30	543 944.71	6.00
2018 年 5 月	1 743 063.79	8.30	526 276.72	6.00

续表

日期	货币和准货币（亿元）	货币和准货币同比增长（%）	货币（亿元）	货币同比增长（%）
2018 年 4 月	1 737 683. 73	8. 30	525 447. 77	7. 20
2018 年 3 月	1 739 859. 48	8. 20	523 540. 07	7. 10
2018 年 2 月	1 729 070. 12	8. 80	517 035. 99	8. 50
2018 年 1 月	1 720 814. 46	8. 62	543 247. 13	14. 97
2017 年 12 月	1 676 768. 54	8. 10	543 790. 15	11. 80
2017 年 11 月	1 670 013. 40	9. 10	535 565. 05	12. 70
2017 年 10 月	1 653 434. 16	8. 90	525 977. 19	13. 00
2017 年 9 月	1 655 662. 07	9. 00	517 863. 04	14. 00
2017 年 8 月	1 645 156. 60	8. 60	518 113. 93	14. 00
2017 年 7 月	1 628 996. 63	8. 90	510 484. 58	15. 30
2017 年 6 月	1 631 282. 53	9. 10	510 228. 17	15. 00
2017 年 5 月	1 601 360. 42	9. 10	496 389. 78	17. 00
2017 年 4 月	1 596 331. 87	9. 80	490 180. 42	18. 54

资料来源：中国经济网，http：//data. ce. cn/main/macrography/financedata/supplymoney/index. shtml

三、商业银行的业务活动与存款货币的创造

在现代金融体系中，商业银行是唯一能够经营活期存款的金融机构，而活期存款是货币供给量的重要组成部分，是可以通过商业银行的存、贷、汇等业务活动创造出来的。

（一）原始存款与派生存款、存款货币

要理解商业银行创造货币的原理，先要理解原始存款和派生存款这一对概念。

1. 原始存款，一般是指商业银行接受客户以现金形式存入的存款以及中央银行对商业银行的资产业务而形成的准备金存款。原始存款是商业银行从事资产业务的基础。

2. 派生存款，是指由商业银行在发行贷款、办理贴现或投资等业务活动中引申出来的存款，又叫衍生存款。商业银行派生存款的过程，就是吸收原始存款、发放贷款，发放的贷款又形成新的存款，继而又可发放贷款。该过程一直持续下去，不断在各银行存款户之间转移，最终使银行系统的存款总量增加。因此，银行创造派生存款的实质，是以非现金形式为社会提供货币供给量。

3. 存款货币。能够签发支票的活期存款发挥着与现金同样的购买功能，因此也将其称作存款货币。客户存入商业银行的活期存款，可以随时使用银行发给存户的支票簿签发支票进行日常支付和结算。若通过支票到银行提取现金，则活期存款直接就转化为了现金；若签发的支票用来支付货款或者偿还债务，它就成了信用流通工具并执行着货币的部分职能。所

以，从商业银行总体看，活期存款余额应视同货币，通常被称为存款货币。

（二）商业银行创造存款货币的前提条件

商业银行创造存款货币需要一定的前提条件：

1. 实行部分准备金制度。中央银行只要求商业银行将其吸收存款的一定比例缴存到中央银行的准备金账户，其余资金商业银行可以自主用于贷款等资产业务。

2. 非现金结算广泛使用。商业银行发放贷款一般不需要以现金形式支付，而是把贷款转入借款人在银行的活期存款账户，之后由企业通过转账支付方式使用贷款。

3. 市场中始终存在贷款需求。

（三）商业银行创造存款货币的过程

为了简要说明商业银行创造存款货币的过程，我们将上述前提条件更加具体化：

1. 法定存款准备金率为10%；

2. 所有银行都将其超额准备金用于发放贷款或购买证券，而不持有任何超额准备金；

3. 没有现金从银行系统中漏出，即存户不从他们的账户中提取现金，或者提取的现金用于支付后，收款的一方又立即将其存入银行。

【例10－1】 假设某存户甲将100万元作为活期存款存入A银行，则A银行增加原始存款100万元，按照10%提取法定存款准备金10万元，剩下90万元全部贷给乙，乙将这90万元用于支付丙的货款，丙再将这90万元存入B银行，B银行增加90万元存款，按照10%提取9万元法定存款准备金，剩下81万元贷给丁，丁又将其支付给戊，戊将这81万元存入银行C，银行C又用来继续贷款，如此循环下去，则存款货币的派生过程如表10－3所示。

表10－3　　存款货币创造过程　　单位：万元

银行名称	存款增加额	法定存款准备金	贷款增加额
A银行	100	10	90
B银行	90	9	81
C银行	81	8.1	72.9
D银行	72.9	7.29	65.61
…	…	…	…
…	…	…	…
合计	1 000	100	900

从表10－3可以看出，经过商业银行的信用货币创造，最初的100万元原始存款在整个银行体系中总计产生1 000万元存款，创造了900万元派生存款。

【算一算】

如果将法定存款准备金率变成20%，则银行系统能创造多少存款？银行系统吸收的存款总额与法定存款准备金率有什么关系？

如果以 ΔR 表示原始存款的增加额，r_d 表示法定存款准备金率，ΔD 表示包括原始存款在内的经过派生的存款增加总额，则这三者之间的关系可表示为：

$$\Delta D = \Delta R / r_d \tag{10-1}$$

式（10－1）也可以变成：

$$\frac{1}{r_d} = \frac{\Delta D}{\Delta R} = K \tag{10-2}$$

K 通常被称为存款派生乘数，表示一笔原始存款经过商业银行的派生最大可能扩张的倍数。

式（10－2）显示，存款派生乘数是法定存款准备金率的倒数。由此可知，法定存款准备金率是影响商业银行存款派生能力的主要因素。如提高法定存款准备金率，假定从 10% 提高到 20%，则存款派生乘数从 10 倍变成 5 倍，存款总额也从 1 000 万元变成 500 万元；反之若降低法定存款准备金率到 5%，则存款派生乘数由 10 倍变成 20 倍，存款总额也从 1 000万元变成 2 000 万元。所以，中央银行可以通过提高或降低法定存款准备金率，降低或提高商业银行的存款派生能力，从而达到调节市场中货币供给量的目的。

在【例 10－1】中，我们假定商业银行只存在法定存款准备金，没有超额存款准备金。但商业银行在现实的经营中，除了在中央银行有法定存款准备金外，还通常持有超额存款准备金，目的是为了维护自身安全和稳健经营。超额存款准备金占存款总额的比率就是超额存款准备金率（e），超额存款准备金率对商业银行存款派生能力的影响机理与法定存款准备金率相同，也与存款派生乘数呈反向变动关系。

另外，我们也假定了客户不会提取现金，而现实生活中，存款客户通常会或多或少地从银行提取现金，从而使部分现金流出银行系统，出现所谓的现金漏损。这些漏出银行体系的现金（即流通中的现金）与存款总额的比率被称为现金漏损率（c）。这部分现金漏损同样使得商业银行存款派生能力下降，现金漏损率越高，商业银行的派生能力就越低，反之则越高。

因此，加入超额存款准备金率、现金漏损率的影响，存款派生乘数变为：

$$K = \frac{1}{r_d + e + c} \tag{10-3}$$

四、货币供给机制与基础货币

所谓货币供给机制，是指在经济运行过程中，货币通过什么途径、如何进入流通，并形成连续不断的货币运动。在现代信用货币制度下，一国的货币供给是通过中央银行提供基础货币，在货币乘数的作用下，经过商业银行的信用扩张共同完成的。要了解货币供给过程，还需要了解中央银行创造的基础货币。

中央银行在货币供给机制中的作用主要是通过提供基础货币来发挥的。基础货币，又称强力货币或高能货币，是指流通于银行系统以外的现金和商业银行存在中央银行的存款准备金之和，可用公式表示为：

$$B = C + R \quad (10-4)$$

其中，B 为基础货币，C 为流通中的现金，R 为商业银行在中央银行的存款准备金。

C 和 R 都是中央银行的负债，中央银行对这两部分具有直接的控制能力。现金的发行权由中央银行垄断，中央银行对商业银行的准备金存款也有较强的控制能力。比如，中央银行可以通过改变法定存款准备金率来影响商业银行的信贷能力；也可通过改变再贴现率、再贷款条件等办法来改变商业银行的准备金数量；还可以通过公开市场业务操作，对商业银行买进或卖出金融资产来改变商业银行的准备金数量。

【读一读】

中国式货币创造与财富神话

中国 M2 规模成为世界第一，是央行、商业银行、政府、企业和个人合力推进的结果。从本质看，这是中国经济在全球份额上升的结果，只是货币份额的升幅大大超过经济增速。

回顾 1978 年至今的中国货币创造过程，可以发现，中国的货币创造大致经历了引进外资、出口导向、房地产开发这三个大阶段，这与中国的城市化进程密不可分。

如果从银行的资金来源与运用来分析，作为资金一方来源的 M2 大致等于作为资金运用一方的贷款加上外汇占款，不难发现，2004 ~ 2008 年，当出口增长迅猛、贸易顺差不断扩大、热钱流入增加时，每年新增外汇占款约占到新增 M2 的一半；而当全球经济进入低迷和复苏阶段时，大规模投资所带动的信贷增长又占到新增 M2 的 70% ~ 80%，支持了 M2 的高速增长。

中国 M2 高速增长的体制方面的因素主要有：长期的高储蓄率、大中型银行的政府背景和垄断地位导致其资本金规模的扩张以及金融体制改革缓慢等。

货币超发与 M2 高速增长，不仅是导致目前资产泡沫（尤其是房地产）的主要推力，也是目前通胀的主要原因；同时，也拉大了贫富差距，从而使得最终消费对 GDP 的贡献下降，中国经济的结构性问题日趋严峻。

而中国的财富神话与通胀一样，都是货币超发的反映，财富神话是过量货币在资产上的体现，通胀是在商品上的体现。谁敢用杠杆购买更多高端稀缺资产，谁就实现了财富神话。

资料来源：作者李迅雷，财经网，http：//money. 163. com/16/0128/19/BEEJTMFR00253B0H. html

任务三　货币均衡与失衡

【学习情境】

任务描述

学生分组讨论：(1) 货币均衡和商品均衡什么关系？(2) 如果货币失衡，会对经济有什么影响？

【知识链接】

一、货币均衡与失衡的含义

货币均衡与货币失衡是用来说明货币供给与货币需求之间关系的一对概念。概括来讲，所谓货币均衡，是指一国在一定时期内货币供给与货币需求基本相适应的货币流通状态。用 Md 表示货币供给，Ms 表示货币需求，则货币均衡可表示为：

$$Md = Ms \tag{10-5}$$

货币均衡在经济上表现为市场繁荣，物价稳定，社会再生产过程中物质替换和价值补偿都能正常、顺利的进行。

与此相反，货币失衡是指一国在一定时期内货币供给与货币需求相偏离，两者之间不相适应的货币流通状态。

货币失衡有两种表现形式，一种是货币过多，另一种是货币不足。货币过多表现为物价上涨和通货膨胀；货币不足表现为通货紧缩，两者都会带来价格机制的扭曲。在现实经济生活中，绝对的货币均衡是不存在的，货币失衡反而是一种常见的经济现象。由于货币失衡的程度、范围不同，对经济生活的影响也不同。轻微的货币失衡并不一定对经济生活产生破坏作用，但严重的货币失衡则会对经济生活产生消极甚至是破坏性的影响。因此，尽管货币失衡是一种常见的经济现象，但对货币失衡也要保持足够的重视，尽可能地调节货币失衡，达到货币均衡。

二、货币均衡的影响因素

(一) 中央银行的市场干预

中央银行是一国经济的宏观调控者，它根据不同的经济状况，通过一系列货币政策工具的操作，增加或减少基础货币的供给，影响或引导市场利率的变化，进而影响货币供给与货币需求，使货币供给与需求朝着均衡的方向发展。

(二) 财政收支状况

国家财政收支要保持基本平衡，如果向中央银行借款来弥补财政赤字，则会导致货币投放增加，难以实现货币均衡。因此，保持财政收支平衡有利于货币均衡。

(三) 生产部门结构的合理性

若生产部门比例严重失衡，必然引起商品供求结构不合理，即社会供求失衡，最终会引起货币供求失衡。因此，调整生产结构，按照社会需求安排生产，使商品供求实现平衡，才有利于货币均衡。

（四）国际收支平衡状况

国际收支如果不平衡，就可能出现大量顺差或大量逆差，引起汇率波动，直接影响国内市场价格的稳定，使货币供求关系发生变化。

三、货币供求均衡的调节机制

在现代信用货币制度下，货币供求均衡的实现是靠利率机制触动的，中央银行通过利率、信贷和货币供应量的调整，以达到防止或治理货币失衡的目的。货币供求均衡的调节包括两个方面：一是在货币供给不足的情况下进行调节；二是在货币供给过多的情况下进行调节。

在货币供给不足的情况下，中央银行通过多种政策手段来扩大货币供给，刺激经济的健康发展。通常，国家采取扩张性财政政策，中央银行采取扩张性货币政策与之配套。例如，第二次世界大战后，各国采用凯恩斯主义的赤字财政政策，通过财政赤字，扩大货币供给，刺激整个社会的有效需求，以促进经济增长，使货币供求达到新的均衡。

在货币供给过多的情况下，中央银行可以从两个方面调节货币需求：一方面，通过紧缩货币政策，收紧银根，减少货币供给；另一方面，积极增加商品生产，扩大流通，增加人们的交易需求。

项目要点

1. 货币需求是指社会各部门（政府、企事业单位和个人）愿意并且能够以货币形式持有财富的动机或行为。而货币需求量则是指一定时期内，社会成员需要货币数量的总和。

2. 马克思从货币的功能及对经济的作用入手展开对货币需求的论述，科学地揭示了流通中为什么需要货币，货币流通应遵循什么样的基本规律。马克思的货币需求理论可用公式表示为：

执行流通手段职能的货币需要量＝商品可供量×商品价格水平÷货币流通速度

3. 凯恩斯认为，人们之所以需要持有货币，是由于流动性偏好这种普遍的心理倾向。所谓流动偏好，是指人们在心理上偏好流动性，愿意持有货币而不愿意持有其他缺乏流动性资产的欲望。这种欲望构成了对货币的需求。人们对货币的需求出自三个动机：交易动机、预防动机和投机动机。

4. 货币供给是指一定时期内，一国的中央银行和商业银行向经济中投入、创造、扩张或者收缩货币的行为，是银行系统向经济中注入货币的过程。货币供给包括现金货币、存款货币等形式。

5. 货币供给量则是指一个国家在一定时点上存在于个人、企业、金融机构、政府等部门的现金和存款货币的数量。从信用货币的角度来说，货币供给量反映的是中央银行和商业银行供给货币所形成的、为社会大众所持有的债务总量。

6. 目前我国将货币划分为三个层次：M_0 = 流通中的现金；$M_1 = M_0$ + 活期存款；$M_2 = M_1$ + 企业单位定期存款 + 城乡居民储蓄存款 + 证券公司客户保证金存款 + 其他存款。

7. 原始存款一般是指商业银行接受客户以现金形式存入的存款以及中央银行对商业银行的资产业务而形成的准备金存款。原始存款是商业银行从事资产业务的基础。

8. 派生存款是指由商业银行在发行贷款、办理贴现或投资等业务活动中引申出来的存款，又叫衍生存款。

9. 商业银行具有存款派生功能，原始存款经过商业银行派生的倍数被称为货币乘数，其公式为：

$$K = \frac{1}{r_d + e + c}$$

10. 货币均衡，是指一国在一定时期内货币供给与货币需求基本相适应的货币流通状态。用 Md 表示货币供给，Ms 表示货币需求，则货币均衡可表示为：

$$Md = Ms$$

与此相反，货币失衡是指一国在一定时期内货币供给与货币需求相偏离，两者之间不相适应的货币流通状态。

货币供求与均衡知识网络结构见图 10－2。

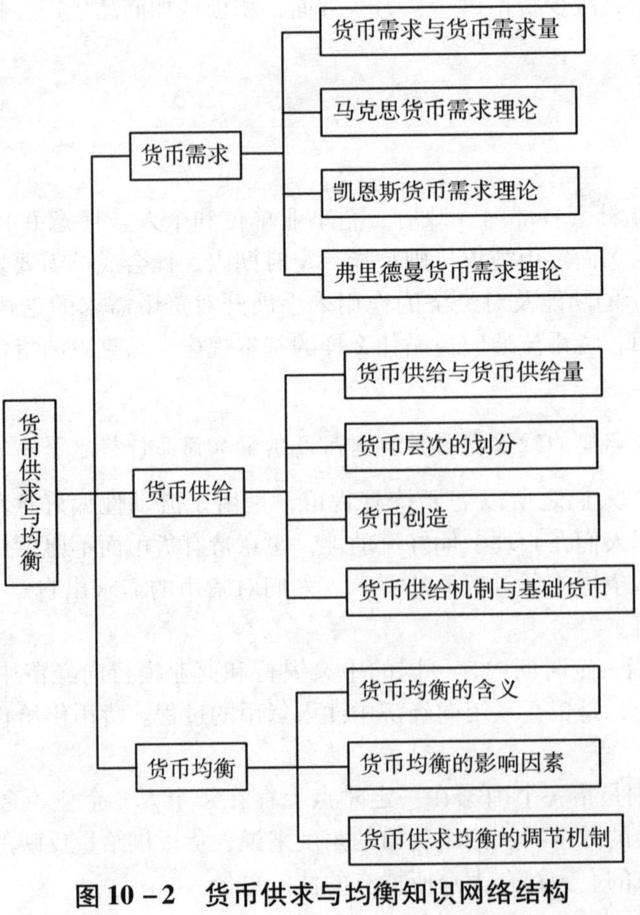

图 10－2　货币供求与均衡知识网络结构

知识练习

一、单项选择题

1. 根据马克思的货币需求理论，如果一定时期的商品供应量减少，则货币需求量（　　）。

A. 增加　　B. 减少　　C. 不变　　D. 没有相关联系

2. 划分货币层次的依据是（　　）。

A. 金融资产的流动性　　B. 金融资产的安全性

C. 金融资产的盈利性　　D. 金融资产的种类

3. 凯恩斯认为与利率的变动存在负相关的货币需求是（　　）。

A. 交易性货币需求　　B. 预防性货币需求

C. 营业性货币需求　　D. 投机性货币需求

4. 如果原始存款为100万元，法定存款准备金率为10%，现金漏损率为10%，不考虑超额存款准备金，则派生存款数为（　　）万元。

A. 500　　B. 400　　C. 1 000　　D. 900

5. 货币均衡的自发实现主要是靠（　　）。

A. 价格机制　　B. 汇率机制

C. 利率机制　　D. 中央银行宏观调控

二、多项选择题

1. 根据凯恩斯的货币需求理论，国民收入提高可以影响的货币需求动机有（　　）。

A. 交易性动机　　B. 投机性动机

C. 预防性动机　　D. 投资性动机

2. 决定货币乘数大小的因素有（　　）。

A. 物价水平　　B. 法定存款准备金率

C. 利率　　D. 提现率

E. 超额准备金率

3. 基础货币包括（　　）。

A. 商业银行的存款准备金　　B. 银行的派生存款

C. 流通与银行体系以外的现金　　D. 定期存款

4. 商业银行创造派生存款的两个条件有（　　）。

A. 现金结算制度　　B. 非现金结算制度

C. 部分准备金制度　　D. 全部准备金制度

5. 影响货币均衡的因素有（　　）。

A. 中央银行的市场干预和有效调控　　B. 财政收支状况

C. 生产部门结构的合理性　　D. 国际收支平衡状况

三、名词解释

货币供给　货币需求　货币均衡　原始存款　派生存款　货币乘数　基础货币

技能测试

案例分析

资产泡沫，通货膨胀与本币贬值——各经济体货币超发经验研究

货币超发会有什么后果？第二次世界大战以来，以美国、日本为代表的发达国家，以韩国、中国台湾为代表的亚洲新兴经济体，以及以巴西、阿根廷为代表的拉美国家，都曾经历过货币超发。发达经济体：货币高增引发滞胀，推升通胀和资产价格。20 世纪 70 年代初期，主要发达经济体经济增速整体下行。为了刺激经济企稳，各国（地区）中央银行大量增加货币供给，导致货币超发。其后果：一是通胀短期大幅飙升；二是房价长期高增。其间，黄金和石油等商品价格表现强劲，而股票、债券市场则表现疲软。2008 年金融危机后，为刺激经济企稳，美日欧纷纷推出量化宽松的货币政策，货币增速持续高于经济增速，但经济几乎没有增长，而过剩的流动性却滋生了金融市场的大泡沫。2015 年年中以来，随着美国加息预期升温、人民币汇率动荡等因素刺激，全球股市开始大幅调整，过剩资金又开始流入商品市场。而因为有 90 年代日本地产泡沫破灭和 2008 年美国次贷危机的前车之鉴，此轮货币宽松并未引发流动性大批量进入房地产市场。

韩国、中国台湾：货币超发催生泡沫，通胀贬值相继而来。20 世纪 60 ~ 70 年代，韩国和中国台湾地区依靠投资和出口拉动实现了经济的持续高速增长。由于投资主要依赖于信贷，货币供给保持高增速。但 80 年代末，韩国和中国台湾经济进入转型期，增长中枢下行。但货币当局仍试图用积极货币政策托底经济，导致 M2 增速远高于 GDP 增速。其后果首先是引发了巨大的股市和地产泡沫，3 年间韩国和中国台湾股市翻了 10 倍以上，1988 年中国台湾房价接近翻番，而后货币当局收紧货币，泡沫破灭，过剩流动性“脱虚入实”，造成 90 年代初的通货膨胀。长期货币超发和通货膨胀带来贬值压力，而外债问题则成为“最后一根稻草”，最终导致亚洲金融危机期间韩币、台币大幅贬值。

拉美国家：印钞融资货币失控，恶性通胀本币贬值。20 世纪 80 年代，拉美国家经济停滞，财政赤字进一步恶化，发行货币成为主要的政府融资手段。政府毫无节制地通过印钞进行融资，令拉美主要国家在整个 80 年代均处在货币供给失速的状态中。而过量货币则引发拉美“超级通胀”，巴西和阿根廷分别在 1990 年和 1989 年经历了约 3 000% 的 CPI 同比增速水平。失控的超级通胀导致资本外流，货币持续贬值。为抗击通胀，拉美国家选择了高估本币的政策。但高估汇率令拉美国家本已脆弱的出口竞争力进一步遭受毁灭性打击，加之遭受国际市场攻击，最终巴西和阿根廷不得不放弃干预，大幅贬值。恶性通胀最终导致房地产市场的美元化，使得房价易受外汇政策的冲击，持续缺乏活力。

总结：货币超发代价重重，改善经济仍靠改革。上述各经济体普遍是在经济低迷时期超发货币，试图刺激经济，但都未能如愿。而超发的货币使各类资产价格上涨，引发通货膨

胀、金融资产价格泡沫，以及本币贬值。其代价则是居民财富缩水、经济进一步受挫，甚至引发金融危机。20 世纪 80 年代美国和英国分别采用减税和国企改革走出衰退，而韩国也依靠国企改革重振经济。但拉美国家却饮鸩止渴，错失产业结构升级时机，仍陷衰退泥潭。这意味着，货币超发无助于改善经济，只会推升物价或者资产价格，代价重重。改革必然带来阵痛，但却是提升经济体质的“华山一条路”。长痛还是短痛？这是一个选择题。

资料来源：作者姜超、顾潇啸等，华尔街见闻，https：//wallstreetcn. com/articles/247090

思考：

1. 货币超发会有什么后果？
2. 确定货币发行规模要考虑因素？

素质拓展

登录中国人民银行网站，查找总结我国近几年货币供应量的变化，并绘制成图表。

项目十一　通货膨胀和通货紧缩

学习目标

（一）知识目标

理解通货膨胀和通货紧缩的含义、类型和测度指标；掌握通货膨胀与通货紧缩的主要成因；掌握通货膨胀和通货紧缩的影响和治理措施。

（二）技能目标

能描述通货膨胀和通货紧缩的含义和特点；能判断某经济现象是否属于通货问题；能解释通货膨胀和通货紧缩的形成原因；能联系实际分析通货膨胀和通货紧缩的影响。

（三）素质目标

培养学生科学的思维方法、良好的分析判断能力、阅读财经时事的习惯、善于观察生活的能力以及团队合作精神等。

【案例导入】

400元存款30年前可买一套房　如今只抵瓶茅台

1977年汤婆婆在银行里存了当时可以买下一套房子的400元钱，一忘就是33年。33年后，这400元存款产生了438.18元的利益，扣除中间几年需要征收的利息税2.36元，汤婆婆连本带息仅可取出835.82元。在通货膨胀预期再次抬头的今天，我们能够从汤玉莲婆婆的事例吸取到什么经验呢？

汤婆婆的400元在1977年确实是一笔“巨款”了。“当时全国人均存款只有20元。”中山大学岭南学院金融系教授王燕鸣告诉记者，“1977年一个普通工人的工资是36元。”网友京东散人说：“1977年一个大学生一个月的伙食费15元足够了。400元相当于大学生两年的伙食费。”也有媒体报道，当时这400元，足够买一套房子。

记者查询了一下1978年的物价情况：面粉0.185元~0.22元/斤，猪肉0.85元~1元/斤，北京地铁票价0.1元，水费0.12元/吨，中华香烟0.55元/盒，茅台酒8元/瓶……

根据当时的物价水平，记者计算了一下，汤婆婆当年可以用这笔钱买400斤猪肉，1 818斤面粉，727盒中华香烟或者50瓶茅台酒。但按现在的物价来计算，835.82元仅可买420斤面粉，69斤猪肉，40盒中华香烟或者1瓶茅台酒。

有媒体用万科的股票来为汤婆婆算了笔更“狠”的账，“1991年万科的配股价是4.4元，如果汤婆婆当时再添40元钱，就可以买100股。她若持股‘睡大觉’至今，算上万科近20年以来所有的配送转和分红，她持有的股票市值将达到惊人的152 238元（复权价），投资收益为345倍。”

王燕鸣教授告诉记者：“中国的物价从20世纪50年代直到80年代初都是比较平稳的。

1987 年价格闯关之后，物价从计划价格向市场价格改革的过程中出现了大的通货膨胀。在经济高速增长的时期，钱存在银行里往往赶不上物价上涨。劳动力成本的上升，资源的价格重估等因素都预示着物价仍会提高，这个过程是正常的，随着经济的发展，人民收入和物价都会有提高。”王燕鸣表示，“一个经济高速增长的社会，财富的重新分配是一个明显的过程，所以如何规划自己的财富显得特别重要。”

2010 年以来，市场上“蒜你狠”“姜你军”“豆你玩”“糖高宗”“油它去”逐个来袭。通货膨胀的阴影仿佛又笼罩在市民的头顶了，让口袋里的钱保值越来越成为市民们必须考虑的问题。

资料来源：摘编于作者邱敏，广州日报，2010 - 11 - 01.

思考：

1. 通货膨胀是什么？
2. 怎么衡量通货膨胀？
3. 通货膨胀对经济和人民生活有哪些影响？

任务一 通货膨胀

【学习情境】

图 11 - 1 是居民消费价格指数。

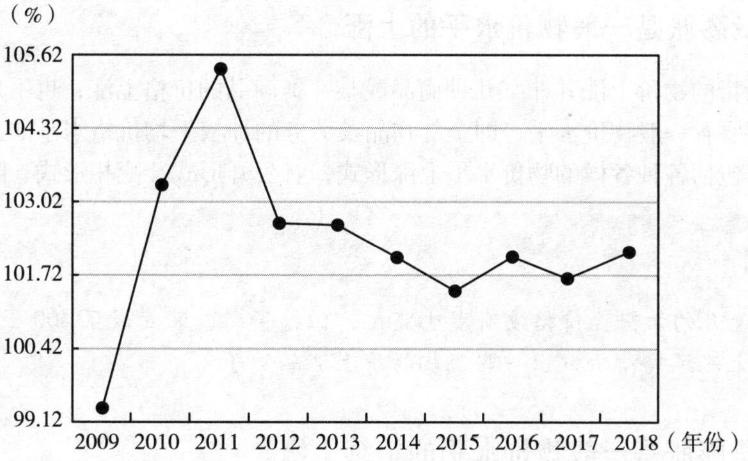

图 11 - 1　2009 ~ 2018 年居民消费价格指数（上年 = 100）

资料来源：中华人民共和国统计局网站，http：//data. stats. gov. cn/ks. htm？ cn = C01

章女士是一名公司职员，每月工资从 2011 年至今一直保持在 4 000 元左右。2018 年底，章女士决定向公司要求涨工资。

任务描述

1. 根据图表对近 10 年的通货膨胀情况进行历史趋势总结分析。

2. 学生分组讨论：（1）通货膨胀和居民消费价格指数之间有什么关系？（2）物价上涨对章女士的生活有什么影响？（3）如果想使自己的生活保持在 2011 年水平（仅考虑通胀因素），那章女士应该要求公司把工资提高到多少才能弥补因为通货膨胀而带来的货币购买力下降？（4）结合自身实际，谈谈自己对通货膨胀的感受？

【知识链接】

一、通货膨胀的定义

通货膨胀是指在纸币流通条件下，因货币供应量大于商品生产和流通对货币的实际需求量，从而引起货币贬值、一段时间内一般物价水平持续而普遍上涨的现象。其内涵包括以下几方面的内容。

（一）通货膨胀是纸币流通条件下的特有现象

通货膨胀是一种纸币现象，是纸币发行量超过商品流通所需要的货币数量的结果。凡是实行纸币制度的，都有可能发生通货膨胀。在金属货币流通条件下，由于金属具有贮藏手段的职能，可自动调节流通中的货币量，因此通货膨胀一般不会发生；而在纸币流通条件下，纸币没有价值，可以无限发行，国家又可以强制纸币进入流通。当发行过多的时候，则会出现货币贬值、物价上涨的现象。

（二）通货膨胀是一般物价水平的上涨

通货膨胀所指的物价上涨并非某几种商品或某一类商品的价格上涨，也不是指所有的商品价格都上涨，而要看一般物价水平，即全部物品及劳务的加权平均价格水平的上涨情况。一般物价水平的上涨包括各种各样的物价水平上涨形式，有公开形式、变相形式、隐蔽形式等。

【想一想】

一瓶 500 毫升的饮料，价格没有发生变化，但换了新包装变成了 400 毫升，你认为这瓶饮料的价格上涨了吗？请举出一些变相物价上涨的例子。

（三）通货膨胀是一般物价水平的持续上涨

通货膨胀所引起的物价上涨是持续性的上涨，不能以短期内市场物价变动来衡量。持续上涨是指一贯的、连续不断的、有较长时期的上涨过程。在经济周期中一般物价水平上涨一阵，又下降一阵，如灾害、季节变化出现的物价波动，不属于通货膨胀。一般来说，通货膨胀往往以年度为单位，用年度的一般物价水平变动率表示通货膨胀的程度。

（四）通货膨胀是一般物价水平的显著上涨

市场上商品价格时时刻刻都在变化，不是一般物价水平稍有波动或上升就是通货膨胀，而是一般物价水平相当幅度或程度的上涨。一般来说物价上涨幅度在2%以内都不被当作通货膨胀，有些观点则认为只有物价上涨幅度超过5%才叫作通货膨胀。

【想一想】

在通货膨胀时期，大米、蔬菜、衣服、汽车、房子等物价上涨幅度都差不多。你认为这种说法对吗？请说明理由。

二、通货膨胀的测度

判断经济生活是否出现通货膨胀，通货膨胀的程度如何，需要借助一定的指标对通货膨胀进行测度。通常，通货膨胀的测度指标主要是各类物价指数。由于统计的口径、方法、选择对象不同，反映物价水平变化的物价指数有多种。被世界各国广泛采用的物价指数主要有以下三种。

（一）消费物价指数（CPI）

消费物价指数（CPI），又称商品零售物价指数，是一种用来测量一定时期内城乡居民所购买的消费商品和服务价格水平变动情况的宏观经济指标。它是度量一组代表性消费商品及服务项目的价格水平随时间而变动的相对数，用来反映居民日常生活成本的变化。其计算公式为：

消费物价指数＝(一组固定商品按当期价格计算的价值÷一组固定商品按基期价格计算的价值)×100%

消费价格指数统计调查的是社会产品和服务项目的最终价格，同人民群众的生活密切相关，同时在整个国民经济价格体系中也具有重要的地位。其变动率在一定程度上反映了通货膨胀或紧缩的程度。因此，在社会经济中，CPI通常作为观察通货膨胀水平的重要指标，也是政府制定物价政策和工资政策的重要依据之一。各国政府都高度重视对这一指标的统计和研究。我国通常是用消费者价格指数来测度通货膨胀率，官方文件中对通货膨胀率的分析，通常以此指数为准。

消费价格指数的优点是消费品的价格变化能及时反映消费品供求关系的变化，直接与居民的日常生活消费紧密相关。而且资料容易收集，公布次数较频繁，能迅速地反映影响社会公众费用的物价趋势。该指标的缺点是只包含消费品，不能用于反映生产的资本品以及进出口商品和劳务的价格变动趋势，不能全面、准确地反映出一般物价总水平的变动情况。

【读一读】

解读2016年CPI权重大调整

自2016年1月起，国家统计局根据五年一次基期轮换的规则，对CPI构成分类及相应权重进行了调整，这一调整变化已经反映在1月的CPI数据之中。

一、本次 CPI 权重调整特征

（1）八大类中“食品”与“烟酒”合并。从构成分类看，本次变化最主要的是将八大类中的“食品”与“烟酒”合并，构成新的“食品烟酒”项，同时增加“其他用品”一项。另外，八大类部分项目的名称也有所变化。

（2）“食品”与“非食品”两分法没有变化。

（3）“食品”权重明显降低。1 月 CPI 环比 0.5%，其中“食品”环比 2.0%，“非食品”环比 0.2%，我们估计新口径下“食品”项占 CPI 比重在 17% ~21%（老口径约 32%）。另外，根据 1 月“食品”环比 2.0%，“食品烟酒”环比 1.4%，假设“烟酒”中烟占比 40%、酒占比 60%，我们估计“烟酒”占 CPI 的新比重在 5.5% ~6.5%（老口径约 3.5%）。

二、权重调整对于 2016 年 CPI 的影响意义

（1）将导致 CPI 年度平均水平降低 0.2 ~0.3。在同等条件下，食品项目权重被大幅度降低，则导致全年 CPI 水平降低 0.2 ~0.3 个点。例如，按照中性假设，按照老权重计算，2016 年 CPI 增速平均水平在 2.0%；按照新权重计算，2016 年 CPI 增速平均水平为 1.7% ~1.8%。

（2）将改变 CPI 增速的运行方向：上半年的高位回落有可能变为低位回升。按照中性假设，在老权重条件下，CPI 变化趋势呈现上半年高位回落；按照新权重计算，则演变为从 2 月份后低位回升。其主要影响的月份是 2 ~5 月 CPI 方向节奏。

（3）货币政策应该如何针对 CPI 的变化：重方向，轻幅度。CPI 是货币政策的一个重要参考指标，面对这种调整，货币政策会如何应对？

不同的计算方法会导致不同的 CPI 运行，政策对于 CPI 的变化更应该是看重趋势方向，忽淡幅度大小。

资料来源：摘编于作者董德志、燕翔、李智能，华尔街见闻，http：//wallstreetcn. com/node/230237

（二）生产者价格指数

生产者价格指数（PPI），又称批发物价指数，根据商品的批发价格编制而成，是反映不同时期批发市场上多种商品价格平均变动程度的经济指标。生产者价格指数反映了工业、企业产品的出厂价格变动趋势和变动程度，是反映某一时期生产领域价格变动情况的重要经济指标。

生产者价格指数包括生产资料和消费品在内的全部商品的批发价格，其优点在于对生产资料价格的变动有较为敏感的反应，可以预先判断最后进入流通的零售商品价格变动可能带来的影响。但统计范围狭窄，没有将各种劳务计算在内，而且只反映了商品在生产与批发环节的价格变动，没有反映商品最终的销售价格的变动，因此许多国家没有将生产者价格指数列为测定通货膨胀的代表性指标。我国尚未公开发布批发物价指数资料。

（三）国民生产总值平减指数

国民生产总值平减指数，又称国民生产总值折算价格指数，是按当期价格计算的国民生产总值与按不变价格计算的国民生产总值的比率。其计算公式是：

$$\text{国民生产总值平减指数}=(\text{当期价格计算的国民生产总值}\div\text{基期价格计算的国民生产总值})\times 100\%$$

国民生产总值平减指数是衡量一国经济在不同时期内所生产和提供的最终产品和劳务的价格总水平变化程度的经济指标。它可以反映全部生产资料、消费品和劳务费用价格的变动。该指标的优点是涵盖商品和劳务的范围较为广泛，能比较全面地反映一般物价水平的变动情况。但编制该指标需要搜集大量资料，时效性差，不能迅速地反映物价变动的幅度。而且，该指标往往容易受到价格结构的影响，造成信号失真。

三、通货膨胀的类型

（一）按表现形式划分

依据通货膨胀的表现形式可划分为：公开型通货膨胀和隐蔽型通货膨胀。

1. 公开型通货膨胀。公开型通货膨胀也称开放型通货膨胀，是指在市场机制充分运行和政府对物价不加控制的情况下所表现出来的通货膨胀。该类型通货膨胀直接表现为一般物价水平的上涨，通货膨胀率就等于物价上涨率。一般指的通货膨胀就是这种类型。

2. 隐蔽型通货膨胀。隐蔽型通货膨胀又称抑制型通货膨胀，是指在市场上商品的价格受到管制的情况下，通货膨胀状况不能通过市场物价的变动而灵敏反映出来的通货膨胀。这种通货膨胀是以非价格方式表现出来的，往往发生在实行计划经济的国家中。当社会经济中存在着通货膨胀的压力或潜在的价格上升危机时，由于政府实施了严格的价格管制政策以保持物价稳定，则本来应有的物价水平上涨不再反映在公开的物价指数上，而是通过商品有价无市、普遍排队、黑市猖獗等价格扭曲现象表现出来。但是，一旦政府解除或放松价格管制措施，经济社会就会发生物价上涨的现象。

（二）按物价上涨的程度划分

按照物价总水平上涨的幅度划分，一般又把通货膨胀分为温和式通货膨胀、奔腾式通货膨胀和恶性通货膨胀。

1. 温和式通货膨胀。温和式通货膨胀，又称爬行式通货膨胀或适度通货膨胀，是一种缓慢而持续的通货膨胀。通货膨胀率基本保持在2%～3%，也有学者认为在2%～5%时都属于温和式通货膨胀。一些经济学家认为，温和式通货膨胀可以刺激经济的增长，而且不会引起社会太大的动乱。如果将物价上涨控制在1%～2%，至多5%以内，则能像润滑油一样刺激经济的发展，这就是所谓的“润滑油政策”。

2. 奔腾式通货膨胀。奔腾式通货膨胀是指较长时期内所发生的物价水平较大幅度的持续上涨现象。在这种通货膨胀发生时，通货膨胀率较高，一般达到两位数以上，甚至高达百分之几十。这类通货膨胀对人们生活有一定的影响，货币购买力下降，人们对货币的信心产生动摇，经济社会产生动荡。这是一种较危险的通货膨胀，但其剧烈程度仍不足以导致货币体系和经济生活的崩溃。

3. 恶性通货膨胀。恶性货膨胀，又称超级通货膨胀，是指物价上升特别猛烈，且呈加速趋势，对经济社会产生破坏作用的通货膨胀。这种通货膨胀一旦发生，通货膨胀率非常高（一般达到3位数以上），而且完全失去控制，其结果是导致社会物价持续飞速上涨，货币购买力急剧下降，人们对货币彻底失去信心。这时整个社会金融体系处于一片混乱之中，正常的社会经济关系遭到破坏，容易导致社会崩溃，政府垮台。

案例分析

德国恶性通货膨胀

场景一：有位先生走进了咖啡馆，花 8 000 马克买了一杯咖啡，当他喝完这杯咖啡，却发现，原来同样的一杯咖啡，此时已经涨到 10 000 马克。

场景二：一个美国人去德国旅游，他来到银行，想把一张 5 美元的钞票兑换成马克。可银行职员说："我们没有这么多钱，您能不能只换 2 美元？"美国人看看背后的长队，只好同意了。

场景三：另一个美国人，在离开德国之前，给了他的德国导游 1 美元小费。这个德国人居然拿着这 1 美元，成立了一个家族基金，掌管这笔款项。

场景四：有家大工厂发工资了，只见火车拉来了一车的钞票，火车还没停稳，发放人员就开始向焦急等候在铁路旁的工人们，大捆大捆地扔钱。

场景五：一个老人想买一盒鸡蛋，却数不清价格标签上的零。卖鸡蛋的小贩却说，你数数有多少个鸡蛋就行了。

这一组令人匪夷所思的"镜头"，绝不是什么虚构的故事，而是 20 世纪 20 年代德国恶性通货膨胀的真实写照。

……

当时刚进入 20 世纪，所谓的"恶性通货膨胀"已不再是古代或是工业革命早期那样，物价上涨 200 倍之类的"小儿科"，而是动辄以较几何级数更快的指数模式飙升。因为，比起以往的任何时代，20 世纪的人们普遍使用着便于携带、便于交易、便于大量印刷的纸币。

1919 年 1 月 ~1923 年 12 月，德国的物价指数由 262 上升为 126 160 000 000 000，上升了 4 815 亿倍，被称为"最经典的通货膨胀"。迄今为止，也只有 1946 年的匈牙利和 1949 年的中国可与之相提并论。

当时，德国在战争中丧失了 10% 的人口和将近 1/7 的土地，换来的是每年 1 320 亿金马克的赔款，相当于 1921 年德国商品出口总值的 1/4。德国拿不出这笔钱，法国就联合比利时、波兰，毫不客气地进入了德国经济命脉鲁尔工业区，史称"鲁尔危机"。手忙脚乱的德国政府走投无路，断然采取了千古不变的饮鸩止渴的老办法：大量增发纸币。

真正的灾难由此开始了。随着印刷机的全速开动，1921 年 1 月 31 日，世界金融史上前所未有的恶性通货膨胀，如同张开翅膀的死神，扑向了已经奄奄一息的德国经济。人们尚未来得及摆脱战败的沮丧和羞辱，严峻的生计问题就噩梦般紧逼了上来。

那么，这次通货膨胀严重到了什么程度？可以这样打一个比喻：如果一个人在 1922 年初持有 3 亿马克债券，仅仅两年后，这些债券的票面价值就买不到一片口香糖了。据说，有两位教授曾将德国的通货膨胀数字绘成书本大小的直观柱状图，可是限于纸张大小，未能给出 1923 年的数据柱，结果不得不在脚注中加以说明："如果将该年度的数据画出，其长度将达到 200 万英里。"

而对所有的企业主来说，薪水必须按天发放。不然，到了月末，本来可以买面包的钱只能买到面包渣了。发工资前，大家通常都要活动一下腿脚，准备好起跑姿势，钱一到手，立刻拿出百米冲刺的速度，冲向市场与杂货店。那些腿脚稍微慢了几步的，往往就难以买到足够的生活必需品，而且会付出更高的价格。

农产品和工业品生产都在急剧萎缩，市面上商品奇缺，唯一不缺的就是钱。孩子们把马克当成积木，在街上大捆大捆地用它们堆房子玩耍。1923 年，《每日快报》上刊登过一则轶事：一对老夫妇金婚之禧，市政府发来贺信，通知他们将按照普鲁士风俗得到一笔礼金。第二天，市长带着一众随从隆重而来，庄严地以国家名义赠给他们 1 000 000 000 000 马克——相当于 0. 24 美元或者半个便士。更有甚者，就连钞票也先是改成单色油墨印刷，继而又改成单面印刷——因为来不及晾干。而最经典的一幕，莫过于一名女子用马克代替木柴，投入火炉中烧火取暖，因为这样更划算一些。

到了这个地步，德国人的日常生活可想而知。无数百姓陷入赤贫，整个德国处在深深的绝望之中……

资料来源：比尔李. 解读变幻无常的经济命运：大滞胀［M］. 北京：北京邮电大学出版社，2009.

思考：

1. 为什么经济学家把恶性通货膨胀时期的货币描绘为在人们手中迅速传递的“烫手的山芋”？恶性通货膨胀有哪些特点？

2. 恶性通货膨胀有什么危害？怎么应对恶性通货膨胀？

（三）按人们对通货膨胀的预期划分

按照人们对通货膨胀的预期可划分为：预期型通货膨胀和非预期型通货膨胀。

预期型通货膨胀是指通货膨胀过程事先已经被民众合理预料到了，以及由于这种预期而采取各种补偿性行动引发的物价上升运动。在经济生活中，人们预计将要发生通货膨胀，为避免经济损失，在各种交易、合同投资中将未来的通货膨胀预先计算进去。

非预期型通货膨胀是事先未被经济主体预料到，不知不觉中出现的通货膨胀。

四、通货膨胀的成因

经济学家认为，通货膨胀主要有四种成因：需求拉动型通货膨胀、成本推进型通货膨胀、供求混合型通货膨胀和结构型通货膨胀。

（一）需求拉动型通货膨胀

需求拉动型通货膨胀是指由于总需求的增长而引起的一般物价水平普遍上涨的现象，即太多的货币追逐太少的商品和劳务。

需求拉动的通货膨胀，是从总需求的角度来分析通货膨胀的原因，把通货膨胀归因于对社会资源的需求超过了按现行价格所能得到的供给。由于总需求的过度增长，总供给相对不足，总需求超过总供给的能力，供不应求引起价格上升，从而导致通货膨胀。

对于引起总需求过大的原因又有两种解释：一是凯恩斯主义的解释，强调实际因素对总需求的影响；二是货币主义的解释，强调货币因素对总需求的影响。

（二）成本推进型通货膨胀

成本推进型通货膨胀是指在总需求不变的情况下，由于生产要素价格上涨，致使生产成本上升，从而导致物价总水平持续上涨的现象。

成本推进的通货膨胀，是从总供给的角度分析通货膨胀的原因。它认为引起通货膨胀的原因在于成本的增加，成本的增加意味着只有在高于从前价格的水平时，才能达到与以前相同的产量水平，从而引起通货膨胀。这种通货膨胀理论认为通胀的根源不是在于需求过度，而是在于产品成本（包括原材料、工资、租金、利润、利息等）的上升，即不存在需求拉上的条件也能产生物价上涨。

根据成本增加的具体原因，成本推进型通货膨胀又主要分为三种类型：

1. 工资推进型通货膨胀。工资推进型通货膨胀是指由于工资提高使生产成本增加而导致物价水平上涨。员工工资是企业生产成本的重要组成部分，工资的提高会使生产成本增加，从而价格水平上升。引起工资上升的一个很重要原因是在不完全竞争的劳动市场上，工会利用其垄断地位要求提高工资，雇主迫于压力提高了工资之后，就把提高的工资加入成本，提高产品的价格，从而引起通货膨胀。工资的增加往往是从个别部门开始的，但由于各部门之间工资的攀比行为，个别部门工资的增加往往会导致整个社会的工资水平上升，从而引起普遍的通货膨胀。而且，这种通货膨胀一旦开始，还会形成“工资—物价螺旋式上升”。这样工资与物价不断互相推动，形成严重的通货膨胀。

2. 利润推进型通货膨胀。利润推进型通货膨胀又称为价格推动的通货膨胀，是指市场上具有垄断地位的厂商为了增加利润而提高价格，或者是由产业协会统一提高价格所引起的通货膨胀。在不完全竞争市场上，具有垄断地位的厂商控制了产品的销售价格，为了获取更多的利润，他们利用提高产品价格的方式，使得产品价格的上升速度超过产品成本的增长速度，进而从中获利。这种利润增加使物价上升，从而产生通货膨胀。

3. 原材料成本推进型通货膨胀。原材料成本推进型通货膨胀是指在开放的经济中，由于进口的原材料价格上升而引起的通货膨胀。从开放经济的角度看，当一些重要的进口原材料价格提高，就会引起某些以进口为主要投入的企业生产成本上升，从而使这些行业的产品的价格也随之上涨。当这些行业的产品价格上涨波及整个经济时，就形成了原材料成本推进型通货膨胀。在这种情况下，一国的通货膨胀通过国际贸易渠道而影响到其他国家。

（三）供求混合型通货膨胀

供求混合型通货膨胀是指由于需求和供给两个因素共同作用引起的物价上涨。供求混合推动的通货膨胀，就是把总需求和总供给结合起来分析通货膨胀的原因，认为通货膨胀的根源不是单一的总需求或总供给，而是这两者共同作用的结果。在现实生活中，单纯的需求拉动型通货膨胀和单纯的成本推进型通货膨胀是难以找到的，大多数通货膨胀的发生总是包含了需求和供给两方面因素的共同作用。成本推进往往以社会需求扩张为先导，需求膨胀直接促使物价水平上涨和产品成本提高，成本提高又转化为下一轮的成本推进，于是就出现了成本推进与需求拉动并存的供求混合型通货膨胀。

（四）结构型通货膨胀

结构型通货膨胀是指由于社会经济结构方面的因素而引起的物价水平的持续上涨。它是从社会各生产部门之间劳动生产率的差异、劳动市场的结构特征和各生产部门之间收入水平的赶超速度等角度，来分析由于经济结构的特点而引起通货膨胀的过程。从经济结构的角度来看，即使整个社会经济的总需求和总供给处于均衡状态，但由于经济结构方面的因素发生变动，也会引起一般物价水平的上涨，从而导致通货膨胀。在许多发展中国家，经济结构因素是造成该国发生通货膨胀的重要原因。

【读一读】

原料价格上扬　蒙牛伊利等乳业巨头悄然提价

玉米、原奶、糖类等原材料价格上扬，下游食品饮料业终于顶不住了，蒙牛、伊利等乳企已于一周前悄然提价。

昨日，上海的吴先生发现光明的一款高钙奶 14 日还是 11 元多，而到 18 日就已经涨到了 13.8 元，“不到一周时间涨了 2 元，牛奶也涨价了？”吴先生心想。

不出吴先生所料，蒙牛、伊利等乳企一周前已经悄然提价。昨日，《第一财经日报》从销售蒙牛、伊利等牛奶的一级经销商处了解到，自 13 日起，按照低中高不同的产品档次，蒙牛、伊利、光明等乳业已经开始先后提价，其中 12 盒装蒙牛特仑苏从 50 元涨到 53 元、18 袋装 200 毫升蒙牛纯牛奶每箱从 20 元涨到 22 元，伊利金典 12 盒装从 40 元涨到 42 元、红枣奶从 19 元涨到 21 元，其他牛奶也都有不同程度的涨幅，平均提价在 4% ~10%。同时，经销商告诉记者，随着销售旺季的到来，牛奶价格仍会小幅上涨。

据业内人士介绍，现在乳品饮料市场竞争激烈，而牛奶、酸奶等乳品饮料的价格这么多年来也变得比较透明了，因此厂家都不敢轻言涨价，因为一涨价就会直接影响销售。而此次牛奶涨价意味着企业实在扛不住原材料成本上涨的压力了。

受玉米等饲料价格大涨推动，日前，原奶收购价在 3.2 元 ~3.3 元/公斤，这一价格与去年同期的 2.5 元/公斤相比，涨幅超过 30%。而在奶牛养殖大省河北，部分原奶价格甚至已高达 4 元/公斤。“自从三聚氰胺事件后，这是原奶价格的第一次上涨，上次是由于当时乳企纷纷扩大产能抢购奶源所致，而这次奶价再次走高，主要是饲料价格上涨。”东方艾格一名分析师称。今年 6 月以来，玉米价格上涨了 60%，精饲料价格上涨了 10%，而精饲料占到牛奶生产成本的 70% 以上。

同时，乳业好转，乳企加大对奶源的争抢也使得收购价进一步高涨，“虽然与农户签订了协议，但只要另一家公司收购价更高时，奶农们就会毁约，”即便是蒙牛、伊利这样的奶业巨头也拿奶农没办法，只有提高收购价。“而收购价每公斤即使只增加一分钱，对伊利这样动辄几百万吨产能的公司都将是笔巨大的成本增加。”伊利一名员工说。

同时，牛奶另一主要原料白糖的价格也从去年的 4 200 元/吨涨到了目前的 7 100 元/吨，再加上其他人工成本、运输成本等上行，共同推动了牛奶价格的上涨。记者13日采访伊利时，该公司对日渐上涨的原材料成本叫苦不迭，一名员工称："原材料涨得开始让公司不堪重负。"

根据伊利发布的第三季度财报，虽然前三季度235亿元的总收入同比增长了22%，但是受累于原材料成本的上升，净利润同比减少了24%。

原料成本的上涨，一边增加了大公司的经营压力，减少其盈利空间；另一边使得许多中小乳企亏损甚至倒闭。根据国家统计局的统计，前三季度，全国2 000多家乳企，营业收入500万元以上的800多家中，30%的企业处于亏损状态。"物价指数、原材料成本高企、人工成本上升等因素，将会直接减少中国乳企的净利润增长。"艾格农业分析师陈连芳此前告诉记者，"今年乳企的日子都不好过。"

资料来源：转引自第一财经日报（作者不详），http：//finance. qq. com/a/20101122/000548. htm

五、通货膨胀的影响

（一）通货膨胀对生产的影响

通货膨胀初期，会对生产有一定的刺激作用，但这种刺激作用是递减的，随之而来的就是对生产的破坏性影响。

首先，通货膨胀破坏社会生产正常比例。通货膨胀期间，物价上涨是不平衡的，有的商品价格上涨较快，利润率很高，有些商品价格上涨则较慢。大量的资本会流向那些商品价格上涨快的部门，使这些部门的生产扩大。反之，那些价格上涨较慢、国民经济急需发展的部门得不到应有的生产要素，使生产畸形发展。

其次，通货膨胀使生产性投资减少，不利于生产的长期稳定发展。在商品和劳务价格普遍上涨的情况下，能源、原材料的价格上涨尤其迅速。生产成本提高，生产性投资风险加大。

（二）通货膨胀对流通的影响

首先，通货膨胀打破了流通领域原来的平衡，使正常流通受阻。正常的流通秩序是：商品由生产企业制成后，经过必要的批发、零售环节，进入消费领域。在此过程中，生产企业和处于各流通环节的企业均获得正常合理的经营收入与利润，消费者也接受一个合理的价格水平。但是，在通货膨胀的情况下，由于商品均朝着价格最高的方向流动，在利益的驱使下，商品会长期滞留在流通领域，迟迟不能进入消费领域，甚至出现多次转手而商品在原地不动的极不正常现象。

其次，通货膨胀加剧了流通领域的供求矛盾。在通货膨胀情况下，人们抢购惜售，囤积居奇，使本来供需平衡的市场状况变得不平衡。如果原本市场上已经存在供需不平衡的现象，那么通货膨胀就会加剧这种不平衡。市场供需的失衡和矛盾的加剧，反过来又会推动物价水平的不断上涨。

案例分析

白菜价格高涨多数原因出在流通环节上

据中国乡村之声《三农中国》报道，水果的价格不温不火，但蔬菜的价格却一路飘红。近日，国家统计局公布的数据显示，白菜价格从2016年初的每公斤2.3元涨到现在的5.13元，涨幅接近翻番，如今的白菜，已不再是“白菜价”。白菜“高烧”，老百姓手中的“菜篮子”也越来越重。这高出来的菜价都去哪儿了呢？有人说农民兄弟辛苦不容易，能多赚一点也很好。但是这5块多是不是都落在了农民兄弟口袋中了呢？事实却不是这样。

据了解，现在农民兄弟把白菜卖给菜贩的价格一斤从2角到1元2角不等。白菜从农民手中收购之后，还要长途运输，多级批发，才能到达菜市场进行零售。一环一环地，菜价就必然要上涨。有媒体算了一笔账，大白菜从湖北省广华县运到海南的菜市场，一路上价钱要涨2倍多。而且，这过程中也不排除个别商人囤积居奇、恶意涨价，最终导致白菜价格疯涨。白菜涨价，多数原因还是出在流通环节上，这中间有正常的运输成本，还有人为原因，而要避免不必要的涨价，就要简化流通环节，对于跨省的远途运输，需要管理部门细致地落实之前的措施，确保大家的菜篮子不受影响，对于囤积居奇恶意涨价的行为，该出手时就出手，绝不能让个别不良商家们有侥幸心理。有了明确的规矩，价格机制就可以更加迅速地起到积极的作用。如果产地和销售地离得比较近，可以考虑采取农超对接的方式。超市出面直接从地头收菜，管理部门给予相应的补助，既能降低价格，而且还能让蔬菜更加新鲜，价格更加透明。

资料来源：中国食品科技网（转引自央广网），http://www.tech-food.com/news/detail/n1274818.htm

思考：通货膨胀对商品流通有什么影响？怎么应对这种影响？

（三）通货膨胀对分配的影响

在通货膨胀时期，人们的名义货币收入与实际货币收入之间会产生差距，只有剔除物价的影响，才能看出人们实际收入的变化。由于社会各阶层人们收入的来源是不同的，因此，在物价总水平上涨时，总是会出现某些社会成员受害，某些成员受益的现象。至于谁受害、谁受益以及受害受益程度的大小，主要看通货膨胀使他们得到或失去的收入和财富数量的多少。

首先，通货膨胀不利于固定收入阶层。对于固定收入阶层来说，其收入是固定的货币数额，由于薪金的调整总是慢于物价的上升，因此即使在名义工资不变或略有增长的情况下，实际工资其实是下降的。相反，那些靠变动收入维持生活的人，则受通货膨胀的影响较小，这些人的货币收入往往会随同物价上涨而增加。

其次，通货膨胀对固定收益类金融资产持有者不利。像各种存款、国债等固定收益类金融资产，随着物价的上涨，其实际价格或购买力就会降低，而如股票等各种变动收益类证券和实物资产则随着通货膨胀而增大其价值。因此，通货膨胀不利于固定收益类金融资产持有者，有利于变动收益类金融资产和实物资产持有者。

最后，通货膨胀不利于债权人。在债权、债务关系中，那些以一定的利率借得货币的债务人是受益者，而那些以获得一定的利息为报酬的债权人则是受害者。在通常情况下，借贷的债务契约都是根据签约时的通货膨胀率来确定名义利息率，所以当发生了未预期的通货膨胀之后，债务契约无法更改，从而就使实际利息率下降，债务人的债务减轻，债权人的收益减少。

【读一读】

通货膨胀主要影响三类人

在工资增长缓慢的情况下，通胀预期让我们的财富不断缩水。通货膨胀的存在，主要影响三类人：

1. 靠工资挣钱，而工资却没有太大变化的人。很多人每日朝九晚五，卖力工作，偶尔出游，很少娱乐。累了半天，却发现攒不到什么钱。没有充分认识通货膨胀和不知道如何应对。

2. “死”存钱的人。这类人守着通货膨胀前的“旧钱”，却需要到“通货膨胀”之后来花，如上学、看病、买房、养老等。此时，他们发现货币的实际购买力发生了严重的贬值，这正是通货膨胀从中作怪的结果。

3. 不善于“借钱”的人。假如两个人去买房，一个人付全款，另一个人首付20%，借了80%。此时，通货膨胀发生了，房价上涨了100%。付全款的人资产相应增加了100%。而那个首付20%的人呢？资产则增加了100%÷20%＝500%。“会”借钱的人资产增值的速度，是“不会”借钱人资产增值速度的5倍。这正是过去的5年里，很多人借助房产而身价百万元乃至千万元的重要原因。在严重通货膨胀发生的时候，如果不能学会借钱，那么就是在赔钱。

资料来源：汇通网（作者不详），http：//www.fx678.com/C/20120803/201208031025441181.html

（四）通货膨胀对消费的影响

通货膨胀降低了居民的消费水平。在通货膨胀条件下，物价上涨，货币贬值，减少了居民的实际收入，使居民的消费水平下降，而消费水平的下降，又限制了下一阶段生产的发展。而且，通货膨胀中高收入阶层与低收入阶层损失不同，会加剧社会成员的矛盾。

六、通货膨胀的治理

通货膨胀对社会经济的持续发展有一定的破坏作用，世界各国都高度重视通货膨胀的治理。综观世界各国治理通货膨胀的实践，主要有以下几种。

（一）紧缩性的宏观经济政策

在通货膨胀时期，由于总需求大于总供给，存在需求过度，因此当经济运行中出现较大的通货膨胀压力时，政府往往采取紧缩性的财政政策和货币政策以抑制过旺的总需求。

1. 紧缩性财政政策。紧缩性财政政策，即政府通过实施具体的财政措施与手段来直接削减政府自身的购买支出与转移支付、限制企业投资支出与居民的消费支出，以抑制总需求，最终达到治理通货膨胀的目的。由于财政政策主要包括政府支出与税收，因此紧缩性财政政策主要是通过削减政府支出和增加财政收入来抑制通货膨胀。

运用财政政策来治理通货膨胀主要是通过以下几种方式。

（1）增加税收，使企业和个人的利润和收入减少，从而使其投资和消费支出减少。

（2）削减政府的财政支出，压缩政府公共工程支出和政府购买，以消除财政赤字、平衡预算，从而消除通货膨胀的隐患。

（3）减少政府转移支付，减少社会福利费用，从而起到抑制个人收入和消费增加的作用。

2. 采取紧缩性货币政策。紧缩性货币政策是指中央银行通过实施具体的货币措施或手段来减缓流通中货币供应量的增长速度，以抑制总需求的过度膨胀，进而降低物价上涨的速度，最终达到治理通货膨胀的目的。由于货币政策主要包括中央银行三大货币政策工具和利率政策等，因此，紧缩性货币政策主要从这些政策入手。

运用货币政策来治理通货膨胀主要是通过以下几种方式。

（1）提高商业银行的法定存款准备金率，以缩小货币扩张乘数，削弱商业银行创造派生存款的能力，减少货币供应量及增长速度。

（2）提高再贴现率，增加商业银行的借款成本，减少商业银行向中央银行的借款数量，进而影响市场利率水平，以控制信贷规模以及投资需求和消费需求。

（3）通过开展公开市场业务卖出政府债券，以相应地减少经济体系中的货币存量。

（4）直接提高利息率。一方面通过提高贷款利率可导致企业利息负担加重，利润减少，从而抑制企业贷款需求，以减少投资，减少货币供应量；另一方面通过提高存款利率，鼓励居民增加储蓄，把消费基金转变为生产基金，减少通货膨胀压力。

（二）收入政策

收入政策指政府为抑制通货膨胀而制定的限制工资和物价上涨的经济政策，其目的在于控制通货膨胀的同时又不至于引起失业的增加。收入政策的理论基础是成本推进型的通货膨胀。

这种抑制性的收入政策主要有以下几种形式。

1. 确定工资—物价指导线。工资—物价指导线是政府当局规定的一定年份内允许工资—物价增长的目标数值线。企业和工会自愿执行政府公布的工资—物价指导线，自愿限制工资和物价的增长率。政府只能劝说，不能直接干预，强制性弱。

2. 工资、物价管制。在通货膨胀比较严重的时期，政府颁布法令，强行规定工资、物价的上涨幅度，甚至将工资和物价冻结在某一水平。

3. 运用税收手段。政府以税收作为惩罚的手段来限制工资和物价的上涨，即对过多增加工资的企业按工资超额增长比率征收特别税等方法来抑制收入增长速度。

收入政策最大的弊端是进行价格管制限制乃至破坏了价格机制调节经济的作用。此外，实施收入政策必须同时实行控制总需求的政策配合，否则极易引起滞胀。

（三）收入指数化政策

收入指数化政策又称指数联动政策，是指将工资、利息等各种名义收入部分地或全部地与物价指数相联系，使各种收入自动随物价指数的升降而升降。收入指数化政策只能减轻通货膨胀给收入阶层带来的损失，但不能消除通货膨胀。

（四）币制改革

当通货膨胀持续加剧，达到恶性状态时，政府可以采用币制改革的方法来解救。政府下令废除旧币，发行新币，变更钞票面值，对货币流通秩序采取一系列强硬的保障性措施等。其目的是增强社会公众对本位币的信心，从而消除货币流通混乱的局面，使货币能够重新发挥正常的作用。历史上，许多国家都曾实行过这种改革，但这种措施对社会震动较大，需谨慎从事。

任务二　通货紧缩

【学习情境】

从1978年改革开放至今，我国发生了三次通货紧缩。一次是1998年，CPI增速出现负增长，为-0.8%。2000年，通货紧缩得到控制，历时两年。另一次是2002年，CPI指数再次为负值，当年的物价总水平连续下跌了10个月，从这一点来讲，可以认为当时出现了通货紧缩。2003年CPI指数恢复正增长，结束了这次非典型的通货紧缩，历时一年。还有一次是在2009年，CPI物价指数从2008年末开始下滑，2009年出现连续10个月负值，该次通货紧缩历时一年。

张先生在广东经营一家玩具厂，产品主要出口美国。他经历了这三次的通货紧缩，每次的通货紧缩对他和他的玩具厂都有一定的影响，但影响又有不同。

任务描述

1. 搜集这三次通货紧缩的资料，分析其背景、成因、特点以及政府的应对方法等。

2. 学生分组讨论：（1）历次通货紧缩对张先生和他的玩具厂有什么的影响？影响有什么不同？（2）结合自身实际，谈谈自己对通货紧缩的感受。

【知识链接】

一、通货紧缩的定义

对于通货紧缩的含义，学术界一直争论不休，在国内外还没有统一的认识。从争论的情况来看，大体可以归纳为以下三种。

第一种观点认为，通货紧缩是经济衰退的货币表现，因而必须具备三个基本特征：一是物价的普遍持续下降；二是货币供给量的连续下降；三是有效需求不足，经济全面衰退。这种观点被称为“三要素论”

第二种观点认为，通货紧缩是一种货币现象，表现为价格的持续下跌和货币供给量的连续下降，即所谓的“双要素论”。

第三种观点认为，通货紧缩就是物价的全面持续下降，被称为“单要素论”。

从上面的介绍可以看出，尽管对通货紧缩的定义仍有争论，但对于物价的全面持续下降这一点却是共同的。

目前，大多数人认为，通货紧缩相对于通货膨胀而言，是一种货币现象，根据定义通货膨胀的办法，可以将通货紧缩表述为，因货币供应量小于商品生产和流通对货币的实际需求量，从而引起货币升值、一段时间内一般物价水平持续而普遍下跌的现象。

物价水平的持续下降是判断通货紧缩是否发生的主要标志。在经济实践中，判断某个时期的物价下跌是否是通货紧缩：一看通货膨胀率是否由正转变为负；二看物价的持续下降是否超过了一定的时限。有的国家以 1 年为界，有的国家以半年为界。

二、通货紧缩的测度

通货紧缩是指物价水平的全面持续下降，判断通货紧缩的程度必须解决的问题是用什么指标来测度物价水平的变化。由于通货紧缩是通货膨胀的对立面，测量通货膨胀所采用的指标也可用于测量通货紧缩，即消费者价格指数、生产者价格指数和国民生产总值平减指数。由于消费价格指数具有资料收集容易、反应灵敏等特点，在测量通货紧缩时被广泛使用。

【想一想】

某国 2017 年的消费价格指数是 100%，2018 年的消费价格指数是 95%，那么我们通常会说该国的通货紧缩率为 5%，还是说该国的通货膨胀率为 -5% 呢？

三、通货紧缩的类型

按照不同的标准，通货紧缩可以划分为不同的类型。

（一）相对通货紧缩和绝对通货紧缩

相对通货紧缩是指物价水平在零值以上，并在适合一国经济发展和充分就业的物价水平区间以下。在这种状态下，物价水平虽然还是正增长，但已经低于该国正常经济发展和充分就业所需要的物价水平，因此已经使该国经济失去了正常发展所需的动态平衡。这种情形已经开始损害经济的正常发展，虽然是轻微的，但如果不加重视，可能对经济发展的损害会加重。

绝对通货紧缩是指物价水平在零值以下，即物价出现负增长。这种状态的出现，极易造成经济衰退和萧条。按严重程度不同，又可以分为轻度通货紧缩、中度通货紧缩和严重通货紧缩。一般来说，物价出现负增长，但幅度不大，时间不超过两年的称为轻度通货紧缩。物价下降幅度较大，时间超过两年的称为中度通货紧缩。物价下降幅度超过两位数，持续时间超过两年甚至更长的情况称为严重通货紧缩。20 世纪 30 年代世界性的经济大萧条所对应的通货紧缩，就属此类。

（二）需求不足型通货紧缩和供给过剩型通货紧缩

需求不足型通货紧缩，是指由于总需求不足，使正常的供给显得相对过剩而出现的通货紧缩。由于引起总需求不足的原因可能是消费抑制、投资抑制、国外需求抑制、政府购买抑制等，因此，依据造成需求不足的主要原因，可以把需求不足型的通货紧缩细分为消费抑制型通货紧缩、投资抑制型通货紧缩和国外需求减少型通货紧缩。

供给过剩型通货紧缩，是指由于技术进步和生产效率的提高，在一定时期产品绝对数量的过剩而引起的通货紧缩。这种产品的绝对过剩发生在经济发展的某一阶段，如一些传统的生产、生活用品，在产业结构调整严重滞后的情况下，可能会出现绝对的过剩。

（三）显性通货紧缩和隐性通货紧缩

显性通货紧缩直接表现为一般物价水平的下跌，我们通常指的通货紧缩就是这种类型。

隐性通货紧缩指的是当采取非市场的手段硬性维持价格的稳定时，就会出现实际产生了通货紧缩，但价格可能并没有降低下来的状况。

四、通货紧缩的成因

通货紧缩的成因多种多样，根据近代世界各国发生通货紧缩的情况分析，大体有以下几个方面的原因。

（一）紧缩性的货币政策

在经济扩张时期，货币供应量过度膨胀。如果一国政府采取紧缩性的货币政策，降低货币供应量和信贷规模，就会使商品市场和货币市场出现失衡，出现流通中的货币量不能满足商品流通的需要量，从而产生物价的持续下跌。美国 20 世纪 30 年代的通货紧缩就是典型的货币政策引起的通货紧缩。

（二）生产能力过剩

社会总供给大于社会总需求是导致一国出现通货紧缩的主要原因。当一国经济经过一段时间的快速发展后，生产能力大大提高，产能开始出现过剩时，就会出现产品库存严重挤压、产品供大于求的现象，并出现物价的持续下跌。此外，较低的融资成本和上扬资产价格使资本形成的成本趋于下降，导致过量的资本设备投资，也会加剧生产能力的进一步过剩，形成通货紧缩的压力。

（三）投资和消费的预期变化

当人们对未来经济发展前景失去信心，就会开始缩减开支减少消费和投资，引起有效需求不足，物价下降。当人们预期实际利率进一步下降，经济形势继续不佳时，投资和消费需求会进一步减少，使物价下跌，形成通货紧缩。

如果人们预期将来收入会减少，支出将增加，那么人们就会“少花钱，多储蓄”，引起有效需求不足，物价下降，从而出现体制变化性的通货紧缩。

（四）技术进步和劳动生产率的提高

由于技术进步以及新技术在生产上的广泛应用，会大幅度地提高劳动生产率，降低生产成本。按照产品价格“成本加成”的计算法则，商品价格出现下跌，从而出现成本压低型的通货紧缩。

（五）政府削减开支

如果政府打算紧缩财政预算，降低财政赤字，则使政府购买和政府转移支付减少，社会总需求减少，可能导致商品和劳务市场出现供求失衡，进而出现通货紧缩。

（六）金融体系效率的降低

金融体系效率的降低表现为银行业的不良资产增加以及金融机构不能满足企业贷款的需要。如果在经济过热时，银行信贷盲目扩张，造成大量坏账，形成大量不良资产，金融机构便不愿意向企业发放贷款或片面提高贷款利率，加上企业和居民不良预期形成的不想贷、不愿贷行为，必然导致信贷萎缩，减少社会总需求，导致通货紧缩。

五、通货紧缩的影响

一般来说，适度的通货紧缩，有助于调整经济结构和挤去经济中的“泡沫”，也会促进企业加强技术投入和技术创新，改进产品和服务质量，对经济发展有积极作用的一面。但过度的通货紧缩，会导致物价总水平长时间、大范围的下降，限制了社会需求的有效增长，最终导致经济增长乏力，经济增长率下降，对经济的长远发展不利。长期以来，通货紧缩的危害往往被人们轻视，并认为它远远小于通货膨胀对经济的威胁。然而，过度的通货紧缩与通货膨胀一样，同样是极具破坏力的，会对经济发展造成严重危害。

（一）通货紧缩对生产的影响

物价的持续、普遍下跌使得企业产品价格下跌，企业利润减少甚至亏损。这将严重打击生产者的积极性，使生产者减少生产甚至停产，结果是社会经济增长受到抑制。

（二）通货紧缩对消费的影响

通货紧缩的条件下，货币的购买力增强，即同等数量的货币可以购买到更多数量的商品。因此，消费者会推迟购买，这将促使人们更多地增加储蓄、削减消费。同时，物价下跌引起的企业利润减少和生产积极性降低，将使失业率上升，此时劳动力市场供过于求的状况将使工人的工资降低，个人财富减少。即使工资不降低，失业人数的增多也使社会居民总体的收入减少，导致社会个体的财富缩水。这样，在工资收入及家庭资产下降的预期下，消费者就会抑制个人消费支出，使消费总量趋于下降。

（三）通货紧缩对投资的影响

物价的持续、普遍下跌使实际利率升高，由此导致资金成本较高，投资项目变得越来越没有吸引力，企业因此减少投资支出。同时，产品价格的非预期下降，使企业的收益率随之下降，企业进一步扩大生产的动力也随之下降。

（四）通货紧缩对收入再分配的影响

与通货膨胀相反，物价的持续、普遍下跌使实际利率升高，这将有利于债权人而损害债务人的利益。通货紧缩使货币越来越昂贵，这实际上加重了债务人的债务负担，使借款人无力偿还借款。社会上的债务人大多是生产者和投资者，债务负担的加重无疑会影响他们的生产与投资活动，为维持生计，企业只有选择筹集更多的债务来进行周转，这样企业的债务总量势必增加，其债务负担更加沉重，由此企业在财富再分配的过程中将处于更加恶劣的位置。如此循环往复，这种财富的分配效应不断得到加强。

除以上几点外，通货紧缩还有可能增加银行的坏账、可能使银行在金融投资上发生重大损失，从而引发银行危机。甚至，通货紧缩还会由于需求的持续下降使进口萎缩，引起全球性的通货紧缩。

六、通货紧缩的治理

面对通货紧缩，各国都会结合本国的实际经济环境、政治环境等选择相应的治理对策。总体来看，治理通货紧缩的手段主要有以下几点。

（一）实行扩张性的货币政策

中央银行采取有效措施扩大商业银行和非银行金融机构的信贷规模，增加货币供应量，以刺激经济发展。中央银行可以充分利用自己掌握的货币政策工具，影响和引导商业银行及社会公众的预期和行为。在通货紧缩时期，一般要降低中央银行的再贴现率和法定存款准备金率，从金融市场上买进政府债券，同时采用一切可能的方法，鼓励商业银行扩张信用，从而增加货币供给。

（二）实行扩张性的财政政策

实行扩张性的财政政策，不仅要扩大财政支出，而且还要优化财政收支结构，既要刺激消费和投资需求，又要增加有效供给。政府通过增加公共支出，调整政府收支结构，可以发挥财政支出在社会总支出中的作用，使财政支出带动企业和私人部门的投资，以增加社会总需求。同时，政府通过削减企业和居民的税收，减轻企业负担和增加居民收入来刺激内需。

财政政策与货币政策的配合运用，是治理通货紧缩和通货膨胀的主要政策措施，但由于货币政策具有滞后性的特点，而且在通货紧缩时期利率弹性较小，因此财政政策的效果一般比货币政策更直接有效。

（三）改善供给结构，增加有效供给

通货紧缩表现为总供给水平大于总需求水平，导致物价总水平下降。除总需求不足的原

因外，供给方面的原因主要就在于供给结构不合理，产业结构和产品结构与需求结构的不相适应而形成供给的相对过剩。对由于某些行业的产品或某个层次的商品生产绝对过剩引发的通货紧缩，要在供给方面进行调整，减少过剩部门或行业的产量，鼓励新兴部门或行业发展，以使供给结构与消费结构相适应，从而增加有效供给消除结构性通货紧缩。

案例分析

日央行“下猛药”抗击通缩　首次征收负利率

英国广播公司网站1月29日报道称，日本的央行——日本银行29日在金融政策会议上，决定把民间各银行今后储蓄在央行的存款利率从现在的0.1%下调到-0.1%，今后还可能进一步下调。

这是日本央行首次推出负利率政策，也是效仿欧洲央行实施的-0.3%利率政策。但日本内外金融市场联想到日本前经济财政政策担当大臣兼经济再生担当大臣甘利明28日的辞职，对首相安倍晋三推行了3年的“安倍经济学”可能造成冲击时，日本央行实施负利率政策引起人们广泛关注和议论。

日本《读卖新闻》1月30日报道称，日本银行29日召开金融政策会议，以五比四的多数票赞成通过了实施追加金融宽松政策的决定。决定自2月16日生效，民间金融机构存在日本银行的资金达到一定量以上，要对账户收取手续费，即实施所谓的“负利率政策”。日本银行这项决定的目的是，在原油价格持续低迷、新兴经济体经济前景不明和国际金融市场陷入混乱的情况下，显示央行坚决摆脱通货紧缩的决心。这也是日本银行首次实施负利率政策。

日本《读卖新闻》1月30日报道称，日本银行29日决定实施负利率政策的“奇招”，进一步放宽了金融政策。市场对黑田东彦行长抛出的第三个“黑田魔术”反应剧烈，股价上下波动。日本银行的金融政策会议上，持反对意见的人也不在少数，日本银行的政策措施能否达到摆脱通货紧缩的目标，还是个未知数。

原油价格下跌超出预想，世界金融市场年初以来陷入混乱，当此关头如不打出宽松政策这张牌，就有可能被理解为不作为，进而对日本银行要摆脱通货紧缩的决心产生怀疑，那将导致日元进一步升值。

鉴于欧洲央行已暗示要实施追加的金融宽松政策，日本银行已无退路。因此，之前还一再否定可能实施负利率政策说法的黑田行长断然决定实施负利率。

在实施负利率政策方面，欧洲已走在了前面。但欧洲中央银行称，在实施负利率政策后，银行对企业的贷款余额基本上与原来持平，效果有限。

美国《华尔街日报》网站1月29日报道称，日本央行29日出乎市场意料地首次设定了负利率，这一似乎有些孤注一掷的举措意在避免经济重新陷入停滞。在过去20年的大部分时间里，日本经济都处于停滞状态。

这一意外举措显示出日本央行下决心抗击可能使日本重新陷入通缩的全球不利因素。通缩指的是价格下跌、经济走软的破坏性周期。

不过，这也显示出日本央行的政策选项所剩无几。日本央行已经在每年购买80万亿日元（约 6 740 亿美元）资产，掌握着日本庞大债市的近 1/3，同时使日本债务与 GDP 之比达到 230%，高于其他任何一个主要经济体。

资料来源：参考消息网（作者不详），http：//www.cankaoxiaoxi.com/world/20160131/1067562.shtml.

思考：日本采用了哪些措施来应对通货紧缩？

项目要点

1. 通货膨胀是指在纸币流通条件下，因货币供应量大于商品生产和流通对货币的实际需求量，从而引起货币贬值、一段时间内一般物价水平持续而普遍上涨的现象。

2. 消费物价指数（CPI），又称商品零售物价指数，是一种用来测量一定时期内城乡居民所购买的消费商品和服务价格水平变动情况的宏观经济指标。

3. 按照通货膨胀的表现形式可划分为：公开型通货膨胀和隐蔽型通货膨胀；按照物价总水平上涨的幅度划分可分为温和式通货膨胀、奔腾式通货膨胀和恶性通货膨胀；按照人们对通货膨胀的预期可划分为：预期型通货膨胀和非预期型通货膨胀；按照通货膨胀产生的原因可划分为：需求拉动型通货膨胀、成本推进型通货膨胀、供求混合型通货膨胀和结构型通货膨胀。

4. 治理通货膨胀的政策主要有：紧缩性的宏观经济政策；收入政策；收入指数化政策；币制改革。

5. 通货紧缩是指因货币供应量小于商品生产和流通对货币的实际需求量，从而引起货币升值、一段时间内一般物价水平持续而普遍下跌的现象。

6. 治理通货紧缩的手段主要有：实行扩张性的货币政策；实行扩张性的财政政策；改善供给结构，增加有效供给。

通货膨胀和通货紧缩的知识网络结构见图 11－2。

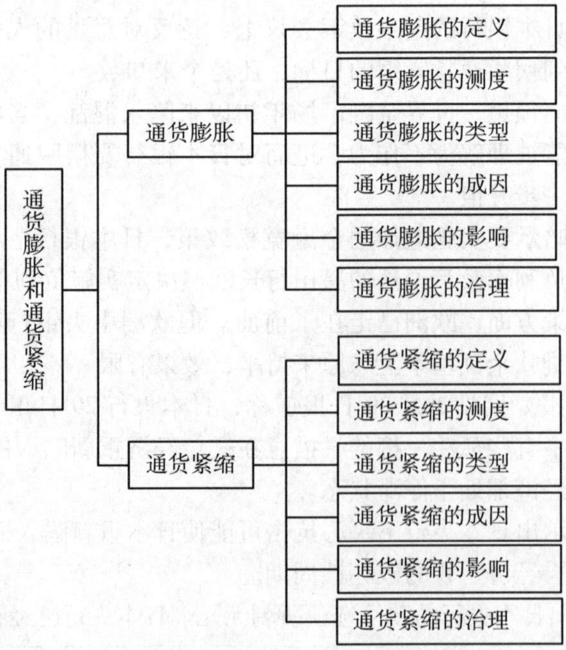

图 11－2　通货膨胀和通货紧缩的知识网络结构

知识练习

一、单项选择题

1. 通货膨胀时期债务人将（　　）。
A. 增加收益　　B. 损失严重
C. 不受影响　　D. 短期损失长期收益更大
2. 我国目前主要是以（　　）反映通货膨胀的程度。
A. 居民消费价格指数　　B. GDP 平减指数
C. 批发物价指数　　D. GNP 平减指数
3. 对于需求拉上型通货膨胀，调节和控制（　　）是个关键。
A. 社会总需求　　B. 收入分配
C. 财政收支　　D. 经济结构
4. 通货膨胀对策中，通过公开市场业务出售政府债券属于（　　）。
A. 控制需求　　B. 改善供给
C. 收入指数化政策　　D. 紧缩性财政政策
5. 下列（　　）不属于通货紧缩有害的方面。
A. 储蓄增加的同时个人消费相应减少
B. 实际利率上升，债务人负担加重
C. 实际利率上升，投资吸引力下降
D. 促进企业为占领市场份额而运用降价促销战略

二、多项选择题

1. 有关通货膨胀描述正确的有（　　）。
A. 在纸币流通条件下的经济现象　　B. 货币流通量超过货币需要量
C. 物价普遍上涨　　D. 货币贬值
2. 由于供给因素形成的通货膨胀可以归结为三个原因（　　）。
A. 工资推进　　B. 价格推进　　C. 利润推进　　D. 原材料推进
3. 治理通货膨胀可采取紧缩的货币政策，主要手段包括（　　）。
A. 通过公开市场购买政府债券　　B. 提高再贴现率
C. 通过公开市场出售政府债券　　D. 提高法定准备金率
4. 按形成原因可将通货膨胀分为（　　）。
A. 需求拉上型通货膨胀　　B. 体制型通货膨胀
C. 成本推动型通货膨胀　　D. 结构型通货膨胀
E. 供求混合推进型通货膨胀
5. 隐蔽型通货膨胀的形成条件包括（　　）。
A. 市场价格发挥调节作用　　B. 严格的价格管制
C. 单一的行政管理体制　　D. 价格双轨制

三、名词解释

通货膨胀　需求拉动型通货膨胀　居民消费价格指数　通货紧缩

技能测试

从恶性通胀到通缩　津巴布韦瞬间“变身”

提起津巴布韦，大家想到的可能是惊人的通胀数字……

而在津巴布韦，1美元纸币是最流行的货币，因为对于普通津巴布韦人来说，1美元就值很多钱了，其贫富差距之大可见一斑。还有更特别的情景发生在津巴布韦：在席卷全球的2007年全球金融危机里，津巴布韦股市的表现恐怕是全球最佳。津巴布韦工业指数在2007年前4个月里涨幅达到595%，在之前的12个月里涨幅达到12 000%。到了2008年10月，工业指数一天内涨幅最高达到了257%，有些公司的股价短时间内涨幅超过了3 500%。在意识到纸币贬值之后，津巴布韦股民疯了般地把存款从银行搬到股市，股市的涨幅远远超过同期通货膨胀的涨幅。

这个国家的通货膨胀年率曾经达到令人目眩的80 000 000 000%——但是现在，这一经济指标已经持续下滑了1年多，而且还没有任何短期内反弹的迹象。

在截至10月的1年时间当中，津巴布韦官方的通货膨胀率是－3.29%，这已经是全球最严重的通货紧缩。

具有讽刺意味的是，通货紧缩危机正是发源于一个旨在结束恶性通货膨胀危机的决定——津巴布韦2015年6月放弃本国货币，采用美元为主要官方货币。6月15日起至9月30日，津巴布韦央行将启动津元“去货币化”行动。继2009年该国通胀飙升至5 000亿百分点之后，津巴布韦央行此举将正式取消津元的法定货币地位。当时，津巴布韦央行表示，银行账户存款达175 000万亿津元者可换得5美元。

最初，这一做法似乎是立竿见影。空荡荡的商店货架迅速被填满，物价和工资也都立即稳定下来。津巴布韦的取款机开始提供20美元一张的钞票。然而，美元化就意味着当地政府再也无法通过印钞来刺激低迷的经济。消费者稀缺，企业不得不降价来招揽生意，同时裁撤员工以避免关张。由此，津巴布韦经济就开始了一个极难跳出来的恶性循环。

此外，美元对非洲各国货币的汇率都在猛涨，尤其是对南非兰特，而南非是津巴布韦最大的贸易伙伴，这就使得津巴布韦的危机加剧：进口商品变得非常便宜，而当地生产商根本无法与其竞争。

有分析人士表示，通货紧缩是一个很糟糕的迹象，这就意味着今天的通货紧缩与几年前将津巴布韦逼上崩溃悬崖的恶性通货膨胀一样可怕，甚至更加可怕。

资料来源：作者吴家明，证券时报，2015－12－08.

思考：

1. 为什么津巴布韦会从通货膨胀转向通货紧缩？
2. 通货膨胀和通货紧缩有什么危害？政府应该怎么治理？

素质拓展

1. 搜集查阅从1978年改革开放至今我国经历的通货膨胀，分析总结其成因、背景、持续时间、政府应对措施等。

2. 观看视频《五分钟读懂通货膨胀》，并以日常生活中的物价上涨为背景，结合自身感受，拍摄一段5分钟的关于通货膨胀的视频。

项目十二　货币政策

学习目标

（一）知识目标

掌握货币政策的含义和构成要素；理解货币政策最终目标及相互之间的关系；了解货币政策的中介目标及选取标准；掌握一般性货币政策工具及作用机理；了解选择性和其他货币政策工具；理解货币政策传导机制；了解货币政策产生的效果和时滞。

（二）技能目标

能读懂我国的货币政策报告，并初步判断我国的货币政策趋势；能分析存款准备金率、再贴现政策、公开市场业务等货币政策工具的变动对经济的影响。

（三）素质目标

培养学生科学的思维方法、正确的消费观念和理财意识、团队合作精神以及人际交往能力等。

【案例导入】

稳定市场预期央行仍需出手

2016 年开年以来 A 股市场的波动，除却其他因素外，流动性的骤变应该也视作原因之一。今年元旦假期曾传出大银行跨年度结算中出现资金缺口。随后，央行在公开市场操作上骤然转身，由元旦前一周仅在周二进行 100 亿元 7 天期逆回购操作、周四暂停逆回购操作转为实现资金净投放 1 900 亿元。

面对 2016 开年以来流动性的变化以及受此影响而发生的 A 股市场巨震，央行肯定不会坐视不管。回望 2015 年年中央行在股市巨震中的作为，谁又能否认央行不会马上出台救市措施呢？

在 2015 年 6 月份的股市动荡中，央行出台的措施是比较及时的。2015 年 6 月 26 日（周五）之前的几个交易日，上证综指在短短的几个交易日中就跌去了 1 000 点。6 月 27 日（周六），央行一口气推出了降准和定向降准的措施。尽管当时央行在解释此次降准降息时，还一如既往的强调是为了降低企业融资成本，但 A 股市场各方对央行的举措给予了充分肯定，点“赞”者居多。

随后，央行公开表态支持股市维稳。去年 7 月 8 日，央行新闻发言人指出，为支持股票市场稳定发展，央行将积极协助证金公司通过多种方式获得充足的流动性。7 月 28 日，央行再次表态要“稳定金融市场预期”。在去年的 8 月 26 日，上证综指创出 2 850.71 点的阶段低点后，央行于当日起再次降息，9 月 6 日起降准。

在决策层的统领下，在央行、证监会的倾力维稳下，先后有八个部委出台具体举措或发声力挺股市，股市运行逐渐稳定下来。

资料来源：摘编自作者阎岳，中国日报网，http：//www.pbc.gov.cn/zhengcehuobisi/125207/125227/125957/3066656/3059540/index.html

思考：

1. 面对2015股灾中央银行采用了哪些措施？还有哪些货币政策工具？
2. 货币政策实施的目标有哪些？
3. 讨论央行货币政策的实施是如何影响股市，甚至宏观经济、企业和个人的行为？

任务一　货币政策含义和目标

【学习情境】

2016年前4月货币政策目标不断轮换。1月，央行为稳增长、避免外汇占款大量流失，公开市场净投放超过2万亿的基础货币；2月，人民币贬值压力骤减，央行抓住时机降准，稳增长成为主要目标；3月，经济“小阳春”局面下，CPI持续上行，央行压缩投放规模稳定物价；4月，经济数据喜忧参半，货币政策在稳增长与稳物价的夹缝中谨慎前行。

任务描述

学生分组讨论：(1) 央行货币政策目标有哪些？(2) 它们之间的关系是如何？

【知识链接】

一、货币政策及其构成要素

(一) 货币政策含义

货币政策，就是指中央银行为实现其特定的经济目标，运用政策工具调节和控制货币供应量，进而影响宏观经济的方针和措施的总称。货币政策的作用过程，是货币政策各种措施的实施，通过经济体系内的各种经济变量，影响到整个社会经济活动。一个完整的货币政策体系包括货币政策目标、货币政策工具和货币政策传导机制三大部分。

1. 货币政策是一项宏观经济政策。货币政策在现代经济活动中有着极强的影响力和极其广泛的作用范围。它涉及的是整个国民经济运行中的货币供应量、信贷量、利率、汇率及金融市场等问题。

2. 货币政策是调节社会总需求政策。货币政策正是通过货币供给来调节社会总需求中的投资需求、消费需求等，并间接地影响社会总供给的变动，从而促进社会总需求和总供给的平衡。

3. 货币政策是间接调节的经济政策。货币政策主要运用经济手段，利用市场机制作用，通过调节货币供应量及其他变量来影响商业银行和其他金融机构的货币信用规模，进而影响各经济活动主体的行为，从而实现对社会总需求的调节。

4. 货币政策是短期调节和长期调节相结合的政策。货币政策目标是稳定币值、经济增长、充分就业和国际收支平衡，是一种长期性的政策目标。但是，货币政策的各项具体措施具有短期性、时效性的特点。所以，货币政策不能笼统地说成是一种长期性经济政策，应该是目标的长期性与措施的短期性的动态结合，短期措施服从长期政策目标的政策系统。

【读一读】

古代货币政策与政权兴亡

稳定开明的货币政策促进了中国历史上辉煌时代

——刘巴稳定西蜀

在三国演义中刘巴只是一个着墨不多的人物，其实他是三国时期第一流的才智之士，每当重大事件，他都能以敏锐的政治眼光作出准确的判断。早在跟随刘璋时，他就曾谏阻刘璋不要引刘备入蜀。这在当时对刘璋来说不失为良言。但刘璋昏聩，终致亡国。后来追随刘备后，刘巴也多有奇策良谋。刘备攻成都时，为鼓励士气，曾许诺城破之日不过问府库财物。所以成都城破，刘璋数年的积蓄被士卒一扫而光，导致军用匮乏，刘备问计于刘巴。刘巴建议赶铸面值百文的大钱，把货物定出价格，开放市场。结果，那些被士卒抢走的财物很快就回收了。诸葛亮曾称赞说："运筹策于帷幄之中，吾不如子初远矣。"早在那个时候，刘巴就懂得用货币的供需量来调节经济增长，用政府手段来干预市场、平抑物价，比英国的经济学家凯恩斯的货币理论整整早了1 700年。应该说，刘备的荆州军远征蜀地并能很快站稳脚跟，并与曹操、孙权形成鼎足之势，与正确的货币政策密不可分。

混乱的货币政策加速政权瓦解

——最先诞生纸币的宋朝因何积贫积弱

提到宋朝我们总会想到一系列积贫积弱的词汇：求和、岁币、城下之盟、燕云十六州……可是最近几年为北宋唱赞歌的专家们忽然发现并认定宋朝是中国经济发展最好的年代，其中北宋的交子（后改为钱引）是中国也是世界上最早的纸币成为一大重要论据。我认为恰恰相反的是，脱离了金银做支撑的纸币产生本身说明这个经济体产生了问题。交子约产生于太宗淳化年间，开始由成都16家富商联合建立交子铺，发行交子。天圣元年成立益州交子务，翌年发行官办交子。交子发行以三年为一界，界满以新交子收回旧交子。每界发行控制在125万余贯，以铁钱为钞本，币值较稳定，这个时候交子对经济发展起了促进作用。仁宗庆历年间因对西北用兵，益州交子务在陕西发行无钞本交子60万贯，以充军费。神宗熙宁年间，规定两界交子同时使用，引起贬值。哲宗绍圣年间，因对付西夏，增加交子发行额达到188万余贯，由于两界发行，实际数加倍，于是通货膨胀加剧。到北宋末徽宗在位时，政府滥发交子，交子信用下降，遂于大观元年把交子务改为钱引务，改称交子为钱引。不久，河、湟的军费全仰发行纸币来解决，发行额达2 655余万贯。由于两界发行，其数相当于神宗以前的42倍，一般贬值3/4，有些地区贬值90%，引起物价飞涨，民怨沸腾，北宋政权在内外交困中加快走向灭亡。可以说，北宋直到灭亡那天都不是军事上的失败，经济上的崩溃、政治上的腐败、统治者的昏庸无能才是亡国的真正原因。

资料来源：新浪博客（一扇羊排），http：//blog. sina. com. cn/s/blog_6ca220d50100u9ur. html

（二）货币政策的构成要素

1. 货币政策工具。货币政策工具是中央银行为实现货币政策目标而使用的各种手段和方法，包括法定存款准备金制度、再贴现政策、公开市场业务等。

2. 货币政策中介目标。货币政策中介目标是指中央银行为实现货币政策最终目标而设置的便于观察和调整的指标，包括超额准备金、基础货币、利率、货币供应量等。

3. 货币政策目标。货币政策目标是指中央银行制定和实施某项货币政策所要达到的特定的经济目标，这种目标实际上指货币政策的“最终目标”，包括稳定物价、充分就业、经济增长、国际收支平衡。

它们三者之间的关系是货币政策工具作用于货币政策中介目标，通过货币政策中介目标去实现货币政策目标。由于货币政策中介目标的确定在很大程度上取决于货币政策目标，货币政策工具的取舍在很大程度上依存于货币政策中介目标，因而货币政策的三要素之间存在一种逆向制约关系，见图 12－1。

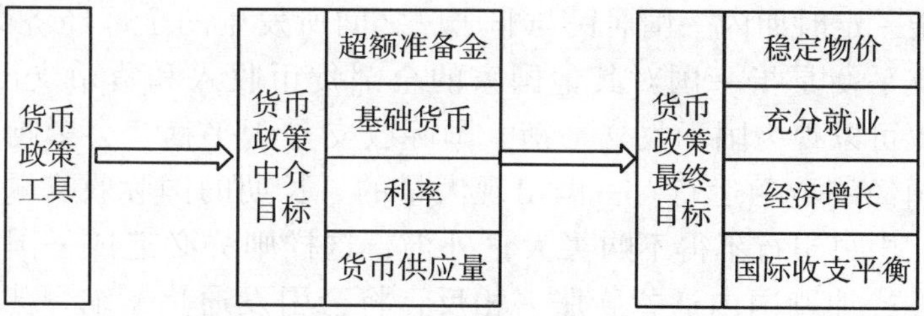

图 12－1　货币政策构成要素关系

二、货币政策的最终目标及相互之间关系

【想一想】

稳定物价是否就是让物价固定在一定水平上？

（一）稳定物价

稳定物价是使一般物价水平相对稳定，在短期内不发生显著的、剧烈的波动。需要指出的是，这里所指的物价不是个别和部分商品和劳务的价格水平，而是一般商品和劳务的价格水平。稳定物价也不是说物价静止不变，而是相对稳定，即物价控制在一个合理范围内，防止出现通货膨胀或通货紧缩。

【想一想】

充分就业是否是一个国家所有人都有工作？为什么？

（二）充分就业

充分就业是指有劳动能力并愿意参加工作者，都能在较合理的条件下找到适当的工作。

一般，充分就业是通过失业率来衡量的。所谓失业，应把摩擦性失业和自愿失业除外，其真正指的是非自愿失业。摩擦性失业是指短期内因劳动力供求失调难以避免而造成的失业，自愿性失业是指劳动者不愿意接受现行的工资水平而造成的失业，而非自愿性失业是指劳动者愿意接受现行的工资条件和工作条件，仍然找不到工作。因此，充分就业并不等于社会劳动力百分之百的就业，失业率为零。

（三）经济增长

经济增长是指一定时期内一国所生产的商品和劳务总量的增加，通常用国内生产总值（GDP）的增长率或人均国内生产总值的增长率来衡量。一国的经济增长既是提高社会生活水平的物质保障，也是一国具有经济实力和国际竞争力的重要因素，同时还是保障国家安全的必要条件。因此，经济增长也是中央银行的货币政策目标之一。

（四）国际收支平衡

国际收支是指一定时期内一国居民与非居民之间所发生的全部经济交易的货币价值。基于此，国际收支平衡是指一国对其他国家的全部货币收入和货币支出保持基本平衡，略有顺差或逆差也可以视为国际收支平衡。国际收支是否平衡，会影响到国内货币供应量，进而影响一国经济金融运行。一国出现大量的、长期的国际收支顺差，往往使大量的外汇储备闲置，中央银行不得不购买大量外汇，这样则势必造成一国货币供应量的大量增加，从而引发或加剧国内通货膨胀。相反，将会引发通货紧缩，甚至导致严重的货币金融危机。

案例分析

尼日利亚中央银行行长表示近期将延续紧缩货币政策

据彭博社 3 月 21 日报道，尼日利亚中央银行行长艾米菲尔德当天在拉各斯出席一个商业会议时表示，尼央行将在短期内继续维持现有的紧缩货币政策，并进一步增加对农业部门的资金支持力度，以促进经济增长、降低失业率。他指出，自 2 月 23 日大选以来，已有超过 60 亿美元资金流入尼证券市场，这有助于支撑奈拉汇率。预计 2019 年全年，尼经济增长率将继续回升，有望达到 3%。但通胀率则可能再次抬头至 12% 左右，这就需要继续收紧货币。

资料来源：作者王浩，中国商务部网站，http：//www.mofcom.gov.cn/article/i/jyjl/k/201903/20190302845943.shtml

思考：根据案例分析，尼日利亚央行当前的货币政策目标是什么？

【想一想】

稳定物价、充分就业、经济增长和国际收支平衡作为货币政策最终目标，能否同时实现？为什么？

（五）货币政策目标相互之间的关系

货币政策四大最终目标之间的关系比较复杂，既有统一性，又有矛盾性，很难同时实现。

1. 稳定物价和充分就业。稳定物价与充分就业两个目标之间经常发生冲突。它们之间的矛盾关系可用菲利普斯曲线来说明，即通货膨胀率与失业率之间存在着此消彼长的替换关系。当失业率较高时，需要采取扩张性货币政策，刺激经济增长，增加就业；但刺激经济可能引起货币供给增加，进而社会需求上升，导致物价上涨，会出现通货膨胀现象，物价出现不稳。

2. 稳定物价和经济增长。稳定物价与经济增长是货币政策目标的核心内容，但在短期内这两个目标往往存在着冲突。在经济衰退时期采取扩张性货币政策，以刺激需求，促进经济增长，但这常常会造成流通中货币超过货币需求量，导致物价上涨。可见，在短期内物价稳定与经济增长之间有一定的矛盾，但是从长期看，物价稳定是经济增长的基础，经济增长又稳定物价，两者在根本上是统一的。

3. 稳定物价和国际收支平衡。在经济全球化的背景下，一国的经济状况与其他国家的经济状况通常都有紧密的联系。当一国出现通货膨胀时，由于本国物价水平上涨而使得外国商品价格相对低廉，导致国内商品出口减少而进口增加，结果可能造成国际收支逆差。相反，当本国物价稳定而外国发生了通货膨胀，则导致本国出口增加、进口减少，国际收支会发生大量顺差。因此，只有在世界各国都维持大致相同的物价稳定程度，并且贸易状况不发生大的变动的条件下，稳定物价和国际收支平衡的目标才能同时实现，否则，二者随时有可能产生矛盾和冲突。

4. 充分就业和经济增长。经济增长与充分就业两个目标间具有一致性。中央银行通过增加货币供给量，使利率水平降低，刺激企业增加投资，扩张生产规模，生产规模的扩大伴随就业的增加，进而带来产出的增加和经济的增长。因此，通常经济增长能够创造更多的就业机会。但在某些情况下，两者也会不一致，如新技术带来的经济增长不一定带来就业机会，反而，可能是就业机会减少。

5. 经济增长和国际收支平衡。当经济增长较快时，国家经济实力也相应增长，出口增加，这当然有利于国际收支的平衡。但是经济的较快增长又总是对各种生产要素产生较大的需求，这往往又会增加进口，从而引起国际收支逆差的出现。当逆差很大时，国家就得限制进口，压缩国内投资，这又会妨碍国内的经济增长，甚至会引起衰退。

案例分析

历史上的滞胀案例

1. 20 世纪 70 年代的美国、日本。1970 ~ 1980 年，美国总体呈现通胀高、失业率高、增长率低的特征。当时的德国和日本也出现了类似的情况。美国出现滞胀的核心原因：60 年代中期开始，美国的工业经济增长放缓，再次出现产能过剩，而科技发展处于低潮，对经济无法起到拉动作用。此时，美国的出口贸易占比也不断下滑。

日本当时的经济增长也类似，城市化率 70 年代见顶下滑，增长中枢下移，工业经济走到尽头，经济面临转型压力。1973 年和 1979 年的两次石油危机，让油价从 3 美元上涨到35美元；1972年前后苏联的粮食歉收又引起全球粮价的大幅上涨。油价和粮价的疯狂上涨给这些国家造成极大的通胀，加剧了经济的下滑。此时这些国家为了对抗经济的下滑，又采取了宽松的财政和货币政策，但仅仅推升了通胀（基本上所有国家CPI都在6%以上），对经济增长作用甚微。就股市而言，国债收益率提升，但是国债价格下跌；股票价格上涨幅度有限，黄金和石油价格大幅上涨，其余商品价格涨幅一般。

2. 20世纪90年代韩国、中国台湾。此时，韩国和中国台湾经济增长从10%以上增速下滑到5%左右。但韩国通胀一度高达10%，中国台湾由于期间采用紧缩的货币政策，通胀维持在5%附近。韩国和中国台湾都是亚洲四小龙的典型代表，过去靠制造业和出口贸易快速增长，但中国大陆开始崛起后，四小龙的制造和出口优势都开始消失。90年代伊拉克攻占科威特后，石油供应被切断，爆发第三次石油危机，油价从20美元上升到40美元每桶。但后来石油危机快速结束，所以对通胀有影响但不及前两次。1985年广场协议后，韩元升值，开放证券市场，推高了M2和CPI。期间韩国股市前3年大幅上升并创新高，后4年大幅下跌；中国台湾的股市90年代初暴跌1年，之后连续上涨7年，直到亚洲金融危机爆发。

3. 20世纪80~90年代巴西、墨西哥。当年这两个国家经济断崖式下滑，从正5%的GDP增速下滑到-3%的增速附近。而通胀一度都超过了100%（巴西达到了3000%）。主要原因是过于依赖外债，债台高筑，而为弥补财政缺口又大幅增发货币，外汇政策上导致外汇外逃，产业上忽视对劳动密集产业的扶持。期间为了抑制通胀，又大幅提高利率，导致股市、债市双双下跌。这两国家的情况与我国目前的情况相似度不大。

资料来源：华槿资本研究部. 滞胀真的来了吗？[OL]. http://stock.qq.com/a/20160312/031393.htm

思考：

1. 什么是滞胀？它的特点是什么？
2. 滞胀反映了哪几种货币政策目标？并试着讨论它们之间的关系？

三、货币政策的中介目标

货币政策中介目标是指中央银行为实现货币政策最终目标而设置的便于观察和调整的指标。中央银行本身并不能直接控制和实现诸如稳定、增长这些货币政策最终目标，它只能借助于货币政策工具，并通过对中介目标的调节和影响实现最终目标。

（一）中介目标选取标准

通常，中介目标的选取应符合以下几个标准。

1. 可测性。可测性是指中央银行能够迅速收集金融变量的有关数据资料，以便进行观察、分析和监测。

2. 可控性。可控性是指中央银行通过各种货币政策工具的运用，能够有效地控制和调节金融变量的变动状况和变动趋势。

3. 相关性。中央银行选择的中介目标既要与其政策工具密切相关，又要与货币政策最终目标紧紧相连。

4. 抗干扰性。货币政策实施过程中往往会受到外来因素的干扰，所以应选择抗干扰能力强的中介目标，才能使货币政策达到预期的效果。

（二）中介目标体系

中介目标要同时符合选取标准是比较困难的，因此，一般由超额准备金、基础货币、利率和货币供应量等金融变量，组成一个中介目标体系。主要包括两类：一类是近期指标，主要有超额准备金和基础货币；另一类是远期指标，常用的有利率和货币供应量指标。

1. 超额准备金。超额准备金是商业银行为了满足央行的法定准备金变动的需要，存放在中央银行的超过法定存款准备金的部分，反映在中央银行的资产负债表上。超额准备金的变化，可以较好地反映商业银行等金融机构的资金松紧程度。比如，当超额准备金过多，往往说明金融机构资金宽松，从而证明货币供应量偏多，中央银行应采取紧缩措施。作为中介指标，超额准备金可测性、相关性较好，但不易被中央银行直接控制，其可控性稍弱。

2. 基础货币。基础货币，由流通中的现金和存款准备金组成，它构成了货币供应量倍数伸缩的基础。一般认为，基础货币是比较理想的中介目标，其具有以下特点：（1）可测性强。基础货币直接反映在中央银行的资产负债表上，中央银行可随时准确地获得基础货币的数量。（2）可控性强。中央银行可以通过再贴现、公开市场操作等方式直接调控基础货币的数量。（3）相关性强。基础货币通过货币乘数作用，形成数倍于基础货币的货币供给量，所以调控基础货币就可以直接实现对货币供给量的调节。

3. 利率。20 世纪 70 年代以前，西方货币政策多以利率为中介目标。这是因为：（1）可测性强。中央银行在任何时候都能观察到市场利率的水平及结构，利率变化数据资料易于收集。（2）相关性强。中央银行能够通过利率影响投资和消费支出，从而调节总需求。（3）可控性强。中央银行可直接控制对金融机构融资的利率。而通过公开市场业务或再贴现政策，也能调节市场利率的走向。利率作为中介目标也有一定的局限性。比如，中央银行能够调控的是名义利率而非实际利率。利率的变动受政治的、政策的、经济的及心理的等非政策因素的影响。

4. 货币供应量。将货币供应量作为中介目标，主要是因为：（1）相关性强。货币供应量的变动直接影响经济活动。货币供应量增加，表示货币政策松弛，反之则表示货币政策紧缩。（2）抗干扰强。中央银行不会发生政策性影响与非政策性影响的混淆，可以避免因此而发出的错误信号。（3）可控性强。中央银行易于控制货币供应量。（4）可测性强。货币供应量反映在中央银行、商业银行及其他金融机构的资产负债表内，可以很方便地进行测算和分析。但货币供应量作为中介目标也有缺陷，如商业银行等金融机构和公众也会影响货币供应量。货币供应量的层次不断变化，其可测性难度加大。

任务二　货币政策工具

【学习情境】

2015 年 6 月股市“疯牛”突然急转直下，让投资者都切切实实地体会了一把“冰火两重天”。央行采取救市措施，自2015年6月28日起有针对性地对金融机构实施定向降准。同时，下调金融机构人民币贷款和存款基准利率。

任务描述

学生分组讨论：(1) 央行采取何种货币政策工具？(2) 这种货币政策工具作用机理是怎样？(3) 除此之外还有哪些货币政策工具，如何作用于宏观经济？

【知识链接】

货币政策工具是中央银行为实现货币政策目标而使用的各种手段和方法。货币政策工具可分为一般性政策工具、选择性政策工具和其他货币政策工具三类。

一、一般性政策工具

一般性货币政策工具是指对货币供应总量或信用总量进行调节和控制的政策工具，包括法定存款准备金政策、再贴现政策和公开市场业务，亦称之为货币政策“三大法宝”。

（一）法定存款准备金政策

法定存款准备金政策，是指中央银行在国家法律所给予的权利范围内，通过规定和调整存款准备金比率，控制金融机构的信用创造能力，间接地调节社会货币供应量的政策工具，影响国民经济活动的政策手段。

1. 法定存款准备金政策的作用机理。法定存款准备金政策的作用机理：中央银行通过调节法定存款准备金率，影响商业存款派生能力和信贷规模，从而达到调节货币供应量的目的。当中央银行提高法定存款准备金率时，会使货币乘数变小，限制了商业银行的信用扩张能力，最终起到收缩货币供应量和信贷量的效果。同时，法定存款准备金率的提高，使商业银行上缴的存款准备金增加，超额准备金减少，从而使银行的可贷资金减少，信贷规模收缩，货币供应量减少。反之，中央银行要增加货币供应量，则降低法定存款准备金率。

【议一议】

降准对房地产行业（从购房者和开发商角度）有哪些影响？

2. 法定存款准备金政策的优缺点。法定存款准备金政策对货币供给量的影响强而有力，效果明显、作用迅速，且中央银行拥有绝对的控制权。因此，被认为是最有力的货币政策工具。但是，它也有明显的局限性：第一，对经济的震动太大，不宜轻易采用作为中央银行日常调控的工具；第二，对各类银行和不同种类存款的影响不一致，如提高法定准备金，可能使超额准备金低的银行立即陷入流动性困境。

【读一读】

央行降准：五大影响与钱有关

中国人民银行决定，自2016年3月1日起，普遍下调金融机构人民币存款准备金率0.5

个百分点，以保持金融体系流动性合理充裕，引导货币信贷平稳适度增长，为供给侧结构性改革营造适宜的货币金融环境。

1. 降低银行理财收益率。降准对银行理财的可配置资产会产生重要影响，会导致理财可投资资产的减少和资产收益率的下降，反过来会倒逼银行理财收益率的下降。从过去两次降准的经验看，在降准启动3个月之后的银行理财收益率会出现显著下降，1年平均降幅在1%左右。

2. 增加债券需求，债券利率将下行。降准对银行理财的资产配置有着重要影响。在当前经济低迷的情况下，降准后商业银行自营账户增加的资金未必会放贷款，但肯定会去买债券，债券利率必然会大幅下降。目前银行理财的资产配置35%以内是非标资产，而65%以上是标准化资产，其中债券类资产的占比在60%左右。市场上的债券供给是有限的，因而银行理财可以买到的债券和利率都会下降。

3. P2P理财收益长期将走低。当前，P2P作为互联网理财的一种重要形式，已经开始走进了百姓的“钱袋子”。而此次央行降准，会不会对P2P产生影响呢？部分业内人士认为，降准对开展个人信贷业务的P2P行业基本没有影响。虽然降准带来的流动性增加，以及传导出的货币总量增加，或将降低社会整体融资成本，也将对网贷平台收益率产生影响，但不太可能出现大幅下降的情况。整体来看，网贷行业收益率水平短期内不会明显下跌，但长期预计仍将走低。

4. 股市影响。业内人士表示，降准属股市重大利好，明日沪深两市不出意外将大幅高开。考虑到2008年以来历次降准后上证均高开低走甚至大跌，投资者需提防重复上演追高套牢的悲剧，如去年2月4日央行公布降准消息后，第二天沪深股市反而双双收跌。

5. 楼市影响。对于购房者来说，近期层出不穷的刺激政策难免会引起一定程度的恐慌，松动的信贷让购房者难以再期待价格下调回归合理。降准以后银行后续资金将更加宽裕，房贷有望继续宽松，购房者压力持续降低。所以购房者若继续观望可能会错过最佳购房时机、增加购房成本，积极入市是比较明智的做法。

资料来源：摘编自作者（不详），腾讯财经网，http：//finance. qq. com/a/20160229/053762. htm

（二）再贴现政策

再贴现政策，是指中央银行通过制定或调整再贴现利率，来干预和影响市场利率以及货币市场的供应和需求，从而调节市场货币供应量的一种货币政策。再贴现是指商业银行等金融机构为了取得资金，将已贴现的未到期票据再以贴现方式向中央银行进行转让的票据行为。再贴现政策一般包括两方面的内容：一是调整再贴现率；二是规定向中央银行申请再贴现的资格。

1. 再贴现政策作用机理。中央银行通过再贴现率影响商业银行的资金成本和超额准备，进而影响其信贷规模，改变商业银行的投资或贷款意向，从而影响货币供应量。当中央银行调高再贴现率，使商业银行再贴现的资金成本上升，迫使商业银行减少再贴现额度，相应减少超额准备金，缩减信贷规模，以达到减少货币供给量的目的。同时，商业银行的融资成本上升会使市场利率相应提高，公众的借款需求会减少，社会信用总规模和货币供应量紧缩。反之，中央银行要增加货币供应量，则降低再贴现率。再贴现政策的运用还具有一定的告示效果。中央银行调高再贴现率，实际上是为整个经济社会提供了有关货币政策的信息，反映中央银行紧缩的货币政策意图，进而影响商业银行的贷款利率。

2. 再贴现政策的效果和局限性。再贴现政策是中央银行履行“最后贷款人”职责的手段之一，在一定程度上反映中央银行的政策意图，作用较为温和，既可调节货币供应量又可调节信贷结构的政策意向。然而，再贴现政策也存在明显的局限性：第一，中央银行缺乏主动性。如果再贴现利率过高，商业银行就不会去中央银行再贴现，而通过其他渠道获得资金，中央银行不能强迫商业银行一定要到中央银行申请再贴现。第二，影响力有限。当商业银行过度依赖再贴现融资，中央银行对再贴现利率的调整会受到制约，削弱中央银行控制货币供应量的能力。当商业银行对再贴现融资依赖程度低，再贴现政策将难以发挥作用。第三，再贴现率是市场利率的重要参照，再贴现率的频繁调整会导致市场利率的经常性波动，使商业银行和企业无所适从。

【读一读】

央行增加再贴现额度 120 亿元

2014 年 8 月 8 日，为贯彻落实国务院常务会议关于“加大支农、支小再贷款和再贴现力度”的要求，提高金融服务“三农”、小微企业等国民经济薄弱环节的能力，今天中国人民银行对部分分支行增加再贴现额度 120 亿元，要求全部用于支持金融机构扩大“三农”、小微企业信贷投放，同时采取有效措施，进一步完善再贴现管理，引导金融机构扩大对“三农”、小微企业信贷投放，降低社会融资成本。

中国人民银行要求：一是优化再贴现支持对象。优先支持符合宏观审慎要求的地方中小法人金融机构。二是促进扩大“三农”、小微企业融资。对涉农票据和小微企业签发、收受的票据以及中小金融机构承兑、持有的票据优先办理再贴现，对票面金额 500 万元以下的票据优先办理再贴现。三是提高再贴现额度使用效率。用好增量，盘活存量，按照涉农和小微企业票据的分布情况，优化再贴现额度的地区结构。四是引导金融机构降低贴现利率。金融机构办理再贴现票据的贴现利率应低于该金融机构同期同档次贴现加权平均利率，促进降低社会融资成本。五是加强对再贴现投向的监测考核。要求新增再贴现额度应全部用于支持金融机构扩大“三农”、小微企业融资，对再贴现票据的类型、行业、企业情况进行监测分析，定期检查、评估再贴现业务的使用情况、业务效果和风险防控，确保再贴现发挥支持实体经济薄弱领域的作用。

资料来源：摘编自作者牛娟娟，新浪财经网，http：//finance. sina. com. cn/roll/20140809/064119961115. shtml

（三）公开市场业务

公开市场业务是指中央银行在金融市场上公开买卖有价证券（特别是政府短期债券），以投放或回笼基础货币来控制货币供应量，实现货币政策目标的一种手段。目前，公开市场业务已成为越来越多国家的中央银行最主要的货币政策工具。

1. 公开市场业务作用机理。中央银行在金融市场上买进有价证券是扩张性的货币政策，通过买进有价证券，引起基础货币的投放，从而扩大商业银行的信贷规模，并通过货币乘数使货币供应量成倍扩张，并使市场利率下降。反之，中央银行在公开市场上卖出有价证券是紧缩性的货币政策，通过卖出证券，中央银行将回笼一定量的基础货币，使货币供应量成倍缩减，并使市场利率上升。

【想一想】

当一国经济过热时，央行应该采取哪些货币政策工具来调节宏观经济？

2. 公开市场业务的优缺点。公开市场业务具有以下优点：第一，中央银行处于主动的地位，买进或卖出有价证券的规模和时间完全由中央银行自主决定。第二，公开市场业务可以达到适时适量地按任何规模扩张和收缩信用，调节货币供应量，克服了存款准备金政策工具过于猛烈的缺点。第三，公开市场业务可根据经济形势的变化和政策目标的调整而随时进行逆向操作。例如，当中央银行发现由于过多地买进了有价证券而引起了货币供应量的过快增长时，可通过反向操作（即卖出相应的有价证券）及时矫正。

但是，公开市场业务也具有局限性：第一，开展公开市场业务需要发达的金融市场，特别是国债市场，如果金融市场不够发达，则公开市场业务的效力难以实现。第二，各种干扰因素较多，如经济周期、资本的流动、国际收支不平衡等，会部分抵消央行买卖有价证券的效果。第三，政策效果滞缓，需要有其他政策工具的配合。

【读一读】

时隔36个交易日后，央行重启逆回购操作！

2018年12月17日，中国人民银行开展1 600亿元7天逆回购操作，利率为2.55%。当日无逆回购到期，实现净投放1 600亿元。央行发布公告表示，此举主要是为对冲税期、政府债券发行缴款和金融机构缴存法定存款准备金等因素的影响，维护银行体系流动性合理充裕。

在此之前，自10月26日始，央行连续36个交易日暂停逆回购操作，停摆时长刷新历史纪录。

随着央行长时间的流动性“断流”，叠加企业缴税、金融机构备付及应对年底考核等因素影响，进入12月中旬以来，市场资金利率有所走高。1个月上海银行间同业拆放利率（Shibor）已经连续两周显著上升，从11月底的2.7%上升到2.9%左右。12月14日，除了1年期Shibor维持3.5200%未变外，其余期限的Shibor均表现上涨。

市场人士分析，在货币市场利率多数呈现上涨之际，央行重启逆回购有利于熨平市场的短期波动，维护流动性保持合理充裕。同时，12月21日有1 200亿元国库现金定存到期，央行结合财政支出进度在公开市场中“削峰填谷”，有助于维持资金面稳定。

随着净投放的实施，12月17日市场资金利率出现下降。Shibor方面，除14天品种上行幅度有所扩大外，其余期限品种上行压力整体减弱，隔夜Shibor下降3个基点，报2.6250%。临近午时，银行间市场7天质押式逆回购加权利率（DR007）报2.6976%，较盘初有所回落。

展望接下来的流动性状况，专家分析，12月是财政投放高峰期，年底前财政大额支出依然可期，流动性总量有保障，对央行实施大规模流动性投放的需求并不强烈。在面对企业缴税、监管考核等因素可能造成的流动性短时波动时，央行可能主要以逆回购或中期借贷便利（MLF）操作来开展调控，年底资金面或难免波动，但总体无忧。

由于此前央行逾1个月未开展公开市场操作，随着美联储加息时点渐近，未来货币政策走向引发关注。

央行行长易纲近日公开表示，中国人民银行的货币政策需要根据经济形势变化灵活调整，加强逆周期调控。在当前国际经济形势下，需要考虑货币政策的“内外均衡”。下一步仍将坚持稳健中性的货币政策，做好预调微调，把握好度。

资料来源：作者李华林，经济日报，2018－12－17.

二、选择性货币政策工具

选择性政策工具，是指中央银行针对某些特殊的信贷或某些特殊的经济领域而采用的工具，是针对某些个别部门、个别企业或某些特定用途的信贷所采用的货币政策工具。它是一般性货币政策工具的必要补充。

（一）消费者信用控制

消费信用控制是指中央银行对消费者购买耐用消费品，实施信用规模和期限等的限制性措施，主要包括：规定分期付款中首次付款的最低金额、分期付款的最长期限，以及适用分期付款的耐用消费品的种类等。

（二）证券市场信用控制

证券市场信用控制是指中央银行对有关有价证券交易的各种贷款进行限制，目的是限制对证券市场的信贷数量，稳定证券市场的价格，主要包括规定一定比例的证券保证金比率等。

（三）不动产信用控制

不动产信用控制是指中央银行对金融机构在房地产方面放款的限制措施，目的在于抑制房地产投机，主要包括规定商业银行不动产贷款单笔最大限额、贷款的最长期限、首付的最低限额等。

（四）优惠利率

优惠利率是指中央银行对国家拟重点发展的某些部门、行业和产品规定较低的利率，以鼓励其发展，从而促进国民经济产业结构和产品结构的调整。

（五）预缴进口保证金

预缴进口保证金是指中央银行要求进口商预缴相当于进口商品总值一定比例的保证金，以抑制进口的过快增长，多为国际收支出现赤字的国家采用。

三、其他货币政策工具

除了一般性货币政策工具和选择性货币政策工具外，中央银行还可根据宏观经济的具体情况运用其他货币政策工具，包括直接信用工具和间接信用指导。

（一）直接信用工具

直接信用工具是指中央银行以行政命令或其他方式，直接对金融机构尤其是商业银行的信用活动所进行的控制。

1. 信用配额。信贷配额是指中央银行根据金融市场的资金供求状况及客观经济形势的需要，对商业银行信贷资金实施配给。在大多数发展中国家，由于资金严重供不应求，信贷配给是一种较为常用的直接信用控制手段。

2. 流动性比率。流动性比率是中央银行为了限制商业银行扩张信用，规定流动性资产对存款的比重。一般来说，流动性比率与收益率成反比。为保持中央银行规定的流动性比率，商业银行必须缩减长期贷款、扩大短期贷款及增加易于变现的资产等。

3. 直接干预。直接干预是中央银行直接对商业银行的信贷业务、放款范围等加以干预，以及对银行吸取存款的范围加以干预等。

4. 利率最高限额。利率限额是通过规定利率的上限或下限，防止金融机构为谋求高利而进行风险存贷款或过度竞争，是最常见的直接信用控制。

（二）间接信用指导

间接信用指导，是指中央银行采用的非强制性的影响商业银行信用活动的各种措施的总称。

1. 道义劝告。道义劝告是指中央银行凭借在金融体系中的特殊地位和威望，通过对商业银行和其他金融机构发布通告或与金融机构负责人进行面谈等方式，来影响其放款的数量和方向，从而达到控制信用的目的。尽管道义劝告没有法律上的约束力，但是，由于中央银行的特殊地位和影响，道义劝告往往是有效的。

2. 窗口指导。窗口指导是指中央银行根据产业行情、物价趋势和金融市场动向，提出商业银行的贷款重点投向和贷款变动数量等，以指导的方式要求商业银行执行。虽然窗口指导不具有法律约束力，但是中央银行可以采取相应的措施制裁不接受指导者，因此能够收到政策效果。

任务三　货币政策传导机制

【学习情境】

2016 年 2 月 18 日，中央银行在公开市场增量投放，开展了 800 亿元逆回购操作；2 月 2 日，中央银行和银行监管机构联合发布《关于调整个人住房贷款政策有关问题的通知》，在不实施“限购”措施的城市，下调个人住房贷款最低首付款比例；3 月 1 日，中央银行普遍下调金融机构人民币存款准备金率 0.5 个百分点；4 月 20 日，政府扩大 18 项行政事业性收费免征范围。

任务描述

学生分组讨论：（1）以上哪些措施属于货币政策手段？（2）如果属于货币政策，分别是什么货币政策工具？这种货币政策工具如何作用于社会经济变量，影响金融机构、企业和个人的行为，实现货币政策目标？（3）画出货币政策传导流程。

【知识链接】

一、货币政策传导机制

（一）货币政策传导机制的含义

货币政策最终目标、中介目标、政策工具之间存在着相互依存的密切相关关系。货币政策传导机制是指中央银行确定货币政策之后，从选择货币政策工具进行操作开始，到实现最终目标之间，所经过的各种中间环节相互之间的有机联系及因果关系总和（见图 12－2）。也就是说，从货币政策工具运用到最终目标的达到有一个过程，在这个过程中，货币政策工具将首先对中介目标产生影响，然后，通过这些中介目标来影响实际的经济活动，从而达到货币政策的最终目标。

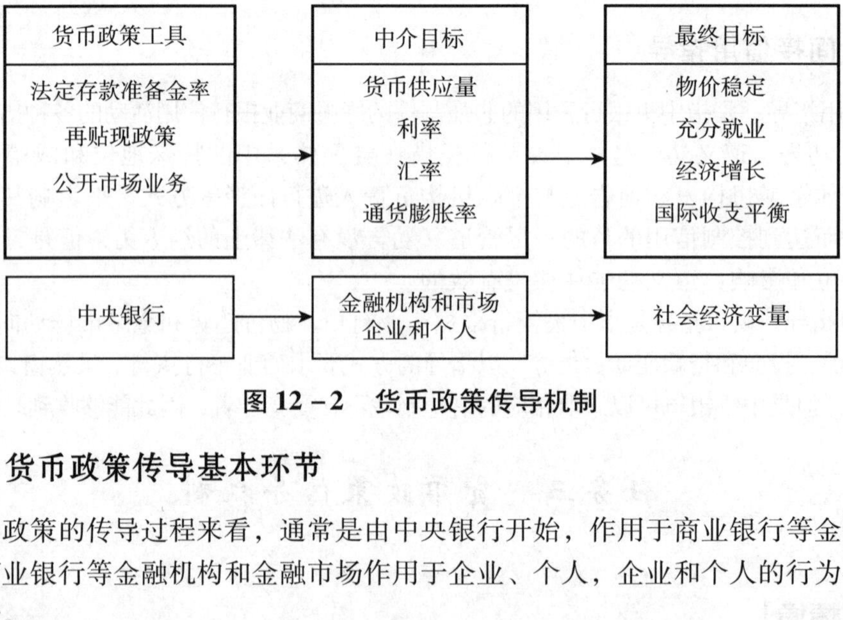

图 12－2　货币政策传导机制

（二）货币政策传导基本环节

从货币政策的传导过程来看，通常是由中央银行开始，作用于商业银行等金融机构和金融市场，商业银行等金融机构和金融市场作用于企业、个人，企业和个人的行为再影响到社会经济变量。

1. 从中央银行到商业银行等金融机构和金融市场。在这一环节中，中央银行根据货币政策的需要和最终目标，选择各种货币政策工具，直接或间接地调节商业银行等金融机构的超额准备金，不同程度地改变金融市场的融资条件，以控制各金融机构的贷款能力和金融市场的资金融通。比如，中央银行为实行紧缩的货币政策，采用法定存款准备金率提高的方式，使商业银行上缴的存款准备金增加，超额准备金减少，从而使银行的可贷资金减少。

2. 从商业银行等金融机构和金融市场到企业和个人。在这一环节中，商业银行等金融机构和金融市场根据中央银行的货币政策调整各自的行为，从而对企业、个人的消费和投资等经济行为产生影响。如中央银行提高法定存款准备金率，使银行的可贷资金减少，信贷规模收缩，企业和个人贷款难度增加，其投资和消费也不得不减少。

3. 从企业和个人到社会各经济变量。在这一环节中，随着投资和消费的变动，影响社会需求，从而引发物价、就业、国际收支的变化，最终实现货币政策。如中央银行提高法定存款准备金率，使企业和个人的消费和投资减少，消费和投资的减少会引起物价下降、就业减少、国际收支失衡，进而影响经济增长，最终实现中央银行紧缩的货币政策目标。

【读一读】

货币政策重在疏导传导机制

今年的政府工作报告中指出，稳健的货币政策要松紧适度，以更好满足经济运行保持在合理区间的需要。在实际执行中，既要把好货币供给总闸门，不搞“大水漫灌”，又要灵活运用多种货币政策工具，疏通货币政策传导渠道，保持流动性合理充裕，有效缓解实体经济特别是民营和小微企业融资难融资贵问题，防范化解金融风险。

去年下半年以来，央行在货币政策方面采取了稳健中宽松的态度，除了两次降准以外，还操作了包含 SLF、MLF、TMLF 在内的一系列新型货币政策工具，这些货币政策的实行，在提升企业流动性需求、提高企业配置效率等方面发挥了重要作用，也满足了人们对于稳健宽松的货币政策的期望。

但是，稳健宽松的货币政策并不意味着“大水漫灌”。政府工作报告中已经明确提出，要继续把好货币供给总阀门，因为一味放水并不能有效解决中小企业融资难、融资贵的问题，当前的当务之急在于货币政策传导机制的疏通，尤其是尽快打通货币政策向信贷政策的传导。

传导机制的疏通与有效，关键在于我国加快经济转型升级，切切实实做好实体经济。首先要继续严格房地产政策不放松。近两年的房地产政策已经初见成效，不仅抑制了房价的不合理增长，减少了房地产泡沫隐患，而且在一定程度上减少了资本配置不合理现象。政府要继续严格执法，抑制房地产过度占用资本的情形。其次要继续减税降费，降低企业成本与负担，增加企业盈利的空间，从而增加企业融资的信用，改善企业融资难融资贵问题，形成民营企业、实体经济融资的良性循环。

当然，深化我国金融供给侧结构性改革，调整金融结构，减轻企业融资对于银行贷款的依赖，提高企业直接融资比例，关键在于完善资本市场基础制度，促进多层次资本市场健康稳定发展，为不同类型、不同发展阶段的企业提供更多可选择的直接融资渠道。

资料来源：作者卞永祖，广州日报，2019－03－11.

二、货币政策产生的效应

货币政策效应是中央银行推行一定的货币政策之后最终实际取得的效果，即货币政策的有效性。

（一）影响货币政策效果的因素

1. 货币政策的时滞。货币政策从制定到最终目标的实现，必须经过一段时间，这段时间称为货币政策的时滞。时滞是影响货币政策效果的重要因素。由于时滞的存在往往会使货币政策预期效应发生较大的偏差，因此一定程度上导致了货币政策的局限性。

2. 合理预期因素的影响。合理预期对货币政策效果的影响，是指社会经济单位和个人根据货币政策工具的变化对未来经济形势进行预测，并对经济形势的变化作出反应。这可能会使货币政策归于无效。

3. 其他因素的影响。除以上因素外，货币政策的效果也受到其他外来因素或体制因素的影响。

（二）货币政策时滞

货币政策时滞指货币政策从研究、制定到实施后发挥实际效果的全部时间过程。货币政策时滞一般分为内部时滞和外部时滞。

1. 内部时滞。内部时滞，是指中央银行从认识到制定、实施货币政策的必要性，到研究政策措施和采取实际行动所经过的时间。它又可分为两个阶段：第一，认知时滞，即从需要采取货币政策行动的经济形势出现到中央银行认识到必须采取行动所需要的时间；第二，决策时滞，即从中央银行认识到需要采取行动到实际采取行动所需经历的时间过程。内部时滞的长短取决于中央银行对经济形势发展变化的预见能力、反应的灵敏度、制定政策的效率和行动的决心与速度等。

2. 外部时滞。外部时滞，又称影响时滞，是指从中央银行采取货币政策措施到对经济活动产生影响、取得效果所需经历的时间过程，也是货币政策从宏观传导到微观，再反映到宏观的时间，一般时间较长。对于中央银行来说，很难控制外部时滞，所以研究货币政策的外部时滞更加重要。

货币政策的时滞长短是衡量货币政策有效性的重要指标。时滞短，货币政策所产生的作用可以尽快有所表现，中央银行也可以立即根据货币政策的初期表现及时作出适当的调整，从而更好实现货币政策目标；反之，时滞长，容易受其他因素的影响，那么，货币政策就失去其有效性，不能起到熨平经济波动的作用，反而还会加大经济周期的波动，使国民经济更加不稳定。西方学者研究表明，在市场经济国家里，货币政策的外部时滞一般在半年到一年半。

项目要点

1. 货币政策是指中央银行为实现其特定的经济目标，运用政策工具调节和控制货币供应量，进而影响宏观经济的方针和措施的总称。它构成要素：（1）货币政策工具；（2）货币政策中介目标；（3）货币政策最终目标。

2. 货币政策最终目标有：（1）稳定物价；（2）充分就业；（3）经济增长；（4）国际收支平衡。货币政策四大最终目标之间的关系比较复杂，既有统一性，又有矛盾性，很难同时实现。

3. 货币政策中介目标有：（1）超额准备金；（2）基础货币；（3）利率；（4）货币供应量。

4. 货币政策工具有一般性政策工具、选择性政策工具和其他货币政策工具三类。其中，一般性货币政策工具是指对货币供应总量或信用总量进行调节和控制的政策工具，包括法定存款准备金政策、再贴现政策和公开市场业务，亦称之为货币政策“三大法宝”。

5. 货币政策传导机制是指中央银行确定货币政策之后，从选择货币政策工具进行操作开始，到实现最终目标之间，所经过的各种中间环节相互之间的有机联系及因果关系总和。通常是由中央银行开始，作用于商业银行等金融机构和金融市场，商业银行等金融机构和金融市场作用于企业、个人，企业和个人的行为再影响到社会经济变量。

6. 货币政策效应是中央银行推行一定的货币政策之后最终实际取得的效果，即货币政策的有效性。影响货币政策效果的因素有：（1）货币政策的时滞，一般分为内部时滞和外部时滞；（2）合理预期因素的影响；（3）其他因素的影响。

货币政策知识网络结构见图 12－3。

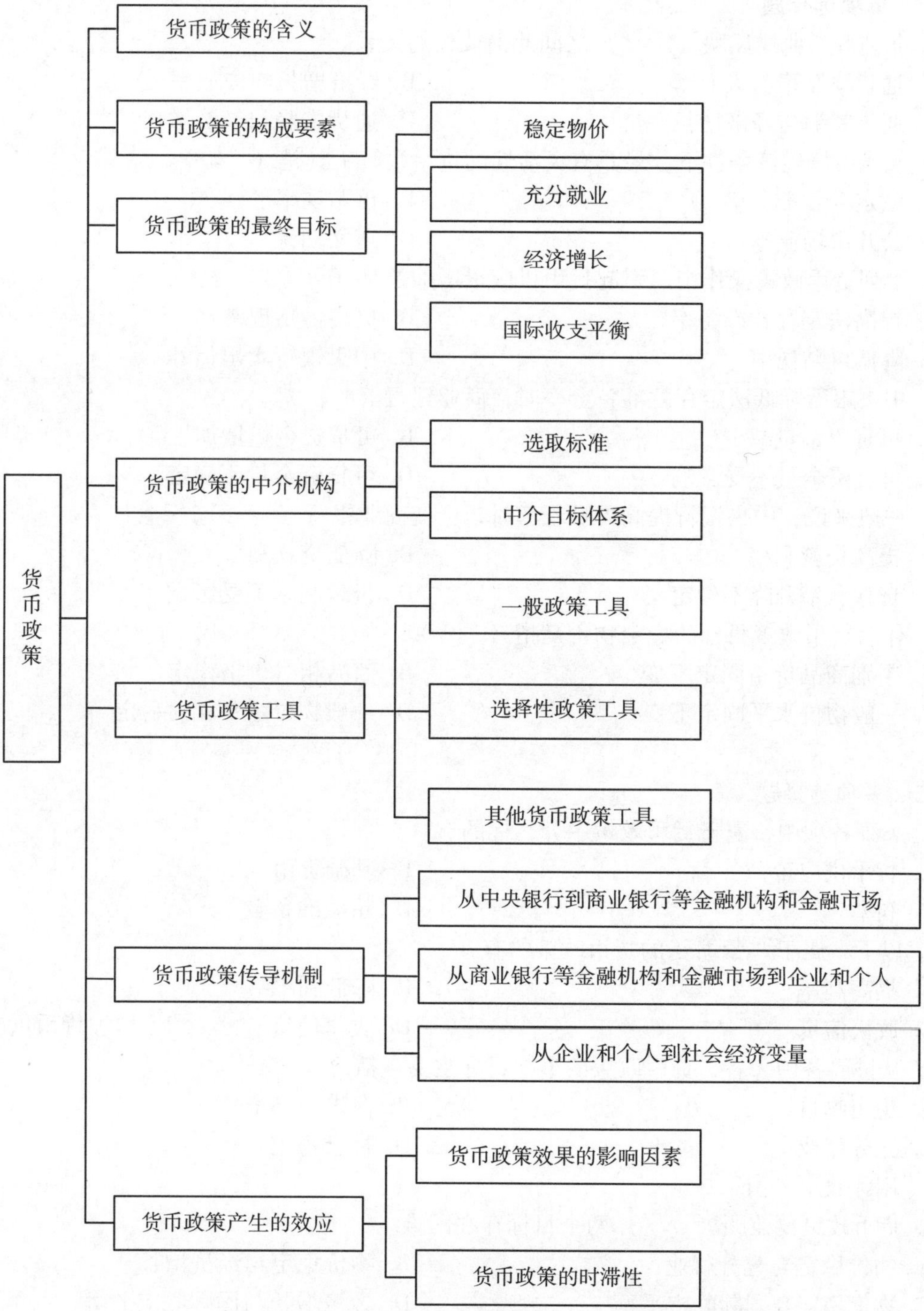

图 12－3　货币政策知识网络结构

知识练习

一、单项选择题

1. 菲利普斯曲线反映（　　）之间此消彼长的关系。

A. 通货膨胀率与失业率　　B. 经济增长与失业率

C. 通货紧缩与经济增长　　D. 通货膨胀与经济增长

2. 现代市场经济条件下，最具有灵活性的货币政策工具是（　　）。

A. 法定存款准备率　　B. 再贴现率

C. 公开市场业务　　D. 道义劝说

3. 下列货币政策操作中，引起货币供应量增加的是（　　）。

A. 提高法定存款准备率　　B. 提高再贴现率

C. 降低再贴现率　　D. 中央银行卖出债券

4. 中央银行降低法定存款准备金率时，商业银行（　　）。

A. 可贷资金量减少　　B. 可贷资金量增加

C. 可贷资金量不受影响　　D. 可贷资金量不确定

5. 一般来说，中央银行提高再贴现率时，会使商业银行（　　）。

A. 提高贷款利率　　B. 降低贷款利率

C. 贷款利率升降不确定　　D. 贷款利率不受影响

6. 作为货币政策目标的稳定物价是指（　　）。

A. 个别商品价格固定不变　　B. 商品相对价格稳定

C. 一般物价水平固定不变　　D. 一般物价水平相对稳定

二、多项选择题

1. 下列各项中，属于货币政策中介目标的有（　　）。

A. 货币供应量　　B. 基础货币

C. 利率　　D. 超额准备金

2. 以下，属于“紧缩”的货币政策的有（　　）。

A. 提高利率　　B. 降低利率

C. 放松信贷　　D. 收紧信贷　　E. 增加货币供应量

3. 从世界各国来看，货币政策的最终目标主要包括（　　）。

A. 稳定物价　　B. 促进经济增长

C. 充分就业　　D. 社会稳定

E. 国际收支平衡

4. 货币政策要兼顾（　　）两个目标存在困难。

A. 物价稳定与充分就业　　B. 物价稳定与经济增长

C. 物价稳定与国际收支平衡　　D. 经济增长与国际收支平衡

E. 经济增长与充分就业

5. 当经济发生衰退时，可采取的宏观调控措施有（　　）。

A. 增加税收　　B. 减少税收

C. 中央银行购进有价证券　　D. 扩大政府公共支出

E. 降低利率

6. 中央银行选择中介目标和操作目标时，应当遵循的原则有（　　）。

A. 可控性　　B. 可测性

C. 相关性　　D. 抗干扰性　　E. 目标性

7. 公开市场操作具有很多的优点，下列关于公开市场操作的优点的描述正确的有（　　）。

A. 最有弹性　　B. 中央银行处于主动地位

C. 可以灵活准确地达到预定目标　　D. 公开市场操作要求金融市场发达

三、简答题

1. 简述货币政策目标之间的关系？

2. 试比较分析三大货币政策之间的优缺点？

技能测试

案例分析

美国量化宽松货币政策实施

2007 年 8 月金融危机爆发后，为了恢复经济，美国开展一系列量化宽松货币政策——基准利率都相继降至1%以下，并长期徘徊在零附近。

2008 年起，美国开始实施量化宽松的货币政策。2008 年 11 月 25 日，第一轮量化宽松政策（QE1）推出，美联储宣布将购买 5 000 亿美元的抵押贷款支持证券和 1 000 亿美元的债券；2009 年 3 月 18 日，美联储宣布将增加购买 3 000 亿美元的美国国债、7 500 亿美元的抵押贷款支持证券和 1 000 亿美元的债券。第一轮量化宽松政策结束后，美联储共向经济体提供了 1.75 万亿美元的流动性，使 10 年期国债利率与隔夜拆借的期限利差缩窄 70 个基点。

2010 年 11 月 3 日，第二轮量化宽松政策（QE2）启动，美联储宣布将购买 6 000 亿美元的美国国债。2011 年 9 月 21 日，美联储宣布进行反转操作，将出售 4 000 亿美元的短期国债，同时，买入 4 000 亿美元的长期国债。反转操作与前两轮宽松政策的不同之处在于，其并未向经济体注入新的流动性，但因长期国债需求增加，同样起到压低长端利率的作用，令利率曲线更加平坦；2012 年 7 月 20 日，美联储宣布继续进行反转操作，将出售 2 670 亿美元的短期国债，同时，购入相同金额的长期国债。

2012 年 9 月 13 日，第三轮量化宽松政策（QE3）开始实施，美联储宣布将至少按照每月 400 亿美元的频率购买抵押贷款支持证券，直至劳动力市场有明显的改善。

量化宽松政策的最终目的是为了刺激经济增长。从美国公布的各项经济数据来看，量化宽松的效果确实有所显现。危机爆发后，两个非常重要的经济指标——制造业采购经理人指数（PMI）和国内生产总值增速——持续回落，2008 年 10 月～2009 年 4 月，PMI 一度跌入

40以下的区间，2008年9月~2009年12月的GDP增速持续为负值，经济前景堪忧。为了迅速“狙击”经济下滑、提振投资者信心，美联储使用了量化宽松政策。自第一轮量化宽松货币政策实施后，美国经济出现了回暖的迹象，PMI较快地回升至50以上，GDP增速也恢复至2%的水平。虽然经济在企稳回升的过程中出现过数次反复，但从最新公布的数据来看，2012年9月PMI重新站上51.5，GDP增速连续两个季度维持在2%以上，经济企稳迹象明显。

资料来源：摘编自刘聪、姚秋、和讯网，http：//bank.hexun.com/2013-01-21/150397001.html

思考：

1. 什么是量化宽松货币政策？它本质上是哪种货币政策工具？
2. 美国采取一系列量化宽松货币政策对美国经济、我国经济带来了哪些影响？

素质拓展

1. 资料搜集：查阅我国近3年货币政策及货币政策工具的变动情况，分析货币政策的目标、实施背景和实施效果。

2. 座谈会：结合自身及周边实际，学生和学生座谈，讨论存款准备金、利率、公开市场操作等货币政策工具的变动对百姓生活的影响。

3. 情景模拟：每组选定一种货币政策工具进行政策传导过程模拟，分析其特点、对经济变量和经济主体的影响。

项目十三　金融风险与金融监管

学习目标

（一）知识目标

掌握金融风险的概念、类型和影响，理解金融监管的含义、方法及内容；熟悉我国的金融监管体系和机构介绍。

（二）技能目标

能分析各种金融活动所面临的金融风险及影响；能描述我国各个金融监管机构的职能；能分析我国目前的金融监管问题。

（三）素质目标

培养学生科学的思维方法、分析问题和解决问题的能力。

【案例导入】

金融高杠杆下催生的房地产泡沫——美国次贷危机回顾

荣获第88届奥斯卡最佳改编剧本奖的《大空头》，把2007～2008年金融危机时期发生的故事又带回观众眼前，租客撤离、房屋待售、从银行到实体大批人员失业……

美国次级住房抵押贷款危机从2007年春季开始显现，到当年8月蔓延至债券市场、股票市场和其他信贷市场。从2007年底至2008年9月美国投行雷曼兄弟公司倒闭，美联储7次降息，累计下调超过3个百分点，但仍不足以应对严峻的金融和经济形势。雷曼兄弟倒闭引发全球金融市场急剧下跌和流动性收紧，美国次贷危机迅速演变为席卷全球的、自20世纪30年代大萧条以来最严重的国际金融危机。

2008年底至2014年10月，美联储先后出台三轮量化宽松政策，总共购买资产约3.9万亿美元。美联储持有的资产规模占国内生产总值的比例从2007年底的约6.1%大幅升至2014年底的25.3%，资产负债表扩张到前所未有的水平。

美国耶鲁大学高级研究员斯蒂芬·罗奇曾表示，美国次贷危机及其冲击可以分为三个阶段，第一阶段是对金融体系的冲击，美国通过救市计划加以应对。随之而来的第二阶段受冲击最大的是美国的消费，美国此前过度依赖的消费大幅度下滑。第三阶段是通过全球不同经济体之间的联系扩散到其他经济体。

美国康奈尔大学房地产教授刘鹏在接受新华社记者采访时，详尽回顾了这段历史。当年，美国利率长期持续下降，住房拥有率节节攀升，百姓购房需求旺盛，这一系列因素促使美国全国范围内房价在2007年之前持续走高。其中，以房贷为基础资产的金融衍生品开始在投资市场受到欢迎，在投资市场旺盛的需求下，投行开始开发将借款人信用不好的次级贷款打包的新产品。

与此同时，美国银行放松监管，未能及时意识到危机，允许投行进入一级市场贷款发行业务，房价节节攀升，在价格飙升至“卖不动”的节点后，吹起的泡沫终于破裂。

纽约彩虹置业创始人殷建树在接受记者采访时回忆，在次贷危机发生后的2009～2010年，美国纽约曼哈顿地区房价较此前高点下跌20%～25%，而美国佛罗里达州部分城市以及拉斯维加斯的有些房产甚至暴跌60%～70%。

在房价泡沫破裂后，贷款违约，金融市场资金流动性收紧，借贷成本走高，不少传统行业资金面发生断裂，影响到工资、支付能力和就业等，进而环环相扣冲击了美国当年经济基本面运行。

刘鹏说，在金融市场中，贷款对房地产市场影响较大，楼市本身就具有杠杆敏感度高的特点，监管层本身要意识到杠杆本身是把“双刃剑”。

殷建树认为，利用高杠杆买房这一现象本身是“不正常的”，通过杠杆炒房极容易催生楼市泡沫。而对于中国购房者而言，大部分人买房所用资金为所存积蓄，一旦房价下滑，将造成购房者资产大幅缩水。

在美国，政府对楼市中存在的“投机炒房”行为管控较为严格。殷建树介绍说，在美国，绝大多数人通过贷款买房，因此银行可以通过贷款的审核申请、收紧放贷进而控制房地产市场的投机行为。同时，美国房屋持有成本高，购房者在买卖中需缴纳交易税，买房后需缴纳地产税、维修费等费用。以纽约地区一套普通住宅为例，一套60平方米的公寓，价格可能在80万～130万美元不等，但持有成本每月大约达1700美元，甚至更多。因此，美国房子的特点是“买不贵，养着贵”。

资料来源：作者孙鸥梦、袁悦，新华网，http：//news. xinhuanet. com/2016－03/10/c_11182905 86. htm

思考：

1. 2008年美国次贷危机的成因是什么？
2. 美国政府采取了哪些措施？对我国有何启示？

任务一　金融风险

【学习情境】

小张是一个资深股民，在现今股市低迷的时期，小张很烦恼，手里20万元的流动资金不知该投向哪里：继续投入股市，感觉收益甚微；投入房地产，又想再等房价降到最低点；选择创业，又担心起步资金不足，市场不好做。小张到底应该如何选择投资渠道呢？

任务描述

1. 学生分组讨论：（1）小张投资股市、房地产、创业分别面临哪些风险？（2）替小张再想出一些投资渠道，并分析其面临的风险。

2. 情景模拟：每组选定一种投资渠道，模拟可能遇到的各种风险。

【知识链接】

一、金融风险的概念及类型

金融风险是指任何有可能导致企业或机构财务损失的不确定性，如金融市场风险、金融产品风险、金融机构风险等。一家金融机构发生的风险所带来的后果，往往超过对其自身的影响。金融机构在具体的金融交易活动中出现的风险，有可能对该金融机构的生存构成威胁；具体的一家金融机构因经营不善而出现危机，有可能对整个金融体系的稳健运行构成威胁；一旦发生系统风险，金融体系运转失灵，必然会导致全社会经济秩序的混乱，甚至引发严重的政治危机。

1. 按风险的性质划分，可分为信用风险、市场风险、流动性风险、经营风险和法律风险五种类型。

信用风险又称违约风险，是指交易对手未能履行约定契约中的义务而造成经济损失的风险，即受信人不能履行还本付息的责任而使授信人的预期收益与实际收益发生偏离的可能性，它是金融风险的主要类型。在过去的数年中，利用新的金融工具管理信用风险的信用衍生工具发展迅速，适当利用信用衍生工具可以减少投资者的信用风险。

市场风险，是指由于市场供求关系，利率、汇率、证券价格等发生变动而给金融企业带来经济损失的风险。

流动性，是指金融资产便于在市场上出售变现而不至于有太多损失的能力，以及金融机构方便地筹措到所需资金而不至于花费太多成本的能力。流动性风险指经济主体虽然有清偿能力，但无法及时获得充足资金或无法以合理成本及时获得充足资金以应对资产增长或支付到期债务的风险。

经营风险，是指公司的决策人员和管理人员在经营管理中出现失误而导致公司盈利水平变化，从而产生投资者预期收益下降的风险，或由于汇率的变动而导致未来收益下降和成本增加。

法律风险，是指因为无法满足约定条件或违反法律要求，导致经济主体不能履行合同发生争议、诉讼或其他法律纠纷，可能给经济主体造成经济损失的风险，即为法律风险。

2. 按金融风险管理的标准，可将金融风险划分为可管理风险和不可管理风险两种类型。

可管理风险又称非系统风险，是可以预测及控制的风险，如信用风险、经营风险等。不可管理风险又称系统风险，指不可预测和控制的风险，如市场风险、货币风险、政策风险等。当然，随着科技、认知能力和管理水平的进步，原来不可管理的风险会变成可管理的风险。

3. 按照金融风险涉及的范围划分，包括微观金融风险和宏观金融风险。

微观金融风险是指参与经济活动的主体，因客观环境变化、决策失误或其他原因使其资产、信誉遭受损失的可能性。宏观金融风险则是所有微观金融风险的总和。

二、金融风险的成因

金融行业所经营的商品是一种特殊的虚拟商品，如银行存款、债券、股票、期货和保险等，它们的共同特征就是以信用为基础。但信用有不确定的一面，这就决定了经营该商品的金融行业自始至终要冒较高损失和失败的风险。导致金融风险的因素既有政治因素，又有体制因素，既有外部因素，又有内部因素，是多种因素作用的结果。

（一）政策失误与政府干预不当

金融风险的防范与化解同政府财政的关系越来越密切。尽管要求政府减少干预的自由市场经济思想在过去几十年间的影响较大，但随着金融自由化和金融资本规模的日趋扩张，金融部门的“外部性”也越来越明显，一家金融机构的破产会涉及大量企业与家庭的利益损失。因而不管是国有的还是非国有的金融机构，这种“外部性”的扩展已使其成为一个名副其实的“准公共部门”，金融产品的经营也就成为一种“准公共产品”的营运。如此情况下，就不能不与政府财政有关。事实上，当今世界范围内的金融动荡，没有哪一个不是由政府财政作为最后危机的解决者的，至于解决的效果如何，能否制止危机的进一步蔓延，则要视各国财政实力而定。1980 年以来，全球已有 120 个国家发生了严重的金融问题，这些国家为解决这些问题所直接耗费的资金高达 2 500 亿美元。这说明，没有强大坚实的财政基础，就不可能有稳健可靠的金融市场，也就没有切实化解金融风险的能力。政府对经济干预不当，特别是政策决策失误，也会导致经济秩序混乱。

（二）金融监管体制不健全

除了金融制度与金融市场所客观存在的不确定性外，随着以自由化、国际化、一体化以及证券化为特征的全球性金融变革趋势向各个国家的蔓延，普遍引起了不同程度的反应，也使各国的经济体制、法律制度与监管能力在对这种趋势的反应中变得日益突出与重要。但由于一些国家和地区在市场经济体制不完善甚至尚未建立的基础上，就片面地以金融自由化与金融市场的国际化来带动经济发展，使高度市场化的金融制度与市场化程度较低的实体经济之间出现了较大的摩擦与冲突，这种体制因素所导致的不协调与不确定性的增大，就使得以信用风险、政策风险、管理风险与犯罪风险为主要内容的这一类金融风险，成为金融动荡与金融危机的潜在隐患。

（三）金融机构内部管理落后

从金融机构角度来说，防范和化解金融风险的根本性措施，是实施科学的管理和有效的内部控制。目前，我国金融业管理相对落后，内部控制机制还不够完善，是防范和控制金融风险的最大问题。

（四）企业风险转嫁

金融机构资产质量在很大程度上取决于借款者的生产经营状况和经济效益。在我国，由于国有企业改革不到位、产权制度不完善、组织结构不合理、投资行为不当、企业债券权的软约束以及银企关系尚未理顺，银行难以监控企业，无法对欠债企业实施惩罚，致使国有企业的亏损转嫁给银行，加大了银行的信用风险。

（五）国际金融风险的传导

随着经济全球化程度的加深，金融国际化不断发展，由此使各国国内金融与国际金融相互融合、相互依赖、相互作用，资本流动迅速、量大且频繁，这进一步加大了金融风险。

【读一读】

郁金香泡沫

郁金香泡沫，又称郁金香效应（经济学术语），源自17世纪荷兰的历史事件。作为人类历史上有记载的最早的投机活动，荷兰的“郁金香泡沫”昭示了此后人类社会的一切投机活动，尤其是金融投机活动中的各种要素和环节：对财富的狂热追求、羊群效应、理性的完全丧失、泡沫的最终破灭和千百万人的倾家荡产。

郁金香原产于小亚细亚，1593年，传入荷兰。17世纪前半期，由于郁金香被引种到欧洲的时间很短，数量非常有限，因此价格极其昂贵。在崇尚浮华和奢侈的法国，很多达官显贵家里都摆有郁金香，作为观赏品和奢侈品向外人炫耀。1608年，就有法国人用价值3万法郎的珠宝去换取一只郁金香球茎。不过与荷兰比起来，这一切都显得微不足道。

当郁金香开始在荷兰流传后，一些机敏的投机商就开始大量囤积郁金香球茎以待价格上涨。不久，在舆论的鼓吹之下，人们对郁金香表现出一种病态的倾慕与热忱，并开始竞相抢购郁金香球茎。1634年，炒买郁金香的热潮蔓延为荷兰的全民运动。当时1 000元一朵的郁金香花根，不到1个月后就升值为2万元。1636年，一株稀有品种的郁金香竟然达到了与一辆马车、几匹马等值的地步。面对如此暴利，所有的人都冲昏了头脑。他们变卖家产，只是为了购买一株郁金香。就在这一年，为了方便郁金香交易，人们干脆在阿姆斯特丹的证券交易所内开设了固定的交易市场。正如当时一名历史学家所描述的：“谁都相信，郁金香热将永远持续下去，世界各地的有钱人都会向荷兰发出订单，无论什么样的价格都会有人付账。在受到如此恩惠的荷兰，贫困将会一去不复返。无论是贵族、市民、农民，还是工匠、船夫、随从、伙计，甚至是扫烟囱的工人和旧衣服店里的老妇，都加入了郁金香的投机。无论处在哪个阶层，人们都将财产变换成现金，投资于这种花卉。”1637年，郁金香的价格已经涨到了骇人听闻的水平。与上一年相比，郁金香总涨幅高达5 900%！1637年2月，一株名为“永远的奥古斯都”的郁金香售价高达6 700荷兰盾，这笔钱足以买下阿姆斯特丹运河边的一幢豪宅，而当时荷兰人的平均年收入只有150荷兰盾。

就当人们沉浸在郁金香狂热中时，一场大崩溃已经近在眼前。由于卖方突然大量抛售，公众开始陷入恐慌，导致郁金香市场在1637年2月4日突然崩溃。一夜之间，郁金香球茎的价格一泻千里。虽然荷兰政府发出紧急声明，认为郁金香球茎价格无理由下跌，劝告市民停止抛售，并试图以合同价格的10%来了结所有的合同，但这些努力毫无用处。一个星期后，郁金香的价格已平均下跌了90%，而那些普通的品种甚至不如一颗洋葱的售价。绝望之中，人们纷纷涌向法院，希望能够借助法律的力量挽回损失。但在1637年4月，荷兰政府决定终止所有合同，禁止投机式的郁金香交易，从而彻底击破了这次历史上空前的经济泡沫。

资料来源：百度百科，http://baike.baidu.com/subview/1005782/19581327.htm

三、我国金融风险的控制和防范

（一）加快企业与商业银行体制改革，理顺银企关系，活化银行资产

1998年财政部发行了2 700亿元特别国债，用于补充国有商业银行资本金，使其资本充足率达到国际标准，增强抵抗风险的能力。但最根本的还是应当加快商业银行体制改革，按《商业银行法》规定，落实分业经营、资产负债比例管理、强化约束机制等改革措施；在对银行信贷资产按风险标准分类并予以有效管理，加大对不良资产存量进行重组与清理的同时，还应积极推进以制度创新为主要内容的国有企业改革，理顺银企关系。经过改革至少能够解除目前困扰银企关系的信息约束问题，使银行与产业企业真正成为市场上具有竞争意识的企业实体，从资产营运效益出发，银行努力寻找值得贷款的企业，企业也可自由选择能够给予贷款的银行，在这种基于效益基础上的相互寻求对象的过程中使信息畅通，以求信贷资源配置效率的提高。

（二）加大对非银行金融机构的监管

对于问题较多的信托投资公司，在清理的基础上坚决与各级政府部门脱钩，杜绝经营资金的财政化；基于目前国际社会对中国金融机构问题关注较多，国际金融动荡尚未平息，为了避免引起过大的波动及对信心的消极影响，对信托投资公司的清理应慎重，主要应按金融信托的应有原则积极进行改组，尽量实行平衡过渡。对于证券经营机构，应尽快建立健全有关证券业财务会计制度，完善有关会计账户体系结构，充分发挥商业银行对证券投资清算资金的监督作用。

（三）提高银行信贷政策与资本市场政策对非国有经济的支持力度，优化金融资源的配置效率

一是商业银行的信贷投放应以收益与风险的衡量为主要标准，扩大对发展前景较好的非国有企业的信贷支持，建议随着各家银行“中小企业信贷部”的成立，真正将以个体私营经济为主体的非国有经济的信贷支持列入各行的年度贷款计划中，作为中央银行起引导作用的“指导性贷款规模”中也应明确列出对非国有经济的信贷支持意见。二是向非国有经济开放证券融资市场，特别是对于进入基础产业、高科技、制造业的非国有企业，允许并引导其根据现代股份制企业改制上市，进行股权融资，通过资本市场获得持续发展的资本。与此同时，对于符合条件的非国有企业，也应允许其按一定程序与要求发行债券融资，经过市场自律组织的审查，也可上市交易，以改善企业资本结构。

【想一想】

这些监管措施需要哪些部门的配合，如何形成一套完整的监管体系？

（四）在继续推进对外开放的过程中，加强金融管理，增强风险防范能力

当今世界已不可避免地朝着全球化方向迈进，继续坚定不移地贯彻对外开放政策是我国

顺应历史潮流的要求，也是确保我国经济持续稳步发展的关键。多年的对外开放实践表明，外资流入已不同于当初纯粹工业资本的引进，我们看到，越来越多的以银行、保险、基金、证券等为内容的金融资本开始流入中国，这无论对保持海外工商资本持续投资我国并保障其稳定性，还是对加快我国金融体制改革，都是必要的。但是，金融资本相比工商业资本的流入，附带着更大的风险因素。因此，今后在继续吸引科技含量高的工业资本流入的同时，应当视经济现实需要，加快金融监管标准与体制的建设，在总量控制的原则下，积极稳妥地吸引金融资本的流入，并重点从外汇管理制度与行业、企业准入的程度上予以严格监控。

（五）积极推进财政改革，增强财政实力，为金融市场的稳健运行与风险化解能力的提高奠定坚实可靠的基础

就当前来说，应根据经济发展情况，积极推进已经确定的以“费改税”为重点的新一轮财税改革，并加强财政管理，提高效率，将现行税制范围内应收的税收及时足额地收缴国库；通过编制“国有资本预算”，加强对国有资本营运的监控，确保国有企业改制过程中国有资产的保值增值，特别是当涉及国有资产变现时，能够保证政府财政的应有收入；在节约的原则下，调整财政公共投资方向，重点转向非营利性公共工程项目投资，等等。以此促进财政机制的完善与财力的充盈，使其成为防范与化解金融风险的坚强后盾。

（六）促进我国证券市场的健康运行与发展

在推进国有企业股份制改造的过程中，优化股权结构，通过市场逐步明晰产权，借此为我国证券市场的健康运行与发展奠定可靠合理的制度基础，减少由过分投机行为所带来的潜在风险。

（七）健全金融立法，强化金融执法与监管力度

金融经营活动应在严格明确的法律法规制度界定下进行。为此，应当针对我国已开始运行的证券、期货、信托业加快相关法律的立法进度；对于已有法律法规，在健全监管体系的同时，强化执法力度，严厉打击金融犯罪行为，确保健康的金融秩序。

案例分析

亚洲金融风暴

1997年7月2日，亚洲金融风暴席卷泰国，泰铢贬值。不久，这场风暴扫过了马来西亚、新加坡、日本和韩国、中国等地，打破了亚洲经济急速发展的景象。亚洲一些经济大国的经济开始萧条，一些国家的政局也开始混乱。

在素有“金融强盗”之称的美国金融投机商索罗斯等一帮国际炒家的持续猛攻之下，自泰国始，菲律宾、马来西亚、印度尼西亚等东南亚国家的汇市和股市一路狂泻，一蹶不振。在东南亚得手后，索罗斯决定移师中国香港。中国香港庆祝回归的喜庆气氛尚未消散，亚洲金融风暴便已黑云压城。在请示中央政府后，特区政府果断决策，入市干预。经过几轮“肉搏战”，国际炒家弹尽粮绝，落荒而逃。香港取得最终胜利，保住了

几十年的发展成果。而为了帮助亚洲国家摆脱金融危机，中国履行了自己的诺言不对人民币实行贬值，并通过国际机构和双边援助来支持东南亚国家的经济，充分展现了负责任的大国风范。

资料来源：摘编自360百科，https：//baike. so. com/doc/4834581－5051455. html

思考：

1. 亚洲金融风暴是如何传导到中国的？
2. 中国采取了哪些措施应对此次危机？

任务二　金融监管

【学习情境】

小黄是一名在校大学生，在P2P网贷盛行时期，校园内随处可见校园贷、人人贷等信息轰炸，诱惑学生超前消费，负债买iphone、笔记本电脑等。可最近网上又传来不一样的声音，说某某学生因校园网贷跳楼自杀，或被同学骗等，闹得人心惶惶。小黄很困惑，到底校园网贷合不合理？应该由谁来监管呢？

任务描述

1. 学生分组讨论：（1）校园网贷应不应该存在？（2）如何加强校园网贷的监管？

2. 情景模拟：每组选定一种校园网贷方式模拟交易和监管过程，分析在交易过程中可能面临的金融风险。（例：一个组员扮演小黄，另一个组员扮演网贷公司工作人员，其余组员扮演监管机构工作人员）

【知识链接】

一、金融监管的含义与特征

金融监管是对金融业的监督与管理，是金融监督与金融管理的复合称谓。金融监督是指金融监管当局对金融机构实施全面的、经常性的检查和督促，并以此促使金融机构依法稳健经营、安全可靠和健康发展。金融管理是指金融监管当局依法对金融机构及其经营活动的领导、组织、协调和控制等一系列的活动。金融监管的内容主要有以下三个方面：市场准入的监管、市场运作过程的监管、市场退出的监管。金融监管具有三个基本特征。

（一）法制性

金融监管属于国家的法定制度，金融监管制度都是通过立法程序确定的，是一国金融体制的有机组成部分。金融监管既非单纯的检查监督或处罚，也非纯技术性的调查和评价。而是金融监管当局在法定权限下的具体执法行为和管理行为，具有权威性、严肃性和相对确定性等特点。

（二）系统性

金融监管是一个庞大的系统工程，它是由监管的依据（金融法律法规体系、监管体制）、监管主体、基本运作机制、监管客体（银行和各类金融机构）、监管的目标以及为实现目标而确定的监管内容和采取的手段方法等几大部分组成，各部分之间存在有机联系，缺一不可，共同形成一个完整的系统。

（三）社会性

有效的金融监管应该是一种社会性监督，需要社会各界的协调配合，即不仅要有监管者与被监管者的纵向监管和被监管者的自律性监管，而且还要包括行业公会等组织的同业横向监管、社会各部门及公众舆论的社会性监督，从而形成一个相互联系、相互补充、相互制约的大监管体系及其良好的社会监管环境。

金融监管的目的包括：(1) 维持金融业健康运行的秩序，最大限度地减少银行业的风险，保障存款人和投资者的利益，促进银行业和经济的健康发展。(2) 确保公平而有效地发放贷款的需要，由此避免资金的乱拨乱划，防止欺诈活动或者不恰当的风险转嫁。(3) 金融监管还可以在一定程度上避免贷款发放过度集中于某一行业。(4) 银行倒闭不仅需要付出巨大代价，而且会波及国民经济的其他领域。金融监管可以确保金融服务达到一定水平从而提高社会福利。(5) 中央银行通过货币储备和资产分配来向国民经济的其他领域传递货币政策。金融监管可以保证实现银行在执行货币政策时的传导机制。(6) 金融监管可以提供交易账户，向金融市场传递违约风险信息。

二、金融监管的体制类型

金融监管体制按照不同的依据可以划分为不同的类型，其中按照监管机构的组织体系划分，金融监管体制可以分为集中监管体制、分业监管体制、不完全集中监管体制。

集中监管体制，是指只设一个统一的金融监管机构，对金融机构、金融市场以及金融业务进行全面的监管。代表国家有英国、日本、韩国、澳大利亚、比利时、奥地利、意大利、荷兰、加拿大、新西兰、瑞典、瑞士等。

分业监管体制，是指由多个金融监管机构共同承担监管责任，一般银行业由中央银行负责监管；证券业由证券监督管理机构负责监管；保险业由保险监督管理机构负责监管。各监管机构既分工负责，又协调配合，共同组成一个国家的金融监管组织体制。代表国家有美国、法国、新加坡、芬兰、西班牙、土耳其、挪威、中国等。

不完全集中监管体制，是指不完全集中统一的监管体制，可以分为“牵头式”和“双峰式”两类监管体制。“牵头式”监管体制，是指在分业监管机构之上设置一个牵头监管机构，负责不同监管机构之间的协调工作。巴西是典型的“牵头式”监管体制。“双峰式”监管体制，是指依据金融监管目标设置两头监管机构。一类机构专门对金融机构和金融市场进行审慎监管，以控制金融业的系统风险。另一类机构专门对金融机构进行合规性管理和保护消费者利益的管理。

三、我国的金融监管体系

2003 年 10 月，经修订的《中国人民银行法》保留了中国人民银行为履行其中央银行职责所必要的金融监管权力。至此，形成了我国目前的金融监管体制。目前，我国实行金融分业经营体制，并依据中国人民银行法、商业银行法、证券法、保险法和银行业监管法的规定实施具体的金融监管。从体制上看，我国的金融监管体制应属于“一元多头”，即金融监管权力集中于中央政府，由中央政府设立的金融主管机关和相关机关分别履行金融监管职能，即银保监会、证监会分别监管银行和保险、证券机构及市场，中国人民银行、审计机关、税务机关等分别履行部分国家职能。在这种分业监管体制中，中国人民银行处于核心地位，是全国金融业的最高主管机关，它不仅负责银行业和信托业的监管，还要从宏观上对证券业和保险业的监管予以指导，以保证整个金融业的健康发展；银保监会负责对银行业全国保险业和保险市场的统一监管；证监会作为国务院证券监督机构对全国证券市场实行集中统一的监督管理。同时，我国法律还规定将金融业的自律监管和社会监管作为辅助监管。自律监管包括金融机构自我监管和行业自律监管，社会监管主要是指中介机构的监管。

我国的央行监管法律制度内容包括以下几个方面。

（一）严格的市场准入制度

在我国现行的金融法律法规中，主要是对资本金的最低要求、法定代表及主要负责人的任职资格审查等。

（二）健全的央行审慎监督制度

央行的审慎监督制度的法律法规应包括金融稽核监管制度、中国人民银行内部稽核制度、金融机构内控制度、金融机构现场检查规则与非现场检查规则、金融稽核监督业务审计制度、外资金融机构现场检查规则与非现场检查制度及其一系列相关配套制度和规则。它们主要应对非现场稽查和现场稽查的内容、程序、后续监督、处理反馈等作出具体规定，以实现稽核监督的规范化、法制化，切实保障监督质量，堵塞风险漏洞。

（三）完善的行业自律管理与中介组织协助制度

央行作为国家管理金融事业的行政机关，其有限的稽核监管力量无法涵盖金融业的各个方面。因此，行业自律组织和社会中介组织的参与，不失为一条拓宽央行监管渠道、改进监管方式、加大监管力度的有效途径。

（四）金融风险的吸收和转移制度

高效缜密的监管固然是防范化解风险的有效途径，但如何对那些已形成风险的金融机构进行处置和救助，便成为金融体系稳定所不可缺少的环节。它可视为监管体系中的“应急补救”制度。这一制度应由对市场非法进入者及违规者的清理与处罚、金融机构重整、金融机构的接管与兼并、金融机构的破产及其存款保险制度等内容构成，以最大限度地妥善吸收和消化金融风险。

案例分析

校院网贷　馅饼还是陷阱

钱凌是江苏常州大学怀德学院大二学生，去年6月，他认识了在一家科技公司工作的唐兴。唐兴告诉钱凌，他们公司正与多个大学生分期贷款平台合作，招聘学生做兼职，只要帮忙在平台上“刷单跑量”，学生就能轻松获得报酬。唐兴还表示，做兼职的学生事前可以签订一份免责协议，一旦还不起钱，兼职学生不承担责任。

“赚钱快、收入高、无风险”——钱凌便一口答应了这个“好差事”，和唐兴签订了免责协议，然后向平台提交了个人姓名、身份证号、学校和入学年份等信息。没到两天，注册就审核通过了。钱凌立刻申请了12个月期贷款，金额1万元，月利率0.99%。

提交申请后，钱凌很快接到贷款平台的客服电话。核实完信息后，半小时内，钱凌的银行卡就收到了1万元，他随即将借款转给唐兴，同时拿到1 000元的兼职报酬，并被告知以后还款的事就不用他管了。但两个月后，当钱凌接到贷款平台催促还款的电话时，唐兴的手机却再也打不通了……

钱凌的遭遇并非个案。据常州警方介绍，除钱凌外，还有常州工学院等高校的10名学生掉入唐兴的陷阱。

曾有媒体报道，福建师范大学闽南科技学院一名学生，用10多个同学的信息网贷了70多万元，自己却消失得无影无踪；同学们则不停地接到催款通知，严重影响学习生活。此外，除了校园网贷诈骗以外，也有一些大学生为了讲排场，不惜在网络平台借贷来实现超前消费和高消费，有的明显超出了承受能力，背负“巨额债务”。

消费观念不理性、个人信用保护意识淡薄、网贷平台无序扩张等是主因

近年来，互联网借贷平台瞄准了大学生群体，以P2P贷款平台、校园分期购物平台和电商平台的分期付款等形式慢慢渗入校园，宁静的象牙塔成为网络借贷平台争夺的地盘。

“很多校园贷款平台审核存在漏洞，有些甚至举着身份证拍个照，读一段话录个视频就可通过审核。这可能是校园网贷乱象的重要原因之一。”常州警方办案人员告诉记者。同时，大学生财商观念方面的误区，也是网络贷款案件在大学校园内频繁发生的一个重要原因。中央民族大学法学院教授邓建鹏认为，很多大学生还没有形成正确的理财观念，对个人信息的保护意识也不足，这让不法分子有了可乘之机。很多校园贷款平台的无序扩张，也增加了风险产生的可能性，“他们在广告中常常使用‘0利率、0担保、无服务费’等诱人的贷款和消费信息吸引客户，同时给校园代理人很高的佣金，助长了代理人盲目扩张业务的冲动。这不仅对大学生，对这些贷款平台本身，也意味着很大的风险。”

也有专业人士认为，消费信贷是一种金融工具，并无道德标签。一些理性消费的大学生也不在少数，通过分期贷款消费能减轻一次性消费带来的资金压力，但关键是学生的借贷要在自己可承受范围之内。

应加强风险提示，建立严格的借贷流程和审批机制

“大学生享受金融服务本无可厚非，而且现在快速发展的态势也说明确实存在市场需求，但现在的问题是，校园网贷作为新兴业态，与大多数互联网金融平台一样，还游离于监管之外。”某网贷公司公关负责人认为，一些平台野蛮生长，有些平台存在费率不透明、授信额度过高、风控松懈但催收严酷等不负责任的信贷行为。

此外，目前存在的问题也和当前部分大学生信用意识薄弱、消费观念有偏差有关，亟须提高大学生的金融和网络安全知识水平。

“防范校园网贷的风险又同时能满足大学生分期购的需求，最重要的是监管要跟上。”邓建鹏认为，未来的监管政策应在以下方面着力：首先要规定互联网金融平台一定要对大学生作特别的风险提示，倡导适度消费的理念。其次在评估信用水平和偿还能力时，要适用高于其他人群的审核标准。

近日，教育部和银行监管机构联合发布通知，要求加大不良网络信贷监管力度，向学生发布预警提示信息，同时建立校园不良网络借贷实时预警机制等。

资料来源：欧阳洁、陆建凤，人民网，2016－06－11.

思考：如何加强对校园网贷的监管？

项目要点

1. 金融风险是指任何有可能导致企业或机构财务损失的不确定性，如金融市场风险、金融产品风险、金融机构风险等。按风险的性质划分，可分为信用风险、市场风险、流动性风险、经营风险和法律风险五种类型。

2. 导致金融风险的因素既有政治因素，又有体制因素，既有外部因素，又有内部因素，是多种因素作用的结果。金融监管是对金融业的监督与管理，是金融监督与金融管理的复合称谓。金融监管的内容主要有三个方面：市场准入的监管、市场运作过程的监管、市场退出的监管。金融监管体制按照不同的依据可以划分为不同的类型，其中按照监管机构的组织体系划分，金融监管体制可以分为集中监管体制、分业监管体制、不完全集中监管体制。

3. 我国的金融监管体制应属于“一元多头”，即金融监管权力集中于中央政府，由中央政府设立的金融主管机关和相关机构分别履行金融监管职能，即银保监会、证监会分别监管银行和保险、证券机构及市场，中国人民银行、审计机关、税务机关等分别履行部分国家职能。

金融风险与金融监管知识网络结构见图13－1。

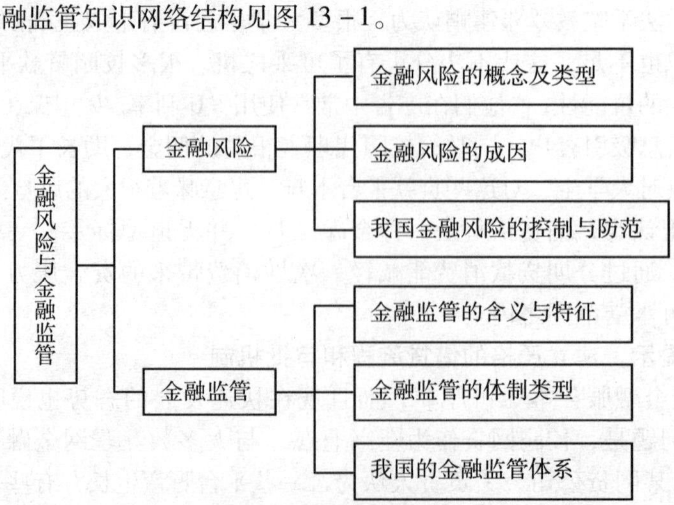

图13－1　金融风险与金融监管知识网络结构

知识练习

一、选择题

1. （　　）是指债务人没有能力或不愿意偿付债务而使金融资产受损的风险，又称为违约风险。

A. 信用风险　　B. 流动性风险
C. 市场风险　　D. 资本风险

2. （　　）是指经济主体虽然有清偿能力，但无法及时获得充足资金或无法以合理成本及时获得充足资金以应对资产增长或支付到期债务的风险。

A. 信用风险　　B. 流动性风险
C. 市场风险　　D. 资本风险

3. 在市场经济条件下，金融监管具有（　　）等基本特征。

A. 法制性　　B. 社会性
C. 系统性　　D. 客观性　　E. 时效性

4. 按监管机构的监管范围划分，金融监管体制有（　　）。

A. 集中监管体制　　B. 分业监管体制
C. 单一监管体制　　D. 多元监管体制
E. 不完全集中监管体制

二、简答题

1. 金融风险的成因是什么？
2. 金融风险的防范与控制措施有哪些？
3. 简述我国的金融监管体系。

技能测试

案例分析

雷曼兄弟破产案

雷曼兄弟公司是为全球公司、机构、政府和投资者的金融需求提供服务的一家全方位、多元化投资银行。雷曼兄弟公司雄厚的财务实力支持其在所从事的业务领域的领导地位，并且是全球最具实力的股票和债券承销和交易商之一。同时，公司还担任全球多家跨国公司和政府的重要财务顾问，并拥有多名业界公认的国际最佳分析师。公司为在协助客户成功过程中与之建立起的长期互利的关系而深感自豪。

由于雷曼公司的业务能力受到广泛认可，公司因此拥有包括众多世界知名公司的客户群，如阿尔卡特、美国在线时代华纳、戴尔、富士、IBM、英特尔、美国强生、乐金电子、默沙东医药、摩托罗拉、NEC、百事、菲利普莫里斯、壳牌石油、住友银行及沃尔玛等。这个拥有一个半世纪的投资银行是华尔街的“巨无霸”之一，同时还享有“债券之王”的美誉。但是公司却在2008年的金融海啸中，走向了破产的地步。

雷曼兄弟在2008年6月16日发布的财务报告显示，第二季度（至5月31日）公司亏损28.7亿美元，是公司1994年上市以来首次出现亏损。雷曼兄弟首席执行官理查德·福尔德（Richard Fuld）马上采取相应措施。通过发行新股募得60亿美元资金，并且撤换了公司首席财务官和首席营运官，6月16日雷曼兄弟股价有所反弹，但股价已经累计下跌了60%。9月9日韩国产业银行（KDB）收购雷曼兄弟的谈判中止，雷曼兄弟股价重挫45%。9月10日，雷曼兄弟公布第三财季业绩报告以及数项重组战略方案，雷曼兄弟第三季度巨亏39亿美元，创下该公司成立158年历史以来最大季度亏损。第三季度雷曼兄弟已减值高达78亿美元房地产抵押证券敞口，全年总计减值172亿美元，占相关资产总额的31%。财务报告公布之后，雷曼兄弟股价应声下挫7%。雷曼兄弟股价从年初超过60美元，跌至7.79美元，短短9个月狂泻近90%，市值仅剩约60亿美元。在从外部投资者获取资金的努力失败后，雷曼兄弟正式宣布将出售其所持有的英国市场上的住宅房地产抵押证券的投资组合，并期待交易将在几周内完成。同时，雷曼兄弟计划在2009年一季度剥离250亿~300亿美元的商业房地产（commercial real estate）投资组合，使其独立为一家公开交易的公司，以期在这场金融危机中生存下来。9月14日，由于美国政府拒绝为收购提供保证，美国银行、巴克莱银行等潜在收购者相继退出谈判，拥有158年历史的雷曼兄弟面临破产。9月15日，雷曼兄弟宣布将申请破产保护。雷曼兄弟声称，破产的仅是母公司，旗下的经纪业务和投资银行部门均不在破产之列。公告称，雷曼兄弟依照美国银行破产法第十一章，向纽约南部的联邦破产法庭提起破产保护。雷曼兄弟所有从事经纪业务的分支机构及雷曼兄弟的子公司，包括 Neuberger Beman an Holding 和 LLC 等子公司，均不受此影响，将继续正常交易和营业。

资料来源：摘编自中金公司．雷曼兄弟破产原因分析［DB/OL］．https：//wenku.baidu.com/view3cc6felffc4ffe473368aba8_html.

思考：雷曼兄弟破产事件的原因及对我国的启示是什么？

素质拓展

小组讨论：讨论某 P2P 业务的合法性和潜在风险及我国目前金融监管机构设置的合理性。

参考文献

[1] 郭福春，吴金旺. 金融基础 [M]. 北京：高等教育出版社，2014.
[2] 翟建华，李军燕. 金融学概论 [M]. 大连：东北财经大学出版社，2015.
[3] 秦梓华，高金微. 金融概论 [M]. 武汉：武汉大学出版社，2014.
[4] 曹艺，才凤玲. 货币银行学 [M]. 北京：中国人民大学出版社，2010.
[5] 吴晶妹，林钧跃. 信用经济学 [M]. 北京：高等教育出版社，2015.
[6] 石月华. 货币银行学 [M]. 北京：中国人民大学出版社，2012.
[7] 朱新蓉. 货币金融学 [M]. 北京：中国金融出版社，2010.
[8] 周建松. 货币金融学概论 [M]. 北京：中国金融出版社，2008.
[9] 许文新. 金融市场学 [M]. 北京：高等教育出版社，2015.
[10] 李刚，高希. 金融市场学 [M]. 大连：东北财经大学出版社，2015.
[11] 刘文国，朱瑞霞. 金融学概论 [M]. 上海：上海财经大学出版社，2013.
[12] 庄毓敏. 商业银行业务与经营 [M]. 北京：中国人民大学出版社，2014.
[13] 李志辉. 商业银行管理学 [M]. 北京：中国金融出版社，2015.
[14] 贾芳琳. 商业银行信贷实务 [M]. 北京：中国财政经济出版社，2014.
[15] 郭晖. 金融学概论 [M]. 北京：人民邮电出版社，2012.
[16] 王雯. 金融学概论 [M]. 北京：清华大学出版社，2012.
[17] 郝书辰. 金融概论 [M]. 北京：中国财政经济出版社，2010.
[18] 刘松鹤，王伟. 金融学概论 [M]. 北京：北京理工大学出版社，2009.
[19] 付一书. 中央银行学 [M]. 上海：复旦大学出版社，2013.
[20] 黄萍，孟钊兰. 中央银行学 [M]. 北京：中国金融出版社，2016.
[21] 高建侠. 金融基础 [M]. 北京：中国人民大学出版社，2012.
[22] 只井杰，夏永强. 金融基础与实务 [M]. 北京：清华大学出版社，2013.
[23] 江世银. 通货膨胀预期管理研究 [M]. 北京：人民出版社，2014.
[24] 胡海鸥，贾德奎. 货币理论与货币政策 [M]. 上海：格致出版社，2012.
[25] 白鹤祥. 中国货币政策传导微观机制研究 [M]. 北京：中国金融出版社，2010.
[26] 李绍昆，曾红燕. 货币银行学 [M]. 北京：中国人民大学出版社，2013.
[27] 郭福春，陶再平. 互联网金融 [M]. 北京：中国金融出版社，2015.
[28] 翟建华，李军燕. 金融概论 [M]. 大连：东北财经大学出版社，2015.
[29] 余希. 金融学概论 [M]. 成都：西南财经大学出版社，2011.
[30] 盖瑞. 高等教育出版社 [M]. 北京：高等教育出版社，2006.